U0694114

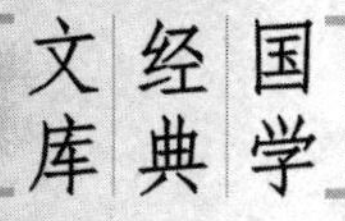

鬼谷子全书

读破春秋大智者 造就今生大智慧

图文珍藏版

刘凯⊙主编

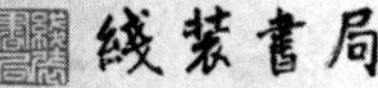

郑周永以"一纸废钞"游说外商

1970年,韩国巨商郑周永投资创建蔚山造船厂的时候,要造一百万吨级的超大型油轮。当时对于郑周永来说,造船业是一个他从来没有了解过的陌生行业,但他却信心十足地说:"其实,造船就和造发电厂一样,总是由不了解到了解,从不熟悉到熟悉,只要有心就不难!"

没过多久,郑周永就筹集了足够的资金,一心等客户来订货。但是,想要得到一个订货单根本就不容易。当时,没有一个外商相信韩国的企业有造大船的实力。这该如何是好?郑周永终日为此苦思冥想。

终于,他想到了一个好办法:他把一大堆发黄的旧钞票翻了出来,从中挑了一张五百元的纸币,纸币上印有十五世纪朝鲜民族英雄李舜臣发明的龟甲船,这是一种古代人用来运兵的船,李舜臣就是用这种船打败日本人,抵挡了丰臣秀吉的侵略的。龟甲船的形状很容易让人联想到现代的油轮。郑周永就把这张旧钞小心翼翼的折起来放在上衣兜里,随即就信心满满地四处游说,他宣称朝鲜在四百多年前就已经具备了造船的能力,而且造船的经验也极为丰富等。他以此作为游说的根据,他的这个方法果然有效,很多外商听他这么一说都信以为真,没有多久,他就接到了两张各为二十六万吨级油轮的订单。郑周永得到订单后,便立即带领全厂职工日夜不停地苦干。两年后,两艘油轮竣工了,而郑周永的蔚山船厂也建成了。

鬼谷子认为,对那些外表亲善而内心疏远的人,要从内入手进行游说;对那些内心亲善而外表疏远的人,要从外部入手进行游说。因此,要根据对方的疑惑,来改变自己游说的内容;要根据对方的表现,来顺应他的意愿;要根据对方的答辞,来确定游说的要点;要根据情势的变化,来达到游说的效果;要根据对方的憎恶,来权衡变通;要根据对方的担忧,来设法排除。郑周永的成功就是他深谙游说之谋的结果,他的生意经很值得商人们效仿。

赵抃以“谋”控制米价稳定民心

宋神宗熙宁年间，两浙地区同时遭遇了百年不遇的旱灾，数十天没有一滴雨，致使庄稼的一大部分都旱死了。旱灾没结束又闹起了蝗灾，蝗虫铺天盖地滚滚而来，把仅有的几亩没有旱死的庄稼吃得干干净净。连续两个灾情导致米价暴涨，大街小巷都有饿死的人倒在街上，景象十分惨烈。对此，各州的官府都在大道上张贴布告，告示上写：禁止商人抬高米价。但还是于事无补，许多商家都借此机会哄抬米价，这让百姓叫苦不迭。

就在这个时候，越州知州赵抃派人在大道上张贴布告，说：“凡是有米的人均可以加价出售，价格不限。”于是，米商们都把家中的存米拿出来抛售，这样一来，导致那些原来有存米等待时机看涨的人也不再存米了。所以，一夜间集市上卖米的人多了很多，由于相互竞争，米价日渐跌落。百姓的粮食问题也迎刃而解，民心也就稳定下来了。

鬼谷子云：“为人凡谋有道，必得其所因，以求其情。审得其情，乃立三仪。三仪者曰上、曰中、曰下，参以立焉，以生奇。”

智者在出谋划策时都会遵循一定的规律，他们会弄清事情的原委，以便研究实情，谋划出奇计。在经济活动中，策谋的目的更要明确。我们常说：物以稀为贵。反之，东西多了自然就不会贵，这是一条客观规律，而越州知州赵抃正是遵循这一客观规律办事，用“不限米价之计”在大灾之年，反而控制了米价，使社会秩序回归安定的状态。

朱棣秘密图大事

《鬼谷子》中指出：“计谋之用，公不如私。”就是说计谋的运用，公开策划不如私下密谋。明成祖朱棣是中国历史上著名的皇帝,他之所以能够登上皇位,也是由于他十分善于韬光养晦,私下密谋而成的。他本为燕王,靠装疯这一招赢得了时间,最终发动了叛乱,打败了建文帝,登上了皇位,成为中国历史上著名的君主。

明朝的开国皇帝朱元璋有许多儿子,其中朱棣为人沉鸷老辣,很像朱元璋,在太子朱标病死以后,朱元璋曾想立朱棣为太子,但许多大臣表示反对,理由有二:一是如立朱棣为太子,对朱棣的兄弟则无法交代,二是不合正统习惯。朱元璋无奈,只得立朱标的次子(长子已病死)为皇太孙。朱元璋死后,皇太孙即位,是为建文帝。建文帝年龄既小,又生性仁慈懦弱,他的叔叔们各霸一方,并不把他看在眼里。

原来,朱元璋把自己的子侄分到各处,称作亲王,目的是为了监视各地兵将的动静,以防他们叛乱,后来就分封各地,成为藩王。这样,许多藩王就拥有重兵,如宁王拥有八万精兵,燕王朱棣的军队更为强悍了。这样一来,建文帝的皇权受到了严重的威胁,在一些大臣的鼓动之下,建文帝开始削藩。在削藩的过程中,杀了许多亲王,其中当然也有冤死者。

燕王朱棣听了,十分着急。好在燕王朱棣封在燕地,离当时的都城金陵很远,又兼地广兵多,一时尚可无虞。僧人道衍是朱棣的谋士,他对朱棣说:“我一见殿下,便知当为天子。”相士袁珙也对朱棣说:“殿下已年近四十了,一过四十,长须过脐,必为天子,如有不准,愿剜双目。”在这些人的怂恿下,朱棣便积极操练兵马。

朱棣

道衍唯恐练兵走漏消息,就在殿中挖了一个地道,通往后苑,修筑地下室,围绕重墙，在内督造兵器，又在墙外的室中养了无数的鹅鸭，日夕鸣叫，声浪如潮，以不使外人听到里面的声音。但消息还是走漏出去了，不久就传到朝廷，大臣齐泰、黄子澄两人十分重视此事，黄子澄主张立即讨燕，齐泰以为应先密布兵马，剪除党羽，然后再兴兵讨之。

建文帝听从了齐泰的建议，便命工部侍郎张昺为北平布政使，都指挥谢贵、张信，掌北平都司事，又命都督宋忠屯兵开平，再命其他各路兵马守山海关，保卫金陵。部署已定，建文帝便又分封诸王。

朱棣知道建文帝已对他十分怀疑，为了打消他的疑忌，便派自己的三个儿子高炽、高煦和高燧前往金陵，祭奠太祖朱元璋，建文帝正在疑惑不定，忽报三人前来，就立即召见，言谈之下，建文帝觉得除朱高煦有骄矜之色外，其他两人执礼甚恭，便稍稍安心。等祭奠完了，建文帝便想把这三人留下，作为人质。朱棣早已料到这一招，在建文帝迟疑不决之际，飞马来报，说他病危，要三子速归。建文帝无奈，只得放三人归去。

魏国公徐辉祖听说了，连忙来见，要建文帝留下朱高煦。徐辉祖是徐达之子，是朱棣三子的亲舅舅。他对建文帝说："臣的三个外甥之中，唯有高煦最为勇悍无赖，不但不忠，还将叛父，他日必为后患，不如留在京中，以免日后胡行。"建文帝仍迟疑不决，再问别的人，别人都替朱高煦担保，于是，建文帝决定放行。朱高煦深恐建文帝后悔，临行时偷了徐辉祖的一匹名马，加鞭而去。一路上杀了许多驿丞官吏，返见朱棣。朱棣见高煦归来，十分高兴，对他们说："我们父子四人今又重逢，真是天助我也！"

过了几天，建文帝的朝旨到来，对朱高煦沿路杀人痛加斥责，责令朱棣拿问，朱棣当然置之不理。又过了几天，朱棣的得力校尉于谅、周铎两人被建文帝派来监视朱棣的北平都司事谢贵等人设计骗去，送往京师处斩了。两人被斩以后，建文帝又发朝旨，严厉责备朱棣，说朱棣私练兵马，图谋不轨。朱棣见事已紧迫，起事的准备又未就绪，就想出了一条缓兵之计：装疯。

朱棣披散着头发，在街道上奔跑发狂，大喊大叫，不知所云。有时在街头上夺取别人的食物,狼吞虎咽,有时又昏沉沉地躺在街边的沟渠之中,数日不起。谢贵等人听说朱棣病了,前往探视。当时正值盛夏时节,烈日炎炎,酷热难耐,但见燕王府内摆着一座火炉,烈火熊熊,朱棣坐在旁边,身穿羊皮袄,还冻得瑟瑟发抖,连声呼冷。两人与他交谈时,朱棣更是满口胡言。让人不知所以。谢贵等人见状,相互对视了一下,就告辞了。

谢贵把这些情况暗暗地报告给了朝廷,建文帝有些相信,便不再成天琢磨着该怎样对付燕王了。但朱棣的长史葛诚与张、谢二人关系极好,告诉他们燕王是诈疯,要小心在意,谢贵二人还不大相信。过了许久,燕王派一个叫邓庸的百户到朝廷去汇报一些事情,大臣齐泰便把他抓了起来,严加拷问,邓庸熬不住酷刑,就把朱棣谋反的事从头至尾说了一遍,建文帝知道后大惊,便立即发符遣使,并密令谢贵等人设法图燕,再命原为朱棣亲信的北平都指挥张信设法逮捕朱棣。

张信犹豫不决,回家告诉母亲,母亲说:“万万不可,我听说燕王应当据有天下,王者不死,难道是你一人所能逮捕的吗?”张信便不再想法逮捕朱棣,可朝廷的密旨又到了,催他行事,张信举棋不定,便来见朱棣,想看个究竟。而朱棣托病不见,三请三辞,张信无奈,就换了衣服前往,说有秘事求见,朱棣才召见了他。

进了燕王府,但见朱棣躺在床上,他就拜倒在床下。朱棣以手指口,荷荷而言,不知所云。张信便说:“殿下不必如此,有事尽可以告诉我。”朱棣问道:“你说什么?”张信说:“臣有心归服殿下,殿下却瞒着我,令臣不解。我实话告诉你,朝廷密旨让我逮你入京,如果你确实有病,我就把你逮送入京,皇上也不会把你怎么样;如果你是无病装病,还要及早打算。”

朱棣听了此话,猛然起床下拜道:“恩张恩张!生我一家,全仗足下。”张信见朱棣果然是装病,大喜过望,便密与商议。朱棣又招来道衍等人,一同谋划,觉得事不宜迟,可以起事了。这时,天忽然刮起了大风,下起了暴雨,殿檐上的一片瓦被吹落下来,朱棣显得很不高兴。道衍进言说:“这是上天示瑞,殿下为何不高兴呢?”朱棣谩骂道:“秃奴纯系胡说,急风暴雨,还说是祥瑞吗?”道衍笑道:“飞龙在天,哪得不有风雨? 檐瓦交堕,就是将易黄屋的预兆,为什么说不祥呢?”朱棣听了,转怒为喜。

于是,朱棣设计杀死了张昺、谢贵两人,冲散了指挥使彭二的军马,安定了北平城,改用洪武三十二年的年号,部署官吏,建制法令,公然造反了。经过三年的反复苦战,朱棣终于打败了建文帝,登上皇位,并迁都北平,成为中国历史上较有作为的皇帝。

“计谋之用,公不如私。”朱棣的成功也是仰赖于他的善藏之道,私下密谋。以装疯的手段,使自己的意图有所隐藏,并在私下里做准备,有此种心机之人,岂能不成大事?

诸葛亮锦囊三妙计

事物是不断发生变化的,变化的事物会产生相应的解决问题的谋略,有了谋略,就可以制定出具体而详细的计策,那么用来控制事物,就可以进,也可以退。正所谓:“运筹帷幄之中,决胜千里之外。”《三国演义》中描写的诸葛亮,就是一个善于运用谋略的高手,其中刘备东吴迎亲,诸葛亮授予赵云三个锦囊妙计,就反映了他深刻的洞察力。

当时孙权拥有东吴之地,刘备已占据军事要津荆州。东吴垂涎荆州已久,但一直未能得手。恰好此时刘备的夫人去世,消息传到东吴军营,大将周瑜心生一计,说:“刘备丧妻,必将续娶,主公有一妹,极其刚勇,侍婢数百,居常带刀。我今上书主公,教人去荆州为媒,说刘备来入赘。待他来后,乘机囚禁,却使人去讨荆州换刘备。等他交割了荆州城池,我别有主意。”

东吴使者到达荆州,诸葛亮识破了周瑜诡计,又促成刘备前往东吴娶亲,诸葛亮说:“我只略用小谋,使周瑜不能得逞,而吴侯之妹,又属主公所得;荆州也万无一失。”临行之前又制定破计之策,分别装入三个锦囊,交给赵云。令赵云护送主公,并嘱如有疑难,只需依计而行即可。

赵云护送刘备一行五百余人一到达东吴驻地,就打开第一个锦囊看了计策,便唤五百随行军士,一一分付如此如此,众军领命而去,又教刘备先往见乔国老,那乔国老乃二乔之父,居于南徐。刘备牵羊担酒,先往拜见,说了吕范为媒,迎娶夫人之事。原来这正是诸葛亮的计策。诸葛亮预料孙权、周瑜的"招亲"既然只不过是一场骗局,那么便可推断孙权绝不会向东吴百姓宣传此事,更不会告诉在东吴内政方面具有实力地位的吴国太和乔国老,所以此事一旦败露,就会使孙权难以下台。因此,诸葛亮定下了大造迎亲声势的妙计。果然不出所料,在吴国太和乔国老的干预下,刘备躲过灾祸,并与孙权之妹成亲。

却说周瑜闻知弄假成真,心中大惊,又密定一计给孙权。孙权于是修整东府,广栽花木,盛设器用,请刘备与妹居住,又增女乐数十人,多送金玉玩好之物。果然刘玄德为声色所迷,全不想回荆州。赵云心中十分着急,于是拆开第二个锦囊,果然是神机妙算。赵云依计而行,急入府内,佯作失惊状禀告刘备:"今早孔明使人来报,说曹操要报赤壁之仇,起精兵五十万,杀奔荆州,甚是危急,请主公立即启程返回。"刘备与孙夫人商议,借祭拜先人之机,瞒着孙权,逃出城外,赵云等五百军士一路同行。这第二计正是诸葛亮料到,招亲成功之后,孙权与刘备之间的矛盾并不会得到解决,孙权、周瑜在硬的一手失败后,就会使出软招子,以声色犬马、奢侈生活来腐蚀刘备的斗志;而久经沙场的刘备一旦跳入"安乐窝",必然不能自拔,所以诸葛亮安排了智激刘备回荆州的妙计。

正当刘备偕夫人逃出城外,孙权得到了消息,于是令陈武、潘阿选五百精兵,不分昼夜,追赶刘备。当刘备一行逃到柴桑界首,又被周瑜早已布置的伏兵截住去路。面对前后无路的困境,刘备惊慌失措。赵云忙又取出第三个锦囊,献与刘备看了。刘备于是请夫人解危,孙夫人果然说:"吾兄既不以我为亲骨肉,我有何面目重相见乎!今日之危,我当自解。"于是孙夫人挺立道中,斥退了吴国前追后堵的几员大将,使刘备得以逃命。当刘备到达自己驻地边界,正被等候多时的诸葛亮以拖篷船救走,急驶而去。之后,周瑜率水陆两路伏兵追赶而至,又被预先设伏的关云长、黄忠、魏延杀得大败而去。

原来诸葛亮早已料到，当刘备依第二条计策出逃后，东吴大军必定会追赶，而仅以赵云所带五百军士是难以抵御的，只有依靠孙夫人以国太之宠女、吴侯之令妹的身份，才能镇住东吴将领，于是在第三个锦囊中陈献了借孙夫人之威退兵的计策。

由于诸葛亮善于运用谋略，把握事物发展变化的关键。以三个锦囊妙计，破了周瑜假招亲以夺回荆州的诡计，使东吴赔了夫人又折兵。

田忌赛马赢威王

计谋可分为上谋、中谋、下谋。上谋是无形的谋略，它使事情成功但不为人所知。中谋是有形的谋略，它帮助成就事业但留下痕迹，不过，因为用得巧妙，大家都称赞它。下谋是迫不得已所使用的下下之策，它也能扶危济困，但费力伤物。以上三种计谋，相辅相成，可以制定出最佳的方案，也就是奇谋。奇谋既出，所向披靡，自古而然。

田忌赛马的故事历来为人们所津津乐道，孙膑的计谋可谓十分高明。

孙膑从鬼谷山中出来之后，和同门师兄庞涓一起到魏国去谋职，两人都凭借自己过人的才识获得了高位，但是魏王更加赏识孙膑，这激起了心胸狭窄的庞涓的嫉妒，他采取种种卑劣残忍的手段迫害孙膑，并挖去了孙膑的膝盖骨，使得他不能正常行走。后来孙膑通过装疯卖傻成功地从魏国逃了出来，回到了齐国，并住在齐国将领田忌家中，在他手下当起了门客。主客二人经常切磋，讨论兵法，指点形势，互相引为知己。

有一天，大将田忌垂头丧气地从外面回来，谁也不搭理，只坐在屋中生闷气。孙膑感到十分纳闷，便向田忌身边的侍卫打听原委。原来是这么一回事：田忌很喜欢赛马，当天上午，他和齐威王约定，进行一场比赛。他们商量好，把各自的马分成上、中、下三等。比赛的时候，上马对上马，中马对中马，下马对下马。由于齐威王每个等级的马都比田忌的马强得多，所以比赛了几次，田忌都失败了。

孙膑听完之后，脸上露出了笑容，走到田忌身旁，对田忌说："你不要气恼了，再比一次，你一定赢。"孙膑还没有说完，田忌就瞪了他一眼："想不到你也来挖苦我！"孙膑说："我不是挖苦你，我是说你再同他赛一次，我有办法准能让你赢了他。"田忌疑惑地看着孙膑："你是说另换一批马来？"孙膑摇摇头说："连一匹马也不需要更换。"田忌毫无信心地说："那还不是照样得输！"孙膑胸有成竹地说："你就按照我的安排办事吧。"

田忌看到孙膑如此胸有成竹，肯定是早已经有了胜算的对策，加上平时对孙膑的了解，他便说道："那好吧，我听你的。"于是又向齐威王发起了挑战。

齐威王屡战屡胜，正在得意扬扬地夸耀自己马匹的时候，看见田忌陪着孙膑迎面走来，便站起来讥讽地说："怎么，莫非你还不服气？"田忌说："当然不服气，咱们再赛一次！"说着，"哗啦"一声，把一大堆银钱倒在桌子上，作为他下的赌钱。齐威王一看，心里暗暗好笑，于是吩咐手下，把前几次赢得的银钱全部抬来，另外又加了一千两黄金，也放在桌子上。齐威王轻蔑地说："那明天再赛一次吧！"

第二天，齐威王带着打扮一新的王妃、王子们，早早来到了赛场，他心里正在盘算着到时怎样讥讽屡战屡败的田忌。而田忌因为有孙膑做军师，信心十足，脸上充满着胜利在握的喜悦。

一声锣响，比赛开始了。孙膑先以下等马对齐威王的上等马，第一局输了。齐威王站起来说："想不到赫赫有名的孙膑先生，竟然想出这样拙劣的对策。"

孙膑不去理他。接着进行第二场比赛。孙膑拿上等马对齐威王的中等马，获胜了一局。齐威王有点心慌意乱了。第三局比赛，孙膑拿中等马对齐威王的下等马，又战胜了一局。这下，轮到齐威王目瞪口呆了。

比赛的结果是三局两胜，自然是田忌赢了齐威王。还是同样的马匹，由于调换一下比赛的出场顺序，就得到了转败为胜的结果。在这里，孙膑所使用的就是奇谋制胜的办法。

优孟智谏楚庄王

“智士达于数，明于理，不可欺以不诚，可示以道理，可使立功。”这句话是说，有智慧的人通达数术，明晓事理，不能用不诚实的言行相欺骗，反而可以向他们说明道理，让他们建功立业。对于这样的人，进谏之人也要采取一定的小策略，注意方法，讲明道理，才可能取得预期的效果。优孟智谏楚庄王便是很好的例子。

在中国古代的宫廷中，有着一批专门的歌舞艺人，他们地位卑贱，但是往往多才多艺，幽默机智，常常用谈笑方式婉转地对君王进行规劝，楚国人优孟就是其中典型的一位。优孟身高八尺，富有辩才，是深受楚庄王喜爱的一位宫廷艺人。

楚庄王有一匹自己十分喜爱的马，他给马穿上华美锦绣做的衣服，把它安置在雕梁画栋的房子里，用没有帷帐的床给它做卧席，用蜜饯的枣干喂养它。谁知这匹马生来不是富贵命，很快因得肥胖病死了。楚庄王十分伤心，吩咐臣子们给马治丧，想用棺椁盛殓，依照安葬大夫的礼仪安葬它。周围近臣纷纷劝阻他，以为不能这样做。庄王大为恼怒，下令说：“有谁敢于因葬马的事谏诤，就杀死他。”

优孟听到这件事，走进殿门，仰天放声大哭。庄王感到很吃惊，问他哭的原因。优孟说：“马是大王所珍爱的，凭力量巨大的楚国，有什么得不到的，却按照大夫的礼仪安葬它，太微薄了，请用安葬君主的礼仪安葬它。”庄王说：“为什么？”优孟回答说：“我请求用雕刻花纹的美玉做内棺，有花纹的梓木做外椁，楩、枫、橡、樟各种上等木材做护棺的题凑，发动战士给它挖掘墓穴，年迈体弱的人则背土筑坟，齐国、赵国的代表在前头陪祭，韩国、魏国的代表在后面守卫，盖一座庙宇用牛羊猪祭祀，拨个万户的大县供奉。各国听到这件事，都知道大王轻视人而重视马呢。”

庄王听后，着急地说：“我的过失竟然到了这个地步吗！那该怎么办呢？”

优孟说:“让我替大王用对待六畜的办法来安葬它。筑个土灶做外椁,用口铜鬲当棺材,用姜枣来调味,用木兰来解腥,用稻米作祭品,用火光做衣裳,把它安葬在人们的胃肠里。”庄王听从了优孟的建议,派人把死马交给主管宫中膳食的太官。

楚国国相孙叔敖帮助楚庄王治理国事,颇有政绩,楚庄王也十分看重他。可是他逝世后,楚庄王却忘了他的功劳,对于他遗族的生活也不予照顾。优孟穿戴着孙叔敖的衣冠,模仿其神态,走到楚庄王身前祝寿。庄王大惊,以为孙叔敖复生,要求他再作国相。

优孟说:“楚国的国相千万做不得,像孙叔敖那样,尽心竭力为楚国效劳,楚王因此称霸,死后他儿子却靠打柴糊口。”楚庄王这才发觉他原来不是孙叔敖。优孟接着脱下孙叔敖的衣裳,唱了一支歌:“贪官污吏享荣耀,子孙不愁穷,有的是民脂和民膏;公而忘私就糟糕,你先看——楚国令尹孙叔敖,苦了一生,身后萧条;子孙尤其苦,没着没落没依靠;劝你不必做清官,还是贪官污吏好!”

楚庄王听后,又是感动又是羞愧,马上封赠孙叔敖的儿子。

优孟之所以能成功的阻止楚庄王厚葬自己的爱马,是因为他成功地使用了先顺后逆的“夸大法”,从而达到了使楚王幡然醒悟的目的。

现实生活中我们往往碰到这种现象:明明是执迷不悟,但还自认为是完全正确的。在这种情况下,劝说他(她)的一个很好的办法便是先假设对方是正确的,然后顺着对方的思路或者逻辑,将其进行夸大或者是继续往前推理,当对方见到自己的做法会引起如此严重的后果时,便会自觉地改正。

看来,对人做思想工作,要特别注意方式方法,哪种方式最易使对方接受就采用哪种方式。而“将欲废之,必固兴之”,这一朴素的辩证观点,是值得我们学习的。

郭子仪单骑解重围

唐朝名将郭子仪手下有一名大将叫仆固怀恩,在安史之乱中立过战功。他不满意唐王朝对他的待遇，发动叛变，派人跟回纥和吐蕃联络，欺骗他们说，郭子仪已经被宦官鱼朝恩杀害，要他们联合反对唐朝。

公元765年，仆固怀恩带领回纥、吐蕃几十万大军进攻长安。仆固怀恩到了半途上，得急病死了。回纥和吐蕃大军继续进攻，唐军抵抗不住，回纥、吐蕃联军一直打到长安北边的泾阳，长安也受到威胁。唐代宗和朝廷上下都震动了。大家都认为，要打退回纥、吐蕃，只有依靠郭子仪。

那时候，郭子仪正在泾阳驻守，手下没有多少兵力。他一面吩咐将士构筑防御工事，不许跟敌人交战。一面派探子去侦察敌军的情况。根据侦察到的情况，回纥和吐蕃两支大军虽说是联军，但内部矛盾重重。于是，当天晚上，郭子仪派他的部将李光瓒偷偷地到了回纥的大营，去见回纥都督药葛罗。哪知药葛罗奇怪地说："郭令公还活着？听说郭令公早已被杀，你别骗人了。"

李光瓒告诉药葛罗，郭令公现在就在泾阳。但是回纥将领说什么也不相信。

李光瓒回到唐营，把回纥人的怀疑向郭子仪回报了。郭子仪认为应该自己去走一趟，也许能劝说回纥退兵。将领们认为让元帅亲自到敌营去太冒险。有人提出，派五百个精锐的骑兵跟郭子仪一起去，万一与回纥人动起手来，也有人保护。

郭子仪说："不行！带这么多兵去，反而会坏事。我只要几个人陪我一起去就可以了。现在敌人兵多，我们兵少，要真的打起来，不但我们难保，国家也要遭难。我这次去，如果和他们谈判成功，那就是国家的幸运；即使我有什么三长两短，还有你们在嘛！"

说着，他跳上了马，带着几个随从兵士，骑马出了城，向回纥营的方向奔去。

回纥兵士远远望见有几个人骑马过来，连忙报告药葛罗。药葛罗和回纥将领们大吃一惊，命令兵士摆开阵势，拈弓搭箭，准备迎战。

郭子仪带着随从兵士到了阵前，药葛罗和将领们目不转睛地望着来人，异口同声地叫了起来："啊，真是郭令公他老人家！"说着，大伙一起翻身下马，围住郭子仪下拜行礼。

郭子仪跳下马来，走上去握住药葛罗的手，和气地对他说："你们回纥人曾经给唐朝立过大功，唐朝待你们也不薄，为什么要帮助仆固怀恩闹叛乱呢？我今天到这儿来，就为了劝你们悬崖勒马。"

药葛罗很抱歉地说："令公别这么说。我们是受了仆固怀恩的骗，以为皇帝和令公都已经死去，中原没有主人，才跟着他上这里来。现在知道令公还在，哪会同您打仗呢？"

郭子仪说："吐蕃和唐朝是亲戚关系，现在也来侵犯我们，掠夺我们百姓财物，实在太不应该啦！我们决心要回击他们。如果你们能帮我们打退吐蕃，对你们也有好处。"

两人一番谈论之后，回纥元帅终于被郭子仪说服，并答应去攻打吐蕃兵。这个时候，回纥兵慢慢靠近郭子仪，郭子仪的随从有点紧张起来，也挨到郭子仪身边，想保护他。郭子仪挥了挥手，叫随从让开，接着就叫药葛罗派人拿酒来。药葛罗的左右送上酒，与郭子仪一起把酒洒在了地上。郭子仪大喊："大唐天子万岁！回纥大汗万岁！"药葛罗也跟着郭子仪起了誓，洒了酒。双方订立了盟约。

吐蕃兵知道以后，非常害怕，就决定连夜逃走。唐军与回纥联合起来进行追逐，大胜吐蕃。

"私不如结，结比而无隙者也，"意为同心相结，之后便可亲密无间，从而做到无懈可击。郭子仪在此便是运用"私不如结"的方法。由于身处劣势，独木难支，他便在分析双方情势的情况下，以软硬兼施的方法说服药葛罗与唐军联合作战，大胜吐蕃，保全了大唐，其眼光高远又切合实际，此计谋运用得可谓恰到好处。

陈平献策退敌军

了解了事物的真相，明白了事情发展变化的趋势，就会促使对方产生能够诱使事物朝有利于自己的方向发展的意图,进而产生解决问题的方法。得知对方的内心体验是“谋”的前提,之后就要构思“谋”的策略,采取行之有效的方法,最后便是付诸实施的阶段。在实施过程中还要根据外界环境的具体变化合理调整策略,以求能够达到自己的最终目的。所以《谋篇》中说道:“变生事,事生谋,谋生计,计生议,议生说,说生进,进生退,退生制,”这几个环节是环环相扣的系统工程。

汉初,匈奴不断南侵,所到之处掠人抢粮,杀牛马烧房屋,成了汉朝在北方的一大心患。公元前200年,汉高祖刘邦为了剔除心头之患,率大军三十万御驾亲征。

当时,匈奴单于冒顿正率领几十万人马围攻晋阳,冒顿得知汉高祖亲征,便率领自己的人马悄悄地赶到白登山设伏。

刘邦及三十万大军被困白登山。刘邦大军屡次突围也没能成功。正在刘邦一筹莫展之际,谋士陈平献计道:“皇上,臣有一奇想,不知可否?”

刘邦一听有破敌之策,猛地回转身来,弯腰扶起陈平:“快快起来,讲讲你有何奇想?”

陈平站起来,向刘邦俯耳说道:“昨天有探子报我,说冒顿这人喜好女色,身边总离不了美女,偏偏他夫人阏氏是个出了名的醋坛子,两人常常为此反目,所以冒顿每次出兵,阏氏都是随侍左右以监督,而且在这件事上,冒顿因有把柄在其夫人手里,对夫人是言听计从。我想……”

刘邦原以为谋士陈平有退敌妙计,及至听完了陈平的想法却又踌躇起来,堂堂单于喝令千军万马,在两军对垒的大事上,难道真会受一个女人的左右?刘邦感到希望很小。

此刻,谋士陈平看到刘邦在火烧眉毛的时候仍举棋不定,便急忙向刘邦说道:“皇上,老臣愿亲自出马,保证马到成功,请速速决断!”

刘邦沉吟良久,苦于一时并无其他良策,便答应了陈平。

于是,陈平与一使者在做了精心准备之后,打扮成匈奴兵的模样,悄悄下山，混入匈奴营中，来到了位于营后单于皇后阏氏的帐前。

那位使者轻轻地掀起帐帘一角向里窥望，冒顿不在，只有阏氏一人在对镜理妆。于是，他回身向陈平招了招手，二人掀起帐帘大模大样地走了进去。

阏氏看到两个陌生人闯进帐内，厉声喝问："什么人？敢私闯我帐？"

陈平弯腰一躬，朗声说道："请皇后息怒，我等乃汉朝皇帝的使者，特来见单于讲和。"

阏氏一听说是汉朝的使者，提高了警惕，说道："单于不在，你们可到前账找他。"

陈平又是弯腰一躬，轻声说道："遵命。只是汉朝皇帝送给阏氏皇后的礼物，须请你亲自过目。"说完，陈平从使者挎着的兜里拿出了黄澄澄、亮晶晶的金银珠宝和一些首饰、头冠等物品。这些东西一放到阏氏的梳妆台上，只见流金溢彩，熠熠生辉，这对长期生活在漠北的阏氏有着极大的诱惑力。她轻轻地拿起来，抚摩着、观赏着。

一旁的陈平察言观色，对阏氏的一举一动仔细揣摩。陈平一生阅人无数，以他丰富的阅历，断定探子所报不假，于是，便恰到好处地说道："皇后，我们汉朝皇帝听说单于喜欢美人，特地挑选了一些美女，准备送给单于，这幅美人图，是选送给单于先看样子的，请皇后过过目看行不行？"陈平边说边从使者手里接过来一幅画轴。

画轴展开，只见画上的女人美艳绝伦，娇嫩无比，双目流盼，风情万种。不要说男人，就是女人见了也顿生亲近之感。

阏氏本来就对冒顿喜欢女人既不放心又气愤，此刻听了陈平的一番话，又亲眼看了这幅美人图，立刻醋意大发，此刻，阏氏的脸一会儿青，一会儿白，心中有气，但又不便当着汉朝使者的面发作出来，只是将两排银牙咬得紧紧的，两只眼睛盯着梳妆台发呆，不再说一句话。

陈平一看阏氏中了他的无中生有计，心中暗喜。但为了把戏演像，陈平轻轻地咳了一声，缓缓将美人图收起，对阏氏说道："皇后，军情紧急，能否请您让下边的人到前账去，将单于请来过目礼品，同时禀告其讲和条件？”

阏氏愣了愣神，连忙说：“不用了，你们将礼品放在这里，暂且回去，我让单于退兵即是。”陈平老谋深算，欲擒故纵。此刻，他对醋意大发的阏氏激将道：“皇后，军情大事，还是请单于当面来谈得好。”

阏氏银牙一咬，眼睛一瞪：“怎么，不信任我？”

陈平再一躬身，做出一副诚惶诚恐的样子：“岂敢，只是——”陈平故意拖长了声音，引而不发。

“回去告诉你们汉朝皇帝，单于决定退兵！”阏氏斩钉截铁地说。

陈平和使者立起身来，匆匆地答应了个“是”字，便迅疾转身退出帐外，悄悄地溜回了汉营。

第二天一早，困了一晚的刘邦正迷迷糊糊地假寐，侍从突然报告，冒顿已经撤兵。

刘邦匆匆穿衣，再次登高而望，果然，冒顿的几十万大军已经撤帐远去，陈平的计谋果真奏效了。

陈平献此计，首先是抓住了刘邦面对冒顿大军苦无计策的时机，在这种情况下才提出了以女色激冒顿皇后阏氏的办法。若在有其他办法的情况下，刘邦是很难相信此策的，所以陈平抓住时机提出此谋，刘邦才有兴趣，准行其策。在实行计谋的过程中，陈平又能根据时机，察言观色，使用激将法，终获成功。

把握先机，制人握权

《鬼谷子·谋篇》中指出：“事贵制人，而不贵见制于人。制人者，握权也；见制于人者，制命也。”

在战争中，善于指挥作战的将领，总是千方百计地去调动敌人而不被敌人所调动。“制人”掌握了战争主动权，就能牵着敌人的鼻子走，成为敌人命运的主宰者，主动灵活地争取战争的胜利；“制于人”便失去了战争的主动权，从而被对方牵着鼻子走，只有招架之功，没有还手之力，处于被动挨打的局面。

一个人，唯有牢牢掌握“制人握权”的原则，才不会在现实生活中陷于被动的境地。

1944年，法西斯德国败局已定。美、苏、英各国军队在多条战线上取得重大战果。为了研究如何处理战后一系列的遗留问题，特别是如何处理战败国德国，苏、美、英三国首脑决定再次举行会晤。

最高首脑会晤时间、地点和会议程序的选择及确定，历来是一个重要的问题。当时，美国总统罗斯福身体状况已严重不佳。因此罗斯福提出，会晤是不是可以定在1945年春天，这时天气已暖，他的身体可以吃得消。

老谋深算的斯大林早已了解到罗斯福的病情，他知道，一个疲惫不堪、精力不支的首脑在谈判中是不会保持坚强的意志和耐力的，是无法与一个体魄强健的对手较量的。在罗斯福这种身体状态下，他很容易感到厌倦、焦躁、虚弱，从而轻而易举地向对手让步。于是斯大林电告罗斯福：由于形势发展急速，一系列问题迫切需要解决，因此最高首脑会晤不能拖延，最迟应该在1945年的二月份内举行。

罗斯福无可奈何，只好同意这个日期，但他提出，因为健康原因，他只能坐船去开会，这样旅途要花很长的时间，所以他希望会谈地点不要选得太远。另外，开会的地点最好气候暖和一些，对身体有利。

斯大林则拒绝去任何苏联控制以外的地方，而坚持会议必须在黑海地区举行。并且提出在黑海边上克里米亚半岛的雅尔塔小城镇举行。这样，斯大林可以以逸待劳，制人握权，并且随时与莫斯科保持联系。

罗斯福再没办法讨价还价，他只好拖着病躯，硬着头皮，前住冰天雪地的雅尔塔。当罗斯福经过几十天艰辛跋涉到达雅尔塔的时候，人们发现这位总统面色憔悴，几乎精疲力竭。

斯大林、罗斯福、丘吉尔到达雅尔塔后，无休无止的会晤、谈判开始了。日程安排得极为紧张。首脑会议多达20次，每次罗斯福都得参加。另外还有大量的宴会、酒会、晚会。这一切使罗斯福疲惫不堪。在谈判中，罗斯福强自打起精神，与斯大林讨价还价，但终因体力不支，注意力分散，争辩不过斯大林。最后不得不草草结束会议，按苏联的意思签订了协议。

罗斯福回到美国后几周，就逝世了。美国人强烈批评罗斯福与斯大林签订的《雅尔塔协定》，认为它对苏联做了大幅度的妥协，是对美国与西方利益的“背叛”。

一位著名的政治家说过，政治的较量到了最后就是身体的较量、意志的较量。一个优秀的政治家善于制人握权，充分利用和强化对手在身体上、意志上的劣势，就能在较量中轻易地击败对手。

商战取胜，计谋先行

圣人的谋略是秘密的，而愚蠢的人立身处世张扬外露。外表不表现出喜怒哀乐的人，才可以诉以衷情，托以重任。灭亡了很难复存，危难很难变得安全，只有靠暗中运用智谋，去预先避免这些灾祸。所以说，天地的演化，在于高深莫测；圣人的谋略，在于隐蔽不露。不但使用忠信仁义，其他手段也可用，只要是人间正道。这是鬼谷子先生的观点，也是马基雅维利主义的观点。理论家们批判它，企业家们使用它。

敌强我弱，而又不能马上增强自己，要想获胜，大约就得靠点智谋了。技高一筹，往往让人拍手称奇。

20世纪初，中国仍在半殖民地半封建社会中挣扎着，民族工业面对的是列强的垄断和扼杀，举步维艰。但仍有一些民族精英在强敌面前不畏困难，为民族工业的发展勇敢而机敏地同外强竞争着。吴蕴初，以味精业起家，自行研制的天厨牌味精很快占据了广大市场。日本人觉得他们的“味之素”守不住原有的市场份额了，于是就准备利用自己雄厚的资金力量，打一场价格战，用最低的价格同天厨味精抗衡，最好是能把天厨味精置于死地。

而这个时候，天厨味精正是供不应求，好多订单都完成不了，要想扩大生产，却又不是一天两天的事，于是吴蕴初就想出了一个更绝的方法来。他秘密地让手下人大量收购日本人低价的“味之素”，然后换上天厨味精的包装，远销到当时的香港和东南亚地区。反正日本人的“味之素”质量并不差。这些日本人抛出了大量“味之素”却如泥牛入海，一点市场的反应都没有。他们哪里知道是被吴蕴初偷梁换柱了，不仅没有打击对手，反而帮了对手的大忙。

大家看到这样的胜利都很高兴，只有吴蕴初心底里有一丝隐隐的不安。因为生产味精的盐酸用的全是日本货，万一日本人狠起来，卡了天厨的脖子，麻烦就大了。于是，他又鼓动股东们建立了中国第一个氯碱厂，起名天原。天原生产盐酸和烧碱，而在当时国内烧碱是英国人垄断的东西，现在中国人自己干了，英国人哪能不生气呢。他们又想打价格战，企图一下子把天原扼杀在摇篮中。

股东们知道了这一消息都很气愤。他们说，英国人降价，我们也降，他们卖 14 两一担，我们就卖 13 两，反正降来降去得好处的是我们中国人。吴蕴初觉得天原的底子太薄，这样和英国人斗气，很快就会伤了元气。于是他就想出了一个缓和的办法，用软政策先稳住英国人。

吴蕴初先找到英国卜内门公司的一个化验师，他是个中国人，吴觉得好说话，就把他请到一家饭店。到了酒酣耳热的时候，吴向那个人诉说了中国化学工业的落后，先激发其对国家的感慨之情，然后诉说了天原的艰难处境，让他与英国人说一说，两家最好不要做敌手，他们的天原，不仅不是英国人的对手，反而还要英国人尽量地照顾呢。话说完了，还送了那人不少的银子。与外国人竞争，哪有中国人不向着中国人的呢，何况还拿了人家的银子。

之后，吴蕴初还把英国人请到天原，让他们实地考察。英国人看了一圈，相信天原无意与卜内门公司竞争。况且他们也觉得为了这样一个小厂，进行价格战并不划算，一场价格战下来，白花花的银子会损失不少。

英国人哪里想得到，中国人的智慧加上中国人的爱国情结再加上中国人的市场，让天原有了一个极快的发展速度。等到英国人回过味来，已经是打不起一场价格战了，他们剩下的，只有后悔的份儿。

吴蕴初可谓使用谋略的高手，先是暗中派人收购“味之素”，偷梁换柱销到海外;又以示人以弱、表示友好的方式向英国公司表示无意与他们竞争,使英国公司放松了警惕,给了自己喘息壮大的机会,终于使他的企业得以全面的发展。

决术第十一

本篇提要

“决”就是做决定,下决断,所以本篇讲述的是关于决策事物的原则、方法以及决策的意义等问题。古语有云:“当断不断,反受其乱”。文中也强调了“决”的重要性,认为善于判断情况,做出决断是万事成功的关键。

文中首先说到“决”的前提条件——获得实情。只有在知晓游说对象实情的条件下,才能做出正确的决策。否则,就会因困惑而制定不出有益于自己的决策来,不但自己的建议得不到对方的接纳,还会导致关系的疏远,甚至给自己带来祸害。决策过程的一个重要原则就是趋利避害,如想让别人采纳自己的建议,就得从对方的立场出发。在探知实情后,做出使对方觉得有利可图的决策,才易于被对方采纳。

决策前目标的选择十分重要,最佳的选择便是名利双收的目标:或者是选择有把握的,使决策的事物能够上下紧密联系;或者是选择当务之急需要解决且棘手的问题;或者是选择轻而易举便能解决的;或者是选择对自己利益最大的等等,但所有的选择都需建立在实事求是的基础上,而且还要充分发挥主观能动性,只有两者结合才能完成目标。

文中还说到圣人成功的五种决策方式:“有以阳德之者,有以阴贼之者,有以信诚之者。有以蔽匿之者,有以平素之者”。“阳德”重在肯定、鼓励对方,以德泽服人;“阴贼”重在暗地里阴谋诡计的使用;“信诚”重在与对方坦诚相交。真心相待;“蔽匿”重在以仁爱包容他人的弱点与错误,以调动对方的积极性:“平素”重在遵循常理的规范性决策。从总体上分析,这五种方法就是指所做的决策是光明正大还是阴谋诡计，而且两者还可相互转化，需要运用时灵活把握，所以说这五种解决问题的方法具有很强的现实指导意义。

【原文】

凡决物，必托于疑者[①]。善其用福[②]，恶其有患[③]；善至于诱也，终无惑偏[④]。有利焉，去其利，则不受也，奇[⑤]之所托。若有利于善者，隐托于恶，则不受矣，致疏远。故其有使失利者，有使离害者，此事之失[⑥]。

【注释】

①决物：决断事情。托：依托。

②善其用福：以得到幸福为善，意即喜欢有幸福。

③恶其有患：厌恶有祸患。

④诱：诱导。惑：疑惑。偏：偏颇。

⑤奇：指奇妙的计谋。

⑥失利：丧失利益。离害：遭遇祸害。"离"，通"罹"，遭受。事之失：决断事情的失误。

【译文】

凡是决断事情，都是存有疑惑。一般说来，人们总希望遇上幸福，而不希望有灾祸；如果善于诱导，最终就会消除疑惑和偏颇。在为人做决断时，应该有利益，如果失去利益就不会被接受，这也是制定奇策的依托。任何决断本来都应有利于受托者，但是如果在其中隐含着不利的因素，那么受托者就不会接受，彼此之间的关系也会疏远。所以，在决策方面，如果使对方失掉某种利益，或者使对方遭受祸害，这就是决断事情的失误。

【原文】

圣人所以能成其事者有五：有以阳德之[①]者，有以阴贼之[②]者，有以信诚之[③]者，有以蔽匿之[④]者，有以平素之[⑤]者。阳励于一言，阴励于二言，平素、枢机以用，四者，微而施之[⑥]。于是度以往事，验之来事，参之平素，可则决之[⑦]；公王大人之事也[⑧]，危而美名者，可则决之；不用费力而易成者，可则决之；用力犯勤苦，然不得已而为之者，可则决之；去患者，可则决之；从福者，可则决之。

【注释】

①以阳德之：用道德公开地感化别人。

②以阴贼之：用隐蔽险恶的方法残害，即暗中害人。

③以信诚之：用忠实的态度收服对手。

④以蔽匿之：用遮盖的方法来掩护人。

⑤以平素之：用廉洁来净化一方。

⑥阳励于一言，阴励于二言：公开办事，言辞要一致；暗中办事，要善于说两种话。平素、枢机以用：既用公正的办法，又用机巧的手段。四者：指一言、二言、平素、枢机。微而施之：微妙地使用。

⑦这句话的意思是：用从前的事来衡量，用将来的事来检验，用平素的事来佐证，如果可能的话，便决断下来。

⑧公王大人之事也：即侍奉王公大人，为其谋划。

【译文】

圣人所以能完成大业，主要有五个途径：有用道德公开感化众人的；有用计谋暗中算计对手的；有用忠实的态度收服对手的；有用遮盖的方法来掩护他人的；有用廉洁来净化一方的。公开办事，言辞要一致；暗中办事，要善于说两种话。既用公正的办法，又用机巧的手段。这四种方式都要微妙地使用。在决断事情时，用过去的事来衡量，用将来的事来检验，用平日经常发生的事来参考佐证。如果可行的话，便要决断下来。给王公大人谋划事情，如果那事情高雅又能获得美好声誉，只要能施行，就马上决断；如果那件事情不用费力便可以容易地获得成功，就马上决断；虽然那件事情办起来要费力，要忍受劳累困苦，但是又不能停止下来不做，只要能施行，要马上决断；能排除忧患的事，只要能施行，就马上决断；能追求到幸福的事，只要能施行，便马上决断。

【原文】

故夫决情定疑①，万事之机②。以正治乱、决成败，难为③者。故先王乃用蓍龟④者，以自决⑤也。

【注释】

①决情定疑：判断实情，解决疑难。

②万事之机：办理各种事务的关键。

③难为：很难做好。

④蓍龟：占卜之物。蓍，蓍草。龟，龟甲。

⑤自决：用来帮助自己决断。

【译文】

因此说，判断实情，解决疑难，是办理各种事务的关键。它关系到社会的动荡太平，个人事业的成败，这是一件很难做好的事。所以，古代先王经常用筮草和龟甲进行占卜，从而帮助自己做出决断。

【解析】

所谓的“决”就是决定、决断。在现实生活中，准确地决策有着举足轻重的作用。我们常说：“当断不断，反受其乱。”可见，正确的决断是何等重要。本篇就是围绕这一论题阐述了决断的必要性和重要性以及决断的原则和方法。

本文开篇指出了决断的起因：“为人凡决物，必托于疑者。”凡是要做决断，是因为存有疑虑。大千世界纷繁复杂，变化多端，处处都充满着疑虑。当面对疑虑时，人们都希望自己具有未卜先知的能力，以便趋吉避凶，做出最正确的抉择，这就是决断的重要意义。

人生在世，人们总是希望遇到好事，厌恶遇上灾祸，这是人之常情。其实，即使不利有害的事情，通过循循善诱最终也不会让人陷入疑惑。事物总是存在利益，失去利益就不会被接受，这就是运用奇谋的基础。如果决策表面是做善事，而实际上却暗中作恶，这样是不会被别人接受的，最终还是招致疏远。所以，决策让人失去利益，使人遭遇危害，就是决断的失败。

鬼谷子在本篇列举了五种决策的方法：公开、隐蔽、诚信、掩饰和常规，即用公开的感化决断、用隐蔽的谋略决断、用诚信的方法决断、用掩饰的计策决断、用常规的手法决断。需要强调的是，在决断事物时，一定要遵循决策原则："度以往事，验之来事，参之平素"，即实施公开感化的方法，应该坚持守常如一；实施隐蔽谋划的方法，要变化多端；再配合常规的方法，技巧的手法，这四种方法都要微妙地综合运用。这样在下决断的时候，就可以用以往的事情来衡量，以便为未来的事情做验证，再参考日常的情况，如果可行，就可以做出决断。圣人之所以能够成就大业，就是因为他们用这五种方法来"决情定疑"，理断万物。

另外，文中还指出，决策关系到"正乱治、决成败"，这就提醒决策者要认识到决断实情、解决疑难是万事的关键；在一定条件下，能够决策的事物就要迅速决断，以免错失时机；在决断事情时必须慎重，这样才能做出正确决断。可以说，这些观点都是当代决策科学中的瑰宝。

【应用事例】

一般情况下，人们都是通过事物变化产生的疑点，来制定应对策略的。如果判断对方是可以说动的，可以为我所用的，就用对对方有好处的语言表述来打动他，从善的方面表述，运用灵活就好像诱饵，最终可以解决各个疑点。

如果判断对方是不可说动的，无法为我所用，就用对对方不利的语言表述，让他知道他会有危险，我们是为了他好。或许会引起变化的发生，这一点就是出奇制胜的根据。

如果是有利可图的事，没有想尽办法让别人感觉到对他有好处，别人是很难接受的。如果是有利可图的好事，但是别人预感到会产生不好的结果时，别人也不会接受，乃至于还会导致关系疏远。

所以在外交事务中，导致办事失败的原因有两种：一种是，别人预感到会失去利益的时候；另一种是，别人预感到距离危害已经不远了的时候。在制定谋略的时候，一定要把这两个因素考虑进去，在实施谋略的时候一定要打消掉别人的顾虑，否则就会导致功亏一篑。

旅人借助"石头汤"成功避寒

不管是现在还是过去，一个人预料到事情能很好地发展，那么他就愿意去实施、去努力奋斗，相反的，当他预料的后果不是很理想，那么事情一开始，他基本已经算是失败了。要想成功说服他人，就帮他预想好的效果，那么即使过程艰苦，他们心中那个胜利的信念一直会激励着他们，并愿意为之努力去奋斗，一直到胜利，看到胜利的果实。

当我们想说服别人时，可以采取由小及大的方法，分步骤、分阶段地去分析事理。这样的益处在于容许被说服者在接受说服时存在一个认识过程，逐步获得那些全新的认识。善于谈判的人就特别善于使用这一招。

那是一个风雪交加的夜晚，一个饥寒交迫的旅人来到了一家富人的门口，他对看门的仆人说："我不想得到什么，风雪这么大把我的衣服弄湿了，我只想让您让我进去，在你们的火炉上将湿了的衣服烤干，得到一些温暖就可以了！"于是谨慎的仆人想，自己也就能给他帮这点忙，这也不是什么大事，于是就让他进去了。然后这个旅人见到了厨娘，于是他请求美丽的厨娘借给他一个锅，让他煮点"石头汤"喝。他说："我有一颗特别神奇的石头，可以煮出美味的'石头汤'。您也不需要为我提供什么，只要将您的锅借用于我就可以。"

"石头汤？"厨娘很惊讶，"我倒很想看看你是怎样用石头做成汤。"于是厨娘就答应了，并提供了柴火。旅人从怀里郑重地掏出"神奇的石头"放到清水锅中，不一会儿开水就烧开了，他尝了一下吧嗒吧嗒嘴巴说道："太棒了！简直比鸡汤还鲜！不过，如果能再加点盐就好了！”厨娘又帮忙加了点盐。

汤翻滚了一阵后，旅人又尝了一下道：“哇！没得说！这简直就是海鲜汤！只是稍微有点腥，若能加点葱就更好了！”厨娘又加了点葱。

汤滚了几滚，旅人又尝了一下道：“哇！太棒了！如果能加点青菜、萝卜就更加的好了！”厨娘又加了点青菜、萝卜。

汤又滚了几滚，旅人又尝了一下道：“哇！哇！哇！真是太棒了！如果能加点肉丝就更好了！”厨娘又加了点肉丝。

神奇的“石头汤”终于煮好了！旅人邀请大家品尝，大家喝了之后，都说，这石头真是神奇，真是不可思议，竟然可以煮出这么美味的汤。旅人，无疑是一个成功的谈判家，因为他说服了厨娘，实现了自己的目的。

没有钱、没有时间、没有资源、没有工具、没有团队、没有人脉关系……这些都只是借口而已。在当今这个时代，没有资源，或者凭借一点点资源，也可以成就大业。怎么做呢？这就要求你拥有谈判家的智慧、口才与行动。当你能够说服拥有你想要的一切的来帮助你时，你就成功了。

旅人诀窍就在于他没有急于求成，而是采用了由小到大、步步递进的说服方法，一步一步具体而又细致地为对方剖析隋势，为其出谋划策，一步一步地把双方的心理距离拉近，首先让仆人对他警惕的心放下来，然后让他进入屋里，然后让厨娘对“石头汤”产生兴趣一点一点地为旅人提供他所需要的食材，直至所谓的“石头汤”弄好。就是这样，由小到大地一步一步逼近预定目标，最终取得了说服的成功。

当我们遇到事情的时候首先需要对事情冷静分析，沉着、冷静、不冲动，才能会给我们带来好运。前行的过程中，遇到困境就要多用理性的头脑加以分析。说服者一定要学会，用好的结果说服被说服者，人总是心中有理念，有信念的时候才会有奋斗下去的力量和精神支柱。

别把做事的希望放在别人身上

人生可以要人帮助,要人提拔,但不能要人去替自己办一切的事,如果只想一味依附别人,那自己就不是真正的自己。

凡林从师范大学毕业之后,分配到一所中学教书。说实话,她那时并非想南飞。

春节,两位去深圳的同学回来,她们鼓动凡林说:"像你这样的女人去南方不会惹是非,事业肯定有成就。"

父母听说凡林要走,连忙找那些有亲友在南方的人咨询,回家劝凡林说:"人家公司都要靓妹,弄不好你会流落街头的。"

凡林才不信呢,世界上并非鲜花有价值,牛粪还能烧火上肥呢。

凡林应聘到一家公司,老板叫杜力,凡林的写字间正在他隔壁,一块玻璃墙无遮挡,看得见他也看得见凡林,可他们之间的距离却又是那么遥远,对面相逢凡林一声"杜总"便低头匆匆掠过,至于他是否点头微笑。凡林全然不知。

凡林打电话尽量简洁,电脑打字纸一张也舍不得废掉。凡林不晓得杜总是怎么知道她工作情况的,每个月凡林的工薪都在增加,一年后便从3000元升到6000元。

凡林了解自己,她不奢求生活会无缘无故恩赐她什么,她既不自信,也不自卑,心如静水地面对生活,节假日她很少逛街,高档化妆品和衣物几乎与她无缘,她极少打电话,更不会为约会而坐立不安、影响工作。在这座喧闹的城市里,她活得恬淡、宁静、平和、认真。

1992年,随着房地产生意的衰落,公司的效益每况愈下,资金不足,贷款到期,杜总投资建房把1000万元死死压在海边,每月工资都在告急。

春节过后,公司职员纷纷"跳槽"。

1993年3月,董事长办公室文员只剩两位,她的工作负担陡然加重,除了以前的工作外,还兼杜总的秘书和策划部的一些杂活儿。

玻璃墙那边,杜总的身影忽隐忽现。她不知为什么,变得关心杜总的行踪了。每天上班,只要见他在那边坐着,她心中就喜悦、就安定;若是一天不见他的影子,她就怅然若失,仿佛丢掉了什么珍贵东西,坐立不安;若是几天听不见他的声音。她就觉得心里发慌,连觉也睡不踏实了。

她尽心尽力地去帮杜总做一切琐事,她把他的文具全部归类存放好,听电话,接待来宾,工作调度……只要是杜总吩咐她的,不管是分内分外,她一定全力以赴去做,并做得令他满意。

有一天,她为杜总泡好一杯绿茶。

他突然抬头望着她问道:"你为什么不离开我呢?"

她呆呆地望着他,一时不知该怎样回答他。

"有机会就走吧,不瞒你说,公司起死回生很难。"

她心中突然迸发出一股冲动的激情,那时她真想对这个男人说:我会陪你渡过难关的,我们一定能够战胜困难的,请相信我。

但在杜总冷漠严峻的表情下,她不敢说出来。

她坚定地留了下来。

强龙也有像蚯蚓的时候。那天杜总同她聊公司的一些烦恼事,那神情像是对一位朋友。

凡林鼓起勇气对他说:"我晓得您现在急于还借贷款,我为您策划了一个方案……"

杜总吃惊地望着她,他接过她的策划书后迅速掠一遍,简直惊呆了,半晌才说道:"真难以相信,你还是个年轻的女孩子呢。都怪我有眼无珠啊!"

10 月,他派她乘飞机到上海为他做成第一批海边别墅生意。回来后,她又劝他把公司全部财产抵押成 2000 万贷款,到股票交易所炒了半年股票,净赚 400 万元。

圣诞节那天。公司召开表彰大会。杜总亲自奖励她手机、汽车、一套公寓。

她晓得他的用意,他现在视她为活菩萨,可她却不愿让他在公司最困难时为她花掉这么多钱。她当着全公司职员的面说道："人活一世，草木一秋，我感谢公司给我的荣誉，但是我追求的不是钱，而是在为公司做贡献中实现自身的价值。"

随后，她帮公司办了一个分公司，专门生产经销装饰材料，并开发出一种彩色不锈钢新产品，派人参加华北五省区建筑材料展销会，竟带回来1000多万元的合同。

经过1994年一年的拼搏、奋斗，1995年夏季，公司不但还清了一部分到期贷款，缴纳了其余贷款的利息和全年的税款，还盈利300多万元。

1996年元旦，杜总问她："凡林，你说，有的男人很出色，他接触的女人也很靓，可他并不想同她们中的任何一位结合，为什么？"

她摇摇头："不知道，我怎会晓得男人的心呢？"

他笑她耍滑头，又道："因为男人玩不起感情游戏。男人也需要女人的钟情，体贴和谅解。"

她垂下头。杜总热切地说："你就是我所需要的女人，你自恃、自重、善良、温存、忠诚，而且能干。一个真正的女人并不一定美丽，却必须是一个知道怎样做女人的女人。"

他的话使她热泪盈眶。她相信他对她的感情是真诚的。

春节他俩结了婚。在珠海，人们都称她"杜太"，她可不愿做太太，她还要他们称她"凡林"。新公司开办的时候，老公征求她意见，问她是在家享福呢还是继续帮他干？她其实心里早有打算，对他说："我既不想在家也不想跟你干，给我点儿资金，我想开一家化妆品公司，你看怎样？"

她如愿以偿。

有人笑她傻，说她放着清福不会享；还有人笑她呆，说她应该跟老公干，省得他闹花心。

听到这些劝告，她总不加可否地一笑了之。她干吗要变作根藤，缠在他那棵大树上。女人做事只有保持自己的独立性，才能不被男人的自我所吞没，只有自己把应该而且能做的事情做好,心中才会永远充满阳光。

拿破仑妙语成功激将

纵观历史我们总结每个历史战役,成功先不谈,说说失败的原因。巧合的是失败的原因都可以归结于两种:一种是,别人预感到结果会不好的时候;另一种是,别人预感到距离危害已经不远了的时候。而这两种情况就偏偏是战败的关键因素,于是在制定谋略的时候,一定要把这两个因素考虑进去,在实施谋略的时候一定要打消掉别人的顾虑,否则就会导致功亏一篑。

拿破仑一向被称为用兵如神,还挺机智幽默、擅长辞令的勇士。

有一次,欧洲反法西斯同盟军向法国本土疯狂进行进攻。这是一场非常激烈的防御战,而担任这次防御任务的是拿破仑手下两个曾屡建奇功的团队。殊不知,这两个团队最近因士气低落,居然溃不成军,痛失阵地。这群散乱的逃兵,个个都像患有瘟鸡似的连头都抬不起来。

拿破仑

拿破仑见此情形,毕竟曾几何时这也是自己一向骄傲的团队,现在弄成这个样子,看来一定找出其中的原因将团队重整旗鼓,奋勇杀敌。于是拿破仑不言不语背着双手一直审视着他的这两个团队剩下的人员,好大一会儿过去了。他终于叫来传令兵:要求全体集合,将给他们进行一场有意义的精神洗礼。

全体战士集合完毕后,拿破仑双手交叉抱于胸前,在他们面前走过来走过去,皮靴叩打地面的声音一声比一声响,震得士兵们个个心惊肉跳的。拿破仑的脸色也越来越阴沉,士兵们料想肯定会轮到拿破仑的严惩了,一个个害怕极了。只见拿破仑,愤怒地大声地向这些士兵们喊道:“第一,你们不应该轻易地动摇军心！第二，你们不应该随随便便地丢掉自己的阵地！第三，你们要清楚地知道，要夺回那阵地要流多少血！”

士兵们听后一个个惭愧地低下了头，拿破仑又命令身边的参谋长：“参谋长阁下，请你在这两个团的军旗上写一句话吧：他们不再属于我，也不再属于军队了。”

听罢，全场哗然。士兵们羞愧难当，甚至有人下跪，场上响起一片哭声：“请求统帅，不要放弃我们，再给我们一次机会。我们会想从前一样再立新功的，立功赎罪，我们要洗刷雪耻！”

听到士兵们说的这些话，再观察他们的表情，拿破仑立刻神采飞扬，振臂高呼：“对！早该这样了，你们这样才是好士兵，才是我的兵，才像拿破仑手上的勇士，是战无不胜的英雄团队！”

紧接着恶战一场接着一场。而这两个团士兵异常骁勇，重创敌军，建立了功勋。

终于有一天，再次把这两个团聚合起来时，士兵们激动地向拿破仑齐声高喊：“统帅，我们把一切污点从团旗上洗刷干净了吗？”

拿破仑似乎被这群情激昂的场面陶醉了，他激动得不能自已，举起了双臂一呼：“嗯！嗯！不但洗刷净了污点，还为法兰西争了荣誉，勇士们，法国人民永远记住你们！”

士兵们的欢呼声随即冲上云霄。

在平常的实施谋略中，要想取得一定成效就一定注意前人给予我们的借鉴方法。要让对方感到鲜明的德行；不要让对方感觉到自己的真实目的；同时也要让被说服者感到说服者的诚信以及说服者行事沉着、稳重等。事例中，拿破仑不仅把自己的真实意图隐藏得很好，让士兵们觉得他十分生气，并有放弃他们的意图，同时拿破仑的表现也让士兵们感到，他是真诚地将自己的士兵当士兵，希望他们能鼓足勇气与自己奋力杀敌。最后顺着战士们后来的激情，打了一次又一次的胜仗。

顺民心、达民意有效实施相关政策

每个人遇事之后，都会产生一些疑点，于是就会揣摩中的疑点到底在哪里？有时巧妙运用诱饵，就可以把疑点找出，从而将问题一一解决。关键问题就是看你这个诱饵是不是对方愿意接受的，是不是对对方有吸引力，要是人家不感兴趣，你说得天花乱坠也没有用，所以在做决策前，先审视事情的关键之所在。然后顺势将自己想要的东西引出来，从而针对症状一一解决。

小邱是某大学毕业的大学生，刚毕业就准备回家乡发展。最近听在市交通局工作的亲戚讲当地的交通状况让他们很头疼，上面的领导也在想办法治理。

一日下午小邱正在看电视"商鞅变法"忽然想到了一个好的办法就去找了在交通局工作的亲戚……

几天后，交通局推出了相关的办法"以奖励压制惩罚"。在中山路与建设大街交叉口，当红灯亮起，步行人中第一个停下脚步的，就会受到奖励。一位女士是第一个得到奖励的人。当时她兴奋地说："就因为我这么一个简单的举动，自己就被奖励 500 元奖金，真是太意外了。"

当然，奖金不仅仅只奖励她一个人，当天在那个路口遵守交通规则的行人都获得 500 元奖金。他们之所以能够获得重奖，正是当地交通局为了立信于民所做出的一项活动。

从积极角度来看，这种方式是一种积极、创新的方式。以精神的、物质的奖罚来推动新政，来鼓励守法自觉的行为，是所有政府及部门都应该试试施行的。它以随机抽取方式来有限奖赏，其用意只关传播功效，并无意张大此举，来做全民素质评价并予以全面奖赏。

重金奖励自觉遵守交通规则的人的措施实施以后，交通问题得到了很好的改善。为此相关负责部门还在众多居民的调查中发现，大家对以上的奖励的方法宣传政策鼓励大家遵守交通规则的方法表示支持并决心将原本的旧习、恶习改正。

每个人都喜欢被奖励，当某一方面的行为受到表扬时人们就会很自觉地去遵守。虽然只是以一个短暂施行，但对遵守交通法规做了进一步的推广宣传，算是一次专项活动，这与以往的重罚比较，500 元的奖赏实在是太值了，它所带来的效应却是巨大的。

鬼谷子说："用赏贵信，用刑贵正。赏赐贵信，必验而目之所闻见，其所不闻见者，莫不谙化矣。诚畅于天下神明，而况奸者干君。"信任是影响力和威信的基础。你如何取信于人？要想得到百姓、员工或下属的支持，就必须真正的赏罚有信、严格按章办事，顺民心、达民意。只有这样才能有效地实施所有的策略。

郑板桥以"仿古肉"击仿古癖

在我们的日常生活中，结交人要看清，遇到事要分析，认真判断区分对方是否跟自己的是一路同人，同时自己能够说服并加以所用，如若不行就不要接触的太深。对于一些不怀好意的人，要通过他的表现了解他的真实意图，从而很好的制定出相应的谋略给予对方以打击。

郑板桥一生才华，居住在扬州城北竹林寺，经常与诗朋画友研究书法绘画艺术的革新。

有一天，好友们又相约在他家聚会，此次光临的除了"扬州八怪"之中几位，还来了一位不请自来的画店老板王四鼎。

这位王老板专门卖仿古画，近来生意十分清淡，人们越来越喜爱"扬州八怪"的新派书画，尤其是郑板桥的字画，他听说郑板桥也想卖画，就生怕自己的货越发没人要岂不要关门收摊子。他的不请自来其目的就是想拉拢郑板桥到他店里合伙经营字画。以免影响他的生意。

郑板桥晓得，王四鼎他们的字画，全是仿古山水，毫无生气，可他们却自封为正统，而鄙薄郑板桥他们有创造性的字画，认为是歪门邪道，不能登大雅之堂；如今王四鼎却行动反常，要郑板桥与他合开字画店，仔细琢磨一下，王老板不外乎是怕抢了他的生意。

郑板桥哈哈笑道："板桥字，不登大雅之堂，王先生实在是错爱了。"

看似简单的一句话，但这一句话不软不硬、不甜不辣，已经让王老板心里很不是滋味了。

何必让这姓王的坏了大家的兴致，大家又兴高采烈地吟诗作画起来。最后公推郑板桥亮一手。

郑板桥是个爽快人，没推辞，随即画了一幅翠竹图。

大家看了这幅画，都说郑板桥当了十年县官，技艺不仅没有生疏，而且大有进长。只是李鲜看过这幅画之后，有点不解地问："板桥兄过去画石头，都是清清秀秀，或卧竹旁，或立于篱下，今天因何画这么大的石头，上顶天，下柱地，兰花且不谈，就连翠竹也矮它三分了，岂不怪哉奇哉！"

郑板桥答道："石头出自高山之上，向来顶天立地，巍峨屹立，千古不朽。我们为何总要叫它寄人篱下，屈居竹旁！"

李鲜一听，恍然大悟："啊呀！板桥兄胸中之石！"其他几位画家也无不称妙。

坐在一旁的王老板却不以为然，他带着鄙夷的口吻说："郑先生的字画，功夫的确深厚。不过，鄙人以为，凡写诗作画，必须效法古人。古人的诗书画好比是规矩，大家就应当仿效，不然，没有规矩哪有方圆呢？"

罗聘笑道："照王老板的意思，古人的画法，今人不能超越一步了，那画潭死水，岂不变臭了吗！"

一向稳重的金农截住他们的话说："诸位不必争了。仿古也好创新也好，君子涨中人所好，各走各的道嘛！"时近中午，郑板桥再三挽留，大家就留下在此用膳。

郑板桥的确是真心实意留大家小聚，以叙衷肠。同时也想借此机会，教训一下王老板。既然王老板口口声声要仿古，画画更在仿古，好吧，今天我就做一样仿古菜给你尝尝。于是郑板桥亲自下厨房，不一会儿，红烧鱼、凉拌豆腐等都烧好了。郑板桥厨艺还真不错，每样菜都做得色香味俱全。当把一碗红烧肉烧好后，他又把那块半生不熟的肉放置上面，加了点佐料葱花，看上去同碗里其他肉一样。

王老板最爱吃红饶肉，郑板桥特地把这道菜放在他面前。还未等碗放平稳，王老板的筷子早已伸将过来，不偏不倚就将那块"仿古肉"夹了过去。一口咬下去，一股生腥味直冲脑门，咬又咬不动咽也咽不下，吐吧，又有失身份，堵在嘴里很费力地问道："郑先生，这肉恐怕还没做煮熟就盛上来了吧？"郑板桥放下筷子，慢条斯理地说："这是一块仿古肉，特请王先生品尝的。"

罗聘笑道："王先生不是口口声声说字要仿古，诗要仿古，画也要仿古么，想必王先生一定是处处羡慕仿古人的了。"

李鲜也打趣道："古人云，肉都是吃生的，可见生的一定比熟的好吃，王先生千万别客气，吃吧！"

几句话，逗得大家哗然大笑，王老板也羞涩得脸上红一阵，白一阵……

要想了解一个人的真实意图，一定要先观察那个人的一举一动，然后根据其外在的表现来分析其内心的目的，事例中，王老板为了不使自己的生意受到影响，特意跑到郑板桥家商议此事，真实意图很快就被郑板桥识破。并同好友给予其难堪。

接着郑板桥还借王老板喜欢吃红烧肉的爱好顺势做了"仿古肉"，以此来进一步讽刺他的"凡事仿古"的言论。最终让王老板羞愧不已。

杨廷和以"决术"避内乱

明武宗是一个昏庸无道的君主，在他的统治下，朝政日非，内忧迭起，外患频仍，社会矛盾十分尖锐。

当时，大明天下很不安宁。刘六、刘七起于河北，蓝廷瑞起于四川，农民起义连绵不断；安化王寘鐇反于宁夏，宁王宸濠反于江西。由于武宗失德，使统治阶级内部矛盾更加尖锐，蒙古贵族也借着这个机会连年侵袭。面对如此纷乱的局面，宰辅杨廷和镇静持重，顾全大局。杨廷和曾多次上疏规谏，只可惜武宗一律不听。他虽心里委屈，但仍勤于政事，忠于职守。

正德十六年三月，武宗崩于豹房。张太后立即召见大学士杨廷和到行宫秘议立储事宜。杨廷和向太后禀道："朝廷上一些臣子听说皇帝驾崩，一定会谋变，您需要事先防备此事。"

张太后听后，不禁大惊，连忙向杨廷和询问对策。杨廷和回答说："江彬早有意谋反，如果他听说皇上驾崩，肯定会立即起兵，因此现在应当立即拥立太子，以防万一。"

张太后也顾不得悲痛，马上为册立太子的事情做准备。杨廷和随张太后返回宫中，略行安排筹划，便赴内阁。

杨廷和来到大殿之上，从袖子中抽出祖训，郑重其事地对群臣宣布："皇上现在病危，按照祖训的规定，我们必须马上确立皇位的继承人。"梁储和蒋冕等人齐声回答："所言极是，就按这个祖训来办吧！"张永和谷大用虽然心怀不满，但既然是祖训的规定，也不敢随便插嘴。

杨廷和随后便派人入启张太后，并率众官到左顺门候旨。

不久，太后公布了武宗朱厚照的遗诏，诏书中说："我在位十六年，虽然辜负了先帝的嘱托，但临死前为了天下苍生必须将皇位让出。我生前虽然没有儿子，但兴献王长子朱厚熜聪明仁厚，必成大器，理当继承皇位。希望朝中各位大臣积极配合，尽力辅佐。"

直到此时，众官才知道武宗已经去世了，但遗诏已下，帝统有归。即使有些臣子心中有异议，也明白杨廷和采用了"隐蔽决策"之术，却无法用言语相驳，无奈之下，众官只好隐忍而去，任凭杨廷和发落后事。

明武宗死后，朝政日非，内忧迭起，在如此复杂的局面下，杨廷和在冷静分析局势，认清利害关系后，不仅能够遵循"度以往事，验之来事，参之平素"的决策原则，而且他能够当机立断，果断施行"隐蔽决策"之术，即密不发布皇帝去世的消息，而是暗中与张太后商定皇嗣人选，在文武百官在毫无准备的情况下，宣布遗诏，进而使朝政顺利渡过了一场潜在的危机。可见，杨廷和是一位深谙“决术”的政治家，实在令人佩服。

当机立断，见缝插针

三国时，汉臣司徒王允有一位国色天香的歌伎，她便是貂蝉，王允对她宠爱有加。

当时，董卓掌控大权，并挟持天子以令诸侯，大臣们对此，都敢怒而不敢言。王允也为此事而整日烦忧。貂蝉很为主人忧愁，便于月下焚香祷告上天，愿为主人担忧。在一个月明星稀的夜晚，貂蝉在后花园烧香跪地，为主人祈祷：“我是老爷的婢女，愿为国为民，万死不辞。”

就在这时，王允恰巧来到花园散心。顿时甚为感动，赶忙走上前去将貂蝉扶起。王允说：“你能为我分忧，我忧在何处，你知道吗？”

貂蝉回答说：“知道，大人。”

“那你能助我讨国贼，杀董卓吗？”王允问道。

“只要大人信得过奴婢，奴婢赴汤蹈火，在所不辞。”王允听罢，两手一合，当即给貂蝉一拜。从此便和貂蝉以父女相称。

一年多后，王允对董卓设下连环计。他先暗地里把貂蝉许给吕布，又明把貂蝉献给董卓。吕布和董卓都是贪图美色之人。为了拉拢吕布，董卓收吕布为义子，此后貂蝉便周旋于他们之间，对吕布送去秋波，对董卓尽显妩媚，此二人都沉迷于貂蝉的独特魅力而无法自拔。

但是，吕布自董卓收貂蝉入府为姬之后，心怀不满。这一天，吕布乘董卓上朝之际，乘机来到董卓的府中，专门探视貂蝉，并邀她到凤仪亭相会。貂蝉见到吕布后，故意装出可怜的样子，向他哭诉被董卓霸占之苦，吕布听后，非常愤怒。就在这时，董卓回府，这一幕恰巧被董卓撞见了，大步上前，抢过吕布的方天画戟朝吕布刺去，吕布飞身逃走。从这以后，两人开始互相猜忌，王允则乘着他们内讧的机会，说服了吕布，铲除了董卓。

鬼谷子认为，凡是替他人决断事情，必定存有疑虑。人们希望遇到好事，厌恶遇上灾祸之兆。其实，即使不利有害的事情，通过循循善诱，最终也不会让人陷入疑惑。事物总是存在利益，失去利益就不会被接受，这就是运用奇谋的基础。如果决策表面是做善事，而实际上却暗中作恶，这样是不会被别人接受的，最终还是招致疏远。所以，决策让人失去利益，使人遭遇危害，都是失误。吕布和董卓正是没有意识到其中的道理，所以才中了王允的连环计，而王允之所以能够成功操纵吕布，铲除了汉贼董卓，就是因为他抓住了他们贪图美色的弱点，当机立断，见缝插针，对症下药，最终才得以实现自己的目的。

颜率隐蔽谋划巧搬救兵

战国中期，秦国发兵威胁东周，目的是向东周君索要九鼎，周君为此忧心忡忡，就把这件事情告诉了朝臣颜率。

颜率说："君王不必忧虑，可让臣东去齐国借兵求救。"

颜率到了齐国，见到了齐王，便对他说："如今秦王暴虐无道，出兵东向威胁周君，还索要九鼎。我东周君臣达成了共识：与其把九鼎送给暴秦，还不如送给贵国。这样一来，挽救面临危亡的国家是美名，得到九鼎乃是国之珍宝啊。所以希望大王能努力争取！"

齐王听了他的话，正中下怀，立即命陈臣思率领五万大军前往救助东周，秦兵果然撤退。

齐王将向周君要九鼎，周君又为此事担忧。颜率说："大王不必担心，请允许臣去齐国解决这件事。"

颜率来到齐国，对齐王说："此次我东周国上下得以平安无事，完全仰赖贵国的义举，所以心甘情愿把九鼎献给大王，但是却不知贵国要经由哪条路把九鼎运来齐国呢？"

齐王说："寡人准备借道梁国。"

颜率说："这万万不可啊，因为梁国君臣很早就想得到九鼎，他们曾在晖台和少海一带谋划这件事已很久了。所以九鼎一旦进入梁国,必然很难再出来。”

齐王思考了片刻说:“那寡人准备借道楚国。”

颜率说:“这个做法也不正确,因为楚国君臣为了能够得到九鼎,早在叶庭一带做了埋伏。九鼎一旦进入楚国境内,就不会再运出来。”

齐王说:“那么寡人究竟要从哪里把九鼎运到齐国呢?”

颜率回答说:“我东周君臣都替您着急。因为九鼎大而重。当初,周武王伐殷纣王为了拉运一鼎,就动用了九万人,这样算下来,运输九鼎总共耗费了八十一万人的力量。此外,搬运九鼎不是一天两天就能完成的,所以必须准备足够的搬运工具和粮食等物资。大王具备足够人力和物力,但关键是没有运送九鼎的线路。这个大问题不解决,臣便无能为力了。”

齐王说:“贤卿的这番话,我明白,说到底就是不想把九鼎给寡人了!”

颜率连忙解释道:“臣怎敢欺骗贵国呢,只要大王能赶快决定从哪条路搬运,我东周君臣可迁移九鼎听候命令。”

齐王最终还是因为想不出运输九鼎的线路,无奈才打消了获得九鼎的念头。

圣人之所以能够成就大业,主要有五个途径:有用公开的感化决断,有用隐蔽的谋略决断,有用诚信的方法决断,有用掩饰的计策决断,有用常规的手法决断。实施公开感化的方法,应该坚持守常如一;实施隐蔽谋划的方法,要变化多端;再配合常规的方法,技巧的手法,以达到预期的目的。东周之所以顺利地度过了危难,就是因为东周重臣颜率深谙“决术”,实施了隐蔽谋划的方法,即在捕捉齐王重珍宝之心后,当机立断,采用“以假乱真”之计,假意要赠送珍宝,实则是为了搬救兵缓解周国的危机。最终,齐国出兵营救了周国,却白白浪费了兵力,就连九鼎的影子也没有见到。

萧何月下追韩信

按义军事先的约定,刘邦先夺取咸阳,本应称王。但由于项羽的兵力比刘邦强大得多,刘邦虽不愿意,也只好听从项羽的分封,到汉中去为王。

刘邦抵达南郑后,为了让项羽放心,他按照张良预先的计谋,烧了通往关中的栈道。刘邦又把萧何提拔为丞相,把曹参、樊哙等贤能提拔为将军。

为了日后能够与项羽比高低,争夺天下,刘邦决定在汉中养精蓄锐。可是,让他没有想到的是,他的部下将士都是崤山、函谷关以东地区的山东人。这些人的乡土观念很严重,他们不习惯在汉中地区生活,每天都有将士开小差逃走。

刘邦看到这种情形,心里很着急。

有一天,有人向刘邦报告:"大王,不好了,萧丞相逃走了!"这个消息让刘邦目瞪口呆,立即派人去追。

三天后,萧何才回到南郑。刘邦质问萧何:"你为什么要逃走啊?"

萧何不慌不忙地说:"我怎么会逃呢,我是去追一个人。"

刘邦问:"追何人呀?"

萧何说:"韩信呀!"

一时间,刘邦和左右诸人还没想通萧何急着追回韩信的理由。

韩信是淮阴人,父母双亡,家境贫苦,年少时不仅常遭人白眼,甚至还受过"胯下之辱"。他自幼拜师学艺,是一位文武双全、德才兼备的贤人。当义军首领项梁到达淮阴的时候,韩信先后投兵在项梁和项羽的手下。但没有得到项梁和项羽的重用,韩信为此非常苦闷,他很不甘心,于是来到汉中投奔刘邦。不过令他失望的是,刘邦只是让他当了一个管粮物的小官。

韩信见刘邦也不肯重用自己,便骑马离开了南郑。萧何听说韩信走了,急得没向刘邦报告便追赶去了。追了一天没追上,又连夜追,后来,好不容易追上之后,韩信还是不肯回去。

萧何百般劝说,最后对韩信说道:"要是大王再不听我的劝告,我和你一起走!"

韩信听后,感动地说:"丞相如此看得起我,我真是太感动了,这就随您回去。以后,我定会全心服从于你,誓死效忠,以示报答!"

回到南郑后，萧何又一次说服刘邦，命韩信为领兵大将。刘邦见萧何如此信任韩信，终于同意让韩信统领汉军，韩信并没有令萧何和刘邦失望，在他的带领下，取得了无数次的胜利，帮助刘邦打下了天下。

鬼谷子认为，凡是替他人决断事情，必定存有疑虑。人们希望遇到好事，厌恶遇上灾祸之兆。其实，即使不利有害的事情，通过循循善诱，最终也不会让人陷入疑惑。事物总是存在利益，失去利益就不会被接受，这就是运用奇谋的基础。萧何在得知刘邦不重用韩信，而使他失去信心离开后，快马加鞭去追赶，追到他后，通过循循善诱，不仅消除了韩信心中原本的疑惑，而且还增加韩信与他共同为刘邦效力的决心，进而为刘邦挽留了一个好将军。

晏婴"以蔽匿之者"为齐国消除危机

春秋时期，晋平公想要发兵攻打齐国，出兵前，他派大夫范昭到齐国仔细观察他们的动态。

范昭到达齐国后，齐景公便设宴招待他，席间，范昭请求用齐景公的御杯饮酒。景公说："那就用我的酒杯给客人斟酒吧。"

当范昭喝完自己杯中的酒，准备用景公的杯斟酒时，齐国的正卿晏婴却撤掉了景公的酒杯，又用范昭的酒杯给他斟满了酒。范昭装醉，故意站起身来跳舞，他对齐国太师说："我想听周公作的乐曲。你若能为我演奏，我就为你伴舞。"

太师回答说："老臣愚昧无知，未曾学过这些。"

范昭碰壁后，便离开了齐国。

齐景公责备晏婴道："晋国是一个大国，派人来观察我国的形势和内政，如今你们惹怒了这个大国的使臣，这可怎么办呢？"

晏婴回答说："范昭并不是不懂礼法的人，今天他是故意使我国难堪，所以臣不能服从您的命令，让他用您的酒杯饮酒。"

太师接着说："周公作的乐曲乃是专门为天子演奏的乐曲，只有国君才能随着乐曲起舞。而范昭只不过是一个大臣,却想随着天子的乐曲起舞,所以我不能为他演奏乐曲。”

范昭回到晋国后,对晋平公说:“根据我对齐国的观察,我们是不能进攻齐国的,因为我想羞辱他们的君主,晏婴知道了我的用心;我想冒犯他们的礼法,又被他们的太师识破了我的意图。”于是,晋平公只好打消了向齐国进攻的念头。

上卿晏婴机智勇敢,在了解范昭的用意后,当机立断,“以蔽匿之者”,不仅挫败了范昭多次挑衅的意图,而且还阻止了晋国想要攻打齐国的战争图谋。反之,如果晏婴不懂“决术”,答应了范昭的要求而求得一时的完满,那么最终的结果将是面临突如其来的进攻,损失将会更加的惨重。可见,决术对一个从政者是多么的重要。

刘伯温机动灵活出妙算

人若能机变,首先要具备的素质是机动灵活,心明眼亮,不能呆板迟钝。机会来临时,聚精会神,才能出巧思妙算,才能有正确决策。刘伯温给人的印象与神机妙算的诸葛亮有几分相像,带有几分神秘感,似乎有未卜先知的异能。摒去后人的夸大附会,这种形象的树立与刘伯温超人的智谋和他能识别变局,抓住机会有关。他对形势有准确把握,故能料敌于先机,机动灵活,及时调整,做出有利的决断。

至正二十年,刘伯温初到应天。此时,他是名声在外,朱元璋久闻他的大名,才卑辞厚礼派人去请他。这第一次见面很重要,作为谋士,应尽量展现自己的才华,为人主所青睐。

刘伯温胸有成竹,怀揣《陈时务十八策》,为朱元璋指点江山。但朱元璋有几分酒意,又在兴头上,开场没问策略,而是问:“先生能作诗吗?”刘伯温回答:“儒者小技,何谓不能?”朱元璋指着眼前的筷子说道:“就以此为题。”

刘伯温略加思索,吟道:“一双湘江玉并看,二妃曾洒泪痕斑。”朱元璋知道是用了舜妃娥皇、女瑛洒泪青竹而成湘妃斑竹的典故，轻轻摇头，笑道："秀才气味。"

刘伯温一听后两句马上变了旨趣，接下吟道："汉家四百年天下，尽在张良一借间。"很自然地结在留侯张良借箸代筹，辅汉灭秦的典故上，既表达了刘伯温的抱负，又搔着了朱元璋的痒处。

朱元璋不禁大喜，真是相见恨晚，连忙询问如何平定天下。刘伯温这才拿出了《陈时务十八策》。作诗只是个开场白，不关正题，但第一印象的好坏又至关重要。刘伯温听到朱元璋说"秀才气味"后，立刻明白，作为打天下的创业之主，对一般的文人秀才不放在眼里，看中的是谋略家。

当时，朱元璋有了萧何式的人物李善长，又有了韩信式的人物徐达，就缺一个张良式的谋臣。所以刘伯温灵机一变，在后两句诗中点出张良，抓住朱元璋最敏感的神经。第一次面试得了个满分。

光有机灵还不够，一味机灵缺少坚毅厚重，可能流于小机灵，甚至浮躁。在变化面前，要能识别、抓住机会，还应沉着冷静，不为浮议所动。

龙凤六年，陈友谅率大军攻陷太平，一路旌帆蔽日，顺江而下，已兵临南京城下。他还派使节去见张士诚，约他从背后夹击南京。此时的陈友谅水军气势正盛。朱元璋部下的许多将领都心存畏惧，有人建议投降，有人建议放弃南京，坚守城东的钟山。在战前会商中只有刘伯温不说话。朱元璋把他请入内室，问他的意见。这对刘伯温既是个考验，又是个机遇。大敌当前，如果临阵慌乱，自会为朱元璋所不齿；而如真能拿出有效的退敌良策，他在朱元璋心中的分量会大大加重。刘伯温激动地说："主张投降和主张逃跑的，应该杀掉！"

刘伯温不是盲目标榜，也不是充大胆。他在纷乱恶化的局势面前能冷静分析，发现了敌人的弱点和己方的优势。所以，他首先宣示拼死抗击的决心，喝退主降的人。大敌当前，兵刃未接，先议投降，败坏士气，就没有在恶局中翻权的可能了。刘伯温"主降及奔者，可斩也"的议论，起了平息喧氛，稳定军心的作用。其次，他指出了敌人的弱点，提出了拒敌的军事策略：敌人士气骄躁，远来疲惫,我方正可利用这些,以逸待劳,诱敌深入,设伏而围歼敌人。再次,他根据己方人心较团结的优势提出了拒敌的政治策略:打开府库,赏赐将士,赈济贫民,宣布至诚,以结人心,让部下拼死效力。看这清晰准确的分析,正像当年的赤壁周郎,又像舌战群儒的诸葛亮,沉着应对,条理分明,充分展示了自己。

临变不乱是识机的先决条件,而机会一出现,要抓住它,就必须决策果断,用兵神速,不能拖泥带水,当断不断。

龙湾之战打败陈友谅后,朱元璋准备了一年,开始对败逃回去的陈友谅发起主动攻击。至正二十一年八月,朱元璋西征,双方在安庆展开了恶战。

守城部队坚壁不出,死命抵抗。从早晨打到晚上,毫无进展,双方死伤惨重。刘伯温告诉朱元璋,陈友谅的后备力量很强大,下游的张士诚随时可能抄袭后路,数万军队困顿在这里,战事久拖不决,极容易陷入腹背受敌的险境。只有速战速决,才能使陈友谅震惊,张士诚胆寒,克敌制胜。他建议立即放弃攻城计划,以陆军偏师围城作为疑兵,催大部水师急驶而上,直捣陈友谅老巢江州。

朱元璋依计而行。大军压境,使陈友谅的沿江的小股布防崩溃。朱元璋的水师以迅雷不及掩耳之势,抵达江州城下。陈友谅做梦也没想到对手会从天而降,他偕妻子连夜逃奔武昌。江州是陈汉政权的都城,此地一失,江西全境震动。后方的安庆也不攻自破了。

不出刘伯温所料,当张士诚得知朱元璋西进的消息,几经犹豫,果然派出了十万部队,水陆并进,攻打太湖西岸通向应天的要塞长兴。长兴城中守卒不过七千,情况十分危急。但是,刘伯温与朱元璋用兵的神速,决策的果断,更显出张士诚布置的拖泥带水,待他的部队压向长兴的时候,朱元璋早已在西线奏凯。张士诚打算好的夹击之势现在成了正面迎敌,只好赶快撤军了。

刘伯温在生前就被视为一个神秘莫测的人物。他预料之事大多应验,又会讲阴阳五行,时人认为他能知晓天机。其实,这也是朱元璋需要的,也就是要人们相信他的政权是代表天意的。刘伯温的存在也是为他烘托气氛的。

刘伯温的预言大体有三类。一类是长远预测,带有战略意义,属于谋略范畴。他对陈友谅、张士诚的战略预测和决策属于这种。第二类是防范性预测，指出某个时段存在危险、祸端的可能。这也是在对局势进行总体把握和感悟的基础上做出的模糊预测。还有一种是短期行为和事变预测。

据说刘伯温在鄱阳湖大战中忽然预知情况不对，拉着朱元璋换船。不久，朱元璋原来的座船被击沉。不过，在这种种短期预测中，刘伯温的话一般都很含混。作为一个机变的人，他深知无论政权还是他自己，都需要维持他的神秘性，所以他在预测时也常常要随机应变。因为越是随机、模糊，就越容易营造神秘气氛。

至正二十二年二月，刘伯温回青田料理母亲丧事，而此时朱元璋刚刚在江西打败了陈友谅。或许刘伯温感觉到朱元璋内部蕴藏的不安因素快要爆发了，也许他体察到了顺逆相循之道，他在青田给朱元璋捎来字条，说六七月间举兵用事，不利先动。也就是说六七月万事不吉。恰巧在七月发生了邵荣、赵继祖密谋刺杀朱元璋的事，幸亏朱元璋加了小心，逃过一劫，朱元璋对刘伯温更是信服。其实，刘伯温并没有直接预测出谋刺一事，只说不利出兵。

刘伯温在人们心目中始终保有一个高明、睿智的形象，他的善于决断，以及他的随机应变和必要时的模糊处事正是后人学习的典范。

满宠危难时刻果敢决断

鬼谷子先生在文中强调了“决”的重要性，认为决是“万事之本”，关系到治乱、成败、祸福，影响很大。决断正确，则事成功著；如果决断错误，则会招灾惹祸。决断不及时，当断不断，反受其乱，难于达到目的。

三国时的魏将满宠是一个善于决断的人。满宠，字伯宁，汉末魏初山阳昌邑人，是魏王曹操、文帝曹丕、魏明帝手下很得力的将军。他有计有谋，临危不惧，在多次战事紧急情况下都不顾个人安危，奋力出战，扭转局面。

建安十三年，曹操讨伐荆州之后，任命满宠代理奋威将军，在当阳屯兵，很受军人和当地百姓的拥戴。后来东部边境受到孙权的骚扰，曹操又让满宠任汝南太守，封爵位为关内侯，这段时间满宠的政绩卓著，战绩辉煌，曹操非常满意，当然更加信赖他了。

建安二十四年，刘备建立蜀国，定都成都，做了汉中王。立国后，汉中王刘备决意以汉王室正统的名义，进攻魏国，试图统一天下。他命令关羽包围襄阳，攻打樊城。樊城是黄河以南的军事重镇，樊城一失，黄河以南就尽归蜀国所有了。当时樊城由曹操的大将曹仁镇守，曹仁骁勇善战，但有勇无谋，曹操不放心就又派满宠协助曹仁固守樊城。

当时襄江洪水高涨，蜀国大将关羽便指挥士兵准备万余布袋，在襄江上游择水浅的地方，就地装满沙石，筑坝堵塞襄江，等到水位积累到一定高度，关羽就命令士兵决开堤坝，让江水奔腾冲下！

顿时洪水汹涌而下，曹军将领于禁所率的七军将士都安营驻扎在低洼之处，都被洪水淹没，七军尽失，于禁被迫投降。洪水一直不退，水高只差几米就要灌进城墙。樊城内曹仁只有几千兵马，关羽的士兵却乘着船源源而来。

樊城内外被隔绝了，救兵迟迟不到，眼看粮食将吃尽，大家都惊慌万分，不知所措。

曹仁与众将商议对策。有将领对曹仁说："今天樊城所面临的危机，我们目前是没有能力可以挽救的。不如趁关羽的包围圈还没有最后形成，找缺口，坐船在夜晚突围出去，这样，虽然失掉樊城，但还能保住性命。"这种意见为多数人所接受，但满宠不同意。

满宠说："目前我们被大水围困，情况万分危险。但洪水来得快，去得也快。听说关羽另外派了一支军队开赴郏城，许都以南的百姓早已恐慌不安，四处逃离。但关羽现在之所以还不敢立即进攻许都，主要是因为顾虑我们这支队伍会切断他的后路。我们现在虽然有逃走的可能，但我们一走，黄河以南的地区就不再属于魏国了。我看还是等一等。而且洪水虽然给我们造成了不便，但也使蜀军无法顺利进攻我们，我们固守樊城还是没有问题的，只要水一退去，肯定会有救兵赶来的。我们就得救了！"

大家默不作声,曹仁也下不了决心。

在这样的危急时刻,满宠知道军士们很可能耐不住压力随时生变,必须坚定大家的守城信心,否则,一旦逃亡,就算不全数死于蜀军的追击之下,回到魏国也会受到军法惩处。于是就牵出自己心爱的白马,通知城内所有将士来到樊城城墙上。樊城城墙下是滚滚的洪水,大家都不明白来这里干什么。满宠令人摆出香台,拉出白马将它沉入城外的大水之中,作为祭品,对天祈祷,然后对众人说:"让我们一起对天盟誓,誓与樊城共存亡!"

曹仁被满宠的坚定信念所鼓舞,坚定地说:"好!誓与樊城共存亡!"于是全体军人一起盟誓。顿时士气大为高涨,再也没有人提逃走的事了。

果然过了不久,洪水就退去了,曹操派出的大将徐晃的救兵也赶到了,满宠带领人马奋力拼搏,里应外合,终于将关羽击退。

曹操极其赞赏满宠的赤胆忠心,进封他为安昌亭侯。

临危不惧,体现的是一种勇气。作为一军统帅,只有这种勇气是不够的,还要有一种统筹全局的头脑。危急时刻才显英雄本色,在急剧变化的形势之下,如何稳定人心、激发斗志,也是善于决断的一种体现。

项羽犹豫留后患

决断的时机对于成事来说,是非常重要的。如果错过了最佳的时机,有时候会导致事情的失败,即人们常说的"机不可失,时不再来"。当时机成熟的时候一定要抓住机会,做出决断,在行事成功的可能性最大的时候去作为,否则,错过了时机,事情不成,则可能后患无穷。

秦朝末年,各路起义军中有两支最大的力量,这就是刘邦和项羽的队伍。他们曾经约定,谁先攻下秦朝首都咸阳,谁就在关中称王。结果,刘邦一路避开秦军主力,专走偏荒的小径。这样,刘邦没有打过几场硬仗就已经兵临咸阳。秦三世子婴没做什么反抗就投降了刘邦。于是刘邦就先占据咸阳,控制了函谷关。项羽一路上沿黄河流域进军,这是进攻关中正门的路线,一路上坚城固垒随处林立。尽管项羽数十万铁骑以摧枯拉朽的声势,攻城破寨,所向披靡,但是,连续不断的大仗硬仗,显然阻碍了项羽的行进速度。等到项羽来到函谷关前,发现早被刘邦抢了先。

项羽因此非常生气。他想我有四十万大军还没称王,你十万人马居然称王啦!于是要找刘邦决战,杀进关中。项羽的一个远房叔叔项伯与刘邦的谋士张良很要好。听到这消息,他连夜跑到刘邦大营告诉张良,劝他赶紧离开。张良不愿背叛刘邦,经张良介绍,刘邦热情地接待了项伯,并与项伯结为儿女亲家。项伯劝刘邦亲自去向项羽解释、道歉,以避免这场大战。

刘邦

第二天,刘邦带着一百多人亲自去鸿门向项羽赔礼道歉,解释说他根本就没想过什么称王关中,有项羽立下如此功勋,这关中之王非项羽莫属。他不过是一时幸运能够先项羽一步进入关中罢了,但他只是替项王守着关中大门,不可以让其他诸侯乘虚谋抢了去。项羽一听气就消了大半。他的谋士范增曾劝项羽在酒宴上除掉刘邦,项羽也同意了,早在宴会上埋伏了一批武士,约定项羽一举杯,就立即动手。可是在宴会上,刘邦对项羽态度谦卑,处处赔着小心。项羽性情耿直,不善权谋,早被刘邦哄得心花怒放,哪还记得要杀他的事情!

虽然范增几次示意,项羽都视而不见,没有反应。范增眼看没按计划进行,就把项羽的堂兄弟项庄找出来说:"项王太仁慈了,可是刘邦不能不除。你快进去借舞剑为名,趁机杀了刘邦。"项庄回来便到宴会上敬酒,并请求让他舞剑助兴。只见剑光闪闪,项庄越舞越靠近刘邦。项伯一看情势不对,就对项羽说:"一人独舞,兴致不高,让我和他对舞吧!"项伯也拔剑起舞,暗暗地用自己的身体挡着刘邦,使项庄找不到下手的机会。张良看到这种情况,赶忙出去对刘邦的武将樊哙说:"现在项庄舞剑,他的用意就是要杀沛公啊!"樊哙一听,立即拿起武器,闯到宴会上。他不惧项羽的英勇让项羽十分欣赏,项庄舞剑一节就这样被樊哙搅过去了。又过了一会儿,刘邦借口去厕所,悄悄溜了出来,张良告诉他快回大营,否则性命不保。刘邦赶紧带了樊哙等几个贴身护卫,丢弃车乘马匹,徒步从小路逃回了大营。张良留下,等刘邦走远了才再次进大帐献礼,说刘邦一时身体不适,先回去了。项羽不以为然,范增大顿手足,哀叹项王气数就此去了。

果然,鸿门宴之后,逃得性命的刘邦终于在垓下之战中逼死项羽,取得了楚汉之争的最终胜利。

项羽虽有万夫莫敌之勇,但他却有妇人之仁,在"鸿门宴"上,项羽的谋士范增派项庄舞剑,用意就是乘机杀死刘邦,并多次向项羽示意,可是项羽没有及时做出决断,在当时只有刘邦与他争夺天下的情况下,他却在绝好的机会下放走了刘邦,让刘邦逃走,以致最后成为项羽的劲敌,项羽最后兵败自刎。鸿门宴是项羽杀死刘邦最佳的时机,当时刘邦处于绝对的弱势,但项羽一时的感情用事,犹豫不决,没有做出决断,导致了刘邦的出逃成功,给自己留下了无穷的后患。

李靖奇正互用战敌军

决策时要明暗结合阴阳互通,于是方法也会跟着变化多端。高明的人也就是因为他深知其理,善于变通,根据实际情况和目标要求,灵活运用上述办法。有的只按实际情况作客观判断,有的又要同时考虑到利害关系、接受能力、感情因素,略施心机,因人而断,因事而断,因目标而断,如此便能做出正确的决断来。

以用兵为例,遇到的对手、周围的环境总是在变化,没有一百个敌人都是一样的,所以要善于根据不同的敌人变通不同的对策。变化的基础是要对人情、形势有深透的了解。李靖是唐代用兵的大师,长于奇正之变,在将奇计诡谋和正途常规结合方面，他自有心得。

李靖出身豪门，少年时胸怀大志，苦读兵书。但他前半生并不顺，李渊准备在太原起兵时，李靖曾向隋朝告变，李渊对此一直铭记在心。后来，李靖投李唐后，李渊要杀了他，多亏李世民惜才，才保住他。但此后，李靖一直无施展的机会，直到统一战争尾声时，他带兵征萧铣，初露峥嵘；立国后，深入大漠剿灭东突厥主力，为唐朝除去心腹大患；在花甲之年，再披战袍，征战高原大非川，灭掉吐谷浑，打通河西走廊，功名卓著，肖像挂在凌烟阁上，为后世敬仰。李靖的敌手或在平原河网，舟步相杂；或在大漠腹地，骠骑驰突；或在高原冰川，行踪诡秘，但都被李靖打败。李靖用兵有两个特点：一是通，一是奇。所谓通，就是敌变我变，他总能根据变化了的情况，在充分了解人情、环境、形势的基础上改用正确的策略；所谓奇，是奇正互倚，在常规的基础上，大量运用奇思异谋，出敌意料。

何时用正谋，何时用奇谋呢？

李靖认为，在敌人力量充实，信息灵通，人心团结，己方难以施展巧计时，应用正兵，也就是以实力对实力。当敌人空虚时，一定要用奇兵。他也强调，奇正要互用。要先用正兵，后用奇兵。正奇的理解有多种：车步兵为正，骑兵为奇；先头部队为正，后援伏兵为奇，等等。在打败突厥的战争中，李靖的奇兵思想体现最充分。

突厥是唐初的劲敌。李渊起兵前后曾被迫向突厥称臣，唐太宗初期也受过突厥不少气，只是实力悬殊，隐忍不发。贞观四年，唐太宗觉得时机成熟，向突厥进攻，军队统由李靖节制。打突厥不同于讨东南，突厥全是骑兵，进攻凶猛，转移迅速，加上大漠战线长，气候恶劣，补给困难。

但敌人也有弱点，就是孤军作战又缺乏防备。于是李靖决定出奇制胜，以快打快。他挑选了三千精骑，疾驰二百多里，直逼敌人巢穴定襄，出现在城南山岭上。

突厥颉利可汗万没想到唐军来得这么快。他说：唐兵若非倾国而来，怎敢孤军深入？

李靖的奇谋不在攻地而在攻心，让突厥从内心感到震惊和恐惧。还未接战，就有突厥兵投降，颉利可汗不战而逃。在大非川之战中，李靖也是以奇制胜。大非川在今青海境内，由吐谷浑控制。

贞观八年唐吐双方爆发战争，唐太宗发兵五路，由李靖统帅，此时他已经六十三岁了。这一战的困难在于地势高，温度低，补给困难，而敌人又神出鬼没。双方在赤水源恶战一场，均伤亡惨重。吐谷浑首领伏允逃跑，并用火烧荒，让唐军的马匹无草。李靖命军队追入大非川。此时的唐军遇到空前的困难，粮草将尽，水源难找。到了人吃冰，马啃雪的地步。一些唐将认为，再这么下去将陷入绝境，应立即撤出大非川。李靖反对，他认为敌人也已将近绝路了，他们判断我军也该撤了。正因我军断饮乏资，才须迅速捉到敌人与之决战，而且越快越好。眼下撤军，非但不能马上得到物质补充，且会被尾随之敌一口吃掉。他督促军队加快速度，寻找敌人残余力量。几天之后，终于找到并歼灭了他们。

所谓奇兵，就是在敌人最意想不到的时间、地点出现的，有时靠的是速度，有时靠的是意志、耐力。运用奇正之变有个基础，就是通晓人情、形势的各种变化，对局势有准确的判断。

萧铣是南朝后裔，武德元年在江陵称帝，控兵四十万。李靖平萧铣是初试牛刀的一战。李靖以几千奇兵一路掩杀，包围了江陵。唐军以为胜利在望，但李靖清楚，萧铣实行“寓兵于农”的制度，各地军队战时入伍，平时散于农田。唐军突袭得手，敌军还未来得及集结，如果久滞于城下，等敌援来到，就危险了。于是他向主帅建议，将所获敌船散弃于江中。众人不解：敌船正可装备我军，为何留给敌军？李靖说：“萧梁之地，南到岭表，东至洞庭，我们孤军深入。如果江陵未破而敌援兵四集，我军里外受敌，进退不得，就是拥有再多舟楫，又有何用？现在将敌船丢弃，使其顺水而下，如若沿江有援兵前来，见到弃舟一定以为江陵已陷，不敢轻进，派人窥探，往来也得十日有余，那时我军已经将城攻破。”众人都服了他的心机。

不但对敌人的心理要有准确把握，对己方的真实意图也要参透。大事业往往玄关重重,有时自己人之间也不能说明、说破,要靠对全局的体察去摸清真实意图,以免贻失机会,造成误会。

当颉利可汗被追到铁山后,才有机会稍稍喘息。他决定用缓兵之计,赢得时间,重整旗鼓。他派人去长安向太宗请罪,恳请举国内附。唐太宗不是东郭先生,决意将“狼”铲除。但他将计就计,为麻痹敌人假意允和,还派使者去安抚颉利。当时没有手机电报,太宗还无法将真实意图告诉前线的指挥官,全靠他们的悟性了。

李靖和另一大将接到的官方命令是停止进攻并迎颉利入朝。军中上下都以为战争已胜,可以班师。只有李靖和另一大将头脑清醒,他们揣知了太宗的意图。李靖等意识到:颉利虽遭败绩,其部属仍不失众多,若放纵其逃往漠北,那么,荒漠绝远,又地形不熟,恐怕就再也追不及了。现在使者带着诏书招降于彼,他们必然宽心无备,若选精骑一万携带二十日粮,可以一战而擒颉利。部将张瑾反对:诏书已许其降,使者又要前往彼处,怎能再出兵袭击呢?李靖说:这是皇上的智谋!机不可失,韩信所以破齐,正是抓住了战机。

于是,李靖亲带士兵万人,悄悄地跟在了使者的后边。颉利见到使者,以为缓兵之计业已成功,十分欢喜。就在他松下了一口气的时候,李靖的大军已在眼前了。

李靖善于观察事物的外部和内部条件,注重实际,注重环境,做出符合实际情况的决断。他的智慧善谋,奇诡用兵的确让人佩服。

魏征贞观决策立大功

如果决策给人带不来好处,甚至会带来危害时,那么这种决策就是错误的。相反,当你提出的决策正好迎合君意,能给他带来好处时,那么,你的决策也必会被人接受。唐代的贞观之治可以说是魏征积极献策的功劳。

唐朝是在隋末大乱的基础上建立的。贞观初年,国库空虚,人口稀少,田园荒凉,各地灾害频仍,经济凋敝不堪,社会矛盾尚未缓和,民心还不十分安定。

如何治理这个国家，医治战争创伤，成了迫切需要解决的问题。唐太宗召集大臣们讨论治理大计，忧心忡忡地说："如今大乱之后，治理天下只怕不容易啊！"

魏征见太宗对振兴国家信心不足，马上鼓励说："大乱之后最容易治理，就像给饿极的人准备食物也最容易一样！"

唐太宗心里仍没有底，说："古人不是说，善人治理国家也要百年，才能克服残暴，免除杀戮吗？"

魏征说："那不是指圣明君主。圣明的君主治理国家，就像发出声音可以立即听到回响一样，在一年之内收到效果，也不是什么难事。"

尚书右仆射封德彝对太宗说："这话不对！三代以后，人心一天比一天狡诈奸薄，秦代施行法律，汉朝又加上霸道，都是想把天下治好，可是都做不到，这并不是不想做到啊！魏征是个书呆子，爱发空议论，只能扰乱国家，他的话听不得！"

魏征立即反驳道："五帝和三王没有交换百姓来施行教化，照五帝的方法就能实现五帝的政治，照三王的方法就能实现三王的政治，看怎么办就是了。黄帝讨伐蚩尤，经过七十次战争，平定了乱事，使天下共享太平。九黎作乱，颛顼去征伐他们，胜利之后，天下也就安定了。夏桀胡作非为，商汤把他赶走。商纣残暴无道，周武王起兵讨伐。商汤和周武王都亲身见到太平。如果说人心一天比一天狡诈奸薄，再不会回复到淳厚朴实，那么到今天早该变成鬼了，还怎么能教化呢？"

封德彝被驳得无话可说，但心里还是不以为然。唐太宗却接受了魏征的意见，对这种进步的政治观点毫不怀疑，由此增强和坚定了治理国家的信心！

在唐太宗的主持下，魏征、房玄龄、杜如晦等大臣，认真总结和吸取了隋朝灭亡的经验教训，制定出了"偃武修文，中国既安，四夷自服"的治国方针，专心从改善政治，戒奢从简，与民休息，发展生产等方面入手，采取了一系列比较开明的革新措施来减轻赋税、徭役和刑罚，缓和阶级矛盾与民族矛盾，使战争的创伤迅速得到恢复。例如，均田制使无地和少地的农民获得了土地，并限制了豪门大户大族过多地占有土地;租庸调税法的实行,也减轻了农民的负担。唐太宗还兴修水利,开垦农田,鼓励发展生产。经过几年的治理和整顿,全国的经济得到迅速的恢复和发展,农业获得了大丰收,出现了"鱼盐满市井,布帛如云烟"的繁荣景象。农业的发展,又促进了手工业、商业和交通运输的发展,全国出现了几十万人口的大都市。贞观四年,米价每斗三文钱,社会安定,刑罚几乎可以搁置不用,全国一年内只判处二十九件死刑。东到海边,南跨五岭,百姓们道不拾遗,夜不闭户,旅行不用带粮食,可以沿途取得。史称"贞观之治"。

唐太宗十分感激地对大臣们说:"这些都是魏征劝我施行仁义所收到的效果,可惜没能给封德彝看到!"唐太宗的话,充分说明了魏征作为一个谋士在"贞观之治"中的重要决策作用和历史功绩。

郦食其献计攻陈留

公元前208年,刘邦受楚怀王派遣,西进入关,直捣秦都咸阳。

刘邦率兵不到一万人,加上一路重镇、险关都有秦军把守,每前进一步都困难重重。为了壮大部队声势,刘邦就一路进军,一路扩编部队,但却在进攻昌邑时,遭到挫折。刘邦只好另外取道西进,在途经高阳时,士兵来报说:"有一位叫郦食其的老儒生求见。"刘邦向来瞧不起儒生,这时正由两个侍女在给他洗脚,就很随便地说:"让他进来。"郦食其进来后,刘邦头也不抬,像没看见一样。郦食其见状也不下跪,作了一个揖,就高声道:"足下带兵到此,是帮助秦打各国呢,还是帮助其他国灭秦?"刘邦听他如此问话,不禁大怒:"哪来的书呆子,难道天下人想灭秦,独我会去助秦?"郦食其接着道:"那么,你为什么接见长者这样傲慢无礼?打仗不能没有计谋,你这样慢待贤士,还有什么人再来献计呢?"刘邦听他出语不凡,马上停止洗脚,整顿衣冠,恭敬地把老人扶到上座,虚心求教。

郦食其滔滔不绝地阐述了六国战败的原因。使刘邦心悦诚服,问他怎样才能攻下咸阳。郦食其笑道:"足下兵马不过万余,要想直接跟秦兵作战,就好比驱羊入虎口,危险得很!”刘邦忙问对策,郦食其说:“依我之见,不如先去占领陈留。陈留是个交通要道,四通八达,进可攻,退可守,而且城中有很多粮食。”刘邦正愁军粮不足,赶紧问有什么好办法可取陈留。郦食其说:“如果足下想得陈留,我愿效力。陈留县令与我相识多年,可为足下前去劝降。”刘邦又问陈留县令是否愿降。郦食其回答:如果他不愿意,就请刘邦夜间带兵攻城,他在城里做内应,一旦攻下陈留,就在那里招兵买马,再西进入关。刘邦十分高兴,忙派郦食其先去陈留,自己则率精兵候于城外。

郦食其来到陈留,县令见故人到来,盛情款待。席间,郦食其谈及天下大势,成败利害,县令不为所动,表示愿与城共存亡。郦食其见此,只好改变话题。县令痛饮之后,竟烂醉如泥。当晚,郦食其偷开城门,放刘邦伏兵入城。刘邦率兵冲入县署,杀了醉卧不醒的县令。守军见此,纷纷投降,刘邦入城后,查看粮仓,果然积粮丰满,心中大喜,当即封郦食其为广野君。刘邦的部队有了足够的军粮,前进途中不抢不掠,深得民心,队伍不断扩大。

此后,刘邦率军一路顺利,终于在公元前206年十月,围困了咸阳。秦王子婴既不能战,又不能守,只好出城投降,秦王朝从此灭亡。

有些事情并非理直气壮,有难言之隐,就应暗中做手脚去处理,这便是阴贼之法。刘邦取陈留,公开取之很难成功,所以刘邦采取了郦食其的策略,以劝降为由,暗中做手脚,轻而易举拿下了陈留。这便是以阴贼之法决策成功的例子。

消除疑虑,促成生意

在鬼谷子看来,决断是针对疑惑而言的,即“凡决物,必托于疑者”,所以,为人处世,也要善于为他人决情定疑,衡量利害,以利对方做出正确的决策。

有时,顾客出自对某公司产品的质量、信誉的疑虑,拒绝公司的产品或服务,有时还可能说出一些怀疑的刺耳的话来。

面对这种情况为了顺利地销售出公司的产品和达到服务目的,为了维护公司、企业、商店的形象,有必要从正面对顾客不实的批评进行辩驳,决情定疑,从而消除他们内心的疑虑。

有一对正准备结婚的恋人，来到电器集团公司的展销部购买电冰箱。这小两口围着××牌电冰箱转了好久，男的正准备掏钱付款的时候，女方突然改变了主意："我看，我们还是去买日本东芝冰箱吧！""怎么又变卦了，原来不是说好的吗？""我看这种国产冰箱质量不保险，不如日本的好。不过是多花千把块钱就是了。"

这时，站在一旁接待他们的售货员，眼看到手的生意没了，悔恨自己刚才那么耐心地给他们解说都白搭了。心里一急一气，便脱口而出："得了，得了，不买就别问这问那。日本的好，你们又有钱，去日本买好了，干吗上这儿来？"

这两口子给这么一击，转身就想走。这时候，门市部主任微笑地走了过来。

"两位请留步，我有几句话要对两位说。"听到这话，两口子不由自主地转过身来，气鼓鼓的样子。

"真对不起，方才我们的售货员说话没礼貌，冒犯了二位，这都怪我这个主任，平时教育不严，我向二位赔礼道歉。"这两口子听他这么一说，才平息怒气。

"至于买不买我们的冰箱都没有关系，只是有一件事要向二位讨教一下。"

听到"讨教"二字，小两口真的认真起来了。

"方才这位小姐说，我们的冰箱质量有问题，是否可以具体说明一下，也便于我们今后改进工作。"

小姐冷不防给主任这么一问，一时不知如何作答，迟疑了一会，才吞吞吐吐地说："我也是听人家说的，东芝的冰箱好。"她指着冰箱背后的散热管，继续说："这些弯弯曲曲的管子露在外面，也不好看。"

"小姐，这完全是误解，当然，东芝电器历史长牌子老，有许多优点。但是，我们国产冰箱近些年来也有很大的进步，你们方才看到这种冰箱，正在走向国际市场。"

小两口将信将疑，主任接着说："我们的冰箱，曾经过周密的计算，将散热管暴露在空气中，散热的速度可提高一倍，由于热量散得快，所以冰箱内部制冷的速度快，达到提高效率、节约电能的目的。实验表明，与同等容积的密式的相比，我们耗电量仅是它们的1/3，如果一天省半度电，小姐，你计算一下，一年可省多少电费？”

主任换了口气继续正面进攻：“至于说到美观，这是不必要的顾虑。因为散热管在冰箱背后，背靠墙壁或者在墙角之间，对于正面观看毫不影响。请两位放心。”

这位小姐竟无话可说。这时主任发动进攻：“我看这样好了。你们若信得过我的话，下午我派人给你们送去。喏，这是单据。请到那边取发票和保修单。”

就这样，主任为顾客决情定疑，消除了顾客的疑虑，促成了生意。

平原君舍财救赵

秦军攻打赵国，平原君去楚国求援，虽然楚王答应了出兵救援，但援兵迟迟不到。邯郸的形势迫在眉睫。秦军攻势日甚一日，步步紧逼，赵国军民奋力抵抗，终因寡不敌众，不得不收缩防线。邯郸城外尸横遍野，赵军战死者不计其数，负伤者得不到及时治疗。百姓倾家荡产，涕泣哀告，全城笼罩在一片哀伤、忧郁的气氛中。久战不决，对赵国十分不利。在内乏粮草、外援未到的情况下，不出几日，赵国就得投降。国人忧心如焚，可又无计可施。

危险之际，门客李谈对平原君说：“赵国也是公子之国，赵国将亡，公子不为之忧虑吗？”

平原君说：“赵亡，我也不能独存，就要做秦人的俘虏了，我怎么能不忧虑呢？我曾往楚国搬救兵，可至今援兵未到，我正为此忧心忡忡呢！”

李谈说：“现在邯郸的百姓，易子而食，濒临绝境；而公子的后宫累金积银，嫔妃婢妾衣食有余。前线将士刀剑用钝，削木为矛；而公子府库里钟磬如山，秋毫无损。如果邯郸失守，公子还能拥有这些东西吗？而如果邯郸解围，赵国保全，公子还担心得不到这些东西吗？现在公子若能把家人编入士卒，与百姓共同抗敌，把家中财物拿出来供应血战将士，前线将士会大受鼓舞，必誓死保卫邯郸，与敌军血战到底，公子以为然否？"

平原君本是慷慨之人，当即对李谈说："先生所言极是！为救邯郸，我愿尽遣家人为军，尽散家财助战。"

平原君听从李谈的建议，很快组织起3000人的敢死队，李谈也在其中。这支由男女老少组成的队伍，在与秦军作战中，不怕牺牲，奋勇拼杀，大乱秦军，使秦军不得不后退30里。秦军后撤，为赵国赢得了喘息的机会。

平原君又数次写信请求魏国援助。魏国公子信陵君率8万精兵侧击秦军。楚国公子春申君也派大将景阳领兵杀到。赵、魏、楚三国联军内外夹击，秦军大败。秦将郑安平被围困数日，最后带两万人投降赵国。秦国统一天下的进程由此而减慢。

邯郸解围，赵王封赏将士。由于平原君功勋卓著，策士虞卿为平原君向赵王请赏。他面见赵王说："公子平原君国难之际，出使不辱使命，搬来楚魏援兵，解邯郸之围；又编家人入伍，散私财助战，击退秦军进攻。其心耿耿，其功无量，大王不可用其力而忘其功，请大王为赵公子加封。"

赵王听从虞卿之言，打算封平原君为相，赐给东武城。

平原君的门客公孙龙听说此事，对平原君说："舍下听说赵王要赐封公子，舍下以为公子不宜受封。"

平原君说："愿听先生细说。"

公孙龙说："在保卫邯郸的战役中，赵国将士伤亡惨重，连一些王公大臣都参加了战斗。公子为赵王出使楚魏，不辱使命，当然功不可没。但论功行赏，许多人都应当受封赏，论才能也有像公子这样智勇双全的人。而赵王封公子为相，赐封公子土地，外人则会认为您是沾了王室的光。您若受封，必然损害您在赵国人心中的形象。您不受封，其他人也不好请求加封。这对大战后赵国的复兴有利。所以我认为公子还是不受封为好。"

平原君高兴地说："先生说得极有道理，就依你之言吧。"

平原君辞功谢赏的仁义之举赢得了国人的尊重，从而使自己的威望得到了进一步的提高。

“善其用福，恶其有患”可以看作替人出谋划策的评定标准，因为每个人都是趋利避害的，平原君也不例外。他之所以接纳了李谈的建议，就是看到了赵国被灭自己也不能独活，如果舍财救赵成功，自己就可以获得更多的好处，所以才接受了李谈的建议。保卫邯郸成功后，平原君又依公孙龙之言拒绝受封，那是为了更长远的利益，暂时的放弃也是为了更长久地拥有，吃点小亏却能在以后得到更多的便宜。

利而诱之降众匪

宋仁宗当政时期，朝廷腐败，官员贪婪，群盗并起，百姓苦不堪言，大臣富弼请求宋仁宗惩治匪徒。

仁宗皇帝叹息道：“各地盗匪多如蚁群，一时蜂拥而至，我哪有这么多的财力兵力来对付他们呢？”

富弼说道：“难道就任他们在各个州郡横行霸道、涂炭生灵吗？百姓本来就难以生存，现在又遭此厄运，天理何在啊？皇上您尊贵，岂能任他们胡作非为？应该替天行道啊！”

宋仁宗满脸愁容地对富弼说：“我的臣民受苦，我怎么能不心痛呢！你有什么好的计策，不妨告诉我，替我分担忧愁啊！”

富弼想了想回答道：

“世间的凶恶险诈之徒，并不是天生如此。起初他们也是寒窗苦读，胸中有一番抱负的。他们期待参加科举考试，大展宏图。怎奈长大后，却发现自己并未学业有成，最后名落孙山，仕途之路原是南柯一梦！于是他们开始眼中厌世，胸中嫉俗，郁郁不得志，彻底毁了自己。这种人往往学富五车，经史子藉兵书无所不通，无所不融。他们略微知道一些朝代兴亡的缘由，于是便转而习武，潜心钻研兵法，由此寻找出路。于是他们结党成群，煽动民众，扯起大旗，占山为王，行事狡诈。这些人虽然成不了什么气候，却给朝廷带来了危害。”

仁宗皇帝见富弼分析得非常有道理。便试探地问道：

“你既然分析得如此透彻，一定有平定他们的好办法吧？”

富弼摇头道：

“对待这样逆天而行的人，不能强行消灭他们，只能采取亲和的办法。”

“什么是亲和的办法？”

“所谓以柔克刚。水乃天下之至柔，看似无力，却可以冲刷万物，遇山绕山，逢石避石，而山石都作为它的陪衬存在。所以，臣请求皇上命令有关官员以朝廷的名义拜访这些人，把他们当作被朝廷遗忘的草泽英雄，重新推荐给朝廷。然后根据这些人的能力，适当地给予官职任用。”

宋仁宗半信半疑道：

“他们肯为朝廷效力吗？”

富弼笑道：

“他们之所以落草为寇，还不是为了让自己有权有势！既然给他们封官，哪有不效力的道理？”

于是宋仁宗依照富弼的办法通令全国。

不久，朝廷发出了数千份招降的书信，不到半年，盗寇竟消失了大半。

“善至于诱也，终无惑”，人人都喜欢做对自己有利的事，更何况是匪徒呢。由此可知，只要是朝政腐败，吏路不畅，有才能的人无用武之地，只得聚众生事，另谋出路。这些人多半是为了自己的私利，并没有什么报国爱民的理想，只要有当官发财的机会，他们就会放下“替天行道”的大旗。富弼建议采用招安的方法，以利诱之，可谓对症下药。

一言之辩退敌军

战国时，楚国上柱国昭阳带兵攻打魏国，在襄陵打败魏军，得到八座城池。

昭阳大喜之下又欲移兵攻打齐国，齐王得到消息后，召群臣商议。

当时齐国的军队战斗力还很薄弱，若与楚兵交战，必是惨败，但固守城池不出，也不是长久之计，所以齐王为此很担心。群臣也没什么好办法来阻挡楚兵的进犯。

齐王正在一筹莫展之时，忽有人报说秦国使臣陈轸前来拜见。

陈轸上殿后见齐国君臣皆面有难色，问其原因，才知道楚国上柱国昭阳在得了魏国八座城池后，又来攻打齐国，他便对齐王说道："大王不必担忧，待我去叫他罢兵回国。"

齐王无法，只好抱着试一试的态度让陈轸去见昭阳。

陈轸见到昭阳后开口问道："请问按楚国的赏制，对那些击败敌军、杀死敌将而得城池的人，应给予什么奖赏呢?"

昭阳回答说："官封上柱国、爵封上执。"

陈轸又问道："还有比这更高的奖赏吗?"

"那要数令尹了。"

"您回国后，能封令尹吗?"

昭阳哈哈笑道："当然没问题了！因为我马上就能当令尹了。"

陈轸也仰头哈哈大笑。

昭阳奇怪地问："您笑什么呢？难道您认为我在说谎吗?"

陈轸摇头道："我没有丝毫怀疑之心，只是我觉得您既已是令尹了，又何必自取降职杀身之祸呢?"

昭阳听了，气愤地问道："您这是什么话?"

"将军请莫动怒。让我给您讲这样一个故事。有人送给他的门客一杯酒，门客们商量说：'一杯酒，这么多人饮用，毫无趣味可言。我们每人画一条蛇，谁先画成，那杯酒就让他一人饮用。'众人皆称好，于是取来笔墨在地上画起来。有一人顷刻便画完了，拿起酒杯欲喝，他见众人还没有画完，便自以为是地给蛇画起脚来。另一人画完，抢过酒杯一饮而尽，讥笑那人道：'你见过有脚的蛇吗？它穿不穿鞋呢?'先画完的人后悔不已。

“现在您攻打魏国取城八座已是画成蛇了，若再进攻齐国，打下来，你的官职还是令尹，若打不下来，身死爵位被夺，不亦悲乎？况且还有损于楚国的威望。两下皆不讨好，与那个画蛇添足的人有什么区别呢？您不如带兵回国，功德圆满，得楚王及全民的欣赏和赞颂，何乐而不为呢？”

昭阳仔细地想了想，觉得陈轸说得有理，果真连夜撤兵回楚国了。

陈轸在此的游说之法并不显其高明之处，却能够达到最终的目的，其原因也不外乎陈说利弊。陈轸从昭阳的角度仔细分析昭阳所处的位置，指出其伐齐纯属多此一举，并用寓言的形式点明其利弊，使昭阳不得不服。打了胜仗，自己已身居显位，也不会得到更高的地位了；打了败仗，还可能会受到惩罚，更何况自己又没有必胜的把握，权衡利弊，当然择利己者而从之。

福特车价廉物美

亨利·福特不但首创了福特T型车，还首创了大批量生产方式，所以，他制造的汽车价廉物美。

福特有他独特的经营思想。他认为，浪费和贪求利润妨碍了买方的切身利益。浪费是指在完成某一工作时花费了多于这项工作所需的精力，而贪求则是由于目光短浅。应该以最小的物力和人力的损耗来进行生产，并以最小的利润将货销出，以达到整个销售额的增加即“薄利多销”。

为了实现这一经营理念，福特运用不同的经营手段，对产品的标准化、生产过程、劳资关系、成本核算等进行了一系列改革，开辟了一个独特的“薄利多销”的经营途径，而大规模装配线是实现大批量生产的主要手段。

福特的构想是：建立一条输送带，把装配汽车的零件和敞口的箱子装好，放到转动的输送带上，送到技工的面前。换言之，负责装配汽车的工人，只要站在输送带的两边，所需要的零件就会自动送到面前，用不着自己再费事去拿。

这一设计非常好，节省了技工们来往取零件的时间，装配速度自然加快了。可是，实际使用之后，发现了一个很大的缺陷。

由于输送带是自动运输的，在前半段比较简单的装配手续非常适用；到了后半段，向车身上安装零件时，手续比较麻烦，技工们赶不上输送的速度，往往把送过来的零件错过了。而这些在输送带上没有来得及取下的零件。都堆积在后面的地板上，妨碍了输送带的转动。

没有多久，福特想出了改进的办法，建立了一种新的生产线。

他挑选一批年轻力壮的人，拖着待装配的汽车底盘，通过预先排列好的一堆堆零件，负责装配的工人就跟在底盘的两边。当他们经过堆放的零件前面时，就分别把零件装到汽车底盘上。

这一改进使装配速度大大地提高。以前要 12 个半小时才能装配好一部车，现在则只需要 83 分钟就完成了。福特被誉为"把美国带到轮子上的人"就是从这时候开始的。他改进了装配速度，降低了成本，各公司的廉价车不久都纷纷出笼，这是造成美国汽车工业真正起飞的重要因素。

输送带的设立，使任何一个负责装配的工人都没有偷懒的机会。因为经过多次的试验，福特把输送带转动的速度固定好了，在两边的工人，每人只负责一件工作，只要不停手地做，一定可以做得好。可是你稍微一偷懒，要用的零件就转过去了，只好等下一个。如果你负责的零件与下一个人的工作有关联性，由于你没有装上，下面的人也就无法工作。在这种情形下，走上生产线的人都要全神贯注，所以他们都自称"机械人"。实际上，他们也真像输送带两边的机器，配合转动的节奏，把零件装到车上，动作是千篇一律的，时间快慢也是一定的。

"善其用福，恶其有患。善至于诱也，终无惑偏。"就是说人之常情是有了福祉就高兴，有了祸患就厌恶。善于决断的人，首先诱得卖情，然后加以定夺，自然不会产生困惑而只会使其受益。福特认为，浪费和贪求利润妨碍了买方的切身利益，应该以最小的物力和人力的损耗来进行生产，并以最小的利润将货销出，以达到整个销售额的增加即"薄利多销"。正是在这种经营思想的指导下，他才下决断建立一条输送带，首创了大批量生产方式，实现了汽车的价廉物美。

巧出奇计弱楚国

春秋战国时期,齐国的宰相管仲深谋远虑,富有远见。在他的辅佐下,齐桓公获得了军事上的巨大胜利,陆续消灭了散布在各个地方的割据势力,只有强硬的楚国还没有臣服齐桓公。

连战皆捷的几位大将建议齐桓公:“您为什么不一鼓作气,出兵讨伐楚国,一统江山呢?我们随时为您效劳!”

这番话说到了桓公的心上,他看着手下将领主动请战,心中甚是欢喜,于是决定出兵。管仲得知齐王要出兵,马上前去阻止,劝道:“现在不是攻打楚国的好时机,大王你千万不要草率行事!”

“为什么?你没有看到现在士气大振吗?而且我国粮草充足,我实在找不出时机不成熟的理由!”齐桓公有些不解。

“我们连续征战数次,兵马早已疲惫不堪。再说楚国和其他诸侯国不一样,它实力雄厚,国力强盛,现在进攻实在很危险!”

“那我们就眼看楚国继续强盛下去吗?难道等着它把我消灭了不成!”齐桓公急了。

管仲笑着说:“我自有办法,而且保证你一年之内不动一刀一枪,不伤一兵一卒,就让他降服!”

齐桓公半信半疑,但看着管仲胸有成竹,就放手让他实施既定的计划。于是管仲命人铸造不计其数的铜币,然后派一百名商人去楚国买鹿,临走时嘱咐他们说:“齐桓公特别喜欢观赏鹿,愿以重金购买活鹿。”

商人们到了楚国后,四处悬赏购买活鹿。梅花鹿在楚国很普遍,不值钱,两枚铜币就能买到一头,人们大都把它们宰杀了吃肉。楚国人一听有人重金购买活鹿,于是纷纷到山上捕获。随着猎鹿人的增多,鹿越来越少,而鹿的价格也一涨再涨,从开始的 5 枚铜币到 10 枚铜币。几个月之后,商人又抬高了价格,40

枚铜币一头。在当时,40 枚铜币可不是小数目,能买 2000 斤粮食。楚国上下见有利可图,都放弃自己的行当去寻找野鹿。农民变成了猎人,战士也不顾纪律,上山捕鹿。

不知不觉,一年就快到了。管仲对齐桓公说:"您现在可以召集人马,出兵楚国了。现在楚国只有数之不尽的铜币!农民因为猎鹿荒废了田地,没有充足的粮草供应:士兵因为猎鹿无心操练,丧失了作战的技巧和能力。成熟的时机已经到了!"

齐桓公听从管仲的意见,放出发兵的消息。楚王见粮源断缺,人民因为饥荒四处逃亡,士兵也都无心恋战,如果自己勉强打下去,只有死路一条。他连忙派使臣向桓公求和,心甘情愿地归顺了齐国。

齐桓公在成其霸业中,征服楚国的方式就是利用的"阴贼术"。他采用管仲的诡计,以"买鹿之谋"让楚国在不知不觉中受到削弱。楚国人多势众,楚王绝不会料到一年后,竟没有人愿意种粮,使曾经号称铁甲雄狮的军队变成了病猫。

代人受过收人心

周襄王二十五年(公元前 627 年),秦穆公趁晋文公病逝、晋国上下无暇他顾之机,派孟明视、西乞术、白乙丙三人出兵伐郑,结果在崤山遭到伏击,全军覆没,三将均被生擒。晋襄公的嫡母文嬴是秦穆公的同宗之女,后来她为他们说情,三人才幸免一死,逃回秦国。

孟明视三人逃回国内的消息一传出,立即有人向秦穆公进谏:"孟明视、西乞术和白乙丙身为秦将,作战不利,丧师辱国,应立即杀掉以平民愤。"

还有的大臣说:"他们三人统率秦国子弟出关,只有他们三人生还,其余全部抛尸崤山,实在可恶。理应斩杀以慰国人。"

更有人说:"当年城濮之战,楚军战败,楚国国君杀元帅以儆三军,您也应当效法此举。"

一时间大臣议论纷纷，众口一词，要求秦穆公杀掉三人。

秦穆公听了，对大家说："这次出兵，是因为我不听蹇叔、百里奚的劝告，才导致失败。所有后果都由我一个人引起，所有责任都应由我一人承担，同其他人毫无关系。"

众大臣听后都瞠目结舌，说不出话来，不知道他心中到底是什么意思。

秦穆公深深知道，孟明视三人是秦国不可多得的勇将。秦、晋争霸中原的战争刚刚开始，自己正在用人之际，杀掉三人，肯定有百害而无一利。况且晋襄公放回三将，显然想借刀杀人，既要除掉仇人，又要获得秦国的好感。胜败乃兵家常事，凭三人的本领，将来总有一天能打败晋国，洗雪耻辱。

于是，他不顾群臣的反对，身穿白衣，到郊外迎接孟明视、西乞术和白乙丙。一见面就哭着向他们表示安慰，并对死去的将士表示悼念。孟明视三人非常感激，发誓要忠心效命秦穆公。

不久，秦穆公又任命孟明视、西乞术和白乙丙三人为将，统率军队。三人都感激国君宽宏大量，纷纷竭尽所能，辅佐秦穆公整顿军备，加强军队的训练。

经过一段时间的精心准备，三人在公元前 631 年的战役中一举大败晋军，不仅报了被俘之仇，而且使秦穆公成为中原霸主。

秦穆公在此以"信诚术"使孟明视三人深受感动，他代将受过，取人以信，示人以诚。其高明之处有三：一是勇于承担责任，不诿过于人；二是能分清形势，让有用之人不随便错过；三是用笼络人才的最高手段，以自己无人敢降罪来换取三人的罪行，既保全了自己，又获得了将心，并最终成就霸业。

深藏不露杀逆臣

五代时期，后蜀国国君孟昶于公元 934 年即位。他在危机四伏，烽烟迭起的混乱年代里做了 30 多年的"偏安之王"，实属不易。

孟昶即位时才 16 岁，将相大臣都是老臣旧将。这些人自恃资历深厚，并不把这个年幼的皇帝放在眼里。他们骄恣放肆，为所欲为，公然逾越国家制定的法律，建造豪华房舍，规模巨大，靡费钱财，引起了人们的不满。其中以李仁罕、李肇、张业、赵廷隐最为过分。

孟昶刚继帝位，大将李仁罕便提出要主管六军的要求，他的言词充满了威胁。他不但派人到枢密院提出明确的要求，还到学士院让人按照他的要求起草命令，根本就不通过孟昶，这不仅是目无幼主，实际上是犯上作乱。

这一咄咄逼人的举动深深地刺激了孟昶，他知道这样下去的后果是什么。他当然不愿意就此受到别人的摆布，可是他怕张扬出去会引起叛乱，无法控制局面。

于是，他隐忍不发，请李仁罕吃饭，表面上接受了他的条件，任命李仁罕为中书令，主管六军。然后，等李仁罕进宫朝见时，孟昶命令武士将他捉住，当场处死。

李仁罕一死，曾假称有病不跪的侍中李肇才知道新君的厉害。他吓得魂不附体，当再次见孟昶时，他扔掉拐杖便跪了下去。孟昶因为他过去对自己十分倨傲，勒令他退官隐居，李肇便由此徙居邛州（今四川省邛崃市）。

李仁罕的外甥张业在李仁罕被杀时，正执掌禁军。禁军的军队虽然不多，但直接掌管皇帝宫廷的守卫，如果他以替舅报仇为名而造反，那后果将不堪设想。所以，孟昶怕他反叛，当时不敢动手处置他，而是千方百计加以笼络。他甚至把这个武夫任用为宰相，又兼判度支。

张业在家里私设监狱，关押欠债的人。他滥施酷刑，制定了一种“盗税法”，规定税官吞没赋税的，照吞没的数目十倍罚款。税官受了罚，无处筹钱，自然如数从百姓身上勒索。这种苛刻的税法使得百姓难以承受，都怨声载道。身为一国之君的孟昶闻知后，当即废除此法。

到了后蜀广政十一年（公元 948 年），孟昶觉得自己已经积聚了一定的势力，认为诛杀奸臣的时机已到，就与禁军将领官思廉密谋，用诛灭李仁罕的办法，把张业在都堂上捉住处死。

卫圣都指挥使兼中书令赵廷隐见势不妙，急忙以老为由还乡。至此，故将旧臣基本上被除尽,剩下的也都不敢藐视这位新主,孟昶这才真正掌握了蜀国的大权。

孟昶在稳固自己政权的过程中运用的多是“蔽匿术”。先以请李仁罕吃饭将其铲除,对其他大臣起到了一定的震慑作用。后来又对张业进行笼络,当时机成熟时,再故技重施,在都堂上又将其处死。所有的这一切,都施展得滴水不漏,让人防不胜防,这也正是“蔽匿术”的独到之处。

密谋图变成帝业

隋朝末年,李渊起兵反隋,终于推翻了隋炀帝的统治。随着战争的结束,李渊之子李世民被封为秦王,他的地位已不同往日,而李建成则利用太子的优越地位,频频向李世民发难。

武德九年(公元622年)五月一日晚,李世民应邀到太子府赴宴,饮酒数杯,突然感到心口剧痛,连连吐血,他连忙命人把自己扶回府中,总算保住了性命。还有一次皇家打猎时,太子让部下给秦王备马,结果,秦王骑马差点被摔死。

秦王频频遇险,王府上下极为震骇。房玄龄觉察到事态的严重,他认为,太子与秦王的嫌隙已经形成,公开的较量势所难免。一旦两人兵戎相见,刚刚统一的国家又要陷于战祸之中,这与他治国安民的理想是相违背的。他希望李世民能先发制人,力挽狂澜,从而达到天下的长治久安。于是他劝李世民:

“事势如此,不如向周公学习,对外安抚周围各国,对内安抚社稷,先下手为强。否则国家沦亡,身名俱灭,您应早做决断,绝不能再迟疑!”

此时的朝中,太子与秦王两派已是剑拔弩张。为了打击李世民,李建成想方设法瓦解他的谋士勇将。他告诉李元吉,秦府中最有谋略的人是房玄龄和杜如晦。因此,他们在李渊面前极力中伤房、杜二人,并最终通过李渊的圣旨把他俩逐出了秦王府。接着,他们又利用调兵遣将的机会,设法调动秦王的部将。程咬金原是秦王府统军,是秦王的得力干将,李建成奏请父皇让他出任康州刺史,程咬金却借故拖延,滞留长安。

李世民看到这种情况，知道再等下去，只有死路一条，他决定按房玄龄的计谋，先下手为强，发动政变，杀掉太子，逼父禅位。于是，他派长孙无忌秘密召见房玄龄、杜如晦。房杜二人不清楚秦王究竟是否下定决心，他俩故意激将，对长孙无忌说道：

房玄龄

“皇上敕旨命令我们不再为大王办事，我们如果私自见大王，就是死罪，不敢奉召。”

李世民得知后大怒：“怎么连你们都不愿忠诚我！”当即取下佩刀，对尉迟敬德说：“你再去一次，如果他们无心见我，就拿他俩的人头来见我！”

尉迟敬德和长孙无忌又秘密召见房杜二人，对他俩说：“大王决心已下，你们快来谋划大事吧。”

房玄龄和杜如晦便穿上道袍，乔装打扮，秘密进入秦王府，同秦王密谋对策。

武德九年六月三日，李世民进宫密奏太子建成、齐王元吉淫乱后宫以及试图谋害自己的事情。李渊听了，便命令他们明日一同进宫对质。次日清晨，李世民率领尉迟敬德等人在宫城北门玄武门事先设下埋伏，趁李建成、李元吉入朝没有防备的时候，将他们射死，这就是历史上有名的“玄武门之变”。

政变后，李渊被迫以秦王李世民为太子，并交出大权，李世民成为实际上的皇帝。两个月后，全国局势稳定，李渊便把皇位传给了李世民，退为太上皇。李世民终于登上皇帝的宝座，改年号为贞观，从此，翻开了唐朝历史新的一页。

“决情定疑万事之机”，意思是说判断实情、解决疑难是成就万事的关键，直接关系着事业的兴衰与成败。正所谓当断则断，否则就会反受其乱。李世民抓住时机，当断则断，才成功登上了帝王的宝座。

符言术第十二

本篇提要

“符”原意是指古代朝廷传达命令、调兵遣将时所用的信物,上面刻有与使用相关的文字。“符言”在此引申为君主所下达的格言,所以本篇着重讲述的是为君王设计的一套御国治民的策略。如何治理天下、统领百官,以及如何具备一国之君所应有的素质,都在文中得以体现。

本篇所讲述了君王理应做到的九个方面:主位、主明、主听、主赏、主问、主因、主周、主恭、主名。“主位术”说到君主要有淡泊宁静的心态和成竹在胸的王者风范;“主明术”说到君主如何让自己的臣子为自己出谋划策,以使自己明察秋毫,为天下民众谋福利;“主听术”说到君主如何听取、采纳别人的意见,正确的做法应该是广开言路、博采众议;“主赏术”是说君主如何运用好赏罚的手段,基本要求是公正无私、赏罚分明;“主问术”说到君主如何全面客观地了解各方情况,要求君主应有勤奋好学、不耻下问的精神;“主因术”说到君主如何管理好臣子,做到赏罚分明,行事要因势利导、遵循事理;“主周术”说到君主如何加强君臣之间的沟通、行事周密,以使言路畅通,国事正常运转;“主恭术”是说君主如何洞察万象、辨别真伪,以使自己亲贤臣、远小人,要求做到耳聪、目明、心灵;“主名术”是说君主如何采用恰当的方法使自己的“名”与“实”完美结合起来,两者的关系就是循名求实、因实定名。

本篇所讲到君主理应掌握的为政之道,不但没有涉及儒学所说的君臣平等之说,也没有法家所提到的君臣如虎狼的利害关系,而是注重如何使用计谋驾驭臣民,以维护自己的统治,这就是本篇的奇特之处。

【原文】

安、徐、正、静①,其被②节③无不肉。善与而不静,虚心平意④,以待⑤倾损⑥。

右主位[7]。

【注释】

①安、徐、正、静:安详、从容、正直、平和,这是就在位者的个人修养而言的。

②被:及。

③节:节度,法度。

④虚心平意:内心谦虚,心绪平和。

⑤待:对待。

⑥倾损:颠覆,减损。

⑦右主位:右另作"有",有主位,即君主有君主的职位,主要讲善守其位的修养。

【译文】

安详、从容、正直、平和,合乎了宽容的节度。与人为善,与世无争,内心谦虚,心绪平和,以处理天下的纷争。这是君主应有的修养。

【原文】

目贵明[1],耳贵聪[2],心贵智[3]。以天下之目视者,则无不见;以天下之耳听者,则无不闻;以天下之心虑者,则无不知。辐凑[4]并进,则明不可塞[5]。右主明[6]。

【注释】

①明:视力好,这里指明辨。

②聪:听力好,这里指善于听取意见。

③智:聪明,指思维敏捷。

④辐凑:比喻人或物聚集在一处。辐,指车轮中聚集于车轴心的木条。

⑤塞:遮挡,这里指蒙蔽。

⑥主明:君主应有的明察力。

【译文】

对眼睛来说,贵在明亮;对耳朵来说,贵在灵敏;对心灵来说,贵在智慧。人君如果能够用全天下人的眼力去观看,就不会有什么看不见的;人君如果能够用全天下人的听力去听,就不会有什么听不到的;人君如果能够用全天下人的头脑去思考,就不会有什么不知道的。如果全天下的人都以像车轮辐辏一样归于自己,就可明察一切而不受蒙蔽。这是君主要做到的明察。

【原文】

听之术曰:"望坚而拒之。"许之则防[1]守;拒之则闭塞[2]。高山仰之可极[3];深渊度之可测。神明之位术,正静其莫之极欤!右主听[4]。

【注释】

①防:妨碍。

②闭塞:指听闻闭塞。

③极:至。

④右主听:君主应有的善听之德。

【译文】

听取意见的方法是:"不要一意孤行而拒绝别人。"听取意见,就会得到拥护;拒绝别人进言,就会阻塞自己听闻。山再高,也是可以看到顶的;渊再深,也是可以测到底的。神明的听术,既公正沉着又高深莫测!这是君主要做到的善听。

【原文】

用赏贵信,用刑贵正。刑赏信正,必验[1]耳目之所见闻。其所不见闻者,莫不暗化[②]矣。诚畅[③]于天下神明,而况奸者干[④]君?右主赏[⑤]。

【注释】

①验:和证据互相对照,以便明了真相。

②暗化:暗地改变,指潜移默化。

③畅:畅通。

④干:冒犯。

⑤右主赏:君主要做到的赏罚分明。

【译文】

运用奖赏时贵在守信,运用刑罚时贵在公正。刑罚与赏赐的信誉和公正,必须以臣民所见所闻来验证。这样对那些没有亲眼看到和没有亲耳听到的人,也有潜移默化的作用。如果诚信能畅达天下以至神明,那么又何惧那些奸邪之徒冒犯君主呢?这是君主要做到的赏罚分明。

【原文】

一曰天之,二曰地之,三曰人之[①]。四方、上下、左右、前后,荧惑[②]之处安在[③]?右主问[④]。

【注释】

①一曰天之,二曰地之,三曰人之:这一二句是指天时、地利、人和都应了解。

②荧惑:即火星。火星运行失常就要灾难临头,所以要知道火星在哪里。此处有预示福祸之意。

③安在:在哪里。安:疑问代词,哪里。

④右主问:君主应该问的问题。

【译文】

什么是天时，什么是地利，什么是人和。四方、上下、左右、前后，以及火星的方位又在何处？这是君主应该问的问题。

【原文】

心为九窍[①]之治[②]，君为五官[③]之长。为善者君与之赏，为非者君与之罚。君因其政所以求，因而与之，则不劳。圣人用之，故能赏[掌][④]之。因之循理，故能久长。右主因[⑤]。

【注释】

①九窍：即人体的口、两耳、两眼，两鼻孔、两便孔。窍是出入空气的小穴。

②治：主管。

③五官：古代五种重要官职，即司徒、司马、司空、司士、司寇，泛指百官。

④赏：据《管子·九守》应为"掌"，即掌管，治理。

⑤右主因：指君主应遵循的事情。

【译文】

心是人体九窍的主宰，君主是百官的首领。做好事的臣民，君主会给他们赏赐；做坏事的臣民，君主会给他们惩罚。君主根据臣民的行为给予赏罚，斟酌实际情况给予赏赐，这样就不会劳民伤财。圣人运用这个道理，所以善于用赏。遵循事物的客观规律，国家才能长治久安。这是君主统治的依据。

【原文】

人主不可不周[①]。人主不周，则群臣生乱。寂乎[②]其无常也，内外不通[③]，安知所开？开闭不善，不见原也。右主周[④]。

【注释】

①周:周密、细密。

②寂乎:形容没有人声,很安静。

③内外不通:指君臣上下言路不通。

④右主周:指君主要做到的周密。

【译文】

君主行事不能不周全。如果君主不周全,群臣内部就容易发生骚乱。朝廷寂静无声,失去正常秩序,君臣上下就不能互相沟通,这样怎能知道言路打开的方向呢?言路的开放和封闭不适当,就无法探测事物的根源。这是君主应该做到的周密。

【原文】

一曰长目[1],二曰飞耳[2],三曰树明[4]。千里之外,隐微之中,是谓洞[4]。天下奸,莫不暗变更。右主参[5]。

【注释】

①长目:能看到很远的事物,犹如千里眼,形容善见。

②飞耳:能听到很遥远的声音,犹如顺风耳,形容善听。

③树明:明察一切事物的能力。

④洞:深透,指洞察。

⑤右主参:指君主应该参用的三个方面。

【译文】

能够用天下人的眼睛去看,看得更远,叫作长目;能够用天下人的耳朵去听,听得更清,叫作飞耳;能够用天下人的头脑去思考,想得更加的全面,叫作树明。明察千里之外,隐约微小的事情都能够看得清清楚楚,这就叫作"洞察"。天下奸邪的事情,都会在暗中慢慢变更。这是君主应参用的三个方面。

【原文】

循[①]名而为,实安而完[②]。名实相生[③],反相为情。故曰:名当则生于实,实生于理,理生于名实之德[④],德生于和,和生于当。右主名[⑤]。

【注释】

①循:依照。

②完:完好,完美。

③相生:互相依存。

④德:指客观规律。

⑤右主名:指君主应该把握的名分。

【译文】

如果依照名分去做,就会既安全又完美。名实互为产生的条件,反过来又互相对立,这构成客观事实。所以说:名分产生于实践,实践产生于道理,而道理产生于名分和实践相结合的特性,这种特性产生于和谐,而这些和谐产生于恰如其分。这是君主应该做到的名分。

【解析】

"符",即符契、符节。我国早在汉代就把有节的竹片加以中分,由两人各持一片,日后,只要能把这两片竹完全合在一起,连竹节都能像原来那样吻合,就证明是他本人或其代理人。这里的"符言",即如符之言,指本篇所言如同符节,文中所阐述的君主治国平天下的修养或为人的原则应与此相合,就像符节一样完全吻合。

本篇共分为九小节,分别论述了统治者以及身居要位的人应该具有的修养和做人的准则，即主位、主明、主听、主赏、主问、主因、主周、主参、主名。

所谓的“主位”，阐述的是统治者以及身居要位的人如何忠于职守，安于本位的问题。鬼谷子认为，其要点是“安、徐、正、静”，即以安详、从容、公正、平和之态面对天下纷争。这一“地位”决定了执政者必须眼观天下。

所谓的“主明”，阐述的是统治者以及身居要位的人如何明察秋毫，把握纷纭变化现状的问题。“明”包括三个方面，即目明、耳聪、心智。决策者在观察外物时，必须做到用天下人之目视，用天下人之耳听，用天下人之心思考，这样才能消除闭塞视听的一切障碍，了解实情，把握时变之关键。

所谓的“主听”，阐述的是统治者以及身居要位的人如何听取人言的问题。善于纳谏，听取忠言是作为一个决策者达到“主明”的重要途径，做到了这一点就能广泛地收取外界信息，使决策者在判断外界事物时，避免失误，从而顺利施行切合实际的正确策令。

所谓的“主赏”，阐述的是统治者以及身居要位的人如何使用赏罚的问题。鬼谷子认为其要点是“用赏贵信，用罚贵正。”赏与罚是应十分重视的事情。因为信赏必罚有教化天下的作用：奖赏是执政者所要推行和鼓吹的事；而惩罚则是执政者戒令下属乃至天下人不能做的事。所以，决策者在控制全局，实施策令时，要做到正确实施奖赏、惩罚的原则，这不仅是团结大众，凝聚人心的重要手段，也是扶正去邪的重要途径。

所谓的“主问”，阐述的是统治者以及身居要位的人如何不耻下问、博学多闻的问题。决策者在研究赏罚、做出决策时，一定要探究天时、地利、人和的各种关系，全方位地研究事物的各个方面，以发现事物的规律。在把握物之运动的法则后，按照一定的名分区分事物，使事物的名实相符，并根据客观事实的规律行事，不得有误。

所谓的“主因”，阐述的是统治者以及身居要位的人如何探索赏罚所应遵循理数的问题。所谓“为善者，君与之赏，为非者，君与之罚”，而“善”与“非”的客观标准则是决策者“因其政之所以求”。由此可知赏罚的准则就在于决策者的需要。如果人们的所作所为能符合执政的需要,能被决策人"用之"自然受赏。这就要求统治者行事时,必须做到周密考虑,周全行事,明察秋毫,公平公正,以防赏罚失误。

所谓的"主周",阐述的是统治者以及身居要位的人如何行事周密,善于开合的问题。决策者要广泛了解外界事物,以求周严,要通达人情,使下属畅所欲言;要周知人情事理,以明分善恶。

所谓的"主参",阐述的是统治者以及身居要位的人如何参用众言,明察秋毫的问题。决策者要周知外物的情况,达到周严的效果,需要有丰富的参照物。这就要求决策者要综合运用"长目""飞耳""树明",即要以"目"观察,以"耳"广收信息,用"天下"之心思虑万物,这样才能参透万物之隐,防患于未然。

所谓的"主名",阐述的是统治者以及身居要位的人如何把握名实的问题。决策者要根据名实相生的道理,把握物之运动的法则,而后按照一定的名分区分事物,使事物的名与实相符。

本篇所论的是为君治政,为人处世的准则。

鬼谷子在《符言》篇结语中道:"名当则生于实,实生于理,理生于名实之德,德生于和,和生于当。"由此可知,"当",即合度,真实、协调是"符言"之本。

【应用事例】

凡有所作为而又身居要位者,往往都不会高高在上、盛气凌人,而是非常平易近人;他们的行为举止往往都会安静、稳重,通民情、达人意,有礼有节,而不会轻浮张狂没有教养;他们往往自己有高尚的情操,而又善于虚心听取别人意见,善于肯定别人的成绩;他们自己虚心静听别人的意见,就可以得到反面意见;他们做出的决定往往都是集思广益、博采众家之长,凝聚了集体的智慧。所以,他们所做的事往往成功率很高。这就是身居要位的为官之道。

了解真实情况解决实际问题

官居要位,如何才能施好政,谋民福?除了为官之道的沉着、稳重、好思考,一定还要且有礼有节，善于倾听。要位之处可纵观全局，但基层真实情况却容易因通道层叠，信息遗失或失真，从而影响政策实施的合理有效。因而，作为领导，尤其是高层领导应该经常以平易近人之姿与基层接触，虚心倾听大众之声音，知晓基层真实之情况，只有这样才能把握基层之真实问题，做出正确而又有实效的业绩。

李总是某公司高层管理人员，平时工作繁忙，但总会时不时地到员工中去了解员工的工作情况和生活中遇到的困难，能帮忙的或者能为其改善的，李总从来没有含糊过，甚至都会拿出自己的钱来帮助一些生活困难的员工，用他平易近人的言行深深感动着每一位与他交流的员工。

有一次，在基层调研中，李总了解到一些一线员工的尖锐性矛盾，于是展开认真的实际调查。

有一位来自甘肃偏僻小山村的员工，由于父母双方均有病，其他的兄弟姐妹整天在田间劳作，靠微薄的收入勉强度日。李总了解到这位员工的实际情况后首先找该员工谈了话，了解了更细致的一些实际情况，并组织了一次全公司的帮扶活动，将捐款寄到了该员工的家中，并将该员工的弟弟也在该公司安排了其能胜任的一份工作。

对此李总还了解到一些情况。由于经营的问题导致公司近几个月的销售业绩逐月下滑，因此好些员工的工资都在拖欠着，有的还以各种理由给克扣了，面对此情况，李总召集了所有部门的领导开会研究，决定在解决公司效益问题同时，也将员工工资问题解决。

当下许多公司在利益不断增长的时候，却忽略了最为勤劳、最为朴实的一线员工。众人皆知，为了生存发展，许多员工来自偏远的农村，为了得到一份工作，许多农民不计工种，不计报酬，他们为城市的繁荣发展付出了心血和汗水。李总深刻明白其中道理，因此即使自己身处要职却总会抽空到基层了解员工的工作情况和生活状况，尽可能地为他们解决所遇的问题。有这样的企业领导，公司效益怎能不好？公司的发展怎能不好？

在管理活动中，要想了解实情，就必须虚心静听，平易近人。放下身段，附耳倾听，才会拉近与交谈者的距离，使其真正敞开心扉，说出你所想要了解的真实情况。虚心、静气加平易之姿，使得真相展露，这样才能及时反应，对症下药，从而又快又准地解决问题！

韦尔奇集思广益，成功挽救通用电气

许多管理者都已经习惯了独断专行，他们把别人的意见当作是对他们的权威的挑战和对他们的权力的干涉。这造成了许多企业只“一言堂”的局面。在团队中，管理者要想成功地做出一项决策，绝不能一味地固执己见。相反，必须善于倾听各方面的意见。换句话说，也就是要集思广益，集众人的智慧和意见，取精华弃糟粕，只有这样，才能使决策取得更好的效果。

通用电气公司创立于 1878 年，其前身是美国爱迪生电气公司。经过一百多年的发展壮大中，通用电气公司发展成世界上最大的电气设备制造企业。它的产品种类繁多，除了一般的电气产品，如家电、×光机等，还包括重要、大型的电站设备、军工设备，甚者还包括更为复杂核反应堆、宇航设备和高科技导弹。但到了 1980 年，这个巨大的企业却到了山穷水尽，难以维持的境地。

就在这个危急关口，年仅 44 岁的韦尔奇走马上任，来担任了这个庞然大物般的企业的董事长和总裁。

他上任后采取了了一系列改革，其中最重要的一条就是宣布通用电气公司是一家“没有界限的企业”，他指出：“毫无保留地发表意见”是通用电气公司文化的重要内容。

“集思广益”的大部分理论基础包含着诸如工人的参与、信任感和下放权力等平凡、甚至有些陈旧的观念。它拆除了“蓝领”和“白领”的界限，不同岗位、不同阶层的职员集中到一起，针对某些问题研究提出建议和要求，当场确定实施意见。这种管理方式，减少了大量中间环节，迅速提高了行政效率。

“集思广益”讨论会不仅带来了明显的经济效益，而且让员工广泛参与管理，感受运用权力的滋味，从而大大提高了员工的工作热情。

1987年，通用电气公司制造一台燃烧室喷气发动机上的关键部件需要30周，通过开展"集思广益"活动，1991年初，这一产品的生产周期缩短到8周，如今只需4周。负责制造加工燃烧室的员工们还在商讨10天内完成任务的可能性。

"集思广益"讨论会已成为通用电气公司一种日常性的活动，随时都可以根据需要举行，参与人员也从员工扩大到顾客、用户和供应商。

"集思广益"活动把本来毫不相干的人们聚集到了一起，包括计时工人、白领阶层、管理者甚至是工会领袖们。他们平时在工作中很少有机会接触，现在却可以在这种活动中相互交谈并相互信任。这些会场很快就变成了打靶场，靶子就是令人厌恶的各种官僚主义的具体表现形式：一项小小的申请需要10个人签字；毫无意义的案头工作；多余的工作惯例以及盲目自大。这些东西绝大部分当场就被废除或改良，而不是再"研究研究"。

在这种工作经历中，人们看到企业的言行一致，他们的信任感在这个过程中不断地增长，智慧的火花不断地迸发。过去只被要求贡献时间和双手的人们现在感到他们的头脑和观点也开始备受重视了。在听取他们想法的过程中，每个人都更加清楚地认识到，越是接近于具体工作的人就越是看得透彻。

因而，韦尔奇说："20世纪90年代期间，我们通用电气公司具有创造这样一种企业气氛的根本性的机会。在这种企业气氛下，毫无保留地发表意见在文化上是可以接受的，讲真话受到奖赏，而对下属一味喊叫的管理者则不会受到奖赏。"

也正是这种"集思广益"的活动，推动着企业的高层管理者必须更多地去放权，更多地去行动，更多地去听取意见。他们必须信任别人，也必须被别人所信任。虽然这并不十分容易，但却是通用电气公司在20世纪90年代所致力于促进的。

鬼谷子说："德之术曰勿坚而拒之，许之则防守，拒之则闭塞。高山仰之可极，深渊度之可测，神明之德术正静，其莫之极。”企业所需要员工的，不但是一双手，更需要他们是大脑。集思广益，在某一具体问题的处理上也要广开言路，不能只听一面之词，只考虑一种方法，而要围绕这一问题，充分征求意见，提出各种可能的解决方案，然后在可供选择的方案中进行利弊比较，选择最优方案来加以实施。

乾隆帝怀柔有术

乾隆皇帝当政时，以宽仁为本，对南部新疆问题，他一直抱和平解决的愿望，但最后他不得不使用军事力量。

在平定准噶尔后，回部何去何从？

起初，清朝希望和平解决，采取措施，减轻贡赋，给予较大自治权力和优惠政策。但后来的发展事与愿违，由于和卓兄弟发动叛乱，阴谋分裂，清廷不得不诉诸武力。

乾隆二十三年，朝廷以雅尔哈善为靖逆将军，率满汉官兵一万余人，向库车进发。征讨之前，乾隆下谕宣示大小和卓的罪状，其文至情至理，赢得了老百姓的拥护和支持。

谕旨中这样对维吾尔族百姓说，

“布拉尼敦、霍集占兄弟在噶尔丹策动时被拘禁，我们第一次平定伊犁时，放出二人，并命令他们做了你们的首领。朝廷正要对和卓二兄弟加恩赐爵、授予良田时，没料到二人乘厄鲁特变乱之机，率领伊犁人逃往叶尔羌、喀什噶尔，拥兵自重。朕原以为他二人或许是惧怕厄鲁特的骚扰，暂时避开，休养生息，因此没有发兵责难。后来见他二人仍然没有回归之意，就派遣使节前去招抚，没想到二人竟戕杀使臣，僭称巴图尔汗，情节尤其可恶。”

乾隆帝在谕旨中还说：

“朕以为，倘若朝廷听之任之，不擒拿主犯，那么回族百姓终不得安生。因此，特发大兵，声罪致讨。这次兴师，只为霍集占一人。因朕听说霍集占起义倡乱，布拉尼敦是被迫从行的，所以朕已命分别处理。像大小和卓兄弟至亲，朕尚且视其情节轻重，加以处理，更何况你们全无涉及，岂有被株连之理？朕是不会将尔等无罪之人与叛逆之徒一并诛戮的。”

谕旨最后说：

“你等若将霍集占缚获献上，自会安居乐业，永享殊恩。若执迷不悟，听从逆贼指使，大兵所至，即不再分善恶，全被剿除，悔之晚矣！希望你们熟思利害，不要贻误终生。”

从这道谕旨中，可以清楚地看出乾隆顺应民意的基本策略。在谕旨中，乾隆帝依据情理，对准极少数，保护大多数。一方面指责和卓兄弟忘恩负义，尤其是霍集占，申明这次征伐的正当理由；一方面解除各方面的忧虑，说明平回的矛头只对准霍集占一人，绝不株连扰害维吾尔族一般人民，连大和卓布拉尼敦也会宽大处理。

这道谕旨的发布，有利于瓦解叛军的意志，分化了叛军内部的凝聚力，为最后平定回部大小和卓叛乱的胜利打下了坚实的基础。

乾隆在平定大小和卓叛乱的过程中，以审时度势的眼光分析其利弊关系。为了趋利避害，不但以宽容之心对待叛逆者，还以最小的投入取得了最佳的效果，真可谓事半功倍。其成功之处与乾隆帝敏锐的观察力、正确的判断力和英明的决断力是分不开的。

乾隆下达的谕旨既解除了百姓的顾虑和担忧，又大大鼓舞了受压迫百姓反抗的决心，达到了分化敌军营垒，争取维吾尔族群众，减轻进军阻力的目的。可以说，这道谕旨的作用绝不亚于单纯的军事进军，为最终的胜利奠定了基础。

身先士卒展魅力

领导者的人格魅力实际上是领导者的一种吸引力和凝聚力，领导者的人格魅力是通过领导者的美德表现出来的，领导者的人格魅力是非权力影响力，高尚的品格是领导者人格魅力的核心。领导者有比较强的人格魅力，就会赢得组织成员的敬重和信任,从而增强团队的凝聚力和战斗力,同心同德为实现组织目标而努力奋斗。

日本本田技研工业总公司的创始人本田宗一郎每当遇到棘手的事情时,总是自己率先去干。因此,公司里的年轻人非常佩服他的这种身先士卒的作风。

1950年的一天,为了谈一宗出口的生意,本田和藤泽在一家餐馆里招待外国商人。

客人兴致挺高,喝了许多酒,不久便跑到卧室呕吐起来。

过了一会儿,服务员满脸沮丧地报告说:"本田先生,我不小心,把客人的金假牙倒进厕所里了,您说怎么办?"

本田一听,二话没说,跑到楼下,掀开粪池石板,脱掉衣服,纵身跳了粪池,用一双筷子打捞起来。那些粪便、便纸在水面浮着,臭气熏天,令人作呕,但本田却像没事人一般,用筷子拨弄粪便纸屑,细心寻找,找了好一阵才把那颗金假牙找到。

本田回到卧室卫生间,冲洗干净身子,穿上衣服,再将假牙冲洗干净,并对假牙消了毒,然后悄悄地放到外商的床边。

"您是怎么找到的?"服务员惊奇地问。

"是本田先生亲自跳下粪池寻回来的。"不待本田回答,藤泽激动地抢着说。

"啊?"服务员的嘴巴张得很大,"本田先生,真是太谢谢您了！您真伟大！您帮了我大忙,我一辈子也不会忘记。"服务员深受感动。

这件事让那位外国商人也很受感动,生意自然获得了圆满的成功。藤泽武夫目睹了这一切,感慨不已,认为自己可以一辈子和本田宗一郎合作下去。

后来,他们并肩战斗几十年,在几十年中,他们把其他人用来内斗的精力都用于各自领域内的"对外战斗",战胜了技术、经营上的敌手。

老话说:上行则下效。又说:"上梁不正下梁歪。"作为领导,只有自我严格要求,并以身作则,做出表率,才具有号召力。

一个优秀的领导，要执行、贯彻自己提出的政策方案，必须愿意吃苦耐劳，身先士卒。要能急人所急，组织内部有了困难要能身先士卒，一马当先，解决问题。

人们因为很多理由跟随一个领导。越是野心勃勃想成为领导的人反而越不能成为合格的领导者，真正的领导者会谦卑温和，富有自我牺牲精神。一句话，优秀和杰出的领导基于自身的人格而赢得人们对他们的尊重。人们跟随你是因为你的人格和你所代表的价值观。

汉昭帝善辨忠奸

汉武帝去世的时候，他所立的太子即后来的汉昭帝，年龄才 8 岁。汉武帝并不放心，就把他托付给霍光、金日蝉、上官桀、桑弘羊四位大臣，让四人辅佐昭帝。四人之中，霍光是大司马、大将军，掌握着朝廷军政大权，地位最高。

霍光为人正直，又忠心耿耿辅佐汉昭帝，把国家大事处理得有条有理，因此，威望日益增高。但是霍光为人耿直，做事不讲情面，得罪了不少人，其中就有上官桀、桑弘羊、盖长公主等人。

当时燕王刘旦(汉昭帝的哥哥)因为自己没有做成皇帝，一心想废掉昭帝，但又畏惧霍光，于是他便和上官桀勾结起来，想设计除掉霍光。

于是，在汉昭帝 14 岁那年，上官桀趁朝廷让霍光休假的机会，伪造了一封刘旦的亲笔书信，又派人冒充刘旦的使者，把这封信送给了汉昭帝。

汉昭帝打开信一看，只见上面写道："霍光外出检阅御林军时，擅自使用皇上专用的仪仗。而且他经常不守法度，不经皇上批准，擅自向大将军府增调武官，这都有据可查。他简直是独断专行，根本不把皇上放在眼里！我担心他有阴谋，对皇上不利，因此我愿意辞去王位，到宫里保护皇上，以提防奸臣作乱。"

送完信后，上官桀等人做好一切准备，只等汉昭帝发布命令，就把霍光捉拿起来，谁知汉昭帝看完信后毫无动静。

第二天，霍光前去上朝，听说了这件事，就坐在偏殿中等候发落。

汉昭帝在朝堂上没有看见霍光，便问道："大将军在哪里？"

上官桀回答道："大将军因为被燕王告发，所以不敢进来。"

于是，汉昭帝派人请霍光上殿。霍光来到殿前，摘掉帽子，磕头请罪。

汉昭帝说："大将军只管戴上帽子。我知道那封信是假的，你没有罪。"

霍光既高兴又迷惑不解，问："皇上是怎么知道的啊？"

霍光

汉昭帝说："大将军检阅御林军只是最近几天的事情，增调武官校尉到现在也不过10天，燕王远在北方，他怎么知道得如此之快啊？如果将军要作乱，也不必依靠校尉。"

上官桀等人和文武百官听了都大吃一惊。

汉昭帝又说："这件事只需问问送信人就可以弄明白！不过，我想他肯定早已逃跑了。"

左右下属连忙命人去找送信人，送信人果然逃跑了。

一计不成。上官桀等人又生一计，他们经常在汉昭帝面前说霍光的坏话。最后，汉昭帝大怒，对他们说：

"大将军是忠臣，先帝嘱托他辅佐我，以后谁敢再诬蔑大将军，我就治谁的罪！"

上官桀等人看到这个方法不行，就密谋让盖长公主出面请霍光喝酒，然后借机杀掉他，废掉汉昭帝，立燕王刘旦为帝。但他们的阴谋还没来得及施行，就被汉昭帝和霍光发觉，全部被杀。

"主明术"说的就是君主只有耳聪、目明、心智，才能做到明察秋毫，而不致于被事物的外在假象蒙蔽了眼睛。霍光如果碰上一个昏庸的皇上，恐怕早已被斩首了。而昭帝从信中的时间准确地推算出燕王不可能知道近期发生的事，而且又令人去追查送信之人，他这样做的目的只是想给诬陷霍光的人一个威吓，上官桀果然吓得半死。更为可悲的是，上官桀等人仍不死心，意图谋反，最终落得身首异处的下场。

雍正帝杀一儆百

康熙和乾隆掌政时期，国家呈现出太平盛世的局面。康熙时期的繁荣得益于康熙治理天下有方，然而康熙晚期，国家却一直走下坡路。一方面是他晚年多病，不能勤政；另一方面是确立皇储的问题搅得朝中一片混乱。因此，在他统治晚年，朝中官员渐渐疏于政事，因循敷衍、懒散拖沓、贪污行贿，把官场弄得乌烟瘴气，一直蔓延到雍正初年。

雍正登基后，决心全面整顿，改变朝廷大臣玩忽职守的态度和消极懒散的作风。他清楚这种作风已经有很长时间了，彻底废掉不是轻而易举的事情。但如果对他们仅仅宣传一些大道理，恐怕收不到较好的效果。

雍正想来想去，觉得不如来个杀鸡给猴看，说不定能产生大的影响，震住其他大臣。但是，到哪儿去找这只“鸡”呢？不久，雍正就找到了突破口。

一天，雍正让手下趁别人不注意时，把刑部大门上的匾额拿回来，藏在屏风后面。然后雍正耐心地等待，看看刑部有什么反应。

一天过去了，刑部没有什么异常。

两天过去了，刑部依然像什么事都没有发生一样。

第七天，雍正再也沉不住气了。他命令召见刑部主管官员。一见面，他突然问道：

“你们主管衙门外的大匾额还在吗？”

官员不知雍正有何用意，毕恭毕敬地回答说：“在！”

可是当他们抬头看皇上时，只见雍正脸色阴沉，不知自己说错了什么，慌忙补充说：“应该在吧！”说罢，不敢言语。

雍正向近旁的侍从招招手，两个内侍便把刑部大门外的匾额从屏风后抬出来。刑部主管官员一看，吓得直哆嗦，一时不明白究竟怎么回事。

雍正指着放在大殿中央的匾，厉声说道：

“这块匾额已经放在这里七天了，可你们却没有任何人发现！这么大的缺陷你们居然都没有注意到，不知你们平日会疏忽多少事务！堂堂一部之首尚且玩忽职守到如此地步，又怎么能以身作则、教导下面的人勤于公务呢？”

雍正大发脾气，刑部主管吓得双腿发软，连连叩头，俯首请罪。他在皇上面前立下誓言，决心痛改前非，整顿吏治，提高效率。

雍正对其他部门什么都没说，但自从这件事传开后，朝廷六部拖拖拉拉的办事作风很快就有了改观。

面对因循敷衍、懒散拖沓、贪污行贿等劣行，雍正帝心知肚明，一时难以解决，于是便想到了杀鸡给猴看的招数，这也是历来古代官吏乐此不疲的行事策略。为什么呢？因为与各个击破相比，罚一儆百的影响更为深远，而且要省时省力得多。可见，雍正帝的高明之处贵在其心智。

集思广益智谋多

当全美短帮皮靴成为一种流行时尚的时候，每个从事皮靴业的企业几乎都趋之若鹜地抢着制造短皮靴，供应给各个百货商店，他们认为赶着大潮流走要省力得多。

罗宾当时经营着一家小规模皮鞋工场，只有十几个雇工。他深知自己的工场规模小，要挣到大笔的钱诚非易事。自己薄弱的资本、微小的规模，根本不足以和强大的同行相抗衡。而如何在市场竞争中获得主动权，争取有利地位呢？

罗宾考虑了两条道路：一是在皮鞋的用料上着眼，就是尽量提高鞋料成本，使自己工场的皮鞋在质量上胜人一筹。然而，这条道路在白热化的市场竞争中行走起来是很困难的，因为自己的产品本来就比别人少得多，成本自然就比别人高了，如果再提高成本，那么获利有减无增。显然，这条道路是行不通的。二是着手皮鞋款式改革,以新领先。罗宾认为这个方法不失妥当,只要自己能够翻出新花样、新款式,不断变换,不断创新,招招占人之先,就可以打开一条出路,如果自己创造设计的新款式为顾客所钟爱,那么利润就会接踵而至。

经过一番深思熟虑,罗宾决定走第二条道路。他立即召开了一个皮鞋款式改革会议,要求工场的十几个工人各竭其能,设计新款式鞋样。为了激发工人的创新积极性,罗宾规定了一个奖励办法:凡是所设计的新款鞋样被工场采用的设计者,可立即获得 1000 美元的奖金,所设计的鞋样通过改良可以被采用,设计者可获 500 美元奖金,即使设计的鞋样不能被采用,只要其设计别出心裁,均可获 100 美元奖金。同时,他即席设立了一个设计委员会,由五名熟练的造鞋工人任委员,每个委员每月例外支取 100 美元。

这样一来,这家袖珍皮鞋工场里马上掀起了一阵皮鞋款式设计热潮,不到一个月,设计委员会就收到 40 多种设计草样,采用了其中三种款式较别致的鞋样。罗宾立即召集全体大会,给这三名设计者颁发了奖金。

罗宾的皮鞋工场就根据这 3 个新款式来试行生产。第一次出品是每种新款式各制皮鞋 1000 双,立即将其送往各大城市推销。顾客见到这些款式新颖的皮鞋,立即掀起了购买热潮。两星期后,罗宾的皮鞋工场收到 2700 多份数量庞大的订单,这使得罗宾终日忙于出入各大百货公司经理室大门,跟他们签订合约。

因为订货的公司多了,罗宾的皮鞋工场逐渐扩大起来,3 年之后,他已经拥有 18 间规模庞大的皮鞋工场了。不久,危机又出现了,当皮鞋工场一多起来,做皮鞋的技工便显得供不应求了。最令罗宾头疼的情形是,别的皮鞋工场尽可能地把工资提高,挽留自己的工人,即便罗宾出重资,也难以把其他工场的工人拉出来。缺乏工人对罗宾来说是一道致命的难关,因为他接到了不少订单,如果无法给买主及时供货,将意味着他得赔偿巨额的违约损失,罗宾忧心忡忡。

他又召集 18 家皮鞋工场的工人召开了一次会议。他始终相信,集思广益,可以解决一切棘手的问题。罗宾把没有工人可雇用的难题告诉大家,要求大家各尽其力地寻找解决途径，并且重新宣布了以前那个动脑筋有奖的办法。会场一片沉默，与会者都陷入思考之中，搜索枯肠想办法。过了一会儿.有一个小工举起右手请求发言，罗宾嘉许之后，他站起来怯生生地说：

“罗宾先生，我以为雇请不到工人无关紧要，我们可用机器来制造皮鞋。”

罗宾还来不及表示意见，就有人嘲笑那个小工：

“孩子，用什么机器来造鞋呀？你是不是可以造一种这样的机器呢？”

那小工窘得满面通红，悄悄不安地坐了下去。

罗宾却走到他身边，请他站起来，然后挽着他的手走到主席台上，朗声说道：

“诸位，这孩子没有说错，虽然他还没有造出一种造皮鞋的机器，但他这个办法很重要，大有用处，只要我们围绕这个概念想办法，问题定会迎刃而解。我们永远不能安于现状，思维不要局限于一定的桎梏中，这才是我们永远能够不断创新的动力。现在，我宣告这个孩子可获得500美元的奖金。”

经过四个多月的研究和实验，罗宾的皮鞋工场的大量工作就已被机器取而代之了。

集思广益的做法表明：个人的认识总是有限的，再高明的领导也不能单靠自己的智慧，他必须集中众人的智慧，遍采众人之长方可成事。

虚心听劝成霸主

公元前636年，晋公子回国当上国君，是为晋文公。他当上国君后，开始征发百姓，组织军队，训练作战。两年后，晋文公便准备用训练的百姓称霸诸侯。

大臣子犯劝阻说：“百姓虽然经过训练，身体强健，但还不懂得义，还没能各居其位，不能用。”

晋文公觉得有道理，他便想办法让百姓懂得义。正在这时，周朝发生了“昭叔之难”。

昭叔是周惠王的儿子，他和他的哥哥襄王之后狄隗密谋叛乱，襄王知道后，便将狄隗废掉。这件事触怒了狄隗的娘家，他们派重兵进攻周朝，周襄王被迫逃到郑国。

周朝在当时名义上是各诸侯国的宗主，晋文公决定帮助周襄王返回周朝并用此事教育晋国的百姓什么是义。

他派出左右两军，右军攻打昭叔，左军去郑国迎接周襄王返国。事成后，周襄王为表彰晋文公的功劳，以天子的礼仪迎接文公。

晋文公却推辞说："这是臣下分内之事。"

他帮助襄王返国后，又回国致力于便利百姓，使百姓安居乐业。他认为可以使用百姓了。

子犯出来阻拦说："百姓虽然懂得了义，但还不知道信是什么，还不能用。"

晋文公听了，觉得有道理。

他率领军队攻打原国，命令士兵携带三天的口粮。军队围困原国城池整整三天，士兵们的粮食全部吃完了，而原国还坚守城池不出。于是晋文公下令退兵，正当晋军刚退兵时，间谍从城里出来报告说："原国已经准备投降了。"

有人主张再坚持一下，等待原国投降。晋文公坚决地说："当初带三天军粮，就是准备攻打三天的；如今已下令退兵，就应该说话算数。如果不退兵，即使得到原国，也会失去信用，得失相比哪个多呢？"

由于晋文公利用攻打原国教育百姓知道信，所以国内民风大变，凡事以信为本，他们做生意不求暴利，不贪不骗。

做完这些后，晋文公问子犯："这回行了吧？"

子犯回答："百姓虽知信、义，还不知道礼，还没有养成恭谦礼让。"

于是，晋文公又在让百姓在知礼方面下苦功。他举行盛大的阅兵仪式，每个环节都依照军礼执行，使百姓看到礼仪；他又规定百官的等级及职责，使百姓知道对什么职官行什么礼仪。百姓们不但如此，还知道根据礼来判断一件事的是非。这时，子犯笑着说："可以用民了。"

于是，晋文公开始伐曹，攻卫，取得齐国之地，大败楚军于城濮，成为春秋五霸之一。

"主听术"中说的就是君主如何在明察秋毫的基础之上去听取、采纳臣子的劝谏。春秋五霸之一的晋文公,虽时刻想着称霸,但他并不冒进,而是虚心三次听从子犯的建议,并且不遗余力地去完成。其结果不但教化百姓明白了信义,还使百姓懂得了礼仪,最终成为春秋五霸之一。

苻坚拒谏败淝水

西晋末年,南北分裂。南方司马睿在建康称帝,建立东晋王朝;在北方,匈奴、鲜卑、羯、氐、羌等少数民族首领也纷纷称王称帝,占据关中一带的氐族统治者以长安为都城,建立了前秦政权。公元357年,苻坚即位,他重用汉族知识分子,推行一系列改革措施,在一定程度上使前秦国实现了兵强国富的局面。

在这基础上,苻坚积极向外扩张势力,初步统一了北方地区。接着攻打江南,企图统一南北。东晋太元八年(383年)八月,苻坚亲率百万大军,水陆并进,南下攻晋。东晋王朝在强敌压境、面临生死存亡的紧急关头,决意奋起抵抗。他们一方面缓解内部矛盾,另一方面积极部署兵力,制定正确的战略战术,以抗击前秦军队的进犯。

十月十八日,苻融率领前秦军前锋攻占寿阳,幕容垂部攻占了郧城,接着攻打硖石。胡彬困守硖石,粮草乏绝,难以支撑,便写信请求谢石驰援。可是此信却被前秦军所截获,苻坚决定迅速开进,以防晋军逃遁,便把大部队留在坎城,亲率骑兵八千驰抵寿阳,并派遣原东晋襄阳守将朱序到晋军中劝降。朱序到了晋军营阵后,不但没有劝降,反而向谢石等人密告了前秦军的情况,并建议谢石乘前秦军各路人马尚未集中的机会,主动出击。

谢石及时改变作战方针,决定转守为攻,派刘牢之率精兵5000迅速奔赴洛涧,与前秦梁成军相遇。刘牢之大败梁成,取得洛涧遭遇战的胜利,这挫抑了前秦军的兵锋,极大地鼓舞了晋军的士气。谢石乘机命诸军水陆并进,直逼前秦军。苻坚站在寿阳城上,看到晋军布阵严整,又望见淝水东面八公山上的草和树木，以为也是晋兵，心中顿生惧意，对苻融说："这明明是强敌，你怎么说他们弱不堪击呢？"

前秦军洛涧之战失利后，沿淝水西岸布阵，企图从容与晋军交战。谢玄知己方兵力较弱，利于速决而不利于持久，于是便派遣使者激将说："将军率领军队深入晋地，却沿着淝水布阵，这是想打持久战，不是速战速决的方法。如果您能让前秦兵稍稍后撤，空出一块地方，使晋军能够渡过淝水，两军一决胜负，这不是很好吗？"

前秦军诸将都认为这是晋军的诡计，劝苻坚不可上当。但苻坚却说："只引兵略微后退，待他们一半渡河，一半未渡之际，再用精锐骑兵冲杀，便可以取得胜利。"于是苻融便答应了谢玄的要求，指挥秦军后撤。前秦军本来就士气低落，内部不稳，阵势混乱，指挥不灵，这一撤更造成阵脚大乱。朱序乘机在前秦军阵后大喊："秦军败了！秦军败了！"前秦军听了信以为真，遂纷纷狂跑，争相逃命。

东晋军队在谢玄的指挥下，乘势抢渡淝水，展开猛烈的攻击。苻融被杀，前秦军全线崩溃，完全丧失了战斗力，晋军乘胜追击，一直到达青冈。前秦军人马相踏而死者，满山遍野，堵塞大河。活着的人听到风声鹤唳，以为是晋兵追来，更没命地拔脚向北逃窜。淝水之战，前秦军被歼灭的十有八九，苻坚本人也中箭负伤，仓皇逃至淮北。

苻坚在位时励精图治，不但开创了前秦的盛世，还统一了北方，是少数民族政权中较为有实力的。然而使人遗憾的是过于好大喜功、崇尚武力，由于刚愎自用，不能虚心听取群臣的建议，而最终导致了兵败淝水，遗恨千古。

罚人救火保都城

战国时期，一到冬天，鲁国都城南门附近的人们就会到芦苇荡子里打猎。由于那里湿度适宜，生长着肥美的野草，数不清的鱼虾在嬉戏。许多飞禽猛兽也栖息在这块风水宝地，过着惬意的生活。

人们都说这里动物的肉鲜嫩，不仅肉好吃，而且皮毛还能卖钱，所以来这里打猎的人络绎不绝。一天，不知谁为了一时之利，竟然放了一把火来捕杀猎物。火借风势，很快蔓延开来，马上要烧到都城了，但却没有一个人救火，大家仍然兴高采烈地追逐着四处逃窜的动物。

鲁哀公在宫中听到火灾的消息，大吃一惊，赶忙派人去救火。但是被派去的人也跟着众人追逐火海中逃出来的猎物。看到这乱糟糟的情形，鲁哀公不知所措，担心再延误下去都城就要化为灰烬了。

这时，宫中一位大臣说："在这样危急的情况下，我们没有设置任何奖赏和惩罚，他们当然不愿意冒险去灭火。更何况趁机捕杀猎物不仅有利可图，也有趣味，他们自然就趋之若鹜。出现这种情况也是在所难免的。"

鲁哀公心中焦急，听到这句话，茅塞顿开，传令下去，凡是救火的人就是为挽救都城立下功劳的人，一定会得到重重赏赐的！

那位大臣赶忙说："这样也不太好。现在一团糟，不清楚谁在救火，谁在追逐猎物。至于谁的功劳大谁的功劳小，也没有办法评定。况且还有一个重要的问题，现在人这么多，用这么多的财富赏赐实在是不划算啊！"

鲁哀公想想觉得也对，又开始发愁，说："那该怎么办呢？"

大臣回答道："既然奖赏不行，那为什么不惩罚呢？我们可以规定，捕杀猎物者视同玩忽职守，不救火的人等同于战场上的逃兵。如果被发现，不管是谁，都要以军纪处罚，不留半点情面！这样不用花一分钱，就能达到目的。您觉得怎么样？"

鲁哀公一听赞不绝口，立即传令下去。在场的人都害怕了，纷纷救火。有的脱下自己的衣服扑灭火苗，有的拿工具切断向四周蔓延的火，有的铲土掩盖即将复燃的灰烬。不一会儿，大火就被扑灭了。

"主赏术"说的就是君主如何运用赏罚的手段来激励他人为自己服务。鲁哀公采用宫中大臣的赏罚之法，其成功之处就在于时机得当，通过对运用对象的分析，抓住了人们害怕受到惩罚的心理，以法治事，灵活地制定赏罚策略，最终团结人心，扑灭了大火。可见，赏罚分明不仅可以作为制度来遵循，还可以通过变通的手段为自己所利用。

招贤纳士筑金台

燕国被齐国打败后，不久国君就死去了，太子继位，是为燕昭王。他在收拾残破燕国的时候，决定用厚礼聘请有才能的人，准备报败齐之仇。

他对谋士郭隗说：

"齐国趁着我国内乱而打败了我们，现在，我们燕国势单力薄，无力复仇。所以，得到贤明之人与我共商国是，以雪先王的耻辱，那是我最大心愿。您觉得如何才能招到贤能的人呢？如何才能让燕国繁荣昌盛，打败齐国呢？"

郭隗说："成就帝业的君主以贤者为师，成就王业的君主以贤者为友，成就霸业的君主则以贤者为臣，而亡国的君主就以低贱的小人为臣。"

"您如果能恭敬地对待贤者，那么就能招来超过自己百倍的人才；您如果先于别人劳动，后于别人休息，先去请教别人，然后再深思默想，那么就能招来超过自己十倍的人才；您如果与别人一样辛勤劳动，并且能够平等地对待别人，那么就能招来和自己才能差不多的人才；您如果对人态度蛮横，随便发怒，任意呵斥，那就只能招来奴隶那样的人。这就是自古以来的经验和教训啊！大王如果真想广泛选任贤者，就应该亲自去拜访，让天下人知道大王亲自拜访自己的贤臣，那么天下的贤士，一定都会到燕国来。"

燕昭王听了郭隗话，问道："我应该首先去拜访谁呢？"

郭隗说："我先给您讲个故事。古代有个国君，想用千金买千里马，三年也没买到。宫中有个侍者对国君说：'请让我去买千里马！'国君就派他去了。三个月后，这个人找到了千里马，但那匹马已经死了。于是他就用五百金买了马骨，回来向国君报告。国君大怒：'我要买的是活马，哪能用五百金买个死马呢？'侍者镇定地回答：'买死马尚且用五百金，何况活马呢？天下的人都以为大王真要买马，千里马很快就会送来。'果然，不到一年，就有三匹千里马送上门来。”

郭隗接着对燕昭王说:“如今大王要想招揽人才,就请从我开始。我尚且被任用,更何况比我更有才能的人呢?”

燕昭王听从了郭隗的话,筑起高台,拜郭隗为师,并筑黄金之台以待贤者。一时间,乐毅、邹衍、剧辛这些人才纷纷从自己的国家奔向燕国。

经过许多贤人智者20多年的努力,燕国终于强大起来,军队的战斗力也大大加强。于是燕昭王派乐毅为上将军,与秦、楚及三晋联合谋划进攻齐国。经过几场大战,齐军大败,齐闵王逃到国外,燕昭王终于报了败齐之仇。

重赏之下必有勇夫。燕昭王运用金钱招贤纳士,最终使燕强盛起来,报了败齐之仇。总结其成功的原因有三:一是会用人,他首先想到的是以厚礼招请人才;二是善纳谏,听从了郭隗的建议并重用他;三是不惜财,以高筑黄金台招贤纳士,使人才都能够各尽其用。

圆融待人树威信

郭子仪是唐代的中兴名将,当朝重臣。因平定安史之乱有功,被朝廷封为汾阳王,其子郭暧被代宗招为驸马,可谓权倾朝野,显赫一时。

不久,郭子仪过寿,家人和亲朋好友纷纷拜贺,唯有儿媳升平公主仗着自己是当朝公主,不肯给公公拜寿。

郭暧不由得勃然大怒,与升平公主发生争吵,大打出手,给了公主一记耳光。他盛怒之下,指着升平公主的鼻子说:“你如此无礼,不就是仗着你父亲是天子吗?我的父亲功高盖世,他根本不愿意做天子!”这句话,无疑可能招致杀身灭门之祸。

升平公主本是唐代宗的掌上明珠,做丈夫的不但没有把自己放在眼里,而且也不把自己的父亲、当朝天子放在眼里,这还了得!公主万分恼怒地跑回皇宫,向父亲告状,痛斥郭暧的“犯上作乱”罪行。

唐代宗听完女儿的哭诉后,却一团和气地说:“郭暧说的话,不是你能懂得的。他父亲确实是不想做天子，否则的话，天下哪里会归到我们家所有呢？”说完，他就叫公主赶快回家去，并要她向公公赔罪。

此时，郭子仪听说儿子打了升平公主并口出狂言一事后，不禁大惊失色，早已把郭暧囚禁起来，随后自己入朝请求皇上治罪。

唐代宗却对郭子仪哈哈一笑：“俗话说‘不痴不聋，不做家翁’，小两口在闺房中吵架时说的气话，怎么能当真呢？你这样做也太小题大做了！”

就这样，一件本来可能酿成大祸的事情，最后不了了之。

赏罚的尺度要灵活把握，且不可一概而论。在以上这件事中，唐代宗显示了十分高明的御臣手段和处世谋略。他以和气浑圆的容忍态度对待郭暧的口出狂言，并没有给予惩罚。因为作为君主的唐代宗深知郭子仪对自己忠心耿耿，而且事发之后又绑着儿子前来请罪，实在不必小题大做。

奔驰树品牌优势

著名的世界十大名牌之一的奔驰汽车，其创始人卡尔·奔驰生于1844年，他是世界上最早的汽车发明人之一。

1866年7月3日，他发明的汽车第一次开上马路，1893年起正式投入生产与销售。一百多年来，奔驰汽车以无可匹敌的质量优势，成为地位、权力的象征。奔驰车的质量体现在奔驰车的方方面面，甚至每一颗螺钉。以其座位用料为例，羊毛是专门从新西兰进口的，其粗细必须在23至25微米之间，细的用来织造高档车的座位面料，以保持柔软舒适；粗的则用来织造中档车的座位面料。纺织时，根据各种面料的不同要求，还要掺入从中国进口的真丝以及从印度进口的羊绒。而制造皮革座位则选用全世界最好的皮子。为此，他们先后到世界各地考察、选择。最后，认为南德地区的公牛皮质最好。确定皮革供应点后，奔驰公司又要求在饲养过程中防止出现外伤和寄生虫，既要保持饲养场地良好的卫生状况，又要防止牛皮受到伤害。座椅制成后，还要由工人用红外线照射器把皮椅上的皱纹熨平。

管中窥豹,奔驰公司为了保持其长盛不衰的世界名牌地位,真是煞费苦心,一丝不苟。

"循名而为,实安而完"就是说圣智之人若遵循名分去行事,按照事实来采取行动,一切就会安好无恙。奔驰公司采取的种种举措,使得产品质量与其名牌地位名副其实,确保了其优秀的企业品质,展现了世界名车的风范,从而保持了其长盛不衰的世界名车地位。

金利来名实相生

中国香港地区著名实业家曾宪梓先生创造了"金利来"领带这一著名品牌。但鲜为人知的是,这一品牌开始并不叫"金利来"而是叫"金狮"。一次,曾宪梓拿出两条"金狮"领带送给他的一位亲戚。不料,亲戚非但不领情,反而满脸不高兴地说:"我才不戴你的领带呢,金输金输,什么都输掉了。"原来,香港话"狮"与"输"读音相近,加上香港参与赌博的人多,很忌讳"输"字。亲戚的不满给曾宪梓以极大的启迪。经过一夜绞尽脑汁的思考,他终于巧妙地将"金狮"的英文 GOLDLION 改为意译与音译结合,即 GOLD 意译为"金",LION 谐音读为"利来",便成为今天几乎无人不知的"金利来"。这个名字一上市就为消费者认同、接受,竟一叫即响。

如今,"金利来"不仅成了领带大王,而且陆续推出了皮带、皮包、钱夹、衬衫、运动套装、西装、袜子以及领结、领带夹、钥匙链等男士服装及饰品、用品,甚至还推出了男士皮鞋。

正如曾宪梓先生所言:"事实上,'金利来'不需要为每一个品种开设一间工厂,从而投入大批资金。我们有一大部分品种是委托欧洲名厂生产的,出了名的牌子再加上名厂的精工制作,照样受到市场的欢迎。创了一个名牌,不论你推出何种品种,只要你保证质量,就会同样受到欢迎。一个名牌的价值,真是难以衡量。"这便是经营无形资产的硕果。

"名实相生,反相为情"就是说当名实相互助长之后,反过来就会因合乎情理而做大做强。许多世界著名企业深谙“名实相生”之理，都善于经营自身以品牌、包装、企业形象为主要内容的无形资产。这样，不但提高了企业及其产品的知名度、美誉度，而且以事半功倍之效使市场份额不断扩大。

赏罚有道

春秋时期，齐景公执政期间，晋国攻打齐国的东阿和甄县，而燕国则侵袭齐国黄河南岸的领土。齐国军队被打败了。这件事让齐景公非常忧虑。

大臣晏婴看出齐景公的心思，特别向他推荐了田穰苴：“虽然穰苴是田氏门中偏房所生，但他知识渊博，文武双全，并有着很强的群众基础，为众人所归服。希望君王用他试一试。”

于是，景公召见田穰苴，与他谈论用兵之事，十分高兴，就任命他为将军率兵抗击燕、晋的入侵。

田穰苴受任后，对景公说：“臣自知能力水平有限，而且臣始终处于低下的地位，如今大王大力提拔我，还加官于大夫之上，如此一来，不仅士兵不服，而且百姓也不会信服。因为地位低微之人是没有权威可言的，所以臣斗胆，请求大王派一个全国上下所尊崇的人来担任监军，这样才能统军作战啊！”

景公听后，认为他所说有理，便答应了他的请求，于是派宠臣庄贾担任监军。

田穰苴向齐景公辞别后，对庄贾说：“明天中午在军营门会齐。”

第二天，田穰苴骑马先赶到军营，设置了测日影的标杆和计时间的漏壶，等待庄贾的到来。庄贾平时一向为人傲慢、害怕艰苦，这次又认为田穰苴所率士兵是他自己的军队，而他自己又是君王委派的监军，所以对如约赴军之事不很在意。庄贾的亲朋好友为他设宴送行，而田穰苴到了中午时分还没有见到他的身影。

田穰苴看了看悬挂正空的日头，一手放倒测影标杆，并撤掉了计时漏壶。待到傍晚时分，庄贾才不急不慌地来到了军营。

田穰苴质问庄贾说:“为什么过了约定时间才到军营?”

庄贾不屑一顾地回答道:“亲戚朋友盛情为我设宴饯行,与他们喝了几杯,所以耽搁了时间。”

田穰苴厉声指斥他说:“你身为将帅,必须以身作则,否则就难以服众。如今,大敌当前,国内人心动荡,将士为此烦忧,君王为此睡不安稳,天下百姓的性命都系在你的手里,你身上的重担重于泰山,你却把饯行当作迟到的借口,难道你就是这样效忠大王,为百姓谋福的吗?”

说罢,田穰苴就将军法官叫来,问道:“军法上对于约期而迟到的人,规定该怎样处置?”

军法官回答说:“应当处斩。”

庄贾这时才感到害怕起来,并立即派人飞马报告齐景公,请求解救。庄贾派出的人尚未返回时,田穰苴已按军法将庄贾斩首示众了。

几个月后,击退了敌人,田穰苴率军凯旋,齐景公亲自迎接,后提升他为大司马。

赏罚之事,应从实际出发,解决矛盾,刑罚时,杀一儆百也是必要的。从这一点看,田穰苴是一位了不起的将军,他严明治军,不包庇一个昏官,斩了庄贾,且立了战功,才得到了齐景公的封赏。

鬼谷子认为,心是人体九窍的主宰,君主是百官的首领。做好事的臣民,君主会给他们赏赐;做坏事的臣民,君主会给他们惩罚。君主根据臣民的行为给予赏罚,斟酌实际情况给予赏赐,这样就不会劳民伤财。齐景公也是一位赏罚有道的明君,他善于用赏,并以正治国,一个国家能有这样的君主和臣子自然国泰民安。

秦穆公宽容大度积大德

一天,秦穆公发现自己的一匹良马丢了,结果被岐山之下的乡里人捉住,并把马吃掉了。后来,当地官员抓住了捉马和吃马肉的人,准备严加惩治。

但是，当秦穆公了解了具体情况后，阻止了官员的裁判。秦穆公对当地官员说："君子不因为牲畜而伤害他人，我听说吃良马肉而不喝酒会伤身。"于是，秦穆公邀请那些乡下人喝酒，并最终赦免了那些人。

数年后，秦国与晋国爆发了战争，秦穆公亲自迎战，结果被晋军包围，并且严重受伤。就在危急时刻，岐山下那些在数年前吃了秦穆公良马肉的人闻讯赶来，他们勇猛地冲向晋军，英勇抗战，以报秦穆公不怪罪食马之恩。

最后，秦穆公在这些人的帮助下躲过了这场劫难，逃离了险地。

原本是自己赦免的人，双方没有根本的利害关系，但是秦穆公在生死关头得到了对方的回报，这就是修身之道的益处。正是秦穆公宽容大度的良好品德，为他赢得了一次重生的机会。

宋就"以待倾损"赢和平

在魏国边境靠近楚国的一个小县里，有一个叫宋就的大夫。一天，他被派往这个小县去做县令。在两国交界的地方，同住着两国的村民，村民们都喜欢种瓜。

这一年春天，两国的居民又播种了瓜种。不幸的是，这年春天的天气比较干旱，由于缺水，瓜苗长得很慢。这时，魏国的一些村民担心再这样旱下去，将会影响收成，于是他们就组织一些人，每天晚上到地里挑水浇瓜。连续浇了几天，魏国村民种植的瓜苗长得又高有好。楚国的村民看到魏国村民种的瓜长得又高又好，非常嫉妒，所以，有些人趁着傍晚时分，偷偷潜到魏国村民的瓜地里去踩瓜秧。

第二天，魏国的村民发现了，就找到了宋就评理。宋就对他们说："我看，你们最好不要去踩他们的瓜地，这是一种报复的行为，实属不雅啊。"

村民们听后，气愤已极，纷纷嚷道："难道我们怕他们不成，为什么让他们如此欺负我们？"

宋就摇了摇头说："如果你们用相同卑鄙的方法去报复，最多只是解一时之恨，但无法保证以后他们不会再向你们报复，冤冤相报，无法停止，这样双方互相破坏，谁都不会得到一个瓜的收获。”

村民们听后，安静下来，个个皱紧眉头问：“那我们该怎么办呢？”

宋就说：“你们每天晚上去帮他们浇地，这样一来，就会取得你们意想不到的效果。”村民们虽然半信半疑，但也只好按照宋县令的意思去做。

楚国的村民发现，魏国的村民不但不记恨，反而每天帮他们浇瓜，让他们惭愧得无地自容。

楚国边境的县令得知此事后，便将其上报给楚王。楚王原本对魏国觊觎已久，但听了此事，感慨良多，不禁心有余悸，于是他主动与魏国和好。由于宋就的明智之举争得了两国和平的局面，魏王便下令重赏宋就和当地的百姓。

鬼谷子认为，在位者要做到忠于职守，安于本位，必须要具备“安、徐、正、静”等个人修养。因为安详、从容、正直、平和，合乎了宽容的节度，在位者只有与人为善，与世无争，内心谦虚，心绪平和地处理天下纷争，才能得到和平。魏国和楚国的和平往来，得益于宋就“善与而不静，虚心平意，以待倾损”。可见，宽己待人，以德报怨，不仅能够消除彼此的怨恨，还能够带来更好的效果。

张英宽容获谅解

清朝康熙年间，文华殿大学士兼礼部尚书张英与一位姓叶的侍郎都是安徽桐城人，两家毗邻而居。

一次，两家都要修建房屋，为了争地皮，双方就发生了冲突。张老夫人无奈，就修书到北京，让张英出面解决。张英看到信后，深感忧虑，马上回信给老夫人：“千里家书只为墙，再让三尺又何妨？万里长城今犹在，不见当年秦始皇。”

张母见书明理，于是，张老夫人令家丁后退三尺筑墙。

叶侍郎见此情景，深感惭愧，命家人也把院墙后移三尺。

这样，张家和叶家的院墙之间就有了六尺宽的巷道，后来成了有名的“六尺巷”。

张英虽然失去了祖传的几分宅基地，但得到的却是邻里的和睦及流芳百世的美名。

宽容不仅是一种文明、胸怀，更是一种人生的境界，宽容了别人就等于宽容了自己。宽容的同时，也创造了生命的美丽。而张英的宽容正是他为人们所悦纳、赞赏、钦佩之根源。其实，这也是社交之道。

绝缨会

公元前606年，楚庄王平定了令尹斗越椒的叛乱后，欢宴全体大臣。

席间，奏乐歌舞，一直欢饮到黄昏时分，仍然兴致未尽。于是，楚王下令点燃烛继续夜宴，又让他最宠爱的许姬和麦姬两位美人轮流向大臣们敬酒。

就在，嫔妃敬酒之际，忽然刮起一阵怪风，把所有的蜡烛都吹灭了，顿时一片漆黑，席上有一位官员乘机摸了许姬的玉手。许姬一甩手，扯断了他的帽带，匆匆回座附耳对楚王说：“刚才有人乘机调戏我，我顺手把他的帽带扯断了，赶快叫人点起蜡烛来看谁没有帽带，就知道是谁了。”

楚王听了，立即下令不要点蜡烛，大声地说道：“今晚，寡人一定要与诸位大臣喝个痛快，请大家把自己的帽带扯断，痛饮一番吧。”

于是，大臣们都扯掉帽带。待楚王命令把蜡烛点燃后，也就看不出是哪位大臣的帽带断了。

席散后，许姬怪楚王不给她做主，将那个对他无礼之人捉出，楚王大笑道：“寡人举办这个宴会重在狂欢，酒后失态是人之常情，如果定要追究，岂不是扫兴吗？”

许姬听完，才知道了楚王的用意，这就是有名的“绝缨会”。

后来，楚王讨伐郑国时，一位猛将亲率数百人，为三军开路，斩将过关，直逼郑国的首都，大振楚王的威望，这位猛将便是当年在宴会上摸了许姬手的那个人。他为了报答楚王当时的宽容大度，不追究他的错失，便发誓毕生誓死效忠楚王,最后成为楚国的一员忠将。

楚庄王能够成为春秋五霸之一,就是因为他具备一国之主的高尚品德和一国之君的大智慧,他不仅善于听取忠言,而且心胸宽广,由此换来的是政令畅通、将士誓死效忠。

宋仁宗重用人才善于纳谏

宋仁宗赵祯十三岁的时候登基,由于赵祯年龄尚小,所以大权仍由刘太后把持。宋仁宗没有宋太祖、宋太宗那般的军事谋略,在与西夏的战争中,数次战败。但宋仁宗特别重视人才,他虚心纳谏,最善于听取忠臣的意见,这令他当之无愧地成为宋王朝唯一一位“仁”帝,被后人所称颂。

澶渊之盟后,宋朝必须每年向辽贡奉大量的银两和绢,导致宋朝的财政入不敷出。宋仁宗即位后,土地兼并、冗官、冗兵、冗费的现象越来越严重。面对如此严峻的情况,宋仁宗整日为此烦恼不已。

一日上朝时,宋仁宗收到一本奏折,内容是有关减少宫女和侍从费用的,就在他翻阅奏折时,突然感觉头痒难忍。退朝后,宋仁宗拿起奏折,急忙赶回宫中,立即呼唤梳头太监进来替他梳头。

梳头太监在给宋仁宗梳头的时候,碰巧看到宋仁宗手中握有一份奏折,于是就问道:“陛下,您收到的是一份什么奏折?”

宋仁宗面露愁容,不耐烦地回答说:“一位大臣建议朕应该适量减少宫女和侍从,以减少一些开支。”

梳头太监听后,愤怒地说:“现在,每位大臣的家里都有歌伎舞女,仆人也很多,若是升了官,就会不停地增置,陛下贵为天子,相对而言,您的侍从并不多,他们却建议要削减您身边的奴仆,这也太过分了!”

宋仁宗听了梳头太监的这番话,没有应声。

梳头太监见宋仁宗不语,便接着问道:“请问,陛下准备采纳他们的建议吗?”

宋仁宗说:“谏官的建议,朕还是要采纳啊。”

梳头太监听了宋仁宗的话,大为不悦,鉴于皇上一直很宠信自己,就赌气地说:“如果陛下坚持要采纳他们的建议,那请您以奴才为削减的第一人吧。”

宋仁宗站起身来,立即召见主管太监入内,命他按照名册检查,将梳头太监以及宫人二十九人削减出宫。

梳头太监见状,心知事情不妙,就跪在宋仁宗面前,请求留下来。

宋仁宗摇了摇头,走出了宫。后来,皇后得知此事,大为不解,就问宋仁宗说:“陛下,梳头太监乃是您多年的亲信,他并不是多余的人,您为什么要将他削减出宫呢?”

宋仁宗

宋仁宗叹了一口气,说:“他劝朕不要听取谏官的忠言,这种不明情理的人怎能留在身边。如果不削减他,那大宋的江山恐怕即将不保了。”皇后听后,恍然大悟,战战兢兢地退了下去。

鬼谷子认为,听取意见的方法是:“不要一意孤行而拒绝别人。”听取意见,就会得到拥护;拒绝别人进言,就会阻塞自己听闻。可见,善于纳谏,听取忠言是一个决策者达到“主明”的重要途径,做到了这一点就能广泛地收取外界信息,使决策者在判断外界事物时,避免失误,从而顺利施行切合实际的正确策令。宋仁宗正是因为是一位懂得重用人才、虚心纳谏的明君,所以北宋才出现“仁宗盛治”的局面。

宋太宗装糊涂显大智

宋太宗是一个气度恢宏的人,他能够容忍大臣的一些过失,所以实现了有效的国家治理。

孔守正被封为殿前虞侯,有一次他和大臣王荣陪伴皇上喝酒。两个人喝得大醉，就当着宋太宗的面争论秋季守卫边境的功劳，结果完全失去了君臣的礼仪。在当时，这种行为是“大不敬罪”，按照法律应该交有关部门治罪，但是宋太宗没有这么做。

第二天，孔守正和王荣清醒过来，听别人说起自己在皇帝面前的失礼行为，吓得出了一身冷汗。

于是，两个人一起到金殿上向宋太宗请罪，但是宋太宗若无其事地说：“我当时也喝多了，有许多事情根本记不起来了，你们不用在这里打扰我了。”就这样，宋太宗假装糊里糊涂地化解了一场不必要的误会。

宋太宗故意装糊涂，免除了下属的过失，不但使对方心怀感激，更显示了为人处世、统御下属的高超本领。糊涂处事不是撒谎耍赖，其真正目的是顺应事物发展规律，做出切合实际的判断，这实际上是个人修养的体现，更是“善与而不静，虚心平意，以待倾损”之大智的体现。

汉昭帝明辨是非信霍光

不信谗言，不听诽谤之辞，是忍受住自己的猜疑之心，信任他人的表现。聪慧明智的汉昭帝能够精于分析，冷静思考，明辨是非，使诽谤霍光的人的阴谋没有得逞。

汉武帝去世的时候，汉昭帝才不过八岁，还是个孩童。汉武帝放心不下，把他托付给霍光和上官桀、桑弘羊等四位大臣。四人之中，霍光是大司马、大将军，地位最高，掌握着朝廷大权。

霍光忠心耿耿辅佐汉昭帝，把国家大事处理得井井有条，因此威望日益增高。但是霍光为人耿直，做事不讲情面，得罪了上官桀、桑弘羊、盖长公主（汉昭帝的大姐）等一批人。这些人本来就妒忌霍光，这时因为自己的私欲没有得到满足，更是恨透了他。正好当时汉王刘旦（汉昭帝的哥哥）因为自己没有做成皇帝，也对霍光极为不满，上官桀等人就和刘旦勾结起来，想设计除掉心头患霍光。

汉昭帝十四岁那年，上官桀一伙趁着朝廷让霍光休假，伪造了一封刘旦的书信，派人冒充刘旦的使者，把信送到汉昭帝手里。汉昭帝接到信一看，上面说："大将军霍光出去检阅羽林军，居然擅自摆上皇上专用的仪仗，吃皇上才能享用的饭菜，不守法度，耀武扬威。他还不经皇上批准，擅自往大将军府增调武官，这简直是独断专行，没把皇上放在眼里！我担心他有阴谋，对皇上不利。我愿辞去王位，到宫里保卫皇上，提防奸臣作乱。"上官桀、桑弘羊等人做好一切准备，只等汉昭帝一声令下，就把霍光逮起来。谁知昭帝却没有动静。

第二天清早，霍光去上朝，听说了这件事，就待在偏殿中等候发落。汉昭帝不见霍光，问道："大将军在哪儿？"上官桀回答："大将军因为被燕王告发，所以不敢进来。"霍光进去，自己摘掉帽子，跪下磕头请罪。汉昭帝说："大将军只管戴上帽子。我知道那封信是假的，你没有罪。"霍光又高兴又纳闷，问："皇上怎么知道的？"汉昭帝说："大将军检阅羽林军就是最近的事，增调校尉到现在也不到十天，燕王远在北方，他怎能这么快就知道？再说，将军如果要作乱，也不必依靠校尉呀？"上官桀一伙和文武百官听了都大吃一惊，觉得这小皇帝年纪不大，却真不简单。

汉昭帝又说："这事只问送信人就可以弄明白，不过要是其中有鬼，他肯定逃跑了。"左右连忙去找送信人，果然跑了。汉昭帝马上下令捉拿，还连连催问捉到了没有。上官桀他们吓得要死，就劝汉昭帝："这小事一桩，皇上就不必追究了。"汉昭帝说："这事还小吗？"从此他就更加信任霍光，怀疑起上官桀一伙来了。

后来上官桀他们又在汉昭帝面前说霍光的坏话，汉昭帝发火了，说："大将军是位忠臣，先帝嘱咐他辅佐我，谁敢再诬蔑大将军，我就办谁的罪！"上官桀他们看这办法行不通，就商量着让盖长公主出面请霍光喝酒，埋伏下士兵把霍光杀了，然后废掉汉昭帝，立燕王刘旦为帝。这阴谋还没来得及施行，就被汉昭帝和霍光发觉了。上官桀一伙全被杀了，燕王刘旦和盖长公主也只好自杀了。

作为君王，要善于视、听、思。"目贵明，耳贵聪，心贵智。以天下之目视者，则无不见;以天下之耳听者,则无不闻;以天下之心思虑者,则无不知;辐辏并进,则明不可塞。”用“天下”的目、耳、心去视、听、思,才能做到明察一切,不会让人蒙蔽。汉昭帝能够明辨是非,也算是一位英明君主了。

赵匡胤“杯酒释兵权”

能够谨守本位的君王,无论处理任何问题都不会以残暴的手段解决,而是在稳重安详、和缓从容、沉静平和中将问题化解。“狡兔死,走狗烹”的例子在历史中绝不鲜见,而真正能以“柔”的方式解决“功高震主”的问题,以保持王位的人却真是不多。能做到这一点的人,才真的具有王者风范。宋太祖赵匡胤就是这样的君王。

如何使新建的宋王朝不重蹈覆辙,不成为继后周之后的第六个短命王朝?如何革除藩镇专横骄恣的习性?如何实现宋王朝的长治久安?这些问题时刻萦绕在宋太祖的心头,使他食不甘味,睡不安枕。节度使李筠和李重进的相继叛乱,进一步证实了危及宋王朝及皇位安稳的危险因素——藩镇势力必须及时清除。

怎样清除呢?平定李筠、李重进叛乱之后不久,宋太祖召来赵普商议此事。赵普听到太祖提出这个问题,显得十分高兴,他说:“陛下考虑到这个问题,真是国家和人民的福气。那些战争和动乱的发生没有其他原因,主要是由于藩镇权势太重,君弱臣强造成的。今天要想解决这个问题,也没有什么奇巧之谋,只需要削夺他们拥有的权力,控制他们拥有的钱粮,收夺他们拥有的精兵。做到了这几点,天下自然就安定了。”还没有等赵普把话说完,宋太祖就连忙接过话茬,说:“你不必再往下讲了,我完全明白了。”

作为宋太祖的股肱大臣,赵普思考问题更深入更透彻。宋太祖之所以转瞬之间夺取了政权,靠的正是自己一帮亲信兄弟的拥戴。登上皇帝宝座的宋太祖一方面不能亏待了这帮兄弟,另一方面也不能不时刻提防着他们。怎样安排,才能即使他们心悦诚服地拥护太祖加强集权,又不至于引起怀疑而发生意外和变乱呢？赵普曾一再就这些问题提醒宋太祖，建议采取必要措施解决这些问题，以免重蹈前代“兴亡以兵”的覆辙。

一开始，颇重义气的宋太祖一直认为掌管禁军的功臣夙将如石守信、王审琦等人不会威胁自己的统治。所以赵普多次建议将石守信、王审琦等人调离禁军，改授其他官职，宋太祖始终没有同意。他向赵普解释说：“石守信、王审琦这些人一定不会背叛我！”

这次，赵普再也沉不住气了，他就此话题开导宋太祖说：“我的意思并不是害怕他们本人会背叛你。然而，我仔细观察过，这几个人都缺乏统御部下的才能，恐怕不能有力地制服所率军队，万一他们手下的士兵作乱生事，率意拥立，那时候就由不得他们自己了。”经赵普这样直接的点拨和提醒，宋太祖终于联想起五代以来以兵权夺取天下的事例，尤其是不久前自己亲身经历的那场陈桥兵变，从而逐渐意识到这个问题的严重性，解除禁军统帅的兵权不能再拖延下去了。

这年七月初的一天，宋太祖如同往常一样，召来石守信、王审琦等高级将领聚会饮酒。酒酣耳热之际，宋太祖打发走侍从人员，无限深情地对功臣夙将们说：“我如果没有诸位的竭力拥戴，绝不会有今天。对于你们的功德，我一辈子也不能忘记。”说到这儿，宋太祖口气一转，感慨万端，说：“然而做天子也太艰难了，真不如做个节度使快乐，我长年累月夜里都不能安安稳稳睡觉啊！”

众将领不知宋太祖的意图，就问：“陛下遇到什么难事睡不好觉呢？”宋太祖平静地回答说：“其实个中缘由不难知晓，你们想想看，天子这个宝位，谁不想坐一坐呢？”

石守信等人听到这番话来，不禁惶恐万分，冒出一身冷汗，宴会的气氛立即紧张起来，他们赶紧叩头说：“陛下怎么说出这样的话呢？如今天命已定，谁还敢再有异心！”

宋太祖接过话头，笑着说：“不能这样看，诸位虽然没有异心，然而你们的部下如果出现一些贪图富贵的人，一旦把黄袍加盖在你们身上，你们虽然不想做皇帝,办得到吗?"

石守信等人这才转过弯来,终于明白了宋太祖的真实意图,于是一边涕泣大哭,一边叩头跪拜,说:"我们大家愚笨,没有想到这一层上来,请陛下可怜我们,给我们指出一条生路。"

宋太祖见状,知道时机成熟,趁势说出了自己经过深思熟虑的想法,又笑曰:"人生短暂,转瞬即逝,诸位何不放弃兵权,到地方上去当个大官,挑选好的田地和房屋买下来,为子孙后代留下一份永远不可动摇的基业,再多多置弄一些歌儿舞女,天天饮酒欢乐,与之一起愉快地欢度晚年。这样不是很好吗?"

石守信等人听太祖这样一说,惊慌恐惧之态逐渐消失,感恩戴德之情油然而生,于是再次叩头拜谢说:"陛下为我们考虑得如此周全,真可谓生死之情,骨肉之亲啊!"

第二天,石守信等功臣夙将,纷纷上书称身体患病,不适宜领兵作战,请求解除军权。宋太祖十分高兴,立即同意他们的请求,解除了他们统率禁军的权力,同时赏赐给他们大量金银财宝。

宋太祖在赵普的谋划下实施的这一成功解除功臣夙将统率禁军权力的事件,史家称之为"杯酒释兵权"。宋太祖没有沿用历史上一些君主惯用的屠杀功臣的办法来解决问题,是因为他对那些同自己一道出生入死、患难与共的兄弟们的友情尚未泯灭,不好遽然对他们大开杀戒。采取这种和平方式让他们交出兵权,是各位将领在感情上愿意接受的,既有利于安定人心,巩固统治秩序,又有利于进一步强化军权的集中,推进军事改革的深入。否则,这些将领就不会轻而易举交出兵权,那样可能导致流血冲突。

从成功学角度看,赵匡胤"杯酒释兵权"的软招可谓四两拨千斤,不见刀剑,却比刀剑更厉害!

康熙虑事顺民心

家事国事天下事,归根到底都是人的事,少数终归是压不倒多数的。因此做事需要从多数的立场去考虑，否则，别人便不会信服你。康熙做事，总是着眼于多数，废除律令和尊儒两件事就是最好的例证。

康熙即位初年，由于大规模的群众性抗清运动被平息，以四大臣为代表的满族贵族，继续推行“圈地”“逃人”和“投充”等明显含有歧视汉族内容的政策法令，从而使趋向缓和的满汉矛盾再度激化。而康熙鉴于满族统一辽东和漠南蒙古的经验教训，深知单凭武力是不能将统一局面长久维持的，必须争取其民心，而且深信“四书五经”等儒家经典及精通这些儒家经典的汉族士大夫是有裨治道的，因而在亲政后对汉族士大夫积极采取笼络手段，并逐步修正“圈地”等落后政策。

“逃人法”是满洲贵族为维持其残余的奴隶制统治而设立的缉捕逃亡奴仆的法令，为清初所推行，特别是顺治年间的“逃人法”，具有明显的民族压迫特征。如规定逃人逃跑二三次始行处死，遇赦得免，而土著窝主一经发现即被正法，妻子、家产籍没给主，遇赦不赦，邻右、十家长也要连带受重罚，唯旗人窝主仅鞭一百，罚银五两。这便使得汉人，无论地主还是普通百姓，都深受其害，大为不满，造成严重的满汉民族矛盾。

康熙四年正月，为了使“逃人法”既注重保护满洲贵族的既得权益，又能适当照顾汉族地主的正当要求，体现严惩讹诈、轻处窝主的精神，开始修订该法。康熙十一年后规定，有关逃人案件除宁古塔仍由该将军审理外，其余各省由当地督抚审理。由于督抚等地方官大多由汉军旗人或汉人充当，他们比较注意稳定社会秩序，很少大肆株连或重处窝逃行为，因而受到广大汉族地主的欢迎和拥护，大大赢得了民心。

到康熙初年，随着大规模圈地活动的停止，原有“逃人法”修订，此弊才基本被制止。

自汉武帝“罢黜百家，独尊儒术”之后，以孔子思想为代表的儒家学说便成为我国封建社会历代王朝所尊崇的正统思想。清太宗皇太极、世祖福临均推行尊孔崇儒的政策，仍按明代嘉靖年间的封号尊称孔子为“至圣先师”。而孝庄皇太后等人则相反，认为“汉俗盛则胡运衰”，因而“辄加禁抑”，他们既不搞尊孔崇儒，更不设经筵日讲。然而康熙帝从治理国家的实际需要出发，坚信儒家学说有裨治道，因而对学习汉族传统文化有着强烈的欲望和浓厚的兴趣，主动向太监张某、林某学习句读经书，了解明代的典章制度和宫廷轶事。

康熙八年四月中旬，即处置鳌拜前月余，康熙便采纳汉官建议，举行隆重的太学祭孔活动。他以极为虔诚的心情，在宫中致斋数日后，在诸王大臣陪同下亲往太学祭奠孔子牌位，行三跪六叩大礼，并至彝伦堂听满汉祭酒司业等讲《易经》等精义。

康熙十六年十二月，他还亲制《日讲四书解义序》，进一步抬高孔子、孟子的地位和作用，将道统和治统完全统一起来，称：“道统在是，治统亦在是矣。历代圣贤之君创业守成，莫不尊崇表章，讲明斯道”，表明自己以儒家学说治理国家的决心。

康熙二十三年十一月，他第一次南巡归途经过山东曲阜，特地到孔庙祭奠孔子，行三跪九叩之礼，御书“万世师表”额悬挂大成殿中，决定重修孔庙树立孔子庙碑，并亲自撰写碑文“以昭景行尊奉至意”。

这些崇孔活动及康熙从中表现出的至诚态度，无疑使汉族士大夫倍觉亲切，民心大悦。

不仅是搞尊孔活动，康熙还采取了一系列尊崇儒学的实际举措。

康熙亲政以后，仪制员外郎王士祯等人再次请求恢复八股取士旧制，康熙便以“牢笼志士，驱策英才”为号召，满足汉族士大夫的要求：“此后照元年以前定例，仍用八股文章考试。”这些举措，对争取汉族士大夫的支持起到了重要作用。《清朝野史大观》甚至有“自是以后，汉族始安，帝业始固”之说。

与此同时，康熙还恢复了中断已久的经筵日讲活动。首次经筵日讲在瀛台举行，由国史院学士熊赐履主讲。

日讲活动始于康熙十年四月，由翰林院满汉学士充任，同年八月起又让日讲官兼起居注。由于日讲起居注官员与皇帝接触最多，因而很受信任，升迁也快。

根据有人统计，从康熙十年四月到二十三年九月康熙第一次南巡前，共有四十二位汉人担任此职，其中江南人最多，有十八位之多。如果按广义上的江南地区，包括江苏、安徽、浙江、江西、福建和湖广等地，即有三十二人之多，占总数的百分之七十五以上。这说明康熙在南巡前已对江南士大夫给予了较多的关注，也为稳定江南地区士人的民心创造了有利条件。

君王要善于遵循事理、循理而行。“因之循理，故能长久”，只有这样，君王的统治才能长治久安。君上需要明乎事理，顺乎民心，赏善罚非，役使百姓。对这一点，康熙可算做得十分到位了。

李世民把谏言当良药

世上的事情，总是正反交错，是非相合。智者善于纳谏，把良言当成良药，修正自己的偏失。但是要做到这一点，实属不易，因为这里面有一个面子问题。李世民做人坦荡，不把个人面子摆在第一位，而是以大局为重，从谏如流，让自己更加明智，行事更为稳固。

我们都知道，谏言与讪谤本来就容易混淆，当时，如果李世民胸无定见，不明是非，误谗言为良语，势必导致小人得志，忠良受损，必不利于国家之治。

何为良言，何为无益之谏，对此，李世民深明其义，纵能“大获其利”，又当如何？这毕竟非为治国之本。舍其小而取其大，同时又兼获美名，李世民隐中之智，当无人可比。

贞观七年，蜀王李勋之妃的父亲杨誉，在地方上争抢奴婢，都官郎中薛仁方将其拘留查问，尚未来得及处置。杨誉之子时任千牛卫将军，在朝廷殿堂上陈诉说：“五品以上的官吏若非叛逆，不应该给以拘留，因臣父为皇亲国戚，薛仁方却在这个问题上横生枝节，不愿意早日决断，拖延时日至今。”李世民听说有这样的事，生气地说：“明知是我的亲戚，故意如此刁难。”马上命令打薛仁方一百大板，免去所任官职。

魏征进谏说:“城墙洞里的狐狸,稷坛中的老鼠,都是微小的动物,因为它们有所依靠,所以很不容易除掉。何况高门大族、皇亲国戚,自来实难处理。汉晋以来,这种事情不能禁止控制。武德年间,因此而有很多人骄奢放纵,陛下继位以来,才开始减少。薛仁方既然是履行自己的职责,能为国家执法守法,怎么能够因此对他滥加刑罚,助长外戚的私欲呢!这个先例一开,各种事端就会竞相产生,日后必定后悔,要改变都难上加难了。自古以来,能禁绝外戚骄横霸道的,只有陛下一人。防备料想不到的事情发生是治国为政的基本道理,怎么可以因为水没有横流,便想自己毁掉堤坝呢?我私下里是这么认为的,未见得可行。”

李世民忖度片刻,说道:“确实如你所言,我以前没有想到过这一层,但是薛仁方妄自囚禁皇亲国戚而不申奏,很是专权擅势,虽然不应该治以重罪,也应该稍加惩罚以示警诫。”于是命令打薛仁方二十棍后便赦免了他。

魏征可谓是谏臣中之英杰,每每出金玉之言,总能切中要害。然尽管如此,李世民并未因此一味迷信魏征之所言,而是取舍参半。由是观之,大智之君,当对是非持有一己之独到之见,如此方能明善恶,以折臣心。

贞观元年七月,李世民问公卿以享国久长之策,萧瑀建议实行分封制,他以“三代封建而久长,秦孤立而速亡”的历史,提出了“封建之法,实可遵行”的建议,李世民甚为同意,欣而纳之。

贞观十二年,李世民对魏征说:“近来所推行的政治教化,和以前相比怎么样?”魏征回答说:“如果说恩威并用,远方藩邦朝贡,和贞观初年相比,不可等量而言。如果说用道德仁义潜移默化,民心心悦诚服,和贞观初年相比,又相距甚远。”李世民说:“远方藩邦来臣服,应是由道德仁义施加的结果。以前的功业,为什么反而更大呢?”魏征说:“过去四方没有平安,常把道德仁义挂在心上。不久因天下太平,逐渐骄奢自满。所以功业虽大,始终不如以前。”李世民又问:“所实行的和以前有什么不同呢?”

魏征看到由于几年来社会安定,国家呈现出升平景象,李世民对政事有所懈怠，于是回答说：“陛下在贞观之初，总是引导大臣直言进谏，开始的三年中看到进谏者，总是高兴地采纳他们的建议。最近一两年，虽然勉强接受臣下的进谏，可是总是面有为难之色，心里亦是气愤不平。”李世民原想大臣们会称颂他的功德，魏征的话使他很感意外，就说：“你这样说有何证据？”

魏征说：“即位之初，有臣死罪，御史孙伏伽进谏说：‘按法律还不至于定死罪，不能容忍滥加酷刑。’于是把兰陵公主的花园赏赐给他，值钱百万。对此有人说：‘所奏乃平常之事，而所赏赐太丰厚。’陛下答道：‘我即位以来，还没有进谏之人，所以今天要厚厚的赏赐他。’这是引导并让大家进言。后来，担任徐州司户一职的柳雄对隋朝留下的人，妄自给予俸禄等级，有人控告柳雄，于是陛下就命令柳雄自己坦白，不坦白就给他定罪。柳雄始终坚持说照实办理，竟然不肯坦白。朝廷审判机关的官员后调查取证，得知柳雄的欺诈，将对柳雄处以死刑。此时，少卿戴胄禀奏说，按照法律的规定，只能处以徒刑。陛下说：‘我已对柳雄裁断完毕，只应处以死罪。’戴胄说：‘陛下既然认为我说得不对，那就请立即把我交到司法部门去。若罪不该死，就不能随便施以酷刑。’陛下满面怒容，派人去杀柳雄，可是戴胄拉住陛下不放，反复达四五次，然后赦免了柳雄。陛下于是对司法部门的人员说：‘只要像戴胄这样为我坚守法制，难道还怕有滥用刑罚杀人灭族的事吗？’这就是以喜悦的心情来接受劝谏的例子。前几年陕县县丞皇甫德参上书，所奏内容与圣上旨意全然背离，陛下认为是诽谤诋毁。臣下上奏说，上书言词不激烈恳切，不能引起人们的注意，激烈恳切往往就像诽谤诋毁。当时虽然听从臣下之言，赏赐二十段绢，但内心仍然不平，表现出很不情愿的样子，这就是难以接受劝谏的例子。”

李世民说：“的确如你所讲，除了你，没有能说出这话的人了。人都苦于不能自知，你尚未说此话时，我始终认为自己的行为前后没有什么变化。当听到你的议论，才十分吃惊于自己的过失如此严重。你只要保有这份赤诚的心意，我始终不会违背你所说的话。”

善于听取和采纳别人意见。“勿坚而拒之，许之则防守，拒之则闭塞。”不要拒人于千里之外，要广开言路、端正视听，虚心纳谏、从谏如流，只有这样才不会出现失误而自己不知道，才能民众拥护你，服从你的管理。

李世民做人相信“兼听则明”，从谏如流，使其在位期间的唐朝终致太平盛世。无怪乎，李世民称誉魏征为“做人的一面镜子”。的确，如果一个人善于让别人拿着镜子，来给自己照一照，就能发现自己身上的缺点，以利纠正。

穰苴严惩庄贾立军威

在用人之道中，赏罚严明，成败彰著，是最为基本的原则。

兵书《三略》中说：“军以赏为表，以罚为里。”赏罚严明，则将帅能立威行令。任命官员得当，则士卒悦服。所谓赏为表，就是赏的目的主要是要劝善，使有功者显其名，从而作为典范以教化人；所谓罚为里，就是惩罚的目的在于惩恶，从而使有恶行、有恶心的人从内心里恐惧。一为外扬，一为内制；一为柔，一为刚，相为表里。

拿破仑曾说过，统御人的方式无非两个方面，一为利益，一为恐惧。用人之道中，赏就是使有善行、有功之人得到利益；罚就是使有恶行、有劣迹的人感到恐惧。这样，士众才能纪律严明，正气上扬，恶行奄息。

因为赏是劝善，罚是惩恶，一为表，一为里，所以中国古代在用人之术中，对于赏罚形成了一系列行之有效的原则，这就是：“杀贵大，赏贵小。”意思是说，惩罚从官位越高的人开始越好，奖赏最好是从小人物身上开始。“杀贵大”，所以能做到杀一而儆百。“赏贵小”，则会恩及下流，使士众有感恩之心。

春秋时齐国的军事家司马穰苴，是一位很会带兵打仗的将帅。他由齐相晏婴推荐给齐景公，被任为将军。这时适逢燕赵两国的军队来攻齐国，齐景公就派穰苴为将来抵抗燕赵来攻之军。

穰苴就对齐景公说：“我本来是个出身卑微的人，君王您把我从士卒中间提拔起来，位尊于士大夫，齐国军队的士卒还未亲附，百姓对我不信任。常言说，人微权轻，我怕将士不听我的调度。君王最好给我派一个您的宠幸之臣、朝廷尊重之人作监军,那样最好。”于是齐景公命大臣庄贾监军。

穰苴从朝中与君王、诸士大夫相别出征,并对庄贾说:“明天日中时分准时相会于军门,然后出征。”

第二天,穰苴挂帅印先驰至军帐中,立沙漏以计时,监视将士集合情况。

庄贾素来是骄纵惯了,并且以为这个军队历来是自己管辖,所以一点也不着急。因为要出征,亲朋好友相送,置酒为他送别。到了日中约定时刻,庄贾还未来到集合地点。

穰苴命令侍从把沙漏中的沙子取掉。然后整齐部队,申明行军中的各项约束、规定。整个出征部队变得一片肃穆,等待庄贾的到来。一直等到太阳要落山,庄贾才到。

穰苴问:“为何来得这么迟?”

庄贾毫不在乎地答道:“那些亲朋士大夫置酒相送,滞留下来,所以来迟。”

穰苴曰:“将帅受出征命令之日当忘其家,赴军任职约束军队则亡其亲,临战听鼓而忘其身。今敌入侵我国土,国内骚动,士卒暴露于野外,国君寝食不安,食不甘味,平民百姓的生命皆悬于将军之手,如此紧急的情况为何还要相送!”

穰苴立刻叫来军中执法的军正官问道:“违反军约而迟到的,按军法当何处置?”

军正说:“当斩。”

庄贾此时才如梦初醒,赶快派人驱车驰报齐景公,请求救他一命。

庄贾的使者请求未返,穰苴命令斩庄贾于军门,以警示三军,三军将士皆感震惊。

在这个故事中,我们不仅可以看出“杀贵大,赏贵小”这一谋略的具体见证,也可以看出赏罚严明为治兵用人之本。从相反的方面来考虑,如果庄贾不杀,不恩及小人物,齐国的这次出征之军必然是一群乌合之众,穰苴即使有再大的智谋也必难见败,更不会有使晋燕之军闻威而自撤之效。

赏罚严明,不仅要有功者必赏,有过者必罚,而且要公正无私,要使有功者及贤能之士处于尊位,不肖之士、无能之辈处于下位。处尊位即为贵,处下位即为罚。这样,整个所干的事业,才能获得贤能之士所能带来的最大利益。这种有功及贤能之士处尊位,不肖之士、无能之辈处下位的安排,它会把一种良好的政治秩序带给一项事业、一个单位,乃至带给一个国家,而这种良好、健康的秩序所能带来的利益,则是难以估量的。

康熙广开耳目知天下

君王要善于洞察秋毫、明辨真伪。"明知千里之外,隐微之中,是谓洞天下奸,莫不暗变更。"君王要是能洞察一切,天下的奸邪之徒就只有暗中停止自己的胡作非为了。而要做到明察秋毫,需要"长目""飞耳""树明",就是用天下人的"长目""飞耳""树明"去察及千里之外的事物。康熙做人即是这样做的,他虚心待人,广开耳目,励精图治,把务实的做人精神作为第一等要事。

康熙朝考察官吏的专门机构和专门队伍是六科(吏、户、礼、兵、刑、工为六科)给事中(言官、谏官)和各道(十五道,按省区划分的机构)的监察御史,简称科、道官。清代以前,御史曾属御史台,给事中曾属门下省,所以也简称台省或台谏。二者都是皇帝耳目之官,品级不算高,职权还很重,由皇帝亲自选拔。

康熙对言官的要求,一向是严格的,要他们必须尽职尽责,不许敷衍塞责。他说:"设立言官,原为国家大事,兵民疾苦,内外官员贪酷等项,应许陈奏。朕夙兴夜寐,一心图治,时刻惦记民生的艰难,加意抚绥慰劳,使各方安居乐业,才能造成长治久安的局面。近年来,水旱灾害不断,盗贼横行,加上贪官污吏放肆地剥削,以致百姓财尽力穷,民不聊生。朕感到非常难过并同情。你们各部院大臣、科道官员,或任要职、或有科察责任的人,应立即对拯救民生疾苦的事,确实有益的方面,各抒己见,明白陈奏,以备采用。不准别生枝节,以无益的事,塞责陈报,辜负朕关心百姓、图治求言的愿望。如果有合乎情理的、有利于政治的方面,虚心听取并采纳,无不立竿见影。其言无益于政治、不可行的事,则不准上报，免去繁琐事务。”

康熙还曾对大学士们说：“学士乃是内阁参赞政事之官，如有所见应行启奏报告，近来并没有报告的。如果只是接本（文件）、送本，用一个笔帖式（文字翻译的下级人员）就够了，何必设立学士。此后各有所见，一定要陈述。即使微不足道的官员，也同样可以提意见。”

后来，唐熙发现参奏官有顾虑，参劾情况不实、或道听途说、或所参事件不合上意，故不轻易参弹。据此，康熙三十六年二月乙酉日，上谕吏部、都察院（亦称御史台，系监察机关）：

国家设立都御史及科道官员，以建白（提意见）为专责，为的是达下情去壅蔽，责任重大。如果言官真能奉法秉公，实心尽职，那么民间的疾苦，随时都能上达朝廷，官吏们有贪污盗窃者、违法乱纪者，都可以得到处理。故广开言路，为图治第一要务。近来，言官启奏参劾的文字，寥寥无几；虽然间有入告的人，而能深切时政，以事实证据而直接陈述的人非常少，这难道是委任言官的初意吗？自今以后，凡事关国计民生、吏治好坏，但有确见，即应指出陈报，至于上报的材料，是否可行，裁酌判定自在朝廷。虽然是言有不当，言官也不坐罪。自皇子诸王及内外大臣官员，有人贪虐不法并互相勾结，结党营私，理应纠举之事，务必大破情面，据实指出参奏，不得畏怯贵要，瞻徇容隐。即使朕有失误之处，也应该进言提意见，朕决不责备。其中有官报私仇的人，朕根据言论判断是非细情，自能洞悉。凡是言官，都要抛去私心杂念，大胆地上报情况，这才不辜负朕的一片真情厚望。令朝廷各部院衙，认真执行。

这是一篇广开言路、图治要务的号召书，为励精图治，要大小官员必须讲话，使下情快速上达。

不久，康熙意味深长地说：“臣下们是好是坏、是善是恶，朕居深宫之中，为什么能够知道呢？因为我经常巡行各地，凡是所过地方，一定要访问老百姓，所以朕都知道。朕想开风闻言事的成例，科道官以风闻（传说）题参汇报，即可考察地方官们，贤者留之，不贤者去之，如此则贪污暴虐之官就可以收敛一些，循良之官就会更加尽职尽责，于民生吏治大有好处。嗣后各省督抚、将军、提镇以下，教官、典史、千把总以上官员，是好是坏，如有关系到民生方面，准许科道官以风闻入奏。倘有怀私怨，互相勾结，受人之托者，国法自在。命满汉言官知之。”

这又开一条广言路的渠道。所谓风闻言事，即是将未经证实的情况或传言，上报给皇帝，作为考察官吏的参考，便于监督地方的大贪大奸之徒。

康熙为广开言路，勤于政事，经常接见上自朝廷、下至地方的大小官员，下指示，征求意见，了解各方面情况，真正做到明目达聪。康熙晚年不无感慨地对大学士说：往代之君，不接见群臣，臣下之意，无由上达，何以为政啊？可见要做明白人必须让自己多方接收信息，开阔思路，以实为本。

本经阴符七篇

本篇提要

《鬼谷子》一书在此处对游说之人提出了几条要求，其中包括才思敏捷、头脑灵活、知识广博、多谋善断等等。但这些知识又如何得来呢？本篇就给予了精确的回答。

《本经阴符七篇》依次为：一、盛神法五龙；二、养志法灵龟；三、实意法螣蛇；四、分威法伏熊；五、散势法鸷鸟；六、转圆法猛兽；七、损兑法灵蓍。前三篇是内养项目，后四篇是外练项目，如能做好这七点，便可成为一个进退自如、来去自愿的好谋士。

从本篇的具体内容和思想来说，这七个部分注重的就是游说者内在涵养上所需要的素质，与侧重技巧的前十二篇相比，有着明显的区别和侧重点。前面的《盛神》《养志》《实意》三篇，旨在说明如何去充实意志，涵养精神。盛神就是主张合道炼神，保持旺盛的神气，使身体健壮、精神饱满；养志就是专一做事，少些欲望,从而保持灵活多变、通达事理的头脑;实意就是说获取更多的信息来充实自己,从而保持思维清晰,而使谋略成功实施。

分威与散势主要是说游说时应明进退之理,当进则进,当退则退,变通地把握游说的策略与方法。懂得适时而发,当有利于主动行事时,就不失时机地去执行;当不利于行事时,就隐藏自己,等待机会。转圆训练的是谋略的速度,要洞察事物的原委,以求使用相符的策略去解决问题,并把握事物之间共性与个性的区别与联系,从中总结经验、归纳原则,然后按其内在规律办事,以提高决策能力和效率;损兑训练的是变换言辞的速度,把握事物的发展变化和不同的发展阶段,灵活又及时地选择或变换游说言辞,以能更有效、更迅速地达到目的。这就要求游说者有丰富的知识和较强的观察力,以及随机应变的能力。

滋养意志如长寿通灵的神龟;充实思虑如委曲屈伸的螣蛇;分散威势如先伏后击的搏熊;散发威势如凶猛敏捷的鸷鸟;灵活应变如威力无穷的猛兽;知晓得失如预知祸福的蓍草,这就是对游说谋士的要求。

【原文】

盛神[1]法五龙[2]。盛神中有五气[3],神为之长,心为之舍[4],德为之人[5]。养神之所,归诸道[6]。道者,天地之始[7],一其纪也[8]。物之所造,天之所生。包宏无形化气,先天地而成,莫见其形,莫知其名,谓之"神灵"。故道者,神明之源,一其化端[9]。是以德养五气,心能得一[10],乃有其术。术者,心气之道所由;舍者,神乃为之使。九窍、十二舍[11]者,气之门户,心之总摄[12]也。生[13]受[14]之天,谓之真人[15]。真人者,与天为一。而知之者,内修炼而知之,谓之圣人。圣人者,以类[16]知之。故人与生一,出于化物[17]。知类在窍[18],有所疑惑,通于心术,术必有不通。其通也,五气得养,务在舍神[19]。此之谓化。化有五气[20]者,志也、思也、神也、心也、德也,神其一长也。静和者养气,养气得其和。四者不衰,四边威势,无不为,存而舍之,是谓神化归于身[21],谓之真人。真人者,同天而合道,执一[22]而养产万类,怀天心、施德养,无为以包志虑、思意,而行威势者也。士者,通达之,神盛乃能养志。

【注释】

①盛神:使精神旺盛。盛:旺盛,强盛;神:指人的意识和精神。

②五龙:五行中的龙,即神龙。“五行”是中国说明宇宙万物变化的传统学说,认为在天地之间,有循环流转不停地金、木、水、火、土,万物就是根据这五种元素而产生。

③五气:指心、肝、脾、肺、肾等五脏之气。这里认为气是万物生成的根源,形成风雨、寒暑、阴晴等天地间现象之源。

④心为之舍:心是五气所住宿的地方。舍:住所。

⑤德为之人:德是使人成为人的本源。

⑥养神之所,归诸道:根据道来养神,道是万物的根源,也是养神的根本。

⑦天地之始:天地的开始,指“道”。

⑧一其纪:一是一切的纲纪。

⑨化端:变化的开始。

⑩得一:得道守一。一:为万物之源。

⑪十二舍:是指目、耳、鼻、舌、身、意、色、声、香、味、触、事等。

⑫总摄:总管。

⑬生:本性。

⑭受:秉受。

⑮真人:道家指保养自然本性的得道之人。

⑯类:指事物的类别。

⑰化物:化于物,指随物而化。

⑱知类在窍:人之所以能知事类,完全是根据九窍。

⑲舍神:使神气有归宿。

⑳五气:指志、思、神、心、德而言。

㉑神化归于身:精神变化归于自身。

㉒执一:即守一,指遵守自然规律。

【译文】

想要精神旺盛,就要效法五行之龙。精神中有神、魂、魄、精、志等五脏之气,精神是五气的统领,心灵是五气的居处,道德是五气的根本。保养人的精神,最终归之于道。所谓“道”是天地的开始,一切由“道”始。“道”是万物的创造者,天地的化育者。包含着宏阔、无形变化的气,在天地之间已经形成,看不见它的形状,叫不出它的名字,只能称它为“神灵”。所以说,“道”是神明的本源,“一”是万物变化的开端。德能够滋养五气,心能够使道术得一,这就产生了养生之术。所谓“道术”就是心气之道所居住的地方,神也受心气支配。人的身体有九窍、十二舍,是五气出入的门户,由心来统领。本性来自天地自然,所以称为真人。所谓的真人,就是与天地自然合为一体的人。懂得了这个道理,并且通过自我内心的刻苦修炼而领悟的人,就称为“圣人”。所谓的圣人,就是通过类推的方法解决疑难的人。所以,人出生之时的本性是一样的,以后便随着环境的变化而变化。认识外界事物的类别在于利用各种感觉器官,解释疑难则在于通过心灵进行综合分析,但内心总有不同的时候。要想使内心通畅,必须滋养五气,务必使精神停留于心。这个过程就叫作化育。化育五气,要从意志、思想、精神、品德四个方面入手,其中精神是最主要的。安静平和便可以养气,养气能够使五气和顺。这四个方面不会衰竭,无不发挥作用。使气常存于身,使神气化育归于一身,就称为“真人”。所谓的真人,就是能与天地自然合为一体,与道合一,按万物产于一的自然规律养护万物,怀有天道自然之心,善施恩德滋养万物,顺应自然无为的法则,包容意志和思想,发挥自己优势的人。作为士,一般都能通达这个道理,也能精神旺盛,从而养气养志。

【原文】

养志[1]法灵龟[2]。养志者,心气[3]之思不达也。有所欲,志存而思之。志者,欲之使也。欲多则心散[④],心散则志衰,志衰则思不达也。故心气一则欲不惶[⑤],欲不惶则志意不衰,志意不衰则思理达矣。理达则和通[⑥],和通则乱气不烦于胸中。故内以养气,外以知人;养志则心通矣,知人则分职[⑦]明矣。将欲用之于人,必先知其养气志。知人气盛衰,而养其气志,察其所安,以知其所能。志不养,心气不固;心气不固,则思虑不达;思虑不达,则志意不实;志意不实,则应对不猛[⑧];应对不猛,则失志而心气虚;志失而心气虚,则丧其神矣。神丧则仿佛,仿佛[⑨]则参会[⑩]不一。养志之始,务[⑪]在安已:已安则志意实坚,志意实坚则威势不分。神明常固守,乃能分之。

【注释】

①养志:培养志向。

②灵龟:指用来占卜的龟。

③心气:指神。

④散:分散,散漫,指精神不集中。

⑤惶:彷徨,徘徊不定。

⑥和通:和顺,通畅。

⑦分职:职责。

⑨猛:急速,指果断。

⑨仿佛:两者似而难辨,觉得相像。

⑩参会:指志、心、神三者交会。参:通“叁”。

⑪务:必须。

【译文】

养志的方法要效法灵龟。人们之所以培养意志,原因在于心气不畅达。一个人心中有了欲望,就会一心想着去满足这些欲望。所谓的意志,就是欲望的使者。欲望过多了,则心神分散;心神分散,意志就会薄弱;意志衰退,思想就会不畅达。如果心神专一,欲望就不会放纵,欲望不放纵,意志力就不会衰弱;意志力不衰弱，思想就会畅达。思想畅达，则心气和顺；心气和顺，杂乱之气就不会在心中造成烦乱。因此，在内应该培养意志，对外应该了解他人。培养意志，就能心气舒畅；了解他人，职责就会分明。如果想要考察人，就必须先了解他养气的功夫，知道他心气的盛衰，再考察他心气安稳的程度，以便了解他的才能。如果不修养意志，心气就不稳固；心气不稳固，思虑就不畅达；思虑不畅达，意志就不坚定；意志不坚定，反应就不快捷；反应不快捷，就会丧失意志，心气就会虚弱；意志丧失、心气虚弱，就会失神丧志；失神丧志，就会精神恍惚；精神恍惚，意志、心气、精神三者就不协调了。培养意志的初始，必须先使自己安静；自己安静了，意志、思虑才能充实饱满。志向、思虑充实饱满，身体的威势才不会分散。固守住精神，才能威慑别人。

【原文】

实意[①]法螣蛇[②]。实意者，气之虑也。心欲安静，虑欲深远；心安静则神明荣[③]，虑深远则计谋成。神明荣则志不可乱，计谋成则功不可间[④]。意虑定则收遂，安则其所行不错，神者得则凝。识气寄[⑤]，奸邪得而倚之，诈谋得而惑之，言无由心矣。故信心术[⑥]，守真一[⑦]而不化，待人意虑之交会，听之候之也。计谋者，存亡枢机[⑧]。虑不会，则听不审[⑨]矣，候之不得。计谋失矣，则意无所信，虚而无实。无为而求安静，五脏[⑩]和通六腑[⑪]；精神魂魄固守不动，乃能内视[⑫]、反听、定志，思之太虚，待神往来。以观天地开闭，知万物所造化，见阴阳之终始，原人事之政理。不出户而知天下，不窥牖[⑬]而见天道；不见而命，不行而至，是谓道知[⑭]。以通神明，应于无方[⑮]而神宿[⑯]矣。

【注释】

①实意：指思虑充实。实：充实，充满；意：意思，思虑。

②螣蛇：传说中一种会飞的神蛇，能腾云驾雾，在云中飞舞。

③神明荣：精神旺盛爽朗。神，精神，神志；明，聪明；荣，繁茂、旺盛。

④间：原指缝隙，这里引申为有隙可乘，指破坏。

⑤识气寄:指要认识到心气寄托在什么地方。

⑥信心术:使心术真诚。心术,指心计。

⑦真一:指自然本性。

⑧枢机:关键、重点。

⑨审:清楚,明白。

⑩五脏:指心、肝、肺、脾、肾。

⑪六腑:指胆、胃、膀胱、小肠、大肠、三焦(指自舌的下部沿胸腔至腹腔的部分)。

⑫内视:用心体察外界。

⑬牖:窗户。

⑭道和:大道的智慧。

⑮无方:没有方向,指没有极限。

⑯宿:停留。

【译文】

思虑充实就要效法螣蛇。充实思虑是指充实心气形成思虑。心神需要平静,思虑需要深远。心神平静,精神才会旺盛;思虑深远,计谋才会成功。精神旺盛,意念就不会紊乱;计谋成功,功劳就不会被抹杀。意志思虑稳定,心绪就会安定,行为就不会错乱,精神才能够凝定。要明白心气寄居的地方奸邪之气就会乘虚而入,奸诈的计谋也会乘机而行,令人迷惑,在这种情况下说的话,是没有用心思考的。所以,要使心术真诚,坚守本性而不变化,等待别人交流谈论意志、思虑,倾听他们,观察他们。所谓的计谋,就是国家存亡的关键。彼此的想法不交流,就不会听的详细明白,即使暗地观察也得不到机会。计谋失败,则思虑也就无人相信,就会变成虚幻而不切实际的东西。本着清静无为的态度,力求使五脏安静,六腑通畅;精神魂魄固守纯真,能够自我反省,用心体察外界消息,使意志安定下来,让思想进入到空虚的境地,等待神明的到来。以此观察天地的变化，领悟万物造化的规律，看到阴阳转变的交替，推究人世间定国安邦的政理。这样，不出门就可以知晓天下大事，不窥窗就可以看见天道运行的规律，不必亲眼所见，就可以发布命令；不必推行，就能够达到目的，这就是所谓的“道”。懂得了道，就可以与神明相通，应对方方面面而心神不散。

【原文】

分威[①]法伏熊[②]。分威者，神之覆[③]也。故静固志意，神归其舍，则威覆盛[④]矣。威覆盛，则内实坚，内实坚[⑤]，则莫当[⑥]。莫当，则能以分人之威而动其势，如其天[⑦]。以实取虚，以有取无，若以镒[⑧]称铢[⑨]。故动者必随，唱[⑩]者必和。挠其一指观其余次[⑪]，动变见形，无能间[⑫]者，审于唱和，以间见间，动变明，而威可分。将欲动变，必先养志，伏[⑬]意以视间。知其固实者，自养也。让已者，养人也。故神存兵亡，乃为之形势。

【注释】

①分威：散发威势。

②伏熊：处于伏击状态的熊。

③覆：覆盖，遮盖。

④覆盛：指充足旺盛。

⑤实坚：充实坚固。

⑥当：抵挡。

⑦如其天：指威力像天那么大。

⑧镒：重量单位，相当于（当时的）二十四两。

⑨铢：二十四铢为一两。

⑩唱：倡导。

⑪余次：其余的。

⑫间：钻空子，指破坏。

⑬伏：埋伏，隐藏。

【译文】

分配威势要效法行将偷袭的熊。所谓的分威,就是要用自己的精神力量压倒对方。所以,要让自己的意志安静而坚固,使精神凝聚在心,这样威势就能强大地压倒对方。压倒对方的威势,自己的意志就更为坚强雄厚;意志坚强雄厚,就能所向无敌;所向无敌,就能分散对方的威力,动摇对方的气势,就如同上天一样令人敬畏。用自己的坚实去攻取对方的虚弱,就像用镒来称铢一样,十分容易。所以,只要行动就必定有人追随,只要发出倡导,就必定有人响应。别人屈起一个指头,就可以清楚他其余的动作;只要对方一行动,就能知道他全部的形迹,令对方没有空子可钻。懂得前呼后应的道理,通过蛛丝马迹观察对方的漏洞,动作变化明确,就可以发散对方的威势。行动变化之前,一定要预先培养意志,隐藏自己的真实意图,以伺机暗察对方的漏洞。懂得使意志充实坚固,就是善于自我养气蓄势。懂得谦虚退让,是为了爱护别人。所以精神存养到可以消除武力的程度,才是人们所要控制的威势。

【原文】

散势[①]法鸷鸟[②]。散势者,神之使[③]也。用之,必循间[④]而动。威肃、内盛,推间而行之,则势散。夫敌势者,心虚志溢。意失威势,精神不专,其言外[⑤]而多变[⑥]。故观其志意为度数[⑦],乃以揣说图事[⑧],尽圆方、齐短长。无间则不散势,散势者待间而动,动势分矣。故善思间者,必内精五气,外视虚实,动而不失分散之实,动则随其志意,知其计谋。势者,利害之决,权变之势。势败者,不以神肃察[⑨]也。

【注释】

①散势:散发威势。

②鸷鸟:凶猛的鸟。《孙子》中有“鸷鸟之去,至于毁折者,节也。”。

③神之使:神的使者,指由神指使。

④循间：遵循伺机而动的原则。间：指找机会，即找对方的弱点。

⑤外：指疏远。

⑥变：指诡异多变。

⑦度数：标准。

⑧揣说图事：揣度说辞，图谋行事。

⑨肃察：审察。

【译文】

分散对方势力要效法鸷鸟。分散对方势力也是精神力量驱使的结果。实施分散势力的方法时，必须要在最佳时机行动。整肃自己的势力、强盛内部的力量，抓住对方的弱点，果断采取行动，就会使对方的势力分散。能够使对方势力分散的人，心胸谦虚，意志充盈。如果意志力不强，势威衰弱，精神不专，那么就会言辞浮夸而变化不定。要以观察对方的意志作为标准，加以揣摩，采用相应的说辞，图谋行事，各种方法相互配合使用。没有间隙可乘，就不要分散势力，分散势力要伺机而动，一旦行动起来，就能分散对方的势力。所以，善于判断时机的人，一定在内修炼自己的五气，对外观察对方的虚实，行动时才能达到分散对方势力的目的。行动还要顺应对方的意图和心志，并确知对方的计谋。所谓的势力，就是利害的决定性因素，是运用权变的威慑力量。威势溃败，往往是精神没有集中审察所致。

【原文】

转圆[①]法猛兽。转圆者，无穷之计。无穷者，必有圣人之心，以原[②]不测[③]之智，以不测之智而通心术[④]。而神道混沌为一，以变[⑤]论万类[⑥]，说义无穷。智略计谋，各有形容[⑦]，或圆或方、或阴或阳、或吉或凶，事类[⑧]不同。故圣人怀此之用，转圆而求其合。故兴[⑨]造化[⑩]者为始，动作无不包[⑪]大道[⑫]，以观神明之域。天地无极，人事无穷，各以成其类。见其计谋，必知其吉凶、成败之所终也。转圆者，或转而吉，或转而凶。圣人以道先知存亡，乃知转圆而从方。圆者，所以合语[13];方者,所以错[14]事;转化[15]者,所以观计谋;接物[16]者,所以观进退之意。皆见其会[17],乃为要结[18],以接其说也。

【注释】

①转圆:转动圆体的器物,比喻便易迅速。

②原:研究。

③不测:无法测量。

④心术:心计。

⑤变:通"辨",分辨。

⑥万类:即万事万物。

⑦形容:形态,形象。

⑧事类:事物的类别。

⑨兴:发动、发起。

⑩造化:创造化育。

⑪包:包容、包含。

⑫大道:自然规律。

⑬合语:使言语合乎情理。

⑭错事:处置事物。错:通"措",处置,处理。

⑮转化:转而化之,指转圆从方以改变事物。

⑯接物:待人处事。

⑰会:指上文所说的四个方面融会贯通。

⑱要结:总结。

【译文】

连环使用计谋要效法猛兽。连环使用计谋,是要构想无穷计谋。而能构想出无穷计谋的人,必定有圣人的心胸,并去推究深不可测的智慧的本源,再用深不可测的智慧去沟通心术。即使神秘的大道混为一体,但仍能以变化之理研讨天地万物,阐述各种各样的道理。智略、计谋,各自有不同的形态,或有圆谋、或有方略、或有阴谋、或有阳谋、或有吉策、或有凶智,因为事物类别各不相同。所以,圣人将各种谋略加以运用,就像转动圆环一样,以求切合实际。早在天地万物形成之初,任何动作行为无不包含着宇宙规律,仔细观察以达到神明的境界。天地之大无极无垠,人事变化无穷无尽,各有各的区别。圣人观察计谋,一定知道结果是吉是凶,最终是成功还是失败。连环使用计谋,或者转向吉祥,或者转向凶险。圣人能够通过掌握规律而先知存亡之理,也就知晓了转圆为方的道理。圆可以变化无穷,使言辞合乎情理;方可以稳定不动,便于处理事件;所谓的转化,就是要观察计谋的得失;所谓的接物,就是要观察进退之意。如果这些能够融汇方圆转化接物之理,就可以总结其中的要点,掌握这一学说了。

【原文】

损兑法灵蓍[1];损兑者,几危[2]之决也。事有适然[3],物有成败,几危之动,不可不察。故圣人以无为[4]待有德,言察辞合于事。兑者,知之也;损者,行之也。损之说之,物有不可者,圣人不为辞也。故智者不以言失人之言[5],故辞不烦[6],而心不虚;志不乱,而意不邪。当[7]其难易,而后为之谋,因自然之道以为实。圆者不行,方者不止,是谓大功。兑之损之,皆为之辞。用分威散势之权[8],以见其兑。威其机危,乃为之决。故善损兑者,譬若决水于千仞之堤,转圆石于万仞之谷。

【注释】

①灵蓍:蓍,是古人用来占卜的蓍草,因预测凶吉有灵验,所以称为灵蓍。

②几危:危险的征兆。几,事物变化的征兆。

③适然:偶然。

④无为:即顺应自然规律。

⑤失人之言:抛弃别人的言论。

⑥烦:繁琐。

⑦当:遇到,面对。

⑧权:变通。

【译文】

斟酌损益要效法灵验的蓍草。所谓的损兑,就是对危险征兆的判断。事情有偶然,做事有成败,危险征兆的出现,不可不加以明察。所以,圣人以无为的法则来对待认定的事情,观察言辞是否合乎事理。兑,就是为了进一步加深了解;损,就是排除不利而行动。如果损减之后,事情仍不能顺利进行,圣人也不会加以辩说。所以,智慧的人不会用自己的言论排斥他人的言论,言辞不繁琐,心中充满自信;意志不散乱,胸中无邪念。面对难易的事,然后设想种种对策,顺应客观规律才是其根本。圆的计谋实施不利,方的谋略就不能停止,这就是大功告成的前提。不管是增益,还是减损,都要言之成理。用分散自己威势,发散对方势力的方法加以变通,就能发挥增益的威力。危急一旦显现,就要及时果断地处理。所以,善于掌握损益变化的人,就像掘开千丈堤坝的洪水,又像滚向万丈深渊的圆石,势不可挡。

【解析】

"本"即本源、根本,指人的内心、内在修养;"经"即经典,指规范标准;"本经"的意思是内在修养的规范。"阴"是指人的内在修养、素质,"符"也就是前文"符言"中的"符","阴符"即指内在修养的标准,即内在的修养与本文所论就像符节一样暗合。"七术",即盛神、养志、实意、分威、散势、转圆、损兑。

《本经》分七段,分别论述了盛神、养志、实意、分威、散势、转圆、损兑的七种修炼方法,这是使用纵横之术的内在基础。盛神、养志、实意三篇偏重于内在的修炼;分威、散势、转圆、损兑四篇则偏重于精神的外用,相辅相成。

本文的第一段论述了如何"盛神"。鬼谷子认为,想要精神旺盛,就要效法五行之龙,因为五行之龙是神龙,变化莫测,正如文中所言:"盛神法五龙"。由此引出"神为之长,心为之舍,德为之人。"意思是说,精神是五气的统领,心灵是五气的居处，道德是五气的根本。人应该注重精神的修养，因为精神是五气之首，有了充沛的精神有助于我们保持最佳的状态，在做事的时候，才能通过大脑的思维；而只有理解了事物的根本规律，才能进一步掌握应对万事万物的方法和技巧。同时，良好的精神修养，还有助于通过察人神色推知预测其未来或推测事情的发展方向。若想养神，关键在于道，所谓的“道”是天地的开始，是万物的创造者，是神明之源。接下来，又论述了真人、圣人与士的区别。所谓的“真人”就是与天地自然合为一体，与道合一，按万物产于一的自然规律养护万物，怀有天道自然之心，善施恩德滋养万物，顺应自然无为的法则，包容意志和思想，发挥自己优势的人；所谓的“圣人”就是通过类推的方法解决疑难，并且通过自我内心的刻苦修炼而领悟的人；所谓的“士”，只不过能做到通达事物之理而已。在本段的最后说“神盛乃能养志”引起下文。

本文的第二段论述了如何“养志”。鬼谷子认为，想要明确自己的志向，坚持自己的目标，就要效法长寿通灵的神龟，而养志的目的就是要使自己安定，意志坚定精力集中。人们之所以培养意志，原因在于心气不畅达。一个人心中有了欲望，思想就会想着去满足这些欲望。但欲望过多，心神就会分散；心神分散了，意志就会薄弱；意志衰退了，思想就会不畅达。所以，养志要做到“去欲”“安已”，更要克服各种杂欲和俗念，只有清心寡欲才能明察他人的意志状态，了解他们的修养、欲望、能力等基本情况，这样才能做到知己知彼，威慑别人。

本文的第三段论述“实意”。鬼谷子认为，人们若想自己的思虑充实，就要效仿能屈能伸的螣蛇，因为螣蛇能兴云起雾，出神入化。文章从思虑的标准展开论述其重要作用。心神平静，精神才会旺盛；思虑深远，计谋才会成功。精神旺盛，意念就不会紊乱；计谋成功，功劳就不会被抹杀。意志思虑稳定，心绪就会安定，行为就不会错乱，精神才能够凝定。所以，实意就要做到心欲安静，无为以求。本着清静无为的态度，力求使五脏安静，六腑通畅；精神魂魄固守纯真，能够自我反省，用心体察外界消息，使意志安定下来，让思想进入到空虚的境地，等待神明的到来。以此观察天地的变化，领悟万物造化的规律，看到阴阳转变的交替，推究人世间定国安邦的政理。这样，不出门就可以知晓天下大事，不窥窗就可以看见天道运行的规律，不必亲眼所见就可以发布命令，不必推行就能够达到目的，这就是所谓的“道”。只要懂得了道，就可以与神明相通，应对方方面面而心神不散，进而更加准确地分析趋势，做出各种估计，将有利因素和不利因素考虑周全，并分别制定出相应对策，这样才能时时保持主动，赢得先机之利，立于不败之地。

本文的第四段论述“分威”，就是把自己的实力、神威隐藏起来，用实来取虚，以有来取无。鬼谷子认为，若想使强大的精神威力分散开来，并达到一鸣惊人的效果，就要效法伏地出击的熊。分威之术的本质在于强调并达到不鸣则已、一鸣惊人的效果。要想达到这个效果，就必须预先积蓄优势，善于运用优势，同时要让自己的意志安静而坚固，使精神凝聚在心，这样威势就能压倒对方。把对方的威势压倒了，自己的意志就会更坚定；意志坚定，就能所向无敌；所向无敌，就能分散对方的威力，动摇对方的气势，此时，用自己的坚实去攻取对方的虚弱，定能克敌制胜。所谓实，即军队的勇、强等强点；所谓虚，即怯、弱、乱、饥、疲、寡等弱点。在特定的形势下，可以用伪装的办法将己方的真正动机隐藏起来，以伺机暗察对方的漏洞，同时尽力培养和充实自己的内在精神，这样才有威力扩散、摧垮对方的强大的精神力量，这足以胜过千军万马。

本文的第五段论述“散势”，即找到对方的弱点和破绽，再发挥各部分的威力一举击败对方的方法。鬼谷子认为，若想散发威势慑服对方，就要效法凶猛敏捷的鸷鸟。分散对方势力也是精神力量驱使的结果。成功施行散势之术的关键在于时机未来之前深隐不发，整肃自己的势力、强盛内部的力量，做好充分的准备，为重要一击积蓄力量，待最佳时机到来之时，果断采取行动，就会使对方的势力分散。成功使对方势力分散的秘诀是，沉着稳重，心胸谦虚，意志充盈。要以观察对方的意志作为标准，加以揣摩，采用相应的说辞，图谋行事，各种方法相互配合使用。如果没有间隙可乘，就不要轻举妄动。行动时，要在内修炼自己的五气，对外观察对方的虚实，要顺应对方的意图和心志，并确知对方的计谋，这样才能达到分散对方势力的目的。因为只有知己知彼，才能百战不殆。

本文的第六段论述“转圆”。鬼谷子认为，人们若想像转动圆环那样灵活机智，就要效仿威力无穷的猛兽。所谓的“转圆”是指计谋无穷，也指为人处世的机智多变。智者善于自我调整，善于随物而转，随变而处，以无穷的智慧应对万物，力求找到最为圆满的解决之道，古往今来，凡是能构想出无穷计谋，善于连环使用计谋的人，必定有圣人的心胸，并去推究深不可测的智慧的本源，再用深不可测的智慧去沟通心术。计谋有不同的形态，或有圆谋、或有方略、或有阴谋、或有阳谋、或有吉策、或有凶智，因为事物类别各不相同。圆可以变化无穷，使言辞合乎情理；方可以稳定不动，便于处理事件。所以，圣人将各种谋略加以运用，就像转动圆环一样，以求切合实际。圣人观察计谋，一定知道结果是吉是凶，最终是成功还是失败。圣人能够通过掌握规律而先知存亡之理，也就知晓了转圆为方的道理，他们往往通过无穷无尽的智慧考察计谋的正误，以决定进退取舍，引导事物朝有利的方向发展。

本文的第七段论述“损兑”。鬼谷子认为，人们若想明白损益的道理，就要效法灵验的蓍草。所谓的“损兑”，就是判断事物微小征兆和处理危机的方法。损兑之术的关键在于要审时度势，观察入微，因时制宜，顺势而为，并要善于观察客观事物的规律。在这里，鬼谷子指出了观察分析问题的原则。兑，就是为了进一步加深了解；损，就是排除不利而行动。事情有偶然，做事有成败、危险征兆的出现，不可不加以明察。圣人懂得见微知著、以小见大的道理，他们常以无为的法则来对待认定的事情，观察言辞是否合乎事理，从而迅速而果断地进行决策。如果损减之后，事情仍不能顺利进行，圣人也不会加以辩说。所以，善于掌握损益变化的人，就像掘开千丈堤坝的洪水，又像“决水于千仞之堤，转圆石于万仞之谷。”这正是他们的可贵之处。

【应用事例】

顺道而为，必能成功

战国时期，鲁国有一个姓施的老人，他有两个儿子，一个喜欢儒学，另一个爱好兵法。喜欢儒学的那个知识渊博，后来他凭着一套以德治国的学说成功游说了齐王，得到了齐王的器重，还成了王子们的老师。那个爱好兵法的精通用兵之道，后来他去了楚国，向楚王纵谈法治，楚王非常赞赏他的见解，于是委任他为军政大臣。

晋文公

施老的这两个儿子都大有出息，身居显位，他们的亲戚朋友也都跟着沾光，荣华富贵享之不尽。

住在施老家旁边的邻居孟老，也有两个儿子，而且与施家的儿子所学相同。不过，与施老的家业相比就差远了。孟家父子对施老的家业越来越兴盛，十分羡慕，便父子三人上门请教，请教求官的门径。施家的两个儿子将其中的奥妙都告诉了他们。孟家父子得知事情缘由后，心想：多年的邻居，大家彼此了解。你家儿子能做到的，我们孟家的人也绝对能做到！父子三人越想越高兴。

于是，孟老将两个儿子都送走了，其中一个去了秦国，对秦王大谈以礼治天下的益处。秦王越听越心烦，最后竟然大怒，斥责他说："当今诸侯混战，弱肉强食，军事和经济实力尤为重要。如果只是用仁义治国，这和让我束手待毙有什么区别啊？简直是笑话！"说罢，便下令将孟老的这个儿子施以宫刑，然后逐出国境。

孟老的另一个儿子去了卫国，对卫侯大谈法治和用兵之道。卫侯听后，一脸严肃地对他吼道:“我深知自己的国家实力微薄,在这个大国征战的严峻形势下,能够得以保全的最佳策略则是服从大国,爱护更小的国家,这才能让卫国平安无事。如果借助武力,大国以为我要对抗它,小国以为我要吞并它,四面树敌后,你想我还能安稳地坐在这里吗?”说完,便命人砍去孟老的这个儿子的一只脚,并派人把他送回鲁国。

最后,孟家的两个儿子回到家时,都成了废人。孟老见到儿子后,痛哭流涕。这时,想起施家的建议,便顿足捶胸,责备施老父子欺骗了他们。

施老对邻居的遭遇也很同情,连连安慰:“请听我说一说这祸福为何不同。一般地说,时机良好,凡事都会顺当;但时机不对,万事都难成。你们的方法和我们如出一辙,为何结果却是大相径庭呢?这便是选择了错误时机的缘故。再说,天下之事,既没有固定的理,也没有永远不变的是非。从前需要的,也许今天弃而不用;今天弃掉的,也许以后仍然需要。只要能做到顺应时势,不主观臆断,遵从客观发展规律,以灵活的头脑去应付一切,自然能事半功倍。如果懂得了这样的智慧,又怎能落得如此下场呢?”

此时,孟氏父子恍然大悟,脸上的怒气一扫而光,诚恳地说:“现在我们全都明白了!”

鬼谷子认为,若想养神,关键在于道,所谓的“道”是天地的开始,是万物的创造者,是神明之源。所谓的“真人”就是与天地自然合为一体,与道合一,按万物产于一的自然规律养护万物,怀有天道自然之心,善施恩德滋养万物,顺应自然无为的法则,包容意志和思想,发挥自己优势的人。故事中的施老与他的两个儿子都称得上是“真人”,因为他们懂得顺天、顺势、顺时行事,并遵循事物发展的客观规律,依此办事,这是他们得以成功的关键所在。

晋文公注重“安己”知人善任

春秋时期,由于晋献公听信了宠妃骊姬的谗言,冤枉了重耳和夷吾,两人为了保命,先后出逃。

十多年后，晋献公病逝，逃到梁国的夷吾回国继位，即晋惠公。晋惠公担心重耳回来夺他的王位，于是派人去刺杀重耳。重耳又开始了他第二次的逃亡生涯，他先后经过卫、齐、曹、郑等国，最后逃到了楚国。

楚成王并没有把重耳视为一个落难公子，而是以诸侯国君的礼节接待了他。在临行前的一个宴会上，楚王向重耳发问道："若你将来当上了国君，要如何报答我啊？"

重耳思考片刻，认真地回答道："金银财宝、美女、丝绸，您都不缺，如果有朝一日我能够回晋国为君，一旦将来晋楚两国不得已发生战争，那么我一定命令晋军退避三舍，以报答您今日的恩惠。"

"但是，如果我退避三舍仍得不到您的谅解，那我也只能全副武装与您周旋了。"重耳接着说道。

两个人的问答，既是玩笑之言，又是严肃的外交辞令，双方思索的都是未来之事。重耳巧妙的回答既表达了对楚王有恩必报的诚意，又体现了维护个人和国家尊严的原则。后来，重耳从楚国来到了秦国，秦穆公同样对重耳十分优待。公元前636年，重耳终于结束了他长达19年的逃亡生活，在秦穆公的帮助下回国即位，即晋文公。他在谋士狐偃、赵衰等人的辅佐下，在短短四年的时间，便使晋国具备了称霸中原的条件。

几年后，晋、楚两国终于为称霸中原发生了春秋以来规模最大的战争。晋文公在楚军进逼的情势下，依然履行了当年对楚成王的承诺，命令全军退避三舍，此军令一下，众晋军将士极为不满，认为避让是一种耻辱。再说，当时楚军劳师远征，早已疲惫不堪，不应该后退。然而，晋文公是为了报答楚成王的恩惠，而且还能暂避楚军的锋芒，骄纵了楚军，进而选择了有利于己而不利于敌的战场，是一种政治上争取主动，军事上诱敌深入、后发制人的谋略。

晋文公的退避三舍，果然没有得到楚成王的谅解，楚军依然不依不饶，这时，晋文公当然要兑现自己的第二个诺言：全副武装与之周旋。

于是，晋文公命狐毛、狐偃兄弟率上军进攻楚军之左翼，命栾枝率下军进攻楚军之右翼，另派一支伏兵，待楚军败退后，好去劫杀。次日清晨，两军在城濮摆开阵式，楚军早已被骄横之气迷失心志，将士们意志松懈，认为此战势在必得，根本不把晋军放在眼里，不过俗话说：骄兵必败。这次晋、楚两军的大战当然不会例外。数小时后，楚军左右两军尽失，中军也随之退败。

城濮一战后，楚军势力退出中原，晋国成了名副其实的中原霸主，晋文公重耳从此也被史家列为春秋五霸之一。

鬼谷子认为，一个人心中有了欲望，思想就会想着去满足这些欲望。但欲望过多，心神就会分散；心神分散了，意志就会薄弱；意志衰退了，思想就会不畅达。所以，统治者要一统天下，使国家太平，就要做到"无为""去欲""安已"，更要克服各种杂欲和俗念，只有清心寡欲才能明察他人的意志状态，了解他们的修养、欲望、能力等基本情况，这样才能做到知己知彼，威慑别人。晋文公之所以能够称霸中原，其原因在于重耳深谙养志之术，他一向注重"安已"，并能够做到知人善任。

温造把握先机克敌制胜

唐宪宗时，戎族和羯族进攻中原地区。君主命调动南梁的五千人马前往京师驻镇。在南梁的军队刚要出发的时候，众人发起叛乱，赶走了军队的统帅，聚集起来抗拒王命。这种兵荒马乱的状况持续了一年之久，唐宪宗终日为此事感到不安。

有一天，京兆尹温造晋见唐宪宗，请求单枪匹马前往南梁处理此事。当他抵达南梁境内时，并没有引起骚动，南梁人看见只是来了一个儒生，温文尔雅，所以他们都认为温造不会造势。事实上，温造到了以后，也没有什么大的动作，他只是宣读了皇帝的诏书，安抚和问候大家，对作乱的事情只字未提，好像此事没有发生过一样，就连南梁军队中那些挑头作乱的人全副武装，走来走去，温造也装作没看见。

一次，温造在操场中设置乐队演奏乐曲，军队的战士纷纷前往操场听乐曲，温造先让战士在长廊下吃饭，饭桌的前边正对着长廊的台阶，南北两行设置了两根长绳，让战士各自把自己的刀剑挂在面前的长绳上，然后再吃饭。

酒宴刚刚开始，忽然响起了一阵鼓声，温造的部下站在长廊的台阶上，从两端齐力平举两根绳索，南梁军人们的刀剑顿时离开地面三丈多高。这些军人拿不到自己的武器立即慌乱起来，无法对抗。这时温造关上了大门，命令手下的人斩了这些叛军。

从此以后，南梁人吸取了这个深刻的教训，不敢再谋反了。

鬼谷子认为，心神平静，精神才会旺盛；思虑深远，计谋才会成功。精神旺盛，意念就不会紊乱；计谋成功，功劳就不会被抹杀。意志思虑稳定，心绪就会安定，行为就不会错乱，精神才能够凝定。所以，实意就要做到心欲安静，无为以求，与“道”同步，这样就可以与神明相通，应对方方面面而心神不散，进而更加准确地分析趋势，做出各种估计，将有利因素和不利因素考虑周全，并分别制定出相应对策，这样才能时时保持主动，赢得先机之利，立于不败之地。温造了解自己军队的实力，面对强势的敌军，绝不能轻举妄动。所以，他先用既往不咎，若无其事的态度稳住敌人，等敌人松懈后，再抓住时机突然袭击，出其不意，将敌人一举歼灭。可见，温造实意之法运用之精。

任章献策助魏宣子赢土地

春秋末年，晋国以赵、魏、韩、智、范、中行等六家势力强大，史称“六卿”。智伯率领韩氏、赵氏和魏氏攻灭了范氏和中行氏。

几年后，智伯又向魏宣子提出领地要求，魏宣子不想答应智伯，正在他无计可施的时候，他的谋士任章献上一计：“请您不要正面拒绝智伯，不妨先答应他。一旦智伯尝到了甜头，他一定会骄傲自满，更加贪得无厌，四处伸手。这样一来，必遭其他大夫不满，无形之中便会促使各家联合起来共同对付智伯，到那时，他的性命恐怕就难保了。”

魏宣子认为任章的话在理，于是，他便划出部分土地给智伯。

不久，智伯果然被赵、魏、韩三家所排斥。魏宣子不但收复了失地，还分了更多的土地。

鬼谷子认为，分威之术的本质在于强调并达到不鸣则已、一鸣惊人的效果。要想达到这个效果，就必须预先积蓄优势，善于运用优势，同时要让自己的意志安静而坚固，使精神凝聚在心，这样威势就能压倒对方。把对方的威势压倒了，自己的意志就会更坚定；意志坚定，就能所向无敌；所向无敌，就能分散对方的威力，动摇对方的气势，此时用自己的坚实去攻取对方的虚弱，定能克敌制胜。在特定的形势下，可以用伪装的办法将己方的真正动机隐藏起来，以伺机暗察对方的漏洞，同时尽力培养和充实自己的内在精神，这样才有威力扩散、摧垮对方的强大的精神力量，这足以胜过千军万马。任章的策略高明之处就在于他深谙分威之术，将自己的真实意图隐藏起来，表面上答应智伯领地的要求，其实是为了使智伯放纵，引起众怒，孤立智伯，最终为自己赢得有利局势。

祭遵以"散势术"立于不败之地

昆阳之战结束后，刘秀亲自率军进入河北，祭遵被任命为军市令，主要负责纠察军纪，此人秉公执法，做事严谨，对违法者一律严惩。

有一次，一位刘秀最宠信的贴身侍者做了违背军法的事情，罪行论律该斩。祭遵铁面无私，根据律条将那位违法的侍者处死了。刘秀得知此事后，非常愤怒，下令把祭遵抓起来治罪。

这时，主簿陈副上前劝阻说道："您不是总想整顿军队的纪律吗？现在祭遵执法公平公正，不徇私情，他的作风完全可以保证军令的贯彻执行。"

刘秀认为陈副说的话有道理，再三考虑后，决定赦免祭遵，不仅如此，刘秀还把祭遵升为刺奸将军。他为了表示对祭遵严明执法的支持，当众告诫其他将领说："你们千万要防备祭遵啊，我的贴身侍卫犯法他都毫不留情，将其正法，对你们他更会秉公处理的。"

没过多久，刘秀再拜祭遵为偏将军，平定河北的战争结束后，刘秀论功行赏,封祭遵为列侯。

鬼谷子认为,成功施行散势之术的关键在于时机未来之前深隐不发,整肃自己的势力,强盛内部的力量,做好充分的准备,为重要一击积蓄力量,待最佳时机到来之时,果断采取行动,就会使对方的势力分散。成功使对方势力分散的秘诀是,沉着稳重,心胸谦虚,意志充盈。而祭遵的行事作风和为人之道,正是成功运用散势之术的表现。他不仅能够做到奖罚严明,公正无私,统御有术,驾驭有方,而且他还能够做到防患于未然,只有军纪严明才能使敌人无洞可钻。这也是得到刘秀重视,使自己立于不败之地的原因所在。

张飞以转圆之术胜强敌

三国时期,张飞是一个有勇有谋的大将。当年刘备被曹操追击的时候,张飞就曾经设计迷惑曹军,阻挡了敌人的进攻。后来,曹操率领大军南下,直达樊城,刘备慌忙率领荆州的军民退守到江陵。在撤退的时候,由于跟随的老百姓太多,导致行军的速度非常缓慢。

当曹兵追到当阳的时候,与刘备的军队打了一仗,刘备惨败,他的妻子和儿子也在乱军中被冲散了。当时,刘备手下的将领不多,他命令张飞负责断后,阻截追兵。然而,张飞率领的士兵只有二三十人,根本无法敌得过曹操的大队人马。面对敌众我寡的情势,张飞临危不惧,顿时心生一计:他发现周围是一片树林,于是,张飞命令手下的士兵到树林子里砍下树枝,然后将其绑在马的后面,骑着马在林中绕圈打转。结果,树林里立刻尘土飞扬。

此时,曹操带领追兵也抵达了树林的近处,他看到张飞独自骑着高头大马,拿着丈八蛇矛长枪威风凛凛站在长坂坡的桥头,心里一阵疑惑,认为那里一定有伏兵,于是,命令追击的曹兵马上停止前进。

就这样,张飞英勇无敌,以弱胜强,他只带领二三十名骑兵就挡住了实力强大的曹兵,使得刘备和荆州军民顺利撤退。

鬼谷子认为,圣人将各种谋略加以运用,就像转动圆环一样,以求切合实际,他们往往通过无穷无尽的智慧考察计谋的正误,以决定进退取舍,引导事物朝有利的方向发展。但凡智者都善于自我调整,善于随物而转,随变而处,以无穷的智慧应对万物,力求找到最为圆满的解决之道。张飞在情势危急的情况下,能够沉着冷静,通过观察周边地形,以不变应万变,最终使自己成功脱险,以智谋胜曹操。

从善如流,得道多助

秦末有个叫季布的人,曾为西楚霸王项羽的部将,他爱打抱不平,对待朋友坚持以诚相待的原则,且言而有信,他以这种美德结交了许多朋友。大家都说:"得黄金百斤,不如得季布一诺。"

楚军和汉军交战的时候,季布曾多次让刘邦陷入窘境。后来汉高祖悬赏千金捉拿季布,并下令凡是敢窝藏季布的人论罪要灭三族。此时,季布正躲在濮阳一个姓周的人家中。周家人对他说:"汉王悬赏捉拿你,城里到处都是官兵,眼看就要搜查到我家来了,将军您若能够听从我的话,我便给你献个计策,否则,我情愿先自杀。"季布答应了他。

周家人把季布的头发全都剃掉,让他穿上粗布的衣服,并用铁箍束住他的脖子,把他放在一辆运货的大车里,将他和周家的几十个奴仆一同卖给鲁地的朱家。其实,朱家早知道此人是季布,故意把他买下来,让他在田地里耕作,并告诉自己的儿子说:"田间耕作的事情,都要听从这个佣人的吩咐,一定要和他吃同样的饭。"

说罢,朱家便离开家乡,到洛阳去了,他拜见了汝阴侯滕公。

滕公见到朱家,非常高兴,为他设宴,喝了几天酒。朱家乘愉悦之机问滕公说:"季布到底做了什么,皇上要如此急迫的捉住他?"

滕公回答说:"因为季布曾多次替项羽挤兑皇上,惹得龙颜大怒,皇上对他恨之入骨,所以一定要重罚他。"

朱家说:"那么,依您看季布是一个怎样的人呢?"

滕公说:“他是一个有才能、讲信用的人。”

朱家说:“为人臣子就要忠于自己的主子差遣,季布受项羽差遣,这完全是职分内的事。项羽的臣下难道都能杀吗?现在皇上刚刚一统天下,如果只是因为个人的怨恨而去大张旗鼓地追捕一个人,那么天下人应该如何看待他呢,况且季布的贤能人尽皆知,汉王如此急切地追捕他,他必然为了保命而逃出城去,如果向北逃就到了匈奴,如果向南逃就到了越地。这不是又损失了一个有能力的人为大汉江山效命了吗?您为什么不寻找机会向皇上说明呢?”

汝阴侯滕公听了朱家的这番话,已经猜到季布就藏在他的家中,便答应说:“那好吧,我试一试。”滕公等待机会,果真按照朱家的意思向皇上奏明。

结果,皇上也就赦免了季布。

鬼谷子认为,作为“无为”思虑,要求人静思,五脏六腑都通畅,精神魂魄固守纯真,能够自我反省,听取外界消息,凝神安志,以此观天地之变化,领悟万物造化的规律,知阴阳之交替,懂得人间之政理。这样,不出门就可以知晓天下大事,不开窗就可以看见日月星辰等天体变化之道,不必见到民众,民众就能听命而行;不必推行政令,天下就可以大治。这就是所谓“道”。一个具有大善大诚之品德的人,自然得道多助,更能赢得他人的尊重和敬佩。反之,如果一个人只顾贪图一时的安逸或小便宜,而做出背信弃义的事情,一定会被众人蔑视,也会失去别人的信任。

知己知彼必胜

在赤壁遭到大败后,曹操仓皇逃命,这时看到前面有两条通路。一条是小路,山险道窄,坎坷难行,但却近五十里;另一条则是大路,宽敞平坦,却远了五十里。

诸葛亮了解曹操深谙兵法,老谋深算。于是,他决定将计就计,先在华容小道上设伏,并故意暴露若干目标,让曹操看出有兵马埋伏。曹操果真入了诸葛亮的圈套,就此犹豫了,他不断问自己:究竟走哪条路好呢?

这时,前面探路的军士回来向曹操请示:“前面有一条大路,有一条小路,都通南郡。大路平坦,远五十里;小路经过华容道,窄狭难行,却近五十里。请问丞相走哪一条路好呢?”

曹操说:“你再去分别探视这两条路,迅速回报。”

军士探路,跑回来报告说:“丞相,大路上看没有任何动静,小路的山口子上有几处在冒烟。”

此时,众将纷纷说道:“烽烟起处必有伏兵,不宜走小路,我们不能怕远,应该走大路。”

曹操思考了片刻,坚定地说:“不,还是走小路。”

大家惶惑不解,曹操解释道:“你们根本不懂得用兵之道,兵法上所说的‘虚则实之’,‘实则虚之’。就是在提醒我们以虚当实,以实当虚。诸葛亮派人在小路烧烟,旨在诱我走大道,让我中其埋伏。难道我会愚到上他的当吗?”

于是,曹操便率领着部下走向华容道。结果真的中了诸葛亮的圈套。

鬼谷子认为,成功施行散势之术的关键在于时机未来之前深隐不发,整肃自己的势力、强盛内部的力量,做好充分的准备,为重要一击积蓄力量,待最佳时机到来之时,果断采取行动,就会使对方的势力分散。行动时,要在内修炼自己的五气,对外观察对方的虚实,要顺应对方的意图和心志,并确知对方的计谋,这样才能达到分散对方势力的目的。因为只有知己知彼,才能百战不殆。诸葛亮就是利用曹操深知兵法,多谋善算的秉性,将兵力设伏于华容道,并故意暴露出此处有兵马的实情,使曹操反以为假,误入歧途。

陆逊以“转圆术”取胜

三国时期,蜀将关羽率军北伐,将魏国左将军于禁活捉了,又把曹仁围困于樊城。而此时镇守陆口的吴将吕蒙声称有病,回京都建业休养,陆逊前去与吕蒙相见,对他说:“关羽最近所占领的地区与你的边境接邻,为什么这时回到长江下游的建业来呢?你离开后若部署不当,其后果是不堪设想的!”

吕蒙说："情况正如你所说，可是我的病很重啊。"

陆逊接着分析说："关羽自恃英勇无敌，经常欺压于人，他听到你生病的消息，必定更加不做防备。如果现在出其不意地袭击他，自然可以将其活捉制服。希望回京都见了吴王时，就此好好计划一下。"

吕蒙说："关羽向来勇猛，不但作战难以对付，而且他已占据荆州，威望和信义更加增大，加之他刚刚打了胜仗，信心、气势更盛，要制服他是不容易的。"

后来，吕蒙到了吴都去参见孙权，孙权问道："你病了，谁可以接替你的职务呢？"

吕蒙回答说："陆逊谋深虑远，有军事才能可以负此重任。从他对局势的分析筹划和思虑来看，终究是可以担当大任的。而现在因为他名声不大，关羽也不会有所顾虑，没有比他更合适的了。如果任用他，应当告诉他对外要隐藏自己的才能行迹，对内要暗中观察形势变化，寻找有利时机，方可战胜关羽。"

于是，孙权召见陆逊，让他接替吕蒙的防务，为偏将军右部都督。陆逊奉命来到陆口后，马上给关羽写信，信中说："以前看到贵军行动，按照法制治军用兵，以小的战斗换来大的胜利，获得赫赫战功。不仅打败敌国，而且对两国的同盟互助也很有利。我们为此庆贺，希望您能乘胜前进，最终实现您的霸业。我陆逊才疏学浅，受命西来驻防，我一向很仰慕您那光照尘世的业绩，愿把您作为榜样，希望您能广为筹划，制定周密方略，以确保全胜不败的战绩。我本是一介书生，所见不免疏漏迟钝，勉强陈述我所懂得不多的事情。如今我军有一位威德崇高的将军为邻，因此乐于向您尽抒愚见，所讲的不一定合乎兵策，但确实是我的一番心意啊。"

关羽看罢此信后，认为陆逊对自己非常钦佩，并有请求关照的意思，于是对陆逊彻底放松了警惕，进而对吴国也不再有所疑忌了。陆逊在这时把这些情况报告给孙权，认为目前已经具备擒获关羽的条件。于是孙权暗中派兵而来，委任陆逊和吕蒙为前锋。大军一到，便迅速攻占了公安和南郡两地。最终奇袭荆州，活捉关羽。

鬼谷子认为,圣人将各种谋略加以运用,就像转动圆环一样,以求切合实际,他们往往通过无穷无尽的智慧考察计谋的正误,以决定进退取舍,引导事物朝有利的方向发展。吴将陆逊是一位深谙转圆术的智者,他抓住关羽“意骄志逸”这个致命弱点,施行“卑而骄之”的计策,进一步骄纵关羽,使其完全解除了对东吴的警惕性,给东吴袭占荆州提供了可乘之隙。孙权在认清形势后,当机立断,任吕蒙和陆逊为先锋,一举攻克了荆州。

杯酒释兵权

宋太祖赵匡胤即位以后,手握重兵的两个节度起兵反对朝廷,后来经过艰苦的斗争才平定下来。这件事给宋太祖很大警示,他找到宰相赵普商量对策,决定削弱地方的兵权。

过了几天,宋太祖在宫里举行宴会,石守信、王审琦等几位老将都来了。酒过三巡,大家开始无话不谈。

宋太祖说:“没有大家的帮助,我不会有今天的地位。但是你们可能想象不到,做皇帝也有许多苦衷啊,有时候还不如你们自在。说实话,我好久没有睡过安稳觉了。”

大家听了知道里面隐含着内情,就问其中的缘由。

宋太祖仍旧不露声色:“人们都说高处不胜寒,我站在很高的位置上已经感觉到寒意了。”

石守信等人知道宋太祖担心有人篡夺他的皇位,非常害怕,于是站起来跪倒在地上:“现在天下已经安定了,没有人对陛下三心二意啊!”

宋太祖摇摇头说:“你们和我南征北战,我自然信得过。但是如果你们的部下为了攫取高位,把黄袍披在你们身上,会出现什么情况呢?”

石守信等人听到这里,意识到大祸临头,连忙惊恐地求饶:“我们愚蠢,没有过多考虑,请陛下给指条明路吧。”

后来,宋太祖让他们做地方官,并给他们添置了足够的房产安度晚年。

散势，即寻找对方的弱点和破绽，然后一举击败对方的方法。鬼谷子认为，成功施行散势之术的关键在于时机未来之前深隐不发，做好充分的准备，为重要一击积蓄力量，待时机到来之时，就立即采取行动，出奇制胜。宋太祖赵匡胤是一位深谙散势之术的贤明君主，他为了防止出现分裂割据的局面，必须解除将领的兵权，但他没有采取军事行动消除将帅手中的权力，而是在酒宴上与大家沟通，通过隐晦的方式表达出自己的意图，使将帅们知难而退，达到了预期的目的。这种"以柔克刚"式的行事规则是合乎于道、本于自然的。这也是他成为我国历史上备受推崇的一代文治之君的根本原因。

曲中求全逃魔掌

温峤是东晋人，以有胆有识、博学多闻著称于世。皇帝司马绍见他文采风流，又善谋善断，很是信任温峤，便让他参与朝廷的机密大事。

当时掌握朝中军事大权的将军叫王敦，企图谋反，见温峤有才，便请求皇上调他去给自己当左司马，以便使皇上失去一条臂膀。

温峤调到王敦那里后，觉察到王敦已有反心，便常常为他出谋划策。王敦渐渐地对他产生了好感，常把一些很重要的事务交给温峤去办。

温峤见钱凤是王敦的心腹干将，便积极地同钱凤交往。经常在别人面前称赞钱凤满腹经纶，文韬武略，天下无出其右者。钱凤听说后，非常高兴，把温峤当成自己的知己。

公元324年，宰相去世后，朝廷让王敦指定。温峤得知后，认为这是一个逃回京城的最好机会。为了不让王敦知道自己的意图，温峤故意几天不上将军府，在家喝酒玩乐。

王敦知道后，便去征求温峤的意见。温峤醉醺醺地说："非钱凤莫属！"

王敦觉得有理，便去征求钱凤的意见。钱凤原本就和温峤要好，又听说是温峤介绍自己，感激地说："温峤比我强，还是让他去吧！"

王敦又回到温峤那里，温峤再三推辞，可他越是推辞，王敦就越觉得温峤对自己忠诚,便非让他去不可。于是王敦立即上表,说人选已定,三日内即可到任。他告诉温峤要严密监视朝廷的一举一动。

温峤得到消息后,高兴之余又想到钱凤。因为此人诡计多端,心机周密又多疑,若被他识破,突然阻挡,岂不前功尽弃,功亏一篑?

于是在饯行会上,温峤故意装成醉鬼,走到钱凤面前,趁他喝酒时洒出一滴,把他的帽子打落在地,并大骂道:“什么东西,温大爷给你敬酒,竟敢倒掉!”

王敦见温峤醉了,忙命人分开两人。临行前,温峤泪流满面,对王敦依依不舍。温峤刚走,钱凤便赶来对王敦说:“温峤曾做过太子庶子,和当今皇上司马绍关系还很密切。这个人未必靠得住!”

王敦哈哈大笑道:“看来你的胸襟也太狭窄了点!他昨日只是喝多了,虽然对你有点失礼,但从前他对你也是赞赏有加啊!”

温峤回去后,将王敦的大逆不道告诉了皇上,司马绍便命人剿灭了王敦。

温峤在此用计逃脱王敦的魔掌运用的便是“转圆”之术,其策划谋略的速度和高明实在让人难以想象。转圆虽有成凶者,但只要把握要领,便能像温峤这样转圆成吉。如果不能直中取,便向曲中求,温峤对付王敦之法,称得上智慧中的经典。他先为王敦出谋划策,再反过来曲意协助王敦造反,并拉拢关系,相机脱身。尤其难得的是,当他有脱身机会时,并未喜形于色,而是小心谨慎,相机而动,预先消除隐患。由此可见,他把转圆之术可谓发挥得淋漓尽致。

巧献妙策获显贵

楚孝烈王没有儿子,春申君对此很发愁,于是替孝烈王找到了很多能生育的女子,但仍然没有生出儿子。

赵国人李园领着自己的妹妹来到楚国,想把妹妹献给楚王,可听说楚王不能生育,心里不免有些担心,因为时间长了,妹妹会因为生不出儿子而得不到宠幸。李园就请求到春申君家当家仆,没过多久便请假回家,但他故意耽误归期。

李园回来后拜见春申君,春申君向他询问这次归家的情况,李园说:“齐王派人去聘我妹妹，我陪侍使者喝酒，所以才会回来这么晚。”

春申君问：“聘礼送来了吗？”

李园回答说：“还没有。”

“可否让我见见你的妹妹？”

“可以。”

李园马上就把妹妹献给了春申君，随后，他妹妹就和春申君同房了。李园知道妹妹怀孕后，就和妹妹密谋策划怎样见到楚王。

李园的妹妹看到时机已经成熟，就对春申君说：“楚王十分宠幸您，看重您，把您当成他的心腹。您任楚国宰相已经20多年，可楚王还没有继承大业的儿子，如果百年之后让他的兄弟继承王位，那么将来的继位国君，必将重用他原来的亲信，您哪里还能长久受到宠爱呢？不但如此，您当权久，地位高，免不了得罪楚王的兄弟，如果楚王的兄弟继位，您就会遇到很大的麻烦，到那时，您的相位和江东的封地也就危险了。现在我知道自己怀孕了，可别人还不知道。我受您宠幸的时间不长，如果以您尊贵身份和地位把我献给楚王，我一定会受到楚王的宠幸。要是我运气好的话，就会生出一个儿子，那么，将来的大王就是您的儿子了，这样整个楚国都可以到手。您好好想想吧。”

春申君认为这样做很好，他先派人把她安排在馆舍里，小心地伺候，然后向楚王报告。楚王召见之后就跟她同房，后来果然生了个儿子，楚王就立他为太子，并册封李园的妹妹为王后。自然，李园也得到了提拔，很快就当权了。

李园在此使妹妹当上王后、自己当权，可以说运用的便是“损兑”之术。他知道把妹妹献给楚王后总有失宠的一天，自己的计划便会落空，于是便利用了春申君，拨弄事情朝着自己预定的方向发展，从而自始至终地掌控着局势的变化，这便是李园成功的根本原因。所以说，机遇并不是随时都有的，一旦遇见，就应该牢牢将它抓住，为自己的发展铺平道路。

“分威伏熊”制强敌

一般假冒伪劣产品冒充名牌，是为了获取利益。但在竞争企业中，也不乏以此法砸对手名牌，分对手威势者。

中国台湾地区有一家企业生产清酒，产品既不像白酒那般猛烈，也不像啤酒那样喝多了容易让人发胖，所以很得中老年消费者的欢迎。另一家酒水企业看到这种产品的销路广、获利丰，就如法炮制，但却总比不过这家老企业。新企业主心生一计，气急败坏地模仿这家老企业的包装、牌号生产了大批劣质品，几经转手低价批了出去，坑苦了消费者。吓得消费者碰到真货也怕上当不敢买了。这是用假冒伪劣产品以分敌手名牌产品之威的例子。

艾特是一家中等规模厨具公司的老板，在各类新产品风起云涌的时候，他的产品似乎失去了原来的销售旺势，他希望能尽快将这问题解决。

他分派了一部分人到市场上做了半个月的调查，发现别的同类公司并不比他的产品质量好，而是靠新型号走俏的。

于是，他在本市内又加设了4个专销点，又去郊区甚至远一点的农村推销产品，分派了很多人去，总部里每个办公室几乎只留下一个人。另一方面，艾特开始占用黄金时间进行大力宣传。经过两个月的努力，销售总额开始回升，并呈直线上升趋势。

艾特并不满足于这一点，他又向社会招聘了一大批专业维修人员，实行送货上门、修理免费的服务。他这一新招果然更加奏效，他的销售量不仅恢复了元气，而且还远超过了原来的数量。

在众多厨具公司的竞争中，艾特将每一个人都派上用场，并实行“撒天网”的办法，在郊区和农村地带，人们渐渐熟悉了他的产品，他的产品就像暴风一样刮遍了每个有能力购置的家庭。

就这样，艾特以“分威伏熊”的老办法渡过了低谷期，走上了大展宏图的康庄大道。

当今商场中,“分威伏熊术”是常用的制人手段。使用“分威伏熊术”,有以智谋增己之威而压倒敌人威势以令其服者;也有借别人的威势来增加自己的威势吓唬敌手者;又有使用妙计使敌人中了圈套自分其威势者,还有使用“釜底抽薪术”,除掉敌威所凭恃之物者。只要你动脑筋,就会有办法。

“分威”巧施垄断术

早在20世纪40年代,威尔逊就从父亲的手里继承了美国塞洛克斯公司。一天,一位德国籍发明家约翰·罗梭来访问威尔逊,谈到了自己还在研究的干式复印机。两人一拍即合,同意双方合作。

经过反复研制,塞洛克斯公司终于研制出干式复印机成品——塞洛克斯914型复印机。当时市面上所有的复印机都是湿式的,用起来麻烦极了。对比之下,干式复印机则便利多了。

威尔逊决定把此产品作为“主力产品”推出。起初,威尔逊打算把首批复印机以成本价推销,以图开拓市场。他的律师提醒他:这是倾销,是法律不允许的。

威尔逊于是矫枉过正,反其道而行,将卖价定为2.95万美元。其实,干式复印机的成本仅2400美元,他却喊出了相当于10多倍的高价。这可把副总经理罗梭吓呆了。

当时,法律是禁止高价出售商品的,威尔逊却信心百倍,他解释道:“我不出售成品,而是出售品质和服务。”

不出威尔逊所料,这种新型复印机因定价过高被禁止出售。但由于展销期间已经向人们展现了它独特的性能,消费者都渴望能用这种奇特的机器。

威尔逊早已获得了新型复印机的专利权,“只此一家,别无分店”。所以当威尔逊把新型复印机以出租服务的形式重新推出时,顾客顿时蜂拥而至。尽管租金不低,可由于受以前定价很高的潜意识的影响,所以人们仍然认为值得。

到了1960年,威尔逊的黄金时代到了。干式复印机一下子流行起来,虽然公司拼命生产，产品仍然供不应求。

由于产品被塞洛克斯公司独家垄断，加上原有的高额税金，所以塞洛克斯914型复印机为威尔逊赚了大量的利润。

1960年，公司营业额就高达3300万美元，而市场占有率已达15%；5年以后，公司营业额上升到4亿美元，市场占有率达到66%；到了1966年，营业额上升到5亿多美元，塞洛克斯公司也被美国的《财富》杂志评为10年内发展最快的公司，从此迈入了巨型企业行列。

威尔逊的成功在于他成功运用了“分威伏熊术”，表面上是法律禁止了威尔逊高价出售，实际上是威尔逊借法律威势，封死了消费者的购买之门，把他们逼向租借之路。同时威尔逊还定了超出平常的高租金，断了消费者廉价租用的念头，并为以后高价出售做好了准备。

持枢

本篇提要

本篇与全书各篇不同，其特点是言简意赅，让人怀疑是否是残留下来的某个自然段，故陶注亦说：“此持枢之术，恨太简促，畅理不尽。或篇简脱烂，本不能全也。”

本篇的内容主要是说为君者应该按照自然和社会的客观规律来治国安邦，以推动社会在正常的轨道上运转。其中所提到的如顺应民意，不违四时，如何调动人民的积极性等等，都对为君者有着深刻的指导意义。

从另一侧面剖析，此篇还蕴含着一丝天人合一的思想，认为自然与社会规律有着许多相似之处，所以暗示君王治国时要合乎民情、民意，才能做到国泰民安。虽然作者是站在统治阶级的立场上阐述这一观点的，但客观上又有些民主的氛围，这对与民休养生息，推动社会的发展是有进步意义的。

【原文】

持枢[1]，谓春生、夏长、秋收、冬藏，天之正[2]也，不可干[3]而逆[4]之。逆之者，虽成必败。故人君亦有天枢[5]，生养成藏[6]，亦复不可干而逆之。逆之虽盛必衰。此天道、人君之大纲[7]也。

【注释】

①持枢：把握关键。持，掌管、执掌；枢，本指门户的转轴，引申为关键。

②正：指正常法规。

③干：冒犯、触犯。

④逆：违背，违反。

⑤天枢：原指北斗七星中的第一星，这里指治理天下的关键。

⑥生养成藏：即出生、养育、成熟、储藏。

⑦大纲：根本要领。

【译文】

掌握关键，说的是春季万物滋生，夏季万物生长，秋季万物收割，冬季万物储藏，这是自然界运行的正常规律，不可冒犯、违背这一自然规律。凡是违反自然规律的，即使成功一时也终究必败。所以说，君主也有统治天下的关键，出生、养育、成熟、储藏等，也不可以去冒犯、悖逆。如果违背这些客观规律，就是暂时处于兴盛，最终也必将衰亡。这是自然的客观规律，也是君主治国的基本纲纪。

【解析】

本篇虽然只残存此节，但可以从中窥见大意，鬼谷子在本篇中主要论述君主治国要效仿天地运行的规律，不可倒行逆施，否则“虽成必败”“虽盛必衰”。

本文的中心论题是天道与人道相统一，因此题为“持枢”。

所谓的“持枢”，就是掌握行动的关键，控制事物的规律。决策的关键就是掌握行动的枢纽、关键，控制事物的规律。决策时要对形势、时局、环境等进行科学的分析，只有这样，才能避免失败。本文以天时运行形成四季的规律，春生、夏长、秋收、冬藏来说明君主统治天下也有相应的规律可循，就像万物生长成熟收割一样，国君要使老百姓休养生息，保证生产顺利发展，这样才能实现国泰民安。天的规律不可违背，治国的规律同样不能悖逆，但凡违反客观规律的，即使成功一时，也终究会失败。这种以“天道”比拟“君道”的观点与“天人合一”的思想是相符的，对维护百姓利益有一定的积极意义。

【应用事例】

认识规律是万事之关键

战国时，文惠君请庖丁到府上做客，为了款待他，命人宰杀一头肉牛。庖丁立即制止，提议由他亲手宰杀这头牛，只见他用手按着牛，用肩靠着牛，用脚踩着牛，用膝盖抵着牛，动作极其熟练自如。站在一旁的文惠君被眼前的一幕惊住了，他不禁高声赞叹道：“太了不起了，你宰牛的技术怎么会有这么高超呢？”

庖丁立即放下屠刀，回答说：“我做事一向喜欢探究事物的规律，这比一般的技术技巧要更高一筹。我在刚开始学宰牛的时候，由于不了解牛的身体构造，无法深刻研究宰牛的技巧。三年后，宰牛的经验使我对牛的构造完全了解了。现在的我不必用眼睛去看它，就可以娴熟自如地按照牛的自然构造，将刀直接刺入它的筋骨相连的空隙之处，利用这些空隙就不会使屠刀受到丝毫损伤。我的这把宰牛刀已经用了近二十年了，宰杀过的牛不下千头，可是刀口还像刚在磨刀石上磨过一样的锋利。当然，即使已经掌握了其中的要领，但我在遇到筋骨交错的地方时，仍是特别小心，全神贯注，瞪大眼睛，动作放慢，用力要轻，只要找到了下刀的关键部位，一刀下去就能将牛剖开，待宰杀完毕后，我就将刀擦拭干净，置于刀鞘之中，以备下次再用，这样自然能延长刀的使用寿命。”

文惠君在一旁，一边听着，一边连连点头，似有所悟地说：“太精彩了，我听了您的这番金玉良言,还学到了不少修身养性的道理呢,原来世间万物都有其固有的规律性,只要在实践中做一个有心人,按照客观规律,不断地摸索,就一定会认识到其发展的规律,技能也自然娴熟,事情也会做得尽善尽美。"

鬼谷子认为,如果违背这些客观规律,就是暂时处于兴盛,最终也必将衰亡。这是自然的客观规律,也是君主治国的基本纲纪。文惠君通过庖丁解牛一事,意识到世间万物都有其固有的规律性,只要在实践中做一个有心人,按照客观规律,不断地摸索,就一定会认识到其发展的规律,技能也自然娴熟,事情也会做得尽善尽美。

周文王拜师

一天,周文王去打猎,他乘猎车、驾猎马,到渭水北岸围猎,见到太公正坐在长满茅草的岸边钓鱼。

周文王慰劳并询问他,说:"您喜爱钓鱼吗?"

太公说:"我听说君子乐于实现自己的志向,小人乐于为利益做好自己的事务。我现在钓鱼和这个道理很相似,钓鱼并不是我所乐于做的事。"

周文王

周文王问:"怎么说钓鱼与实现抱负这二者相似呢?"

太公说:"比如君主收罗人才就与钓鱼有三点相似:用厚禄聘用人才与用诱饵钓鱼一样;用重赏收买死士与用香饵钓鱼一样;用不同的官职封赏不同的人才,就像用不同的钓饵钓取不同的鱼一样。表面上看,凡是垂钓都是为了有所得,但垂钓的道理却很深奥,从中可以看到大道理。"

周文王说:"我可以知道其中深奥的道理吗?"

太公说："水源深广，水流自然会涌流不息；水流不息，鱼儿就能得以生存，这是自然的道理。君子志同道合，就会紧密合作；亲密合作，就能做出一番大事业，这也是自然的道理。而圣人广施仁德，自然能树立威望，收揽人心，得到天下人的拥戴和支持。"

周文王问："那么，采用什么样的收揽人心的方法才能使天下归心呢？"

太公说："天下是天下人共同的天下，而不是一个人的天下。只有与天下人同享天下利益，广施仁爱，才可以得到天下。反之，如果只是为了满足个人贪欲独占天下利益，就必然会失掉天下，这就是所谓的'得民心者得天下'。"

周文王拜谢说："您讲得太对了！于是，立即拜太公为老师。后来，周文王在太公的辅佐下，事业日益昌盛。"

在周文王与太公的对话中，太公暗示周文王，商王朝即将烟消云散，并指出能与天下人同享天下利益的，就可以得到天下，要求周文王以仁、德、义、道收揽天下之人心。所谓"人君亦有天枢，生养成藏，亦复不可干而逆之，逆之虽盛必衰。"一个优秀的统治者就必须善于"取经"，顺应自然规律，按照"无为"的原则去做事，这样国家就一定会治理得好。

汉高祖刘邦治国有道

公元前202年，汉王刘邦登基，史称汉高祖。

一天，刘邦在洛阳南宫摆设庆功酒宴，大宴三天。大家一起谈笑风生，非常热闹。刘邦也非常高兴，他对大家说："各位诸侯将领，今天是大庆之日，大家都要说心里话，不许欺骗我，你们告诉我，我刘邦为什么能获天下，而项羽又为什么失了天下呢？"

重臣虽然酒是没少喝，可没有人敢说胡话。所以，大家你一句我一句地说唱着恭维话。

将军王陵说："陛下派壮士出战，在一举攻下城邑后，便兑现承诺封赏于有功之人。正是陛下的这种赏罚分明、一言九鼎的行为，才让天下的壮士竭尽全力为您打天下。但项羽却不具备这种美德，所以丢失天下是必然的。”

接着，又有人说：“不仅如此，项羽还妒贤嫉能，但凡贤能者都逃不过他的陷害，有功之士更是难逃一劫，如此一来，还有谁肯为他做事呢！”

刘邦听后，摇了摇头说：“你们说得不全面，我之所以能有今天，主要是用人上能够知人善用，任人唯贤。其实，萧何在治国安民上胜于我，张良在深谋远虑上强于我，韩信在用兵之道上更加胜于我。这三位贤能之士能为我效命是我的福气，有了大家的鼎力相助我才能取得天下。但项羽不懂得知人善任，多年来，他只有一个范增，还不能信任重用。这才是他失败的根源啊！”

决策者必须顺应自然的客观规律，掌握行动的枢纽、关键。决策时要对形势、时局、环境等进行科学的分析，只有这样，才能避免失败。汉高祖刘邦正是认识到了这一点，所以他才造就了自己辉煌的一生。

郑板桥清明廉洁顺势而为

乾隆元年，郑板桥考中了进士，被派到山东范县当知县。

一年，正逢山东闹灾荒，老百姓实在没东西吃，无奈只能把牲畜都宰了，以解决温饱问题。郑板桥一再向上司打报告，请求救济灾民。可是，当官者根本不把这些平民百姓的困苦放在眼里，郑板桥的报告就像石沉大海，一点儿回音都没有。

牲畜是有限的，没多久就快被吃完了，有些饿极了的百姓就开始张罗吃人肉。郑板桥看到这个即将步入“人吃人”的社会，再也受不了了，他便自作主张，在县城修城凿池，只要饥民来干活，就给饭吃。

郑板桥一心为民，为了救济老弱病残的灾民，他命令财主挨户轮流开粥厂，同时告诫那些囤积居奇的富人：“不同意把粮食平价售出的，就要从重治罪。”这样一来，财主和富人都不敢抗拒，只好听从。很多穷苦百姓也都活下来了。

由于郑板桥的挺身而出，使那些地主和富人损失了很多粮食，他们都恨透了他。所以，他们四处花钱走门路，甚至到省城济南的官衙门去讲他的坏话。

没过多久，郑板桥到济南述职。当时，官场风气极其败坏，山东官场的应酬都在妓院进行。当地最流行的一句话是："一个官儿一个瓜。"瓜指的是风尘女子，这句话的意思是每个官员都玩弄妓女。官场如此腐败，正直的郑板桥实在看不下去了。有一天，一些大官在趵突泉举行宴会，因为郑板桥是当时的名士，也被请了去。

郑板桥看着那些开怀痛饮的官员和浓妆艳抹的风尘女子，心中十分厌恶。这时，有人推荐郑板桥当场写诗助兴。郑板桥不假思索，拿过笔来一挥而就，写了一首七言律诗。写完后，他便一口气将其读完，仿佛把这些天郁积在心头的龌龊之气，都吐出来了，好不痛快。诗中写道："原原本本岂徒然，静里观澜感逝川。流到海边浑是卤，更谁人辨识清泉。"此诗的意思是说这里的水流到海边就像卤水一样混浊了。谁还知道它是从清泉里流出来的呢？

那些官员听了郑板桥的诗，人人气得脸色铁青，拂袖而去，一场宴会就这样不欢而散了。

几天之后，郑板桥离开了济南，回到了县里。可是，那些大官却不肯善罢甘休，他们无中生有，硬说郑板桥贪赃枉法，下令免了他的官职。而郑板桥听到免官的消息，毫不在意。他准备了三头毛驴，一头铺上垫子准备自己骑坐，一头驮着平日心爱的书和琴，一头让一个小伙计骑着在前面带路。

临行时，郑板桥戴着风帽，穿着毡衣，骑在驴上向来接任的新县令说："我郑燮因'贪赃'被免官。今天我走了，行装是轻便简单的。诸位君子清明廉洁，被上司器重，来此任职。将来诸位离职的时候，带的行装恐怕不会比我少吧！"

说罢，郑板桥便扬鞭上路，回扬州去了。

郑板桥为人正直，情操高尚，不与当时腐败的官场风气同流合污。对于那些贪图富贵的官员，他恨之入骨。最后，他为了百姓而伸张正义，却遭到小人的诬陷而被免职，对此，他无怨无悔，因为他坚信行事者如果不懂"持枢之术"，违自然规律而行，最终必然遭遇可悲的下场。

智伯自埋苦果

晋国时期，智伯继承父位的时候，正赶上范氏和中行氏被逐。当时，赵简子独揽晋国政权，赵国、韩国、魏国、智国并峙。面对如此严峻的现状，智伯仍然积极地建功立业，为吞并其他三家创造有利条件。但是，当他做了韩、魏等国联合军队的首领时，由于没有做到明察秋毫，任人唯贤，所以他的盛世只是昙花一现。

一次，智伯跟从韩、魏的军队一同进攻赵国。首先水困晋阳，距淹城只有三丈远。郄疵对智伯说："韩、魏的君主一定会背叛我们。"

智伯问："何以见得？"

郄疵说："这一点从军事形势上就可以判断出。韩国和魏国的军队尾随我们进攻赵国，赵国一旦灭亡了，那么灾难就会牵涉韩、魏两国。即使贤君与韩国和魏国相约灭掉赵国后，就与他们三分赵国的领土，但是现在的晋阳只差三丈就被淹没了，饿到了人马相食的地步，晋阳即将沦陷，但韩、魏两国的君主不但不欢喜，反而忧愁起来，这就是一种反叛的迹象。"

第二天，智伯就把郄疵的这番话分别告诉了韩国和魏国的君主，说："郄疵说两位君主就要背弃盟约。"

韩、魏两国的君主说："灭掉赵国以后我们三国可以三分赵地，而且晋阳马上就要沦陷。韩、魏两君虽然愚钝，但也不至于放弃就要到来的利益，甚至背弃盟约去做那种危险而又无望的事，这种形势发展的结局是可以预见的。郄疵正为赵国出谋划策，以便使贤君怀疑韩、魏两国，进而瓦解三国攻打赵国的盟约。如今贤君竟听信奸臣的谗言，而离间韩、魏两国的邦交，我们真为贤君感到惋惜啊。"说完就快步出去了。

郄疵又对智伯说："贤君为什么要把臣的话告诉韩、魏两国的君主呢？"

智伯说："您怎么知道我把你的话告诉他们了呢？"

郄疵说："因为韩国的君主和魏国的君主临走的时候，愤怒地瞟了我一眼，才快步离开。”

郄疵见智伯不采纳自己的建议，就主动向智伯请求派他到齐国去。智伯答应了他，郄疵离开没多久，韩、魏两国果然反叛了。

审时正确与否，直接影响到计谋决策正确与否，即使小范围的谋略也必须进行审时。在复杂的斗争环境中，透彻地分析环境、时局，洞察客观形势，是确定奇特方案的基石。虽然智伯是一个能言善辩、才干出众、行事果敢坚决的人。但是，他不识“持枢”之术，且心狠而不仁，自高自大，不能以仁义待人，不懂“满招损，谦受益”的道理，这为他日后种下了恶果。

曹操重“人道”，遵“天道”

东汉末年，群雄割据之初，当时曹操的实力并不强大，但是他在打败青州的黄巾军，并招降了三十余万人马后，施行了两个重大举措，使自己一跃成为群雄中的一支主要力量。

这两个重大举措之一是实行屯垦，他在黄巾降兵中选出了精锐之兵，称之为“青州兵”，而让其余的降兵都去从事农垦，不久，他不仅有了精兵，又有了充足的粮草。另一个重大举措则是在兖州招贤纳士，荀彧叔侄二人首先来投奔曹操，一席谈话后，曹操大悦，封荀彧为行军司马，封荀彧的侄子荀攸为行军教授。

后来，荀彧又向曹操推荐了兖州贤士东阿人程昱，曹操立即派人去礼聘。程昱见了曹操后又向曹操推荐了荀彧的同乡贤士郭嘉，郭嘉再向曹操推荐汉光武帝的嫡系子孙刘晔，刘晔又推荐了昌邑人满宠和武城人吕虔，满、吕二人又共同推荐平邱人毛彧。

天下人得知曹操招贤纳士的消息，谋士、猛将全都相拥而来。于禁也率领数百军兵来到这里，曹操任于禁为点军司马。这样一来，他很快就招募到一大批得力谋士和勇猛战将，真可谓是人才济济，智囊满堂。这些贤人后来都竭尽全力地辅佐曹操，为曹操称霸半个中国做出了巨大贡献。

曹操之所以能在东汉末年的群雄中崛起，很快超过原本比他的力量更加强大的袁绍、袁术等诸路豪强，最终形成三国鼎立之势，正是因为曹操能够注重“人道”，遵循“天道”。

古弼轻利重“枢”获赏识

北魏太武帝拓跋焘即位后，古弼曾历任侍中、吏部尚书等职。由于古弼的头顶尖尖的，太武帝称呼他为“笔头”，当时的人称他做“笔公”。此人非常正直，只认理不认人，连皇帝都敢得罪。

公元444年8月，北魏太武帝准备去西河打猎，命令古弼供给骑士肥壮的马。古弼却故意给他们瘦弱的马。太武帝发现后生气地骂道：“这个笔头奴，居然敢裁夺我的事，回去先斩杀此奴。”

古弼的部属得知这件事后，非常害怕。古弼则对他们说：“做臣子的，侍奉国君是必须做的事情，无法让他尽情地游乐之罪是小的。但是，对意外事件缺乏应对准备，罪过可就大了。如今南北两地的蛮夷不时地侵扰边疆，才是我所忧虑的事。我给他们选用瘦弱的马，是因为我知道他们是去打猎，这实属是娱乐行为。而我选留肥壮的马匹是用于充实军备的，这可是关系到国家的存亡啊！如果对国家有利，即使牺牲生命也在所不惜。圣明的君主可以用合理的事去冒犯他，这个罪过我自己承担，你们没有过错。所以不必担心！”

太武帝听到了，很感慨地说：“这种臣子实在是国家的至宝啊！”于是，便赐给古弼一套战衣、两匹肥硕的战马和十头鹿，以作为对他的奖赏。

古代的臣子，尤其是皇帝的秘书，不对皇帝阿谀奉迎，曲意讨好，就已是难得了，而像古弼这样，认理不认人，事事为国为民着想，连皇帝都敢得罪的秘书，实属难能可贵！

中经

本篇提要

在本篇里，作者先后讲述了“见形为容、象体为貌”，“闻声和音”，“解仇斗郄”，“缀去”，“却语”，“摄心”，“守义”等七种为人处世的秘诀。

所谓“见形为容、象体为貌”，实际上是一种观人术，即从对方的外貌和动作去推知其内心世界，而后了解他的心性品行。

所谓“闻声和音”，实际就是一种美言结人术，即用高超的谈话技巧使对方信任自己，以寻找知音，因为声气同，才能让人觉得自己可交。

所谓“解仇斗郄”，实际就是一种驾驭术。面对弱者相争，我们才坐山观虎斗，享受渔人之利，而后再以合适时机去调停，进行收买拉拢，使之成为自己的好友。

所谓“缀去”，实际就是对远离自己的人，不要心生仇恨，而是好言相留，或是诚心相送，没准日后对我们有用途。

所谓“却语”，实际就是抓住对方的把柄，而后控制对方，使其乖乖地按照自己的意志去做事。

所谓“摄心”术，实际就是一种收揽人心的方法，并讲述到对不同的人要采用不同的收买方法。

所谓“守义”，实际就是一种用仁义道德探知对方内心世界的方法，以此来判断对方是高尚的君子还是卑劣的小人，从而采取相对的游说术去控制对方。

以上七条立身处世的方法，从古到今被无数有名的说客和权力场上的政客所使用，并取得了很好的成效，所以对后人具有十分重要的借鉴意义。

【原文】

中经，谓振穷趋急，施之能言厚德之人。救拘执，穷者不忘恩也。能言者，俦善博惠；施德者，依道；而救拘执者，养使小人。盖士，当世异时，或当因免阗坑，或当伐害能言，或当破德为雄。或当抑拘成罪，或当戚戚自善，或当败败自立。故道贵制人。不贵制于人也；制人者握权，制于人者失命。是以见形为容，象体为貌，闻声和音，解仇斗郄，缀去，却语，摄心，守义。《本经》纪事者纪道数，其变要在《持枢》《中经》。

【译文】

所谓“中经”，就是帮助穷困，救济危难。能做到这些的，一定是那些能言善辩、道德深厚的人。解救被拘捕的人，这些陷入窘境的人就不会忘记恩德。能言善辩的人，必定能够多做善事，广施恩惠；广施厚德的人，所作所为必定合于大道。能救人出牢狱的人，必定能够豢养、驱使那些被援救的人。士人生逢乱世，遭遇危难之时，有的人能在战乱中免于死亡；有的人能言善辩却遭谗言所害；有的人弃文从武，据兵称雄；有的人横遭拘系，无辜获罪；有的人心事重重而能固守善道；有的人危败之中却仍能自强自立。所以处世之道，贵在制服人，而不是受制于人。能制服别人的人可以掌握主动权；受制于人的人，命运就掌握在了别人手中。所以，看一个人的外形要能判断面容，估计某人的身世要能推知相貌，听到音乐要能随声唱和，要善于解除仇恨和与敌斗争，要善于挽留想要离去的人和对付前来游说的人，要善于摄取真情和恪守正义。《本经阴符七篇》讲述的道理，其中变化的要领都在《持枢》《中经》部分。

【原文】

见形为容，象体为貌者，谓爻为之生也，可以影响、形容、象貌而得之也。有守之人，目不视非，耳不听邪，言必《诗》《书》，行不僻淫，以道为形，以德为容，貌庄色温，不可象貌而得也。如是隐情塞郄而去之。

【译文】

所谓“见形为容，象体为貌”，是因人而变化的人的行为，可以影响形容和相貌。伪狡者，仅凭他们的形容和外貌就可以识别他们；而恪守道德的有为之人，他们不看非礼的东西，他们不听邪恶之言，他们谈论的都是《诗经》《尚书》之类，他们没有乖僻淫乱行为。他们以道为外貌，以德为容颜，相貌端庄、儒雅，这样的人不是光从外貌就能识别他们的。这种情况下就应该隐瞒实情堵塞漏洞离开他。

【原文】

闻声和音，谓声气不同，则恩爱不接。故商、角不二合，徵、羽不相配。能为四声主者，其唯宫乎？故音不和则悲，是以声散伤丑害者，言必逆于耳也。虽有美行盛誉，不可比目，合翼相须也，此乃气不合、音不调者也。

解仇斗郄，谓解羸微之仇。斗郄者，斗强也。强郄既斗，称胜者，高其功，盛其势。弱者哀其负，伤其卑，污其名，耻其宗。故胜者，闻其功势，苟进而不知退。弱者闻哀其负，见其伤则强大力倍，死而是也。郄无极大，御无强大，则皆可胁而并。

缀去者，谓缀己之系言，使有余思也。故接贞信者，称其行，厉其志，言可为可复，会之期喜。以他人之庶，引验以结往，明疑疑而去之。

【译文】

所谓"闻声和音"，说的是人与人如果言语不合、意气不投，就不会相互恩爱友善。这就像五音中商音、角音不能相合，徵音、羽音不能相配，而能协调以上四音的，只有宫音一样。所以五音不和谐，声调必然悲怆。那些散、伤、丑、害等不和之音，更不成声调，用这些音来游说必然难以入耳。虽然有高雅的行为和美好的名声，也不可能与别人像比目鱼和比翼鸟那样亲密无间和谐相处。这都是因为声气不相同、音调不和谐的缘故。

所谓"解仇斗郄"，是说要调解两个弱者之间的敌对关系，使两个强者相斗。两个强者既然斗起来，就必然有一胜一负。胜利的一方会夸耀战功，炫耀气势；败北的一方就要哀叹失败，自卑伤感，觉得玷污了祖宗的名声，使祖宗名声受辱。取胜的一方宣传自己的武功、威势,苟且进攻而不知退守。失败的一方看到自己的损伤便奋发图强,于是增加了成倍的力量,并为此而拼死斗争。这样,两者之间的间隙就会进一步扩大,防御的力量也不够强大,那么就可以趁这一弱点用武力去胁迫、吞并他们。

所谓"缀去",是指说出自己挽留的话,让对方再慎重考虑。所以,对正直诚信的君子,要称赞他的品行,激励他的意志,讲出哪些事可以继续做,哪些事可以重新做,与他一同期待成功的喜悦。这样引用他人的希望,结合以往的经验,阐明疑虑,疑虑最终会加以排除。

【原文】

却语者,察伺短也。故言多必有数短之处,识其短验之。动以忌讳,示以时禁。其人因以怀惧,然后结信以安其心,收语盖藏而却之,无见己之所不能于多方之人。

摄心者,谓逢好学伎术者,则为之称远;方验之,警以奇怪,人系其心于己。效之于人,验去乱其前,吾归诚于己。遭淫色酒者,为之术,音乐动之,以为必死,生日少之忧,喜以自所不见之事,终可以观漫澜之命,使有后会。

守义者,谓守以人义,探心在内以合也。探心深得其主也。从外制内,事有系由而随也。故小人比人,则左道而用之,至能败家夺国。非贤智,不能守家以义,不能守国以道。圣人所贵道微妙者,诚以其可以转危为安,救亡使存也。

【译文】

所谓"却语",就是要侦察对手的弱点。因为对方的话多了,必有失言之处,抓住对方的失言之处,必要时以此作为反驳他的证据。这样就可以用对手最忌讳的问题去触动他,使他产生恐惧感;然后以诚信的姿态与他结交,以安慰他的恐慌之心。然后巧妙地隐藏起刚才的言语,再诚恳地劝告和批评对方,不可轻易将个人的短处暴露于众人面前。

所谓"摄心",就是一旦遇见技术好的人,就赞扬他的长处并传播远方。然后加以检验，假若人们对其技艺感到神奇怪异，从而惊叹，这样他的心会被我们所笼络。让他的智慧为民众效力，利用以前的经验来治理混乱的局面，使老百姓也能心悦诚服地归顺我们。一旦遇到沉湎于酒色的人，先用音乐来打动他们，再陈说利害使其认识到严重后果。然后用他未见的美好事物刺激他们的情绪，使他们看到人生是丰富多彩的，使之对未来充满信心。

所谓“守义”，就是坚守人的义理，探求内心以相符合。探求对方内心世界，就要深入了解他的本性，从外面控制内心，那么任何事都会顺利成功。事情总是有联系的，都会由一定原因引起，按一定逻辑发展。小人与君子相比，他们会采用旁门左道，而致使败家误国。不是贤良智者，就不能用义理来治理国家，不能用道德来保卫国家。圣贤之人之所以看重微妙的道术，就是因为运用它们可以转危为安，救亡图存。

【解析】

所谓的“中经”，是指运用内心的精神去处理外部的事物，这是纵横家用于游说辩论、处事、决策等常用的技巧和策略。

本篇的第一段主要论述了《中经》使用的对象和目的。在本篇中所论述的七种策略使用的对象是“能言者”“施德者”“救拘执”；使用的目的是“振穷趋急”，即用于解救那些走投无路和处于危难之中的人。对于“盖士”而言，在时代变迁中有多种选择：“或当因免阗坑，或当伐害能言，或当破德为雄，或当抑拘成罪，或当戚戚自善，或当败败自立。”但不论最后的做出何种选择，都离不开为人处世的技巧。但最关键的是“道贵制人，不贵制于人也”。因为“制人者握权，制于人者失命”。接着，鬼谷子列举了七种为人处世的技巧和策略，即“见形为容，象体为貌”“闻声和音”“解仇斗郄”“缀去”“却语”“摄心”“守义”，这也是本经所述法则的变通规律，只有掌握鉴人、识人之术，才能做到因人而为，因事而定，才能达到制人而不受制于人的目的。

所谓的“见形为容，象体为貌”，是指通过对方的外部形象和举止，去推知其内心世界，就像爻辞从卦中产生一样，可以通过影子和回声、形象容貌来获得信心。这种技巧适用于浮夸之人，因为他们的内心世界很容易从外表举止观察清楚，所以我们可以通过他们的身形、声音、举动等各方面知晓其内心世界。但是，对于那些恪守道德之人，就"不可象貌而得也，"因为他们不看非礼的东西、不听邪恶的声音；他们的言谈都是以《诗经》《尚书》为依据，行为不乖僻淫乱，他们"以道为形，以德为容，貌庄色温"。对于这种人，我们最好隐瞒实情，并避开言辞中的漏洞，离他而去。

所谓的"闻声和音"，是指听到对方的声音，就能听懂对方话中的隐晦含义，知晓对方的意图，以求与对方意气相投。这是一种联络感情，建立友好关系的技巧。作者根据五音相合的原理，强调和音的重要。正如本文所言："声气不同，则恩爱不接。"

所谓的"解仇斗郄"，是指解除弱小者的仇怨，促使强大者相互争斗。根据强弱相生的原理，先坐山观虎斗，再坐收渔翁之利，此乃最高得利技巧。因为如果强者之间有矛盾，就一定会发生争斗，无论胜利的一方还是失败的一方，实力都会在争斗中有所削弱。我方可以乘机用强大的兵势威胁对方，进而吞并他们。

所谓的"缀去"，是指用言辞联络对方，以维系其心，让对方离开后，仍心存思念。对于那些忠贞而诚实的人，应该采取赞许、激励的方式，用积极向上的言辞与他交谈，谈论可以做、可以得到回报的事情，让他感到下次相见一定会很愉快，以表明自己离开的眷恋之情。这是一种古代辩士常用的方法。

所谓的"却语"，是说要在暗中观察他人的短处。由于"言多必有数短之处"，所以先要用对方的忌讳来触动他，用当时的禁令吓唬他，再真诚地安抚他，收回之前对他说过的话，藏起这些证据替他掩饰，以让对方感觉一切都是为他着想，对方就会因此感激你，这是一种先打后抚的制人之术。

所谓"摄心"，是指收揽对方的心，使对方诚心诚意地归附自己。对于那些好学技术的人，应该主动替他宣扬名声，让远近皆知，然后验证他的本领，对他稀奇的奇才异能表示惊叹,这样就会笼络住他的心了。再“效之于人,验去乱其前”,那么他就会心服口服地归顺于自己了。这里采用的是一种先扬后抑的方法。而对于那些沉溺于酒色的人,就要用音乐转移他们的爱好,并以“必死”“生日少之忧”之类的言辞令他们害怕,尔后再加以鼓励,让他们高兴地看到见所未见的事物,最终认为自己可以健康长寿,使他产生后会有期的感觉,从而相信你,依赖你。这里采用的则是一种先抑后扬的方法。

所谓的“守义”,是指坚守仁义之道,并探求对方的内心活动,了解对方的真实意图,最终使人依附自己。本段还指出“小人比人,则左道而用之,至能败家辱国。”而贤智者“能守家以义”,且能“守国以道”,这里再次重申“道”的作用,即“可以转危为安,救亡使存”以此作为全书的总结。

【应用事例】

晏婴“守国以道”

晏婴是春秋时期齐国的明相,机智聪慧,足智多谋。他一生出使过很多国家。

一次,晏婴将出使楚国的消息传到了楚王的耳中,楚王便心血来潮地想逗一逗这位齐国善辩言辞之士。

于是,楚王召来左右近侍之人,共商妙计,最终君臣想出了一个很完美计谋,并设计出实施这个计谋的具体细节步骤,就等晏婴到来了。

晏婴终于抵达楚国,楚王依计行事。当晏婴晋见楚王时,楚王就说了一句:“难道齐国没有人了吗?怎么派了你出使楚国呢?”楚王出言不逊,语含讥讽,意带轻蔑,完全不把晏婴放在眼里。

晏婴并没有被楚王的态度所影响,他顺水推舟对楚王说道:“齐国派遣使者有一个原则,那就是贤者使贤王,不肖者使不肖王,我晏婴在齐国使者中最不肖,所以才被直接派遣到楚国出使。”

晏婴反戈一击，轻松地变被动为主动，完全出乎楚王意料之外，胆敢直接讽刺楚王本人，这令楚王措手不及。楚王的计策没有成功，当然不甘心，于是又用一计。在欢迎宴会上，楚吏将一人押到楚王面前，楚王随问被押解之人犯有何罪，左右回答说是来自齐国的偷盗者。

楚王盯着晏婴问道："难道齐人向来就喜欢偷盗吗？"这当然是楚王与其臣子上演的双簧戏，他们想以此来侮辱齐人，羞辱晏婴。然而，晏婴却沉着应对："在淮南生长的橘子又大又甜，但一旦把它移植到淮北，就变成苦涩难吃的枳子。同为橘，但味道却不同。出现这种现象的根本原因就在于淮南与淮北的水土不同。同理，百姓生长在齐国则不盗，但一旦进入楚国就会变成盗贼，其根本原因则在于荆楚这方水土养育下的人最擅长偷盗。"

鬼谷子认为，贤智者"能守家以义"，且能"守国以道"，最终"可以转危为安，救亡使存。"晏婴就是一位有贤能的智者，他机智善辩，随机应变，知道如何能够不受制于人，并能够"以义""以道"捍卫齐国的尊严。可见，晏婴深谙中经之术，并将其运用得十分巧妙。

冯谖为孟尝君买"仁义"

齐国有个名叫冯谖的人，家境贫寒，难以维持自己的生活，托人请求孟尝君，说愿意寄食门下。

一天，孟尝君拿出一本账簿，问门下的食客："请问哪一位通晓账务，能为我到薛地去收债呢？"

冯谖说："我能。"

孟尝君为他备好了车马和盘缠，临行前，冯谖问："收完债后，我该买些什么东西回来呢？"

孟尝君说："看我家缺少什么东西就买什么吧。"

冯谖到了薛后，把欠债的人都召集过来，把债券都核对了一遍，确定无误后，便诈称孟尝君决定要把大家的债务免除，说罢就把所有的债券烧了，欠债的人见状,齐声欢呼万岁。

冯谖很快地赶车回到齐国。

孟尝君觉得很奇怪,穿好正式服装出来接见他,说:“债都收完了吗?”

冯谖说:“收完了。”

孟尝君问:“你买了什么回来?”

冯谖回答道:“在我临行前,您说让我买些家里所缺的东西,但金银珠宝等物品主君家应有尽有,唯一缺少的就是仁义,所以我为您买了仁义。”

孟尝君说:“仁义怎么买到呀?”

冯谖说:“目前您只有薛那么小小的一块地方,却不懂得爱护百姓,还以赚钱为目的向他们放债,所以我诈称您下令免除他们债务,因而烧了那些债券,人民都欢呼‘万岁’,这就是我为你买的仁义。”

孟尝君很不高兴,无奈地说:“你去休息吧!”

一年以后,齐王怀疑孟尝君有贰心,命他回自己的封邑,离薛还有一百多里,薛民就扶老携幼,争着在路旁迎接孟尝君。

这时,孟尝君激动地对冯谖说:“先生为我买的仁义,时至今日我才看到。真的是太感谢了。”

所谓的守义,是指坚守人的仁义之道,并探求内心活动以符合道义。探求别人的内心活动,就要了解对方的真实意图。小人对待他人,用的是旁门左道,常常会家破国亡。而圣贤之人推崇微妙的道,正是因为“道”确实可以使国家转危为安,挽救败亡使之生存。通过冯谖和孟尝君之间的故事,显示了孟尝君睿智大度、礼贤下士的领袖风度,更显示了冯谖高瞻远瞩、深谋远虑的气魄。冯谖用自己独特的战略性眼光和深刻的洞察力,以损失眼前的小利而换来了长远的大利,用“仁义”为孟尝君积累了巨大的无形资产,从而使孟尝君摆脱了困境,解除了后顾之忧,大大地巩固了孟尝君的地位。

晋悼公以“摄心术”收服人才

晋悼公时,晋国大夫祁奚曾任中军尉,是一个正直无私的人,很受晋悼公的赏识。

一天,祁奚由于年纪大了,向晋悼公请求退休。晋悼公同意了他的请求,并问道:“你认为当今官员有谁能够继任你的工作呢?”

祁奚回答道:“微臣认为,解狐是合适的人选。”

晋悼公惊异地问道:“解狐?他不是同您有私仇吗?”

祁奚说:“您不是要我推荐有才能的人吗?私仇不私仇,我没有考虑!”

但是,解狐还没上任就死了。于是,晋悼公就请祁奚再推荐一个适合的继任者。祁奚当即便推荐了祁午。

晋悼公又不免惊诧,问道:“祁午?他不是您的儿子吗?”

祁奚回答道:“您让我推荐合适的人才,我只是出于这一目的,并没有考虑儿子不儿子的问题!”

晋悼公点了点头,说:“好!”

于是,晋悼公就命祁午接替了祁奚的工作,这是一种较开明的统御谋略。为了巩固自己的统治,统治者也要网罗为自己利益服务的人才。也正是因为晋悼公能看清国家兴盛、衰弱、存亡的道理,通晓知人善任的可贵之处,并惩乱任贤,整顿内政,推行“和戎狄”的策略,同戎狄相处融洽,联宋纳吴,纠合诸侯,进而将晋国霸业推至巅峰。

鬼谷子认为,对于那些好学技术的人,应该主动替他宣扬名声,让远近皆知,然后验证他的本领,对他稀奇的奇才异能表示惊叹,这样就会笼络住他的心了。再“效之于人,验去乱其前”,那么他就会心服口服地归顺于自己了。晋悼公是一位明君,他不仅知人善任,而且深谙“摄心术”,令天下贤人为他所用。

周亚夫的严谨获文帝赏识

公元前158年，匈奴征集了重兵，大规模地侵犯汉朝北部的边境。

在此次的征讨战役中，汉文帝任命祝兹侯徐厉为将军，驻军棘门；任命宗正刘礼为将军，驻军灞上；命令河内郡守周亚夫为将军，驻军细柳，派他们分别驻守京城长安附近的三个战略据点，防备匈奴进攻。没过多久，文帝亲自去慰劳军队。

周亚夫

当文帝抵达细柳军营时，他看到军官和士兵都披着铠甲，他们的手里面紧紧握着擦得雪亮的刀枪，张开了弩搭上箭，戒备森严。

这时，文帝的先行官吏来到营门，门卫不让他们进去。先行官吏说："皇上就要到了！"

守门的都尉坚决地回答道："将军有令：'军营中以将军的命令为主'。"

过了一会儿，文帝的车驾就到了，那些门卫照样将其拦下，不让进去。于是，文帝派人拿了符节凭证进入军营，给周亚夫传令："我此行的目的是要慰劳将士。"

周亚夫看到诏令后，便下令打开营门，让车驾进来。当文帝来到中军营帐的时候，只见将军周亚夫身着战衣，手执兵器，站在营中。他见了文帝，拱手说："战衣在身，例不下拜，请皇上恕罪，允许我以军礼朝见皇上。"文帝听后很受震动。

慰劳将士结束后，文帝便离开了军营。在他们一行人出了细柳军营门后，随从的官员都有点不满，文帝却赞叹地说："这才是真正的将军。之前我看到灞上和棘门两处的队伍，与其相比简直就像儿戏一般！"

一个月后，情况好转，这三路大军都撤除了，文帝就任命周亚夫为中尉，主要负责京城治安的工作，他相信周亚夫的严谨完全可以胜任此职。

鬼谷子认为，贤智者"能守家以义"，且能"守国以道"，最终"可以转危为安，救亡使存。"周亚夫是一位军令严明的将领，在他看来，军令如山，无论是谁都必须遵守，就是他这种严谨之风和忠义之气得到了汉文帝的信任和欣赏。

海瑞察言治恶霸

海瑞是明朝有名的清官，他为官清正廉明，为人坦荡无私，深得众人爱戴。

在他刚刚担任县令的时候，因为盗贼经常抢劫财物，甚至杀人，所以百姓生活不安定，每天太阳一落山，家家户户便紧闭院门，街上很少有人。

海瑞为了肃清盗贼，明察暗访，最后发现这都是当地豪强地主们干的。他表面装作不知，把豪强地主们请到县衙里，并用酒菜招待他们。众豪强们见海瑞如此，摸不着头脑，索性大吃大喝起来。一个时辰过去了，等众人都酒足饭饱，海瑞便站起来拱拱手说道：

"我来此地已很久了，一直没拜访过各位，心中实有愧意，今日略备薄酒招待大家，实在是因为有一件小事想请各位帮忙！"

豪强地主们面面相觑，不知他耍什么把戏。

海瑞见无人说话，便指着一个平时欺软怕硬，作威作福的地主说道：

"你今天既然来了，又吃了我的酒食，就请为此地尽一份绵薄之力吧。现在盗贼猖獗，屡犯百姓，我知道你熟悉当地情形，所以命你抓捕盗贼，一个月内，须有十个。如果办不到，我便把你当成强盗，告你放纵盗贼，严加惩处。"

接着他又给每人划分管辖范围，又警告道：

"你们所抓的犯人，如果发现不是强盗，那你们就罪加一等。"

众人听到这里，早已心惊胆战，大气都不敢出。

海瑞见这些人似乎已觉察出自己知道他们所做的事情，担心他们狗急跳墙，他想了想，又向众人说道：

“诸位不要过于紧张。我让你们管理一方治安，是造福百姓的好事。如果一个月完不成捕捉盗贼的数目，我可以放宽些，只要你们所管范围内太平无事，没有百姓告状，便算完成任务了。”

众人一听这话，都松了一口气，高兴地向海瑞保证一定能做到。

回去之后，由于他们惧怕海瑞，又见他如此信任，把一方的治安交给自己，心里有些悔恨，从此再也没有派人做过鸡鸣狗盗之事。不久，当地治安大为好转，路不拾遗，夜不闭户，人民重新过上安宁的生活。

海瑞在此巧治地头蛇，运用的便是“见形为容、相体为貌”的观人法，先用强硬的态度观察豪强地主的变化，见收到一定效果后便由强转弱，既防止了他们狗急跳墙，又使他们感恩戴德地治理各自的管辖范围，从而安定了一方百姓的生活。一刚一柔，圆而不失其正，滑而不失其缓。这就是海瑞成功的为人治世之道。

第五篇　陶弘景注《鬼谷子》

捭阖第一

[捭，拨动也。阖，闭藏也。凡与人之言道，或拨动之令有言，示其同也，或闭藏之令自言，示其异也。]

粤若稽古，圣人之在天地间也，[若，顺。稽，考也。圣人在天地间，观人设教必顺考古道而为之。]为众生之先。[首出万物以前人，用先知觉后知，用先觉觉后觉，故为众生先。]观阴阳之开阖以命物。[阳开以生物，阴阖以成物，生成既著，须立名以命之也。]知存亡之门户，[不忘亡者存，有其存者亡，能知吉凶之先见者，其惟知机乎！故曰："知存亡之门户"也。]筹策万类之终始，达人心之理，见变化之朕焉，[万类终始人心之理，变化朕迹莫不朗然玄悟，而无幽不测，故能筹策达见焉。]而守司其门户。[司，主守也。门户，即上存亡之门户也。圣人既达物理终始，知存亡之门户，能守而司之，令其背亡而趣存也。]故圣人之在天下也，自古至今，其道一也。[莫不背亡而趣存，故曰："其道一"也。]

变化无穷，各有所归。[其道虽一，行之不同，故曰"变化无穷"。然有条而不紊，故曰"各有所归"也。]或阴或阳，或柔或刚，或开或闭，或弛或张。[此二者，法象各异，施教不同。]是故圣人一守司其门户，审察其所先后，[政教虽殊，至于守司门户则一，故审察其所宜先者，先行；所宜后者，后行之也。]度权量能，校其伎巧短长。[权谓权谋，能谓才能，伎巧谓百工之役。言圣人之用人，必量度其谋能之优劣，校考其伎巧之长短，然后因才而用。]夫贤、不肖、智、愚、勇、怯、仁、义有差，乃可捭，乃可阖，乃可进，乃可退，乃可贱，乃可贵，无为以牧之。

[言贤、不肖、智、愚、勇、怯、材性不同，各有差。品贤者可捭而同之，不肖者可阖而异之，智之与勇可进而贵之，愚之与怯可退而贱之，贤愚各当其分，股肱尽其力，但恭已无为牧之而已矣。]**审定有无，以其实虚，随其嗜欲以见其志意。**[言任贤之道必审定其材术之有无，性行之虚实，然后随其嗜欲而任之，以见其志意之真伪也。]**微排其所言，而捭反之，以求其实，贵得其指，阖而捭之，以求其利。**[凡言事者，则微排抑其所言，拨动以反难之，以求其实情。实情既得，又自闭藏而拨动之，彼以求其所言之利何如耳。]**或开而示之，或阖而闭之。开而示之者，同其情也；阖而闭之者，异其诚也。**[开而同之，所以尽其情；阖而异之，所以知其诚也。]**可与不可，审明其计谋，以原其同异。**[凡有所言，有可有不可，必明审其计谋，以原其同异。]**离合有守，先从其志。**[计谋虽离合不同，但能有所执守，则先从其志以尽之，以知成败之归也。]

即欲捭之贵周；即欲阖之贵密，周密之贵，微而与道相追。[言拨动之贵其周遍，闭藏之贵其隐密。而此二者，皆须微妙合于道之理，然后为得也。]**捭之者，料其情也；阖之者，结其诚也。**[料而简择，结谓系束。情有真伪，故须简择；诚或无终，故须系束也。]**皆见其权衡轻重，乃为之度数，圣人因而为之虑；**[权术既陈，轻重自分，然后为之度数，以制其轻重，轻重因得所，而为设谋虑，使之道行也。]**其不中权衡度数，圣人因而自为之虑。**[谓轻重不合于斤两，长短不充于度数，便为废物，何所施哉？圣人因是自为谋虑，更求其反也。]**故捭者，或捭而出之，或捭而纳之；**[谓中权衡者，出而用之；其不中者，纳而藏之也。]**阖者，或阖而取之，或阖而去之。**[诚者阖而取之，不诚者阖而去之。]**捭阖者，天地之道，**[阖户谓之坤，辟户谓之乾，故谓天地之道。]**捭阖者，以变动阴阳，四时开闭，以化万物纵横。**[阴阳变动，四时开闭，皆捭阖之道也。纵横谓废起也，万物或开以起之，或阖而废之。]**反出、反覆、反忤必由此矣。**[言捭阖之道？或反之令出于彼，或反之覆来于此，或反之于彼，忤之于此，皆从捭阖而生，故曰"必由此也"。]

捭阖者，道之大化说之变也，必豫审其变化。[言事无开阖，则大道不化，言说无变。故开闭者,所以化大道、变言说事虽大,莫不成之于变化,故必豫之,吉凶系焉。]口者,心之门户也。心者,神之主也。[心因口宣,故口者心之门户也,神为心用,故心者神之主也。]志意、喜欲、思虑、智谋,此皆由门户出入。[凡此八者,皆往来于口中,故曰由门户出入也。]故关之捭阖,制之以出入。捭之者,开也、言也、阳也;阖之者,闭也、默也、阴也。[言八者若无开闭,事或不节,故关之以捭阖者,所以制其出入。开言于外,故曰“阳”也;闭情于内,故曰“阴”也。]阴阳其和,终始其义。[开闭有节,故阴阳和;先后合宜,故终始义。]故言长生、安乐、富贵、尊荣、显名、爱好、财利、得意、喜欲为阳,曰:“始”。[凡此皆欲人之生,故曰“始”曰“阳”。]故言死、忧患、贫贱、苦辱、弃损、亡利、失意、有害、刑戮、诛罚为阴,曰“终”。[凡此皆欲人之死,故曰“阴”,曰“终”。]诸言法阳之类者,皆曰:“始”,言善以始其事;诸言法阴之类者,皆曰:“终”,言恶以终为谋。[谓言说者,有于阴言之,有于阳言之,听者宜知其然。]

捭阖之道,以阴阳试之,[谓或拨动之,或闭藏之,以阴阳之言试之,则其情慕可知。]故与阳言者依崇高,与阴言者依卑小。[谓与情阳者,言高以引之,与情阴者,言卑以引之。]以下求小,以高求大。[阴言卑小,故曰:“以下求小”;阳言崇高,故曰:“以高求大”。]由此言之,无所不出,无所不入,无所不言可。[阴阳之理尽,小大之情得,故出入皆可,何所不可乎?]可以说人,可以说家,可以说国,可以说天下。[无所不可,故所说皆可。]为小无内,为大无外。[尽阴则无内,尽阳则无外。]益损、去就、倍反,皆以阴阳御其事。[以道相成曰“益”;以事相贼曰“损”。义乖曰“去”;志同曰“就”;去而遂绝曰“倍”,去而复来曰反;凡此不出阴阳之情,故曰:“皆以阴阳御其事”也。]阳动而行,阴止而藏;阳动而出,阴随而人;阳还终始,阴极反阳。[此言上下相成,由阴阳相生也。]以阳动者,德相生也。以阴静者,形相成也。以阳求阴,苞以德也。以阴结阳,施以力也。[此言上以爵禄养下,下以股肱宣力。]阴阳相求,由捭阖也。[上下所以能相求者,由开闭而生也。]此天地阴阳之道,而说人之法也,[言既体天地、象阴阳,故其法可以说人也。]为万事之先,是谓圆方之门户。[天圆地方,上下之义也。理尽开闭、然后生万物，故为万事先。上下之道，自此出入，故曰：“圆方之门户”。]

反应第二

[**听言之道，或有不合，必反以难之，彼因难以更思，必有以应也。**]

古之大化者，乃与无形俱生。[大化者，谓古之圣人以大道化物也。无形者道也，动必由道，故曰：“无形俱生也”。]**反以观往，复以验今；反以知古，复以知今；反以知彼，复以知己。**[言大化圣人、稽众舍己，举事重慎，反复详验。欲以知来，先以观往；欲以知今，先以考古；欲以知彼，先度于己。故能举无遗策，动必成功。]**动静虚实之理，不合来今，反古而求之。**[动静由行止也，虚实由真伪也，其理不合于今，反求于古者也。]**事有反而得复者，圣人之意也，**[事有不合，反而求彼，翻得覆会于此，成此在于考彼，契今由于求古，斯圣人之意也。]**不可不察。**[不审则失之于几，故不可不察。]

人言者，动也；己默者，静也。因其言，听其辞。[以静观动，则所见审，因言观辞，则所得明。]**言有不合者，反而求之，其应必出。**[谓言者或不合于理，未可即斥。但反而难之，使自求之，则契理之应怡然而出。]**言有象，事有比，其有象比，以观其次。**[应理既出，故能言有象，事有比。前事既有象比，更当观其次，令得自尽。象谓法象，比谓比例。]**象者象其事，比者比其辞也。以无形求有声，**[理在玄微，故无形也。无言则不彰，故以无形求有声。声即言也，比谓比类也。]**其钓语合事，得人实也。**[得鱼在于投饵，得语在于发端；发端则语应，投饵则鱼来，故曰：“钓语”。语则事合，故曰合事。明试在于敷言，故曰：“得人实”也。]**其张置网而取兽也，多张其会而司之。道合其事，彼自出之，此钓人之网也。**[张网而司之，彼兽自得，道合其事，彼理自出。理既彰。圣贤斯辨，虽欲自隐，其道无由。故曰：“钓人之网”也。]

常持其网驱之，其言无比，乃为之变。[持钓人之网，驱令就职事也。或乖彼，遂不言无比，如此则为之变。常易网，更有以勇之者矣。]以象动之，以报其心，见其情，随而牧之。[此言其变也，报犹合也，谓更开法象以动之。既合其心，其情可见，因随其情而牧养也。]己反往，彼复来，言有象比，因而定基。[己反往以求彼，彼必复来而就职，则奇策必申。故官有象比，则口无择言，故可以定邦家之基矣。]重之袭之，反之复之，万事不失其辞，[谓象比之官，既可以定基，然后重之、袭之、反复之，皆谓再三详审，不容谬妄，故能万事允惬；无复失其辞者也。]圣人所诱愚智，事皆不疑。[圣人诱愚则闭藏之，以知其诚；诱智则拨动之，以尽其情。成得其实，故事皆不疑也。]

古善反听者，乃变鬼神以得其情。[言善反听者，乃坐忘遗鉴，不思玄览，故能变鬼神以得其情，洞幽微而冥夫会。鬼神本密，今则不能，故曰变也。]其变当也，而牧之审也。[言既变而当理，然后牧之道审也。]牧之不审，得情不明；得情不明，定基不审。[情明在于审牧，故不审则不明；审基在于情明，故不明则不审。]变象比，必有反辞，以还听之。[谓言者于象比有变，必有反辞以难之，令其先说，我乃还静以听之。]欲闻其声反默，欲张反睑，欲高反下，欲取反与。[此言反听之道，有以诱致之。故欲闻彼声，我反静默；欲彼开张，我反睑敛；欲彼高大，我反卑下；欲彼收取，我反施与。如此则物情可致，无能自隐也。]欲开情者，象而比之，以牧其辞，同声相呼，实理同归。[欲开彼情，先设象比而动之。彼情既动，将欲生辞，徐徐牧养，今其自言、譬犹鹤鸣于阴，声同必应，故能以实理相归也。]或因此，或因彼，或以事上，或以牧下，[谓所言之事：或因此发端，或因彼发端；其事有可以事上，可以牧下者也。]此听真伪，知同异，得其情诈也。[谓真伪、同异、情诈，因此上事而知也。]动作言默，与此出入，喜怒由此以见其式，[谓动作言默，莫不由情与之出入。至于或喜或怒，亦由此情以见其式也。]皆以先定为之法则。[谓上六者，皆先定于情，然后法则可为。]以反求复，观其所托，故用此者。[反于彼者，所以求复于此，因以观彼情之所托，此谓信也。知人在于见情，故言用此也。]

己欲平静，以听其辞，察其事，论万物，别雄雌。[谓听言之道，先自平静。

既得其辞，然后察其事，或论序万物，或分别雄雌也。]虽非其事，见微知类。[谓所言之事，虽非时要，然观此可以知微，故曰见微知类。]若探人而居其内，量其能射其意也。符应不失，如螣蛇之所指，若羿之引矢。[闻其言则可知其情，故若探人而居其内，则情原必尽。故量能射意，乃无一失，若合符契，螣蛇所指，祸福不差。羿之引矢，命处辄中，听言察情，不异于此，故以相况也。]

故知之始己，自知而后知人也。[知人者智，自知者明；智从明生，明能生智；故欲知人，必须自知。]其相知也，若比目之鱼，见形也，若光之与影也。[我能知己，彼须我知，必两得之，然后圣贤道合。故若比目之鱼，圣贤合则理自彰，犹光生而影见。]其察言也，不失若磁石之取针，舌之取燔骨。[以圣察贤，复何所失，故若磁石之取针、舌之取燔骨。]其与人也微，其见情也疾。[圣贤相与，其道甚微，不移寸阴，见情甚疾。]如阴与阳，如阳与阴；如圆与方，如方与圆。[上下之道取类股肱，比之一体，其来尚矣。故其相成也，如阴与阳；其相形也，犹圆与方。]未见形圆以道之；既形方以事之。[谓向晦入息，未见之时，当以圆道导之，亦既出潜离隐见形之后，即以方职任之。]进退左右，以是司之。[此言用人之道，或升进、或黜退、或贬左、或崇右，一惟上圆方之理，故曰以是道司之。]己不先定，牧人不正，[方圆进退若不先定，则于牧人之理不道其正也。]事用不巧，是谓忘情失道；[用事不巧，则操末续颠，圆凿方枘，情道两失，故曰忘情失道也。]己审先定以牧人，策而无形容，莫见其门，是谓天神。[己能审定，以之牧人；至德潜畅，玄风远扇；非形非客，无门无户；见形而不及道，日用而不知，故谓之天神也。]

内揵第三

[揵者，持之令固也。言上下之交，必内情相得，然后结固而不离。]

君臣上下之事，有远而亲，近而疏，[道合则远而亲；情乖则近而疏。]就之不用，去之反求。[非其意，则就之而不用；顺其事，则去之而反求。]日进前而不御,遥闻声而相思。[分违则日进前而不御,理契则遥闻声而相思。]事皆有内楗,素结本始。[言或有远之而相亲,去之反求,闻声而思者,皆由内合相待,素结其始,故曰皆有内揵,素结本始也。]或结以道德,或结以党友,或结以财货,或结以采色。[结以道德,谓以道德结连于君,若之臣,名为臣,实为师也。结以党友,谓以友道结连于君,王者之臣,名为臣也,实为友也。结以货财、结以采色,谓若桀、纣之臣费仲,恶来之类是也。]用其意,欲入则入,欲出则出,欲亲则亲,欲疏则疏,欲就则就,欲去则去,欲求则求,欲思则思。[自入出以下八事,皆用臣之意,随其所欲,故能固志于君,物莫能间也。]若蚨母之从其子也,出无间,入无朕,独往独来,莫之能止。[蚨母,螲蟷也,似蜘蛛,在穴中有盖。言蚨母养子以盖覆穴,出入往来,初无问朕,故物不能止之。今内揵之臣,委曲从君,以自结固,无有间隙,亦由是也。]

内者进说辞,揵者楗所谋也。[说辞既进,内结于君,故曰内者进说辞也。度情为谋,君不持而不舍,故曰:"揵者揵所谋也。"]故远而亲者,有阴德也;近而疏者,志不合也;[阴德,谓阴私相德也。]就而不用者,策不得也;去而反求者,事中来也;[谓所言当时未合,事过始骇,故日中来事。]日进前而不御者,施不合也;遥闻声而相思者,合于谋待决事也。[谓所行合于已,谋待之以决其事,故曰:"遥闻声而想思"也。]故曰:不见其类而为之者,见逆,不得其情而说之者,见非。[言不得其情类而说之者,必北辕适楚、陈轸游秦,所以见非逆也。]得其情,乃制其术。[得其情,则鸿遇长风,鱼纵太壑,沛然莫之能御,故能制行其术也。]此用可出可入,可键可开。[此用者,谓其情也,则出入自由,楗开任意也。]

故圣人立事,以此先知而揵万物。[言以得情立事,故能先知可否,万品所以结固而不离者,皆由得情也。]由夫道德、仁义、礼乐、计谋,[由夫得情,故能行其仁义、道德以下事也。]先取《诗》《书》混说损益,议去论就。[混,同也,谓先考《诗》《书》之言以同已说,然后损益时事议论去就也。]欲合者用内,欲去者用外。[内,谓情内;外,谓情外。得情自合,失情自去,此盖理之常也。]外内者，必明道数，揣策来事，见疑决之。[言善知内外者，必明识道术之数，预揣来事，见疑能决也。]策无失计，立功建德。[既能明道术，故策无失计，策无失计，乃可以立功建德也。]

治民人产业，曰揵而内合；[理君臣之名，使上下有序：入赋税之业，使远近无差。上下有序，则职分明，远近无差，则徭役简。如此则为国之基，故曰："揵而内合"也。]上暗不治，下乱不悟，揵而反之。[上暗不治其任，下乱不悟其萌，如此天下无邦，城中旷主。兼昧者可行其事，侮已者由是而兴，故曰："揵而反之"。]内自得而外不留说，而飞之。[言自贤之主，自以所行为得，而外不留贤者之说。如此者，则为作声誉而飞扬之，以钓观其心也。]若命自来已，迎而御之；[群心既善已，必自有命来召，已既迎而御之，以行其志。]若欲去之，因危与之。[翔而后集，意欲去之，因将危与之辞矣。]环转因化，莫之所为，退为大仪。[去就之际，反复量宜，如员环之转，因彼变化，虽傍者莫知其所为。如是而退，可谓全身大仪。仪者，法也。]

抵巇第四

[抵，击实也；巇，罅隙也，墙崩因隙，器坏因罅。而击实之，则墙器不败。若不可救，因而除之，更有所营置，人事亦由是也。]

物有自然，事有合离。[此言合离，若乃自然之理。]有近而不可见，远而可知。近而不可见者，不察其辞也；远而可知者，反往以验来也。[察辞观行则近情可见，反往验来则远事可知，古犹今也。故反考往古，则可验来，故曰："反往以验来"。]

巇者，罅也。罅者，涧者，成大隙也。[隙大则崩毁将至，故宜有以抵之也。]城始有朕，可抵而塞，可抵而却，可抵而息，可抵而匿，可抵而得，此谓抵巇之理也。[朕者，隙之将兆，谓其微也。自中成者，可抵而塞；自外来者，可抵而却；自下生者，可抵而息；其萌微者，可抵而匿，都不可治者，可抵而得。深知此五者，然后善抵巇之理也。]

事之危也，圣人知之，独保其用。因化说事，通达计谋，以识细微，[形而上者，谓之圣人。故危兆才形，朗然先觉，既明且哲，故独保其用也。因化说事，随机逞术，通达计谋，以经纬识，微而预防之也。]经起秋毫之末，挥之于太山之本。[汉高祖以布衣登皇帝位，殷汤由百里而驭万邦，经，始也，挥，动也。]其施外，兆萌牙蘖之谋，皆由抵巇。抵巇隙为道术。[言化政施外，兆萌牙蘖之时，托圣谋而计起，盖由善抵巇之理。故能不失其机，然则巇隙既发，乃可行道术，故曰："抵巇隙为道术"也。]

天下分错，上无明主，公侯无道德，则小人谗贼，贤人不用，圣人窜匿，贪利诈伪者作，君臣相惑，土崩瓦解，而相伐射。父子离散，乖乱反目，是谓"萌牙巇罅"。[此谓乱政萌牙，为国之罅。伐射，谓相攻伐而激射。]圣人见萌牙巇罅，则抵之以法。世可以治则抵而塞之，不可治则抵而得之。或抵如此，或抵如彼；或抵反之，或抵复之。[如此，谓抵而塞之。如彼，谓抵而得之；反之，谓助之为理；复之，谓因取其国。]五帝之政，抵而塞之；三王之事，抵而得之。[五帝之政，世间犹可理，故曰抵而塞之，是以禅让之事；三王之事，世间不可理，故曰抵而得之。是以有征伐之事也。]诸侯相抵，不可胜数。当此之时，能抵为右。[谓五伯时，右，由上也。]

自天地之合离、终始，必有巇隙，不可不察也。[合离谓否泰，言天地之道，正观尚有否泰为之巇隙，又况于人乎？故曰："不可不察也"。]察之以捭阖，能用此道，圣人也。[捭阖，亦否泰也，体大道以经人事者，圣人也。]圣人者，天地之使也。[后天而奉天时，故曰："天地之使也"。]世无可抵，则深隐而待时；时有可抵，则为之谋。可以上合，可以检下。[上合，谓抵而塞之，助时为治；检下，谓抵而得之，束手归己也。]能因能循，为天地守神。[言能因循此道，则大宝之位可居，故能为天地守其神祀也。]

飞箝篇五

[飞,谓作声誉以飞扬之。箝,谓牵持缄束令不得脱也。言取人之道,先作声誉以飞扬之,彼必露情竭志而无隐,然后因其所好,牵持缄束令不得转移。]

凡度权量能,所以征远来近。[凡度其权略,直其材能,为远作声誉者,所以征远而来近也。谓贤者所在,或远或近,以此征来,若燕昭尊隗,即其事也。]立势而制事,必先察同异,别是非之语,[言远近既至,乃立赏罚之势,制能否之事。事势既立,必先察觉与之同异,别言语之是非。]见内外之辞,知有无之数,[外谓浮虚,内谓情实,有无谓道术能否,又必见其情伪之辞,知其能否之数。]决安危之计,定亲疏之事,[既察同异、别是非、见内外、知有无,然后与之决安危之计,定亲疏之事,则贤不肖可知也。]然后乃权量之。其有隐括,乃可征,乃可求,乃可用。[权之所以知其轻重,量之所以知其长短。轻重既分,长短既形,乃施隐括,以辅其曲直,如此则征之亦可、求之亦可、用之亦可。]引钩箝之辞,飞而箝之。[钩谓诱致其情言,人之材性各有差品,故钩箝之辞亦有等级。故引钩箝之辞,内惑而得其情曰“钩”,外誉而得其情曰“飞”。得情即箝持之,令不得脱移故曰“钩箝”,故曰“飞钩箝”。]

钩箝之语,其说辞也,乍同乍异,[谓说钩箝之辞,或捭而同之,或合而异之,故曰“乍同乍异”也。]其不可善者,或先征之,而后重累;[不可善,谓钩箝之辞所不能动,如此必先命征召之。重累者,谓其人既至,然后状其材所有;其人既至,然后都状其材术所有。知其所能,人或因此从化者也。]或先重以累,而后毁之;[或有虽都状其所有,犹未从化,然后就其材术短者訾毁之,人或过而从之,言不知化者也。]或以重累为毁,或以毁为重累。[或有状其所,有其短自形,此以重累为毁也。或有历说其短,材术便著,此以毁为重累也。为其人难动,故或重累之,或訾毁之,所以驱诱令从化。]其用,或称财货、琦玮、珠玉、璧白、采色以事之,[其用,谓人既从化,将用之必先知其性行好恶,动以财贫,采色者,欲知其人贪廉也。]或量能立势以钩之,[量其能之优劣,然后立去就之势,以钩其情,以知智谋。]或伺候见涧而箝之,[谓伺彼行事,见其涧而箝持之,以知其勇怯也。]其事用抵巇。[谓此上事,用抵之术而为之。]

将欲用之天下,必度权量能,见天时之盛衰,制地形之广狭,岨险之难易,人民货财之多少,诸侯之交孰亲、孰疏、孰爱、孰憎,[将用之于天下,谓用飞箝之术辅于帝王。度权量能,欲知帝王材能可辅成否?天时盛衰?地形广狭?人民多少?又欲知天时、地利、人和,合其泰否?诸侯之交,亲疏爱憎,又欲知从否之众寡。]心意之虑怀,审其意,知其所好恶,乃就说其所重,以飞箝之辞钩其所好,以箝求之。[既审其虑怀,知其好恶,然后就其所最重者而说之。又以飞箝之辞钩其所好,既知其所好,乃箝而求之。所好不违,则何说而不行哉?]

用之于人,则量智能,权材力,料气势,为之枢机,以迎之、随之,以箝和之,以意宜之,此飞箝之缀也。[用之于人,谓用飞箝之术于诸侯也。量智能、料气势者,亦欲知其智谋能否也。枢所以主门之动静,机所以主弩之放发。言既知其诸侯智谋能否,然后立法镇其动静、制其放发,犹𨷂之于门,机之于弩。或先而迎之,或后而随之,皆箝其情以和之,用其意以宜之,如此则诸侯之权可得而执,己之恩又得而固,故曰飞箝之缀也,谓用飞箝之术连于人也。]用于人,则空往而实来,缀而不失,以究其辞。可箝而从,可箝而横;可引而东,可引而西;可引而南,可引而北;可引而反,可引而复。[用于人,谓以飞箝之术任使人也。但以声誉扬之,故曰:"空往",彼则开心露情,归附于己,故曰:"实来"。既得其情,必缀而勿失。又令敷奏以言,以究其辞,如此则从、横、东、西、南、北、反、复,帷在己之箝引,无思不服。]虽覆能复,不失其度。[虽有覆败,必能复振,不失其节度,此箝之终也。]

忤合第六

[大道既隐,正道不得,坦然而行。故将合于此,必忤于彼。令其不疑,然后

可行其意。即伊、吕之去就是也。]

凡趋合倍反，计有适合。[言趋合倍反，虽参差不齐，然后施之计谋，理乃适合。]化转环属，各有形势。反复相求，因事为制。[言倍反之理，随化而转，如连环之属，然其去就，各有形势，或反或复，理自相求，莫不因彼事情为之立制。]是以圣人居天地之间，立身御世，施教扬声明名也，必因事物之会，观天时之宜，因之所多所少，以此先知之，与之转化。[所多所少，谓政教所宜多，所宜少也。既知多少所宜，然后为之增减，故曰以此先知，谓用倍反之理知之也。转化，谓转变以从化也。]世无常贵，事无常师。[能仁为贵，故无常贵；立善为师，故无常师。]圣人常为无不为，所听无不听。[善必为之，故无不为；无稽之言不听，故无所听。]成于事而合于计谋，与之为主。[于事必成，于谋必合，如此者，与众立之。推以为主也。]合于彼而离于此，计谋而两忠，[合于彼必离于此，是其忠谋不得两施也。]必有反忤，反于是，忤于彼；忤于此，反于彼，其术也。[既有不两施，宜行反忤之术。反忤者，意欲反合于此，心行忤于彼。忤者，设疑其事；令昧者，不知觉其事也。]用之天下，必量天下而与之；用之国，必量国而与之；用之家，必量家而与之；用之身，必量身材能气势而与之。大小进退，其用一也。[用之者，谓反忤之术，量者，谓其事业有无与谓与之亲。凡行忤者，必称其事业所有而亲媚之，则暗主无从而觉，故得其术也。所行之术，虽有大小进退之异，然而至于称事扬亲则一，故曰："其用一也。"]必先谋虑，计定而后行之以飞箝之术。[将行反忤之术，必须先定计谋，然后行之，又有飞箝之术以弥缝之。]

古之善背向者，乃协四海、包诸侯，忤合之地而化转之，然后以之求合。[言古之深识背向之理者，乃合同四海，兼并诸侯，驱置忤合之地，然后设法变化而转移之。众心既从，乃求其真主，而与之合也。]故伊尹五就汤，五就桀，然后合于汤。吕尚三就文王，三入殷，而不能有所明，然后合于文王。[伊尹，所以就桀纣者，以忤之令不疑。彼既不疑，然后得合于其真主矣。]此知天命之箝，故归之不疑也。[以天命系于殷汤、文王，故二臣归二主不疑也。]非至圣人达奥，不能御世；劳心苦思，不能原事；不悉心见情，不能成名；材质不惠，不能用兵；忠实无真,不能知人。故忤合之道,己必自度材能知睿,量长短、远近孰不知,[夫忤合之道,不能行于胜己,而必用之于不我若,故知谁不如,然后行之也。]乃可以进,乃可以退,乃可以纵,乃可以横。[既行忤合之道,于不如己者,则进退纵横,唯吾所欲耳。]

揣篇第七

古之善用天下者,必量天下之权,而揣诸侯之情。量权不审,不知强弱轻重之称;揣情不审,不知隐匿变化之动静。何谓量权?曰:"度于大小,谋于众寡,称货财之有无。"

少饶乏有馀不足几何?辨地形之险易孰利、孰害?谋虑孰长孰短?君臣之亲疏孰贤孰不肖?与宾客之知睿孰少、孰多?观天时之福孰吉、孰凶?诸侯之亲孰用、孰不用?百姓之心去就变化孰安、孰危?孰好、孰憎?反侧孰便、能知?如此者,是谓权量。[天下之情,必见于权也。善修量权,其情可得而知之。知其情而用之者,何适而不可哉。]

揣情者,必以其甚喜之时,往而极其欲也;其有欲也,不能隐其情;必以其甚惧之时,往而极其恶也;其有恶也,不能隐其情,情欲必失其变。[夫人之性,甚喜则所欲著,甚惧则所恶彰,故因其彰著而往权之。恶欲既极,则其情不隐,是以情欲因喜惧之变而失也。]感动而不知其变者,乃且错其人勿与语,而更问所亲,知其所安。[虽因喜惧之时,以欲恶感动,尚不知其变。如此者,乃且置其人无与之语,徐徐更问斯人之所亲,则其情欲所安可知也。]夫情变于内者,形见于外。故常必以其见者,而知其隐者。此所谓测深揣情。[夫情貌不差,内变者必见外貌,故常以其外见而知其内隐。观色而知情者必用此道,此所谓测深揣情也。]

故计国事者,则当审权量;说人主,则当审揣情;谋虑情欲必出于此。[审权量,则国事可计,审揣情,则人主可说,至于谋虑情欲,皆揣而后行,故曰:"谋虑情欲必出于此"也。]乃可贵,乃可贱,乃可重,乃可轻,乃可利,乃可害,乃可成,乃可败,其数一也。[言审于揣术,则贵贱成败唯己所制,无非摇术所为,故曰其数一也。]故虽有先王之道、圣智之谋,非揣情隐匿无所索之。此谋之大本也,而说之法也。[先王之道,圣智之谋,虽弘旷玄妙,若不兼揣情之术,则彼之隐匿从何而求之?然则揣情者,乃成谋之本,而说之法制也。]

常有事于人,人莫先事而至,此最难为。[挟揣情之术者,必包独见之明,故有事于人,人莫能先也。又能穷几尽变,故先事而至,自非体玄极妙则莫能为此矣,故曰:"此难为"者也。]故曰:"揣情最难守司"言必时其谋虑。[人情险于山川、难于知天,今欲揣度而守司之,不亦难乎?故曰"揣情最难守司",谋虑出于人情,必当知其时节,此其所以最难也。]故观蜎飞蠕动,无不有利害,可以生事美。生事者,几之势也。[蜎飞蠕动,微虫耳,亦犹怀利害之心。故顺之则喜悦,逆之则勃怒,况于人乎?况于鬼神乎?是以利害者,理所不能无;顺逆者,事之所必行。然则顺之招利,逆之致害,理之常也。观此,可以成生事之美。生事者,必审几微之势,故曰:"生事者,几之势也"。]此揣情饰言成文章,而后论之。[言既揣其情,然后修饰言语以遵之,故说辞必使成文章而后可论也。]

摩篇第八

摩之符也。内符者,揣之主也。[谓揣知其情,然后以其所欲摩之,故摩为揣之术。内符者,谓情欲动于内,而符验见于外。揣者,见外符而知内情。故曰:"符为揣之主也"。]用之有道,其道必隐。[揣者所以度其情慕,摩者所以动而内符,用揣摩者必先定其理,故曰:"用之有道"。然则以情度情,情本潜密,故曰:"其道必隐"也。]微摩之以其所欲,测而探之,内符必应。其应也,必有为之。[言既揣知其情所趋向,然后以其所欲微而摩之,得所欲而情必动,又测而探之,如此则内符必应。内符既应,必欲为其所为也。]故微而去之,是谓塞窌、匿端、隐貌、逃情,而人不知。故成其事而无患。[君既所为,事必可成,然后从之。臣事贵于无成有终，故微而去之。尔若已不同于此计，今功归于君，如此可谓塞峁、匿端、隐貌、逃情。情逃而窮塞，则人何从而知之？人既不知所以，患其所僭圻，故能成事而无患也。]摩之在此，符之在彼。从而应之，事无不可。[此摩甚微，彼应自著，观者但观其著，而不见其微。如此用之，功专在彼，故事而无患也。]

古之善摩者，如操钩而临深渊，饵而投之，必得鱼焉。故曰："主事日成，而人不知，主兵日胜，而人不畏也。"[钩者露饵而藏钩，故鱼不见钩而可得；贤者观功而隐摩，故人不知摩而自服；故曰："主事日成而人不知"也。兵胜由于善摩，摩隐则无从而畏，故曰："主兵日胜而人不畏"也。]圣人谋之于阴，故曰"神"；成之于阳，故曰"明"。[潜谋阴密，日用不知，若神道之测，故曰"神"也。功成事遂，焕然彰著，故曰"明"也。]所谓"主事日成"者，积德也，而民安之，不知其所以利；积善也，而民道之，不知其所以然；而天下比之神明也。[圣人者，体道而设教，参天地而施化，韬光晦迹，藏用显仁，故人安得而不知其所以利，从道而不知其所以然，故比之神明。]"主兵日胜"者，常战于不争、不费，而民不知所以服，不知所以畏，而天下比之神明也。[善战者绝祸于心胸，禁邪于未萌，故以不争为战，师旅不起，故国用不费。至德潜畅，玄风遐扇，功成事就，百姓皆得自然；故不知所以服、不知所以畏，以之于神明。]

其摩者，有以平，有以正，有以喜，有以怒，有以名，有以行，有以廉，有以信，有以利，有以卑。[凡此十者，皆摩之所由而发，言从之材性参差、事务变化。故摩者，亦消息盈虚，因几而动之。]平者，静也；正者，直也；喜者，悦也；怒者，动也；名者，发也；行者，成也；廉者，洁也；信者，明也；利者，求也；卑者，谄也。[名贵发扬，故曰："发也"；行贵成功，故曰："成也"。]故圣所独用者，众人皆有之，然无成功者，其用之非也。[言上十事，圣人独用以为摩，而能成功立事。然众人莫不有，所以用之非，道不能成。]故谋莫难于周密；说莫难于悉听，事莫难于必成，此三者然后能之。[谋不周密，则失几而害成；说不悉听，则违顺而生疑；事不必成，则止篑而有废。皆有所难，能任之而无难者，其唯圣人乎？]

故谋必欲周密,必择其所与通者说也。故曰:“或结而无隙也”。[为通者说谋必虚受,如受石投水,开流而纳泉,如此则何隙而可得?故曰:“结而无隙也”。]夫事成必合于数,故曰:“道数与时相偶者也。”[夫谋成必先考合于术数,故道、术、时三者相偶合,然后事可成而功业可立也。]说者听必合于情,故曰:“情合者听”。[进说而能令听者,其唯情合者乎?]故物归类,抱薪趋火,燥者先燃;平一注水,湿者先濡。此物类相应,于势譬犹是也,此言内符之应外摩也如是。[言内符之应外摩得类则应,譬犹水流就湿,火行就燥也。]故曰:“摩之以其类,焉有不相应者?”乃摩之以其欲,焉有不听者,故曰:“独行之道”。[善于摩者,其唯圣人乎?故曰:“独行之道”者也。]夫几者不晚,成而不抱,久而化成。[见几而作,何晚之有?功成不拘,何抱之久?行此二者可以化天下。]

权篇第九

说之者,说之也。说之者,资之也。[说者,说之于彼人也;说之者,有资于彼人也。资,取也。]饰言者,假之也。假之者,益损也。[说者所以文饰言语,但假借以求入于彼,非事要也。亦既假之,须有损益,故曰:“假之者损益之谓也”。]应对者,利辞也。利辞也,轻论也。[谓彼有所问,卒应而对之者,但便利辞也,辞务便利,故所……]成义者,明之也。明之者,符验也。[核实事务,以成义理者,欲明其真伪也。真伪既明,则符验自□□。符验也,言或反复欲相却也。]难言者,却论也。却论者,钓几也。[言或不合,反复相难,所以却论前事也。却论者,必理精而事明,几微可得而尽矣。故曰“却论者钓几”也,求其深微曰“钓”也。]佞言者,谄而干忠;[谄者,先意承欲,以求忠名,故曰:“谄而干忠”;]谀言者,博而干智;[博者,繁称文辞,以求智名,故曰“博而干智”;]平言者,决而干勇;[决者,纵舍不疑,以求勇名,故曰“决而干勇”。]戚言者,权而干信;[戚者,忧也,谓象忧戚而陈言也;权者,策选进谋,以求信名,故曰“权而干信”。]静言者,反而干胜。[静言者,谓象清净而陈言。反者,先分不足以窒非,以求胜名,故曰“反而干胜”。]先意成欲者,谄也;繁称文辞者,博也;策选进谋者,权也;纵舍不宜者,决也;先分不足而窒非者,反也。[己实不足,不自知而内讼,而反攻人之过,窒他谓非,如此者反也。]

故口者,几关也,所以闭情意也;耳目者,心之佐助也,所以窥间见奸邪。故曰:“参调而应,利道而动”。[口者所以发言语,故曰“口者机关”也。情意宜否,在于机关,故曰“所以关闭情意”也。耳目者所以助心通理,故曰“心之佐助”也。心得耳目,即能窥见间隙,见彼奸邪,故曰“窥间见奸邪”。耳、心、目三者调和而相应感,则动必成功,吉无不利,其所无□□,则以顺道而动,故曰“参调而应利道而动”者也。]故繁言而不乱,翱翔而不迷,变易而不危者,观要得理。[苟能观要得理,便可曲成不失,故虽繁言纷葩不乱,翱翔越越不迷,变易改常而不危者也。]故无目者,不可示以五色。无耳者,不可告以五音。[五色为有目者施,故无目不可得而示其五色;五音为有耳者作,故无耳不可得而告其五音;此二者为下文分也。]故不可以往者,无所开之也;不可以来者,无所受之也。物看不通者,故不事也。[此不可以往说于彼者,为彼暗滞无所可开也。彼所不来说于此者,为此浅局无所可受也。夫浅局之与暗滞,常闭塞而不通,故圣人不事也。]古人有言曰:“口可以食,不可以言”。言者有讳忌也,众口铄金,言有曲故也。[口食可以肥百体,故可食也;口言或可以招百殃,故不可以言也。言者触忌讳,故曰:“有忌讳”也。金为坚物,众口能铄之,则以众口有私曲故也,故曰“言有曲故”也。]

人之情,出言则欲听,举事则欲成。[可听在于合彼,可成在于顺理,此为下起端也。]是故智者不用其所短,而用愚人之所长;不用其所拙,而用愚人之所工,故不困也。[智者之短,不胜愚人之长,故用愚人之长也;智者之拙,不胜愚人之工,故用愚人之工也。常能弃拙短,而用工长,故不困也。]言其有利者,从其所长也;言其有害者,避其所短也。[人能从利之所长,避害之所短;故出言必见听,举事必有成功也。]故介虫之悍也,必以坚厚。螫虫之动也,必以毒螫。故禽兽之用其长,而谈者知用其用也。[言介虫之坚厚以自藏,螫虫之动也,行毒螯以自卫；此用其所长也，故能自免于害。至于他鸟兽，莫不知用其长以自保全。谈者感此，亦知其所用而用也。]

故曰：辞言五，曰病、曰怨、曰忧、曰怒、曰喜。[五者有一，必失中和而不平畅。]故曰：病者，感衰气而不神也；[病者恍惚，故气衰而不神也。]怨者，肠绝而无主也；[怨者内动，故肠绝而言无主也。]忧者，闭塞而不泄也。[忧者快悒，故闭塞而言不泄也；]怒者，妄动而不治也；[怒者郁勃，故妄动而言不治也；]喜者，宜散而无要也。[喜者摇荡，故宜散而言无要。]此五者，精则用之，利则行之。[此五者既失于平常，故用之在精而行之在利，其不精利则废而止之也。]故与智者言，依于博；与拙者言，依于辨；与辨者言，依于要；与贵者言，依于势；与富者言，依于高；与贫者言，依于利；与贱者言，依于谦；与勇者言，依于敢；与过者言，依于锐。此其术也，而人常反之。[此量宜发言之术也，不达者反之，则逆理而不免成于害也。]

是故与智者言，将此以明之；与不智者言，将此以教之，而甚难为也。[与智者语，将以其明斯术；与不智者语，以此术教之。然人迷日因久，教之不易，故难为也。]故言多类，事多变。故终日言，不失其类，故事不乱。[言者条流舛难，故多类也；事则随时而化，故多变也。若言不失类，事亦不乱。]终日不变，而不失其主，故智贵不妄。[不乱故不变，故其主有常。能令有常而不变者，智之用也，故其智可贵而不妄。]听贵聪，智贵明，辞贵奇。[听聪则真伪不乱，知明则可否自分，辞奇则是非有证。三者能行：则功成事立，故须贵之。]

谋篇第十

为人凡谋有道，必得其所因，以求其情。[得其所因，则其情可求；见情而谋，则事无不济。]审得其情，乃立三仪。三仪者，曰上、曰中、曰下。参以立焉，以生奇。奇不知其所拥，始于古之所从。[言审情之术，必立上智、中才、下愚三者，参以验之，然后奇计可得而生。奇计既生，莫不通达，故不知其所拥蔽。然此奇计非自今也。乃始于古之顺道而动者，盖从于顺也。］故郑人之取玉也，载司南之车，为其不惑也。夫度材、量能、揣情者，亦事之司南也；故同情而俱相亲者，其俱成者也；同欲而相疏者，其偏害者也。［诸同情欲，共谋立事，事若俱成，后必相亲；若乃一成一害，后必相疏，理之常也。］同恶而相亲者，其俱害者也。同恶而相疏者，偏害者也。［同恶，谓同为彼所恶，后若俱害，情必相亲；若乃，理必相疏，亦理之常也。］故相益则亲，相损则疏，其数行也，此所以察同异之分，类一也。［同异之分，用此而察。］

故墙坏于隙，木毁于其节，斯盖其分也。［墙木毁由于隙节，况于人事之发生于同异，故曰“斯盖其分”。］故变生于事，事生谋、谋生计、计生议、议生说、说生进、进生退、退生制，因以制于事。故百事一道，而百度一数也。［言事有本根，各有从来。譬之卉木，因根而有枝条花叶，故曰“变隙然后生于事业”。生事业者，必须计谋；成计谋者，必须议说。议说必有当否，故须进退之；既有黜陟；须事以为法。而百事百度，何莫由斯而至，其道数一也。］

夫仁人轻货，不可诱以利，可使出费；勇士轻难，不可惧以患，可使据危；智者达于数、明于理，不可欺以诚，可示以道理，可使立功；是三才也。［使轻货者出费，则费可全；使轻难者据危，则危可安；使达数者立功，则功可成。总三才而用之，可以光耀千里，岂徒十二乘而已。］故愚者易蔽也，不肖者易惧也，贪者易诱也，是因事而裁之。［以此三术，取彼三短，可以立事、立功也。谋者因事与虑，宜知之而裁之，故曰“因事而裁之”。］故为强者积于弱也，有余者积于不足也，此其道术行也。［柔弱胜于刚强，故积弱可以为强；大直若曲，故积曲可以为直；少则得众，故积不足可以为有余。然则以弱为强，以曲为直、以不足为有余，斯道术之所行，故曰“道术行也”。］

故外亲而内疏者说内，内亲而外疏者说外。［外阳相亲，而内实疏者说内，以除其内疏；内实相亲，而外阳疏者说外，以除其外疏也。］故因其疑以变之，因其见以然之，［若内外无亲而怀疑者，则因其疑而变化之；彼或因见而有所见，则因其所见而然之。］因其说以要之，因其势以成之，［既然见彼或有可否之说，则因其说要结之。可否既形，便有去就之势，则因其势以成就之。]因其恶以权之，因其患以斥之。[去就既成，或有恶患，则因其恶也。以权量之，因其患也，为斥除之。]摩而恐之，高而动之，[患恶既除，或恃胜而骄者，便切摩以恐惧之，高危以感动之。]微而正之，符而应之，[虽恐动之，尚不知变者，则微有所引据以证之，为设符验以应之。]拥而塞之，乱而惑之，是谓计谋。[虽有为设引据，符验尚不知变者，此则或深不可数也。使拥而塞之，乱而惑之，因抵而得之，如此者可以计谋之用也。]计谋之用，公不如私，私不如结，结而无隙者也。[公者，扬于王庭，名为聚讼，莫执其咎，其事难成；私者，不出门庭，慎密无失，其功可立。故公不如私，虽复潜谋，不如与彼要结。二人同心，物莫之间，欲求其隙，其可得乎？]正不如奇，奇流而不止者也。[正者循理守常，难以速进；奇者反经合义，事同机发，故正不如奇。奇计一行，则流通而莫知止也，故曰“奇流而不止者也”。]故说人主者，必与之言奇；说人臣者，必与之言私。[与入主言奇，则非常之功可立，与人臣言私，则保身之道可全。]

其身内，其言外者疏；其身外，其言深者危。[身在内，而言外泄者，必见疏也；身居外，而言深切者，必见危也。]无以人之近所不欲，而强之于人；无以人之所不知，而教之于人。[谓其事虽近，彼所不欲，莫强与之，将生恨怒也。教人当以所知，今反以人所不知教之，犹以暗除暗，岂为益哉！]人之有好也，学而顺之；人之有恶也，避而讳之。故阴道而阳取之也。[学顺人之所好，避讳人之所恶，但阴自为之，非彼所逆，彼必感悦，明言以报之，故曰“阴道而阳取之”也。]故去之者纵之，纵之者乘之。[将欲去之，必先听纵，令极其过恶，过恶既极，便可以法乘之，故曰“纵之者乘之”也。]貌者不美，又不恶，故至情托焉。[貌者，谓察人之貌以知其情也。谓其人中和平淡，见善不美，见恶不非，如此者可以至情托之，故曰：“至情托”焉。]可知者，可用也；不可知者，谋者所不用也。[谓彼情宽密，可令知者可为用谋，故曰“可知者可用”也。其不宽密，不可令知者，谋者不为用谋也，故曰“不可知者谋者所不用”也。]故曰：“事贵制人，而不贵见制于人”。制人者，握权也，见制于人者，制命也。[制命者，言命为人所制也。]

故圣人之道阴，愚人之道阳。[圣人之道内阳而外阴，愚人之道内阴而外阳。]智者事易，而不智者事难。以此观之，亡不可以为存，而危不可以为安，然而无为而贵智矣。[智者宽恕，故易事；愚者猜忌，故难事。然而不智必有危亡之祸，以其难事。故贤者莫得申共计划，则亡者遵亡、危者遂危，欲求安存，不亦难乎？今欲存其亡、安其危，则他莫能为，惟智者可矣，故曰“无为而贵智”矣。]智用于众人之所不能知，而能用于众人之所不能见。[众人所不能知，众人所不能见，智独能用之，所以贵于智矣。]既用见可否，择事而为之，所以自为也；见不可，择事而为之，所以为人也。[亦既用智，先己而后人，所见可否，择事为之，将此自为，所不可见，择事而为之，将此为人，亦犹伯乐教所亲相驽骀，教所憎相千里也。]故先王之道阴，言有之曰：“天地之化，在高与深，圣人之制道，在隐与匿，非独忠、信、仁、义也，中正而已矣。”[言先王之道，贵于阴密，寻古遗言，证有此理曰：“天地之化，唯在高深，圣人之制道，唯在隐匿”。所隐者中正，自然合道，非专在仁、义、忠、信也，故曰“非独忠、信、仁、义”。]道理达于此义之，则可与言。[言谋者晓达道理，能于此义达畅，则可与语至而言极矣。]由能得此，则可与远近之义。[养也。若能得此道之义，则可与居大宝之位，养远近之人，诱于仁寿之域也。]

决篇第十一

为人凡诀物，必托于疑者，善其用福，恶其有患，害至于诱也。[有疑然后决，故曰“必托于疑者”。凡人之情，用福则善，有患则恶，福患之理未明，疑之所由生，故曰“善其用福，恶其有患”。然善于决疑者，必诱得其精，乃能断其可否也。]终无惑，偏有利焉，去其利，则不受也，奇之所托。[怀疑曰“惑”，不正曰“偏”。决者能无惑，偏行者乃有通济，然后福利生焉。若乃去其福利，则疑者不受其决。]若有利于善者，隐托于恶，则不受矣，致疏远。[谓疑者本其利善，而决者隐其利善之情，反托之于恶，则不受其决，更致疏远矣。]故其有使失利，其有使离害者，此事之失。[言上之二者，或去利托于恶，疑者既不受其决，则所行罔能通济，故有失利罹害之败，凡此皆决事之失也。]

圣人所以能成其事者有五：有以阳德之者，有以阴贼之者，有以信诚之者，有以蔽匿之者，有以平素之者。[圣人善变通、穷物理，凡所决事期于必成。事成理著者，以阳德决之；情隐言伪者，以阴贼决之；道成志直者，以信诚决之；奸小祸微者，以蔽匿决之；循常守故者，以平素决之。]阳励于一言，阴励于二言，平素枢机以用四者，微而施之。[励，勉也。阳为君道，故所言必励于一；一，无为也；阴为臣道，故所言必励于二；二，有为也。君道无为，故以平素为主；臣道有为，故以枢机为用。言一也、二也、平素也、枢机也。四者其所施为，必精微而契妙、然后事行而理不准。]于是，度以往事，验之来事，参之平素，可则决之；[君臣既有定分，然后度往验来，参以平素，计其是非，于理既可，则为之决也。]公王大人之事也，危而美名者，可则决之；[危由高也，事高而名美者，则为决之。]不用费力而易成者，可则决之；[所谓惠而不费，故为决之。]用力犯勤苦，然而不得已而为之者，则可决之；[所谓知之所无奈何，安之若命，故为之决。]去患者，可则决之；从福者，可则决之。[去患从福之人，理之大顺，故为决之也。]故夫决情定疑万事之机，以正乱治决成败，难为者。[治乱以之正，成败之决；失之毫厘，差之千里；枢机之发，荣辱之主；故曰"难为"。]故先王乃用蓍龟者，以自决也。[夫以先王之圣智无所不通，犹用蓍龟以自决，况自斯已下而可以专己自信不博谋于通识者哉?]

符言第十二

[发言必验有若符契，故曰"符言"。]

安、徐、正、静，其被节无不肉。[被，及也。肉，肥也，谓饶裕也。言人若居位能安、除、正、静，则所及人节度，无人饶裕。]善与而不静，虚心平意，以待倾损。[言人君善与事结而不安静者，但虚心平意以待之，倾损之期必至矣。]有主位。[主于位者,安、徐、正、静而已。]

目贵明,耳贵聪,心贵智。[目明则视无不见,耳聪则听无不闻,心智则思无不通。是三者无拥,则何措而非当也?]以天下之目视者,则无不见;以天下之耳听者,则无不闻;以天下之心虑者,则无不知。[昔在帝尧,聪明文思,光宅天下,盖用此道也。]辐凑并进,则明不可塞。[夫圣人不自用其聪明、思虑而任之天下,故明者为之视、聪者为之听、智者为之谋,若云从龙、风从虎、霈然而莫之御,辐凑并进不亦宜乎!若日用照临,其可塞哉?故曰:"明不可塞"也。]有主明。[主于明者,以天下之目视也。]

德之术曰:"勿坚而拒之"。[崇德之术,在于恢弘博纳。山不让尘,故能成其高;海不辞流,故能成其深;圣人不拒众,故能成其大。故曰:"勿坚而拒之"也。]许之则防守,拒之则闭塞。[言许而容之,众必归而防守;拒而逆之,众必违而闭塞。归而防守,则危可安;违而闭塞,则通更壅。夫崇德者,安可以不弘纳哉?]高山仰之可极,深渊度之可测。神明之位术,正静其莫之极欤。[高莫过山,犹可极;深莫过渊,犹可测。若乃神明之位,德术正静,迎之不见其前,随之不见其后,其可测量乎哉?]有主德。[主于德者,在于含弘而勿拒也。]

用赏贵信,用刑贵正。[赏信,则立功之士致命捐生;刑正,则受戮之人没齿无怨也。]赏赐贵信,必验耳目之所见闻。其所不见闻者,莫不暗化矣。[言施恩行赏,耳目所见闻,则能验察不谬,动必当功。如此,则信在言前,虽不见闻者,莫不暗化也。]诚畅于天下神明,而况奸者于君?[言每赏从信,则至诚畅于天下,神明保之如赤子,天禄不倾如泰山,又况不逞之徒欲奋其奸谋干于君位者哉!此犹腐肉之齿,利剑锋接必无事矣。]有主赏。[主于赏者,贵于信也。]

一曰天之,二曰地之,三曰人之。[天有逆顺之纪,地有孤虚之理,人有通塞之分,有天下者宜皆知之。]四方、上下、左右、前后、荧灭之处安在?[夫四方、上下、左右、前后,有阴阳向背之宜,有国从事者不可不知。又荧蜮,天之法星,所居灾眚,吉凶尤著,故曰:"虽有明天子,必察荧蜮之所在"。故亦须知也。]有主问。[主于问者,须辨三才之道。]

心为九窍之治，君为五官之长。[九窍运为，心之所使；五官动作，君之所命。]为善者，君与之赏；为非者，君与之罚。[赏善罚非，为政之大经也。]君因其政之所以求，因与之，则不劳。[与者，应彼所求；求者，应而无得。应求，则取施不妄；得应，则行之无怠。循性而动，何劳之有?]圣人用之，故能赏之。因之循理固能久长。[因求而与，悦莫大焉；虽有玉帛，劝同赏矣。然因逆理，祸莫速焉；因之循理，固能长久者也。]有主因。[主于因者，贵于循理。]

人主不可不周，人主不周，则群臣生乱。[周，谓遍知物理，于理不周，故群臣乱也。]家于其无常也，内外不通，安知所开?[家，犹业也，君臣既乱，故所业者无常，而内外闭塞，触途多疑。何如知所开乎?]开闭不善，不见原也。[开闭即捭阖也，既不用捭阖之理，不见为善之源也。]有主周。[主于周者，在于遍知物理。]

一曰长目，二曰飞耳，三曰树明。[用天下之目视，故曰"长视"。用天下之耳听，故曰"飞耳"，用天下之心虑，故曰"树明"者也。]千里之外，隐微之中，是谓"洞"。天下奸，莫不暗变更。[言用天下之心虑，则无不知，故千里之外，隐微之中，莫不玄览。既察隐微；故为奸之徒，绝邪于心胸，故曰："莫不暗变更也"。]有主恭。[主于恭者，在于聪明文思。]

循名而为，实安而完，[实既副名所以安全。]名实相生，反相为情。[循名而为实，因实而生名；名实不亏，则情在其中。]故曰："名当则生于实，实生于理。[名当自生于实，实立自生于理。]理生于名实之德，[无理不当，则名实之德自生也。]德生于和，和生于当。"[有德必和，能和自当。]有主名。[主于名者，在于称实。]

转丸、胠箧乱二篇皆亡。[或有庄周《胠箧》而充次第者。按鬼谷之书崇尚计谋、祖述圣智；而庄周《胠箧》乃以圣人为大盗之资，圣法为桀跖之失，乱天下者圣人之由也。盖欲纵圣弃智，驱一代于混茫之中，殊非此书之意。盖无取焉。或曰《转丸》《胠箧》者，《本经》《中经》是也。]

本经阴符七篇

［阴符者，私志于内，物应于外，若合符契。故曰“阴符”。内本以经末，故曰“本经”。］

盛神

盛神法五龙。［五龙、五行之龙也。龙则变化无穷，神则阴阳不测，故盛神之道，法五龙也。］盛神中有五气，神为之长，心为之舍，德为之人。养神之所，归诸道。［五气，五藏之气也，谓神、魂、魄、精、志也。神居四者之中，故为之长。心能舍容，故为之舍；德能制邪，故为之人。然养事之宜，归之于道。］道者天地之始，一其纪也。物之所造，天之所生。包宏无形化气。先天地而成，莫见其形，莫知其名。谓之“神灵”。［无名天地之始，故曰“道者，天地之始”也。道始所生者一。故曰“一其纪”也。言天道混成，阴阳陶铸，万物以之造化，天地以之生成，包容弘厚，莫见其形。至于化育之气，乃先天地而成，不可以状貌诘，不可以名字寻，妙万物而为言者也，是以谓之“神灵”。］故道者，神明之源，一其化端，是以德养五气，心能得一，乃有其术。［神明禀道而生，故曰“道者，神明之源”也。化端不一，有时不化，故曰“一其化端”也。循理有成谓之德，五气各能循理则成功可致，故曰“德养五气”也。一者，无为而自然者也。心能无为，其术自生，故曰“心能得一”，乃有其术也。］

术者，心气之道所由舍者，神乃为之使。［心气合自然之道，乃能生术，术之有道由舍，则神乃为之使。］几窍、十二舍者，气之门户、心之总摄也。生受之天，谓之真人。真人者，与天为一。［十二者，谓目见色、耳闻声、鼻受香、口知味、身觉触、意思事，根境互相停舍，故曰“十二舍”也。气候由之出入，故曰“气之门户”也。唯心之所操秉，故曰“心之总摄”也。凡此皆受之于天，不亏其素，故曰“真人”。真人者，体同于天，故曰“与天为一”也。］而知之者，内修炼而知之，谓之圣人。圣人者,以类知之。[内修炼谓假学而知之者也。然圣人虽圣,犹假学而知,假学即非自然,故曰"以类知之"也。]故人与生一,出于化物。[言人相与生在天地之间,其得一耳。既出之后,随物而化,故有不同也。]知类在窍,有所疑惑,通于心术,术必有不通。[窍,谓孔窍也。言之事类,在于九窍。然窍之所疑,必与术相通,若乃心无其术,术必不通也。]其通也,五气得养,务在舍神,此之谓化。[心术能通,五气自养;然养五气者,务令来归舍;神既来舍,自然随理而化也。]

化有五气者,志也、思也、神也、德也,神其一长也。静和者,养气,养气得其和。四者不衰,四边威势,无不为,存而舍之,是谓神化归于身,谓之真人。[言能化者,在于全五气,神其一长者。言能齐一志、思,而君长之。神既一长,故能静和而养气。气既养,德必和焉。四者,志、思、神、德也。四者能不衰,则四边威势,无有不为,常存而舍之,则神道变化自归于身,神化归身可谓"真入"。]真人者,同天而合道,执一而养产万类,怀天心,施德养,无为以包志虑、思意,而行威势者也。士者,通达之,神盛乃能养志。[一者,无为也,言真人养产万类,怀抱天心施德养育,皆以无为为之,故曰:"执一而产养万类"。至于志、意、思、虑,运行威势,莫非自然,循理而动,故曰"无为以包"也。然通达此道,其唯善为士乎?既能盛神,然后乃可养志者也。]

养志

养志法灵龟。[志者察是非,龟者知吉凶,故曰:"养志法灵龟"。]养志者,心气之思不达也。[言以心气不达,故须养志以求通也。]有所欲,志存而思之。志者,欲之使也。欲多志则心散,心散则志衰,志衰则思不达也。[此明纵欲者,不能养气志;故所思不达者也。]故心气一则欲不惶,欲不惶则志意不衰,志意不衰则思理达矣。[此明寡欲者,能养其志,故思理达矣。]理达则和通,和通则乱气不烦于胸中。[和通,则莫不调畅,故乱气自消。]故内以养气,外以知人,养志则心通矣,知人则分职明矣。[心通,则一身泰;职明,则天下平。]

将欲用之于人,必先知其养气志,知人气盛衰,而养其气志,察其所安,以知其所能。[将欲用之于人,谓之"养志之术",用人也。养志则气盛,不养则气衰。盛衰既形,则其所安,所能可知矣。然则善于养志者,其唯寡欲乎!]志不养,心气不固;心气不固,则思虑不达;思虑不达,则志意不实;志意不实,则应对不猛;应对不猛,则失志而心气虚;志失而心气虚,则丧其神矣;[此明丧神始于志不养也。]神丧则仿佛;仿佛则参会不一。[仿佛,不精明之貌;参会,谓志、心、神三者之交会也。神不精明,则多违错,故参会不得其一。]养志之始,务在安己;己安,则志意实坚;志意实坚,则威势不分。神明常固守,乃能分之。[安者,谓少欲而心安也。威势既不分散,神明常来固守,如此则威精分势震动物也。上分谓散亡也,下分谓我有其威而能动彼,故曰"乃能分"也。]

实意

实意法螣蛇。[意委曲,蛇能屈伸,故实意法螣蛇也。]实意者,气之虑也。[意实则气平,气平则虑审,故曰"实意者气之虑"。]心欲安静,虑欲深远,心安静则神明荣,虑深远则计谋成;神明荣则志不可乱;计谋成则功不可间。[智不可乱,故能成其计谋;功不可间,故能宁其邦国。]意虑定则心遂安,则其所行不错,神者得则凝。[心安则物无为而顺理,不思而玄览,故虽心之所不错,神自得之,得之则无不成矣。凝者,成也。]识气寄,奸邪得而倚之,诈谋得而惑之,言无由心矣。[寄,谓客寄,言气非真,但客寄耳。故奸邪得而倚之,诈谋得而惑之,如此则言皆胸臆,无复由心矣。]故信心术,守真一而不化,待人意虑之交会,听之候之也。[言心术诚明而不亏,真一守固而不化,然后待人接物,彼必输诚尽意。智者虑能,明者献策,上下同心,故能交会也。用天下之耳听,故物候可知矣。]

计谋者,存亡枢机。虑不会,则听不审矣,候之不得。计谋失矣,则意无所信,虚而无实。[计得则存,计失则亡,故曰"计谋者存亡之枢机"。虑不合物,则听者不为己,听不审著。听既不审,候岂得哉?乖候而谋,非失而何?计既失矣,意何所恃?惟有虚伪,无复诚实。故计谋之虑,务在实意,实意必从心术始,故曰"必在心术始"也。]无为而求安静,五脏和通六腑,精神魂魄固守不动,乃能内视、反听、定志，思之太虚，待神往来。[言欲求安心之道，必寂淡无为，如此则五脏安静、六腑通和，精神魂魄各守所司，淡然不动，则可以内视无形，反听无声。志虑定，太虚至，神明千万，往来归于己也。]以观天地开闭，知万物所造化，见阴阳之终始，原人事之政理，不出户而知天下，不窥牖而见天道。不见而命，不行而至，[唯神也寂然不动，感而遂通天下之故。能知于不知、见于不见，岂待出户牖窥之然后知见哉？固以不见而命，不行而至也。]是谓"道"，知以通神明，应于无方而神宿矣。[道，无思也，无为也。然则"道知"者，岂用知而知哉？以其无知，故能通神明，应于无方而神来舍。宿，犹舍也。]

分威

分威法伏熊。[精虚动物谓之威，发近震远谓之分，熊之搏击，必先伏而后动，故分威法伏熊。]分威者，神之覆也。[覆，犹衣被也。震神明衣被，然后其职可分也。]故静固志意，神归其舍，则威覆盛矣。[言致神之道，必须静意固志，自归其舍则神之威覆隆盛矣。舍者，志意之宅也。]威覆盛，则内实坚；内实坚，则莫当；莫当，则能以分人之威，而动其势，如其天。[外威既盛，则内志坚实，表里相副，谁敢当之？物不能当之，物不能当，则我之威分矣；威分动，则物皆肃然，畏其人之若天也。]

以实取虚，以有取无，若以镒称铢。[言威势既盛，人物肃然。是我实有而彼虚无，故能以我实取彼虚、以我有取彼无。取之也，动必相应，犹称铢以成镒。二十四铢为镒者也。]故动者必随，唱者必和。挠其一指，观其余次，动变见形，无能间者。[言威分势震物犹风，故能动必有随，唱必有和。但挠其指，以名呼之。则君物毕至。然徐徐以次观其余众，犹性安之，各令得所。于是风以动之，变以化之，犹泥之在钧，群器之形自见。如此则天下乐推而不厌，谁能间之也？]审于唱和，以间见间，动变明而威可分。[言审识唱和之理，故能有间必知。我既知间，亦既见间。即能间，故能明于动变，而威可分者。]将欲动变，必先养志，伏意以视间。[既能养志、伏意，视之其间，则变动之术可成矣。]知其固实者，白养也。让己者，养人也。故神存兵亡，乃为之形势。[谓自知志意固实者，此可以自养也。能行礼让于己者,乃可以养人也。如此则神存于内,兵亡于外,乃可为之形势也。]

散势

散势法鸷鸟。[势散而后物服,犹鸟击禽获,故散势法鸷鸟也。]散执者,神之使也。[势由神发,故势者神之使。]用之,必循间而动。[无间则势不行,故用之心循间而动。]威肃、内盛,推间而行之,则势散。[言威敬内盛,行之又因间而发,则势自然而散矣。]夫散势者,心虚志溢。[心虚则物无不包,志溢则事无不决,所以能散其势。]意失威势,精神不专,其言外而多变。[志意衰微而失势,精神挫衄而不专,则言疏外而谲变。]

故观其志意为度数,乃以揣说图事,尽圆方、齐长短。[知其志意隆替,然后可为之度数。度数既立,乃后揣说之。田其事也,必尽圆方之理,变短长之用也。]无则不散势,散势者,待间而动,动势分矣。[散不得间,则势不行。故散势者,待间而动;动而得间,势自分矣!]故善思问者,必内精五气,外视虚实,动而不失分散之实。[五气内精,然后可以外察虚实之理,不失则间必可知。有间必知,故能不失分散之实也。]动则随其志意,知其计谋。[计谋者,志意之所成,故随其志意,必知其计谋也。]势者,利害之决,权变之威。势败者,不以神肃察也。[神不肃察,所以势败。]

转圆

转圆法猛兽。[言圣智之不穷,若转圆之无止;转圆之无止,犹兽威无尽,故转圆法猛兽。]转圆者,无穷之计。无穷者,必有圣人之心,以原不测之智,以不测之智而通心术。[圣心若镜,物感斯应,故不测之智,心术之要可通也。]而神道混沌为一,以变论万义类,说义无穷。[既以圣心原不测,通心术,故虽神道混沌,妙物杳冥,而能类其万类之变,说无穷之义也。]智略计谋,各有形容,或圆或方、或阴或阳、或吉或凶,事类不同。[事至然后谋兴,谋兴然后事济。事无常准,故形容不同。圆者运而无穷,方者止而有分。阴则潜谋未兆,阳则功用斯彰。吉则福至,凶则祸来。凡此事皆反□□,故曰“事类不同”者也。]

故圣人怀此之用,转圆而求其合。[此谓所谋圆方以下六事,既有不同或多乖谬,故圣人法转圆之思,以求顺通合也。]**故兴造化者,为始,动作无不包大道,以观神明之域。**[圣人体道以为用,其动也神,其随也天,故兴造教化。其功动作,先合大道之理,以稽神明之域。神道不远,然后发施号令。]**天地无极,人事无穷,各以成其类。见其计谋,必知其吉凶、成败之所终也。**[天地则独长且久,故无极;人事则吉凶相生,故无穷。天地以日月不过、陵谷不迁为成,人事以长保元亨,考终厥命为成,故见其计谋之得失,则吉凶成败之所终皆可知也。]**转圆者,或转而吉,或转而凶。圣人以道先知存亡,乃知转圆而从方。**[言吉凶无常准,故取类转圆。然圣人坐忘遗鉴,体同乎道,故先知存亡之所在,乃后转圆而从其方,弃凶而从吉,方谓存亡之所在也。]**圆者,所以合语;方者,所以错事。转化者,所以观计谋;接物者,所以观进退之意。**[圆者,通变不穷,故能合彼此之语;方者,分位斯定,故可错有为之事。转化者,改祸为福,故可观计谋之得失;接物者,顺通人情,故可以观进退之意、是非之事也。]**皆见其会,乃为要结,以接其说也。**[谓上四者,必见会之变,然后总其纲要而结之,则情伪之说可接引而尽矣。]

损兑

损兑法灵蓍。[老子曰:“塞其兑”。河上公曰:“兑,目也”。庄子曰:“心有眼。”然则兑者,谓以心眼察理也;损者,谓减损他虑专以心察也。兑能知得失,蓍能知休咎,故损兑法灵蓍也。]**损兑者,几危之决也。**[几危之理,兆动之微,非心眼莫能察见,故曰:“损兑者,几危之决”也。]**事有适然,物有成败。几危之动,不可不察。**[适然者,有时而然也,物之成败有时而然。几危之动,自微至著,若非情适远心,知机玄览,则不能知于未兆、察于未形。使风涛潜骇危机密发,然后河海之量堙为穷流,一篑之积叠成山岳。不谋其始,虽悔何之。故曰:“不可不察”。]**故圣人以无为待有德,言察辞合于事。**[夫圣人者,勤于求贤,密于任使，故端拱无为，以待有德之士。士之至也，必敷奏以言，故曰“言察辞”也。又明试以功，故曰“合于事”也。]

兑者，知之也。损者，行之也。[用其心跟，故能知之；减损他虑，故能行之。]损之说之，物有不可者，圣人不为辞也。[言减损之说，及其所说之物，理有不可，圣人不生辞以论。]故智者不以言失人之言，故辞不烦，而心不虚；志不乱，而意不邪。[智者听舆人之讼，采刍荛之言，虽复辨周万物，不自说也，故不以己能言而弃人之言。既有众言，故辞当而不烦，还任众心，放心诚而不伪。心诚言当，志意岂复乱哉。]当其难易，而后为之谋，自然之道以为实。[失事而后谋生，改常而后计起，故心当其难易之际，然后为之谋。谋失自然之道，则事发而功亏，故必因自然之道，以为用谋之实也。]圆者不行，方者不止，是谓“大功”。益之损之，皆为之辞。[夫谋之妙者，必能转祸为福，因败成功，追彼而成我也。彼用圆者，谋令不行；彼用方者，谋令不止。然则圆行方止，理之常也。吾谋既发，彼不得其常，岂非大功哉！至于谋之损益，皆为生辞以论其得失也。]用分威散势之权，以见其兑威其机危，乃为之决。[夫所以能分威散势者，心眼之由也。心眼既明，机危之威可知之矣。既知之，然后能决之。]故善损兑者，譬若决水于千仞之堤，转圆石于万仞之谷。[言善损虑以专心眼者，见事审得理明，意决而不疑，志雄而不滞，其犹决水转石，谁能当御哉？]

持枢

[枢者，居中以运外，处近而制远，主于转动者也。故天之北辰。谓“天枢”；门之运转者，谓之“户枢”。然则，持枢者，动运之柄以制物也。]

持枢，谓春生、夏长、秋收、冬藏，天之正也。[言春、夏、秋、冬四时运行，不为而自然也。不为而自然，所以为正也。]不可干而逆之。逆之者，虽成必败。[言理所必有物之自然者，静而顺之，则四时行焉，万物生焉。若乃干其时令，逆其气候，成者犹败，况未成者？元亮曰：“舍气之类，顺之必悦，逆之必怒，况天为万物之尊而逆之？”]故人君亦有天枢，生养成藏，[言人君法天以运动，故曰“亦有天枢”。然其生、养、成、藏，天道之行也，人事之政亦复不别耳。]亦复不可干而逆之，逆之，虽盛必衰。此天道人君之大纲也。[言干天之行，逆人之正，所谓倒置之，曰"道非义而何？"此持枢之术，恨太简促，畅理不尽，或篇简脱烂，本不能全也。]

中经

[谓由中以经外，发于心本，以弥缝于物者也，故曰"中经"。]

中经，谓振穷趋急，施之能言厚德之人。救物执，穷者不忘恩也。[振，起也；趋，向也。物有穷急，当振起而向护之。乃其施之，必在能言之士、厚德之人。若能救彼拘执，则穷者怀，终不忘恩也。]能言者，俦善博惠；[俦，类也。谓能言之士解纷救难；虽不失善人之类，而能博行恩惠也。]施德者，依道；[言施德之人，勤能修理，所为不失道也。]而救拘执者，养使小人。[言小人在拘执，而能救养之，则小人可得而使也。]盖士，当世异时，或当因免阗坑，或当伐害能言，或当破德为雄，或当抑拘成罪。或当戚戚自善，或当败败自立。[阗坑，谓将有兵难转使沟壑。士或有所因，而能免斯祸者，代害能言，谓小人之道，谗人罔极，故能言之士，多被戮害。破德为雄，谓毁文德，崇兵战。抑拘成罪，谓人不章，横被缧拽。戚善，谓天下荡荡无复纲纪，而贤者守死善道，真心不渝，所谓岁寒然后知松柏后凋也。败败自立，谓天未悔祸，危败相仍，君子穷而必通，终能自立，若管仲者也。]故道贵制人，不贵制于人也；制人者握权，制于人者失命。[贵有术而制人，不贵无术而为人所制者也。]是以见形为容，象体为貌，闻声和音，解仇斗郄，缀去却语，摄心守义。[此总其目，下别序之。]本经记事者纪道数，其变要在《持枢》《中经》。[此总言《本经》《持枢》《中经》之义，言《本经》纪事但纪道数而已。至于权变之要，乃在《持枢》《中经》也。]

见形为容，象体为貌者，谓爻为之生也。[见彼形，象其体，即知其容貌者，谓用爻卦占而知之也。]可以影响、形容、象貌而得之也。[谓彼人之无守，故可以影响、形容、象貌占而得之。]有守之人，目不视非，耳不听邪，言必《诗》《书》，行不僻淫，以道为形，以听为容，貌庄色温，不可象貌而得也。如是隐情塞郄而去之。[有守之人，动皆正直，举无淫僻，厥后昌盛，晖光日新，虽有辩士之舌，无从而得发,故隐情、塞郄、闭藏而去之。]

闻声和音,谓声气不同,则恩受不接。故商、角不二合,徵、羽不相配。[商金、角木、徵火、羽水,递相克食,性气不同,故不相配合也。]能为四声主者,其唯宫乎?[宫则土也,土主四季,四者由之以生,故为四声主也。]故音不和则不悲,不是以声散伤丑害者,言必逆于耳也。[散伤丑害,不和之音;音气不和,必与彼乖,故言其必逆于耳。]虽有美行盛誉,不可比目,合翼相须也,此乃气不合、音不调者也。[言若音气乖彼,虽行誉美盛,非彼所好,则不可如比目之鱼、合翼之鸟两相须也,其有能令相求应不与同气者乎?]

解仇斗郄,谓解羸微之仇。斗郄者,斗强也。[辩说之道,其犹张弓;高者抑之,下者举之。故羸微为仇,从而解之;强者为郄,从而斗之也。]强郄既斗,称胜者高其功,盛其势。[斗而者盛,从而高其功、盛其势也。]弱者哀其负、伤其卑,行其名,耻其宗。[斗而弱者,从而哀其负劣,伤其卑小,污下其名,耻辱其宗也。]故胜者,斗其功势,苟进而不知退;[知进而不知退,必有亢龙之悔。]弱者闻哀其负,见其伤则强大力倍,死而是也。[弱者闻我哀伤,则勉强其力,倍意致死,为我为是也。]郄无极大,御无强大;则皆可胁而并。[言虽为郄,非能强大;其于捍御,亦非强大。如是者,则以兵威胁令从己。而并其国也。]

缀去者,谓缀己之系言,使有余思也。[系,属也,谓己令去,而欲缀其所属之言,令后思而同也。]故接贞信者,称其行,历其志,言可为可复,会之期喜。[欲令去后有思,故接贞信,人之称其行之盛美,历其志令不怠。谓此美行,必可常为,必可报复,会通其人,必令至于喜悦者也。]以他人之庶,引验以结往,明疑疑而去之。[言既称行历志令其喜悦,然后以他人庶几于此者,引之以为成验,以结已往之心,又明已疑疑至诚,如是而去之必思而不疑。]

却语者,察伺短也。[言却语之道,必察伺彼短也。故多必有数短之处,识其短验之。言多不能无短,既察知其短,必记识之,以取验之相也。]动以忌讳,示以时禁。[既有其短,则以忌讳动之,时禁示之,其人因以怀惧。]然后结以安其心,收语盖藏而却之,[其人既以怀惧,必有求服之情,然后结以诚信以安其惧心,其向语盖利而却之,则其人之恩威,固以深矣。]无见己之所不能干多方之人。[既藏向语,又戒之曰:勿于多方人前见其所不能也。]

摄心者,谓逢好学伎术者,则为之称远;[欲将摄取彼心,见其好学伎术,则为作声誉合远近知之也。]方验之,警以有奇怪,人系其心于己。[既为作声誉,方且以道验其伎术,又以奇怪从而警动之,如此则彼人心系于己也。]效之于验,验去乱其前,吾归诚于己。[人既系心于己,又效之于时人,验之于往贤,然后更理其前所为谓之曰:"吾所以然者,归诚于彼人之己,如此则贤人之心可得而摄"。乱者,理也。]遭淫色酒者,为之术音乐动之,以为必死,生日少之忧。[言将欲摄愚人之心,见淫酒色者,为之术音乐之可说。又以遇于酒色,必之死地,生日减少,以此可忧之事以感动之也。]喜以自所不见之事,终可以观漫澜之命,使有后会。[又以音乐之事,彼所不见者,以喜悦之,言终以可观,何必淫于酒色?若能好此,则性命漫澜而无极,终会于永年。愚人非可以道胜说,故推音乐可以摄其心。]

守义者,谓守以人义,探心在内以合也。[义,宜也。宜探其内心,随其人所宜,遂人所欲以合之也。]探心深得其主也。从外制内,事有系由而随也。[既探知其心,所以得主深也。得心既深,故能从外制内,内由我制,则何事不行?故事有所属,莫不由随之也。]故小人比人则左道,而用之至能败家夺国。[小人以探心之术来比于君子,必以左道用权。凡事非公正者,皆曰"小人"。反道乱常,害贤伐善,所用者左,所违者公,百废昏亡,万机旷紊,家破国夺,不亦宜乎!]非贤智,不能守家以义,不能守国以道。圣人所贵道微妙者,诚以其可以转危为安,救亡使存也。[道,谓《中经》之道也。]

第六篇　鬼谷子的管理智慧

第一章　捭阖篇——管理者手中的万能钥匙

一、看清大势才能引领时代

【原文】

粤若稽古，圣人之在天地间也，为众生之先，观阴阳之开阖以名命物。知存亡之门户，筹策万类之终始，达人心之理，见变化之朕焉，而守司其门户，故圣人之在天下也，自古及今，其道一也。

【译文】

纵观上古历史，可知圣人生活在天地之间，乃是众人的先导。通过观察阴阳两类现象的变化来对事物做出判断，并进一步了解事物存亡的关键因素。计算和预测事物的发展进程，通晓人们思想变化的关键，揭示事物变化的征兆，从而把握事物发展变化的关键。所以，从古至今，处于天地间的圣人，分析事物思路都能统一到阴阳的变化之中。

【解析】

在鬼谷子看来，圣人之所以为圣人，最根本的就是要“守司其门户”。用现代话来说，就是分析且顺应时代发展的趋势，遵循天下兴亡之道。

按照中国人的传统思维，一说起“兴亡之道”，往往要从夏、商、周这“老三代”中去寻找。这是什么缘故呢？一个合理的解释是，在商代夏、周代商的过程中，后世所倚重的谋略尚未取得足以决定胜负的地位。不仅如此，儒、道、法、阴阳等诸子百家的思想也统统不存在，人们的社会政治思想还是混沌一片。在这样一个时代里，“兴亡之道”就显得很纯粹，纯粹到可用简单的“天命”来概括。无论是君还是民，都十分相信“天命”的说法，认为它决定着天下兴亡。即便是夏桀和商纣这样的暴君，也都自诩天命所归。而所谓“天命”，往往是先人或者圣人对待时局的一次富有远见的预测。

【典例】

夏朝末年，夏桀统治无道。商汤欲讨伐之，在征伐夏桀之前，他曾做了一篇“汤誓”，以鼓舞军队的士气。这篇短文后来收录在《尚书》一书中。在文中，商汤对将士们说：“来吧，你们各位！都来听我说。不是我贸然进攻夏朝！实在是因为夏王犯下大罪，上天命令我去讨伐他。现在你们大家会说：‘我们的国君不体贴我们，不让我们种庄稼，却去攻打夏王。’这样的话我早就听过。夏王剥削他的人民，大家都说：‘这个太阳什么时候才能落下？我们宁可和你一起灭亡。’夏桀的德行败坏到这种程度，现在我一定要去讨伐他。”果然，商汤最终打败了人民痛恨的夏桀，建立了商朝。

商汤

商朝末年，王位落到了纣王的手中，政治黑暗，民不聊生，而西边的周族逐渐兴起，在周文王的领导下，实力已足以与商相抗衡。然而，深通易理的文王没有贸然兴兵东进，而是对内施以仁政，对外铲除商纣的帮凶，同时不断扩大自己的势力范围。武王即位后，认为伐商的准备工作尚未完成，仍然韬光养晦，耐心地等待时机。据司马迁在《史记·周本纪》中所说，武王曾率兵东进至孟津，天下诸侯纷纷响应，但武王认为商朝气数未尽，于是果断退兵。在吕尚等一班贤臣良将的辅佐之下，周族的实力得以迅速增长。与此同时，商朝统治集团内部的矛盾却在激化，商纣王饰过拒谏，肆意胡为，残杀王族重臣比干，囚禁箕子，逼走微子。武王、吕尚等人遂把握这一有利战机，决定大举伐纣，经过牧野之战，一役而胜，结束了商朝的统治。

同样，在近代，孙中山先生领导辛亥革命，推翻了在中国延续两千多年的封建帝制，但胜利的果实最终却被袁世凯篡夺。袁世凯表面上支持革命，其实是别有用心。刚刚大权在握，他就不顾革命派的一致反对，大搞复辟帝制的活动，结果仅仅当了 83 天的皇帝，就在举国上下的唾骂声中被迫下台，最后抑郁而死。

【点悟】

商汤伐桀、武王伐纣和袁世凯复辟都充分展现了顺势而昌、逆势而亡的道理，在中国的政治、军事史上，都具有开创性的意义。从这些例子可以看出，所谓“分析形势”的“势”就是历史的大势，“顺势而为”的“顺”就是民心的向背，这里的“势”和“顺”再加上管理者的贤德，直接决定着战争的胜负以及一切事业的成败。

在现代商业领域，同样也要遵循这一道理。一个企业，如果能顺应时代发展的需要，立足于服务社会，坚持自己的品牌战略，并由卓越的领导带领，就大有可能迈向辉煌。以电脑软件业巨头——微软公司为例，该公司引领着全球信息化的潮流，倾力发展小型家用电脑，给人们的生产和生活带来了巨大便利。至于这艘商业巨轮的舵手比尔·盖茨，即便除去“世界首富”的炫目光环，我们依然能感受到他的执着与睿智。一次，在接受《金融时报》采访时，比尔·盖茨诚恳地说："我也曾有过颓废和虚怯。微软公司在管理过程中遇到的困难和阻力一次比一次大，从技术难关、竞争对手的围攻到政府的指控，如果我不是最终以勇气和毅力战胜颓废和虚怯，把难关变成发展的机会，恐怕早就被市场竞争的波涛淹没了。"

由此可见，只有分析且顺应时代发展的大趋势，才是管理者的取胜之道。

二、让管理工作事半功倍

【原文】

变化无穷，各有所归，或阴或阳，或柔或刚，或开或闭，或弛或张。是故圣人一守司其门户，审察其所先后，度权量能，校其伎巧短长。夫贤、不肖、智、愚、勇、怯有差。乃可捭，乃可阖；乃可进，乃可退；乃可贱，乃可贵；无为以牧之。

【译文】

事物的变化虽然无穷无尽，但各自都有自己的归宿；或者属阴，或者归阳；或者柔弱，或者刚强；或者开放，或者封闭；或者松弛，或者紧张。所以，圣人要始终把握事物发展变化的关键，观察事物的来龙去脉和先后顺序，度量对方的智谋、能力，再比较技巧方面的长处和短处。至于贤良和不肖，智慧和愚蠢，勇敢和怯懦，都是有区别的。所有这些，可以开放，也可以封闭；可能进升，也可以辞退；可以轻视，也可以敬重，要靠无为来掌握这些。

【解析】

中国有句俗话："牵牛要牵牛鼻子。"是说一头壮硕的水牛，怎样驱使它去耕田？自古以来，都是刺穿它的鼻子，系上鼻环，用绳子牵着鼻环，牛因鼻痛，会乖乖地听人使唤。西方的哲学家也说过："给我一个支点，我可以撬动地球。"说的都是一个意思，即万事万物都存在着起决定作用的关键点，这就像鬼谷子说的“圣人一守司其门户，审察其所先后，度权量能，校其伎巧短长”。

牛懒，就牵它的鼻子，驴犟又该如何？驴子的倔强世人皆知，常常是拉它拉不动，打也打不走。其实，人们之所以很难制服驴子，是因为很少有人知道驴子的“死穴”。找不到要害，一般的抽打根本起不了太大的作用。常干农活的人，有不少人知道驯服犟驴的妙法，也就是找到了它的“死穴”。这个“死穴”的具体位置不太好描述，通俗地说，就是在驴子肚皮中点至脊柱中点左侧这条弧线约五分之一处，农村的人称之为驴子的“肚绷子”。在驴子不听话时，只要对准它的“肚绷子”踢上一脚，它立刻如触电般僵在那里，乖乖地任你摆布。管理工作也是一样，只要抓住了工作的关键环节，就可以让工作更有效率，达到事半功倍的效果。

我们在办事的时候，常常也是不知从何处下手。其实，每个事物都有各自的特点，这就是所谓的突破口，我们应该学会寻找这个突破口，把握问题的关键，事情就会变得容易解决。

【典例】

刘邦得了天下，定都洛阳。到了论功行赏的时候，各文臣武将议论纷纷，等不及的人，早已开始争论功劳大小了。

可是，分封毕竟是一件极其重要的事情。刘邦先从功劳比较大的文臣武将开始封侯，对接下来如何进行分封还在考虑之中。

一天，刘邦在洛阳南宫边走边观望，只见一群武将在宫内不远的水池边，有的坐着，有的站着，交头接耳，在议论些什么，见到他都不吭声了。刘邦觉得奇怪，就把张良找来问道：“你知道他们在谈论些什么吗？”张良答道：“他们这是要聚众谋反呢！”刘邦大吃一惊：“他们为什么要谋反呢？”张良平静地说：“陛下从布衣平民起家，与众将共取天下，现在所封的都是以前的老朋友和自家的亲族，所诛杀的都是自己平生最恨的人，这怎么不令人望而生畏呢？若是不得受封，以后难免被杀，朝不保夕，患得患失，当然要头脑发热，聚众谋反了。”刘邦惊骇:“那怎么办呢?”张良想了一阵子对刘邦说:“陛下平日在众将中有没有对谁特别不满?”刘邦说:“我最恨的就是雍齿。我起兵时,他无故降魏,之后又自魏降赵,再自赵投降张耳。张耳来投降我时,顺便也带了他。现在灭楚不久,像这种朝三暮四的家伙又不能无故杀他,真让人气愤。”张良一听,立即就说:“好!立即把他封为侯,才可能缓解眼下的人心浮动。”刘邦想了想,张良的话是极有道理的,虽心有不愿,但为了稳定局面,也只有这样了。

几天后,刘邦在南宫设宴招待群臣。在宴席快散时,传出诏令:“封雍齿为什邡侯。”雍齿听到宣诏后,简直不敢相信自己的耳朵,受宠若惊。此事立刻在众将领中产生了轰动,个个喜出望外:“雍齿都能封侯,我们还有什么好顾虑的?”

【点悟】

这一事件显示了张良计谋的高明。因为这一做法抓住了关键,消除了所有人心中的疑虑。如果没有找到这样的突破口,恐怕再分封十几人也达不到稳定人心的目的。而刘邦能这样做,也体现了一代帝王不计前嫌的胸襟和气量,轻而易举地缓和了君臣之间的矛盾,避免了一场可能发生的动乱。他这种安一仇而得众心的策略,也常常为后人所用。例如东汉末年,袁绍想清除异己,曹操则不以为然地说:“高祖赦雍齿之仇而群情以安,如何忘之?”由此可见,袁绍的见识比起曹操来是差很远的。再如春秋时,管仲曾经作为齐桓公的敌对方用箭射中桓公的带钩,险些将齐桓公杀死,但齐桓公即位后仍然能够重用管仲,留下一段佳话。两件事合到一起,就有了“雍齿先封,射钩见相”一说。

另外,从管理学的角度来看,刘邦封雍齿的做法,带有很浓厚的权术色彩。对于权术的理解,历来有很多异议。一般说来,人们并不认可玩弄权术的行为。但是,在特定的条件下,却可以适当地运用,但要加上一定的限制条件,这样,权术也就有了现实意义。所以说,尽管刘邦的这种做法也是权术的一种,但这种权术运用的目的是用来彰明公平大义、维护稳定的。所以,这个例子对于管理者如何运用权术也有一定启发。高明的管理者从不滥用权术，他们总能找到最佳的突破口，施以巧力使管理工作事半功倍。

三、测准风向以便张帆使舵

【原文】

审定有无，与其虚实，随其嗜欲以见其志意。微排其言而捭反之，以求其实，实得其指。阖而捭之，以求其利。或开而示之，或阖而闭之。开而示之者，同其情也；阖而闭之者，异其诚也。可与不可，审明其计谋，以原其同异。离合有守，先从其志。

【译文】

审定对方才干的有无和思想的虚实，可以先观察他的嗜好和欲望，便可看出他的志向和意志。在和对方辩论时，可以先略微驳斥他的观点，诱使他开启话语之后再加以反驳，这样可以了解对方的实际情况，了解他的行动意图。明白对方的实际情况后我们应该闭藏自己，隐瞒自己的真实计谋，不让对方察觉，然后再开启自己的思路，以从中获取有利于自己的信息。或者开启自己，让对方知道自己的真实想法；或者闭藏自己，不暴露自己的真实想法。让对方知道自己真实想法，是因为要获得共同的情感，相互间的信任；不暴露自己的真实想法，则是要考虑彼此的诚意。计谋的可行与不可行，我们必须先观察分析清楚对方的思路，才能比较彼此相同与不同之处。计谋有与自己不相同的和相同的，对此，应该在尊重对方意愿的前提下把握好自己的主张。

【解析】

树上没有两片完全相同的树叶，世界上也不可能存在两个完全相同的人。据此，鬼谷子认为，我们说话、办事的方式都要因人而异。只有全面而深刻地了解别人，才能“得其指”，更好地实现“求其利”的目标。“变化无穷，各有所归”，让我们由此触及鬼谷子思想的精髓。鬼谷子告诉我们，在掌握兴亡之道的基础上，作为管理人员应当树立正确的目标，充分认识自己的能力，采取灵活多变的处世之道。

《战国策·魏策四》里有这样一则寓言故事，讲述了一个人要乘车到楚国去，由于选择了相反的方向又不听别人的劝告，只能离楚国越来越远。这个故事告诉我们，无论做什么事，都要首先看准方向，才能充分发挥自己的有利条件；如果方向错了，那么有利条件只会起到相反的作用。在中国，“南辕北辙”的典故可说是人人皆知，其道理十分浅显，然而，大多数人只是一笑了之。在人们看来，世界上根本不存在这样的人。的确，“南辕北辙”反映的是一种极端的情况，那就是方法与目标完全背道而驰。而在现实生活中，不乏做事方法不对头，在达到目标之后才发现走了很多弯路的情形，作为管理层的人员，尤其要注意这一点。

无论是在国家的政治、军事、经济、外交等领域里，还是个人的求学、创业、致富的过程中，方法与目标的统一都是关键。这个问题解决得好，便能为成功打下良好的基础。先把风向测准才能更好地张帆使舵，否则，就可能走很多弯路，甚至功败垂成。解决这个问题并非易事，需要具备远见卓识。然而，天下没有生来就具有远见卓识的人，都需要后天的刻苦磨炼。《中庸》里说，“他人知道一件事，自己要知道一百件；他人了解十件事，自己要了解一千件”，意思就是要勉励自己多下苦功，正所谓“功到自然成”。

【典例】

柯达公司的老板伊斯特曼发明了胶片以后，摄制电影才得以实现。伊斯特曼也因此而获得了一笔可观的财富，并且成为世界最著名的商人之一。

为了纪念他的母亲，伊斯特曼在洛加斯达城出资捐建了“伊斯特曼”音乐学校及“凯伯恩”剧院。纽约某座椅制造公司的经理艾特森，想获取该剧院座椅的合同，于是他和伊斯特曼约会见面。

艾特森到了那里，一位工程师对他说道："我晓得你是想得到座椅的合同，但是我要告诉你，伊斯特曼的工作非常忙，而且脾气很大，所以我劝你五分钟之内说完你的来意后就离开。"

艾特森被引进总裁办公室时，伊斯特曼正埋头于桌上堆积的文件之中，艾特森忽然打算改变直截了当的方式，用别的方法试试看。在工程师介绍之后，艾特森便说道："伊斯特曼先生，当我在外边等着见你的时候一直在想，假如我有这样的办公室，我一定也很高兴的在里面工作，因为我从来不曾见过这么漂亮的办公室。"

伊斯特曼答道："是啊，当初才盖好的时候我极喜爱它，但是现在，因为有许多事忙得我甚至几个星期坐在这里也无暇看它一眼。"

艾特森走过去用手摸摸壁板，说道："这是英国橡木做的，是吗？和意大利橡木稍有不同。"

伊斯特曼答道："对了，那是从英国运来的橡木。我的一个朋友懂得木料的好坏，他为我挑选的。"随后伊斯特曼领着艾特森参观他自己当初帮助设计的房间配置、油漆颜色及雕刻工艺等。

当他们在室内夸奖木工时，伊斯特曼走到窗前站住了脚，然后亲切地表明要捐助洛加斯达大学及市立医院等一些钱，以尽点心意，艾特森热诚地称许他这种慈善义举的古道热肠，伊斯特曼随后又走过去打开一个玻璃匣，取出他买的第一架摄影机——是从一位英国发明人手中买来的。

艾特森又问他当初是怎样开始在商场上奋斗的，伊斯特曼很感慨地诉说他幼年的困苦。几个小时过去了，他们还在滔滔不绝的谈着。

最后伊斯特曼对艾特森说："上次我去日本，在那里买了几张椅子回来，我把它们放在阳台上。日子一久阳光就把漆给晒掉了，于是我到商店买了漆回家自己动手油漆那椅子，就同我到舍下去吃中饭吧，我给你看看。"

饭后，伊斯特曼把从日本带回来的椅子指给艾特森看。那椅子每把不过

15 美元，伊斯特曼虽富有千万，对那椅子却异常满意，因为那是他自己动手油漆的。

凯伯恩剧院的坐椅订货总额共计 9 万美元，你猜是谁得到了合同？

【点悟】

与人谈话，要先揣摩、体会对方的心意，知道他喜欢什么、讨厌什么，然后谈话时趋利避害，以便让他把你当作知己。在他视你为知己之时，再适时地提出自己的要求，以达成一致意见，也就是我们常说的"测得风向好使舵"。

在这场谈判之中，艾特森先是初步了解对方，从伊斯特曼的经历入手，赞扬他取得的成就和独具匠心，从而使伊斯特曼的自尊心得到了极大的满足，视艾特森为自己的知己。这笔生意也当然非艾特森莫属了。

对于管理者来讲，测准风向是很重要的。这就需要管理者细心观察，把收集到的各方面信息加以汇总整合，通过研究他们之间的相互关系，预测出事情的发展方向，以便更好地做出对策。

四、思虑缜密方可纵横不败

【原文】

即欲捭之贵周；即欲阖之贵密。周密之贵微，而与道相追。捭之者，料其情也。阖之者，结其诚也。皆见其权衡轻重，乃为之度数，圣人因而为之虑。其不中权衡度数，圣人因而自为之虑。故捭者，或捭而出之，而捭而内之。阖者，或阖而取之，或阖而去之。

【译文】

如果要捭开对方的门户，最重要的是考虑周详；如果要关闭自己的门户，最重要的是处事缜密。要达到周密，最重要的是做得微妙，合乎事物发展的规律和道理。捭开对方门户，目的是侦察其实情；让对方封闭，是为了坚定他的诚心。这些都是为了彻底摸清对方的底细，以便探测其各方面的表现。若据此足以做出分析和预测，圣人就可为其谋划。若分析和预测的结果不理想，圣人就会想办法另行谋划。因此，所谓开放，或者是要自己出去；或者是让别人进来。所谓封闭，或者是通过封闭来自我约束；或者是通过封闭使别人被迫离开。

【解析】

鬼谷子强调应用捭阖之术要确保周详缜密，攻守兼备。若捭阖得不好，反而会让自己门户大开，一败涂地。其术最关键之处，在于应“闭”时确保能自守门户，韬光养晦，渡过难关，从而占据先机，一役而胜。在历史进程中，凡能建功立业者，无不深谙此道。魏国大将军司马懿、明成祖朱棣等人，都曾以周密的捭阖之策而反败为胜，纵横天下。

在现代商业领域，一个成熟而有谋略的管理者，必须具备缜密的思维习惯，只有时时保持思维的缜密，才可以减少出错，在自己的管理领域里纵横不败。当面临同行的竞争时，要能采取有效的措施加以应付，进攻就进攻对手的软肋，防守就要滴水不漏，没有一丝破绽。高手的境界是能够在加强自身实力的同时又能削弱对方。这也是捭阖之术可以发挥作用之处。

我们常说做事“三思而行”，一个人要想获得成功，做事之前必须慎重思考将要出现的情况，对环境、对手以及自身都要有充分的分析和了解，从而把握整个局势，选择最有利于自己成功的方式和道路。审时度势，纵观全局，思虑周全，这是一个成功管理人员的必备素质。

【典例】

魏文帝以后，太尉司马懿掌握兵权，势力日渐膨胀。曹氏宗族对司马懿戒备之心日重，矛盾日益显露。大将军曹爽用明升暗降的手段剥夺了司马懿的兵权。司马懿立过赫赫战功，如今却大权旁落，心中十分怨恨，但他看到曹爽现在势力强大，一时恐怕斗他不过。为了躲避曹氏宗族的锋芒，司马懿托病在家，多年不朝。当曹爽派亲信李胜去司马懿家探察病情时，司马懿装出一副病重的样子，头发散乱，躺在床上。李胜说："好久没来拜望，不知您病得这么严重。现在我被任命为荆州刺史，特来向您辞行。"司马懿故意说："并州是要地，一定要抓好防务。"李胜说："是荆州，不是并州。"司马懿还是装糊涂。这时，侍女来给他喂药，他咽得很艰难，汤水从口中流出。李胜回去向曹爽做了汇报，打消了曹爽的疑虑。不久，司马懿乘曹爽放弃戒备、外出祭祖的机会发动政变，等到曹爽闻讯回城，大势已去。司马懿以篡逆的罪名诛杀曹爽一家，曹魏政权实际上已是有名无实了。

司马懿的示弱是为了麻痹对手，以备以后更好地进攻，思虑可谓周全。但有的人善于主动进攻，在进攻中发挥自己缜密的思维。某市有一家大型眼镜批零店，曾一度垄断着当地的眼镜销售市场。很快，在其周围冒出众多个体眼镜店，对批零店的生意造成很大影响。面对"围攻"，眼镜店冷静地分析了市场形势，认为个体户的优势是本小灵活、进退自如，但他们一般缺乏过硬的技术，配镜质量无保证，也无力在经营上造声势。针对这些情况，该店制订和实施了"扬长避短、强化服务"的战略。他们缩减了低档眼镜的销售量，增加了中、高档眼镜的花色、品种，以避开个体户定价灵活的优势。他们还在报纸、电视上展开了宣传攻势，一是宣传配镜的基本知识，让顾客了解到配镜不适给眼睛造成的损害；二是宣传本企业的信誉及提供的优质服务。此外，他们还聘请了三位眼科专家全天候门诊，为儿童提供免费的配镜咨询，保证儿童配上适宜的眼镜。这一系列措施，安排得细致、周密，环环紧扣，让其他个体眼镜店无力招架。该眼镜批零店不但扩大了知名度，提高了销售量，还引来了一批新的顾客——儿童，在这场突围之战中大获全胜。

【点悟】

司马懿伪装自己，博取对手的信任甚至是同情，尔后突施冷箭，"毕其功于一役"，真可谓老谋深算，难怪当初诸葛亮将他视为平生劲敌。反观曹爽，此人在人才济济的曹魏政权内官拜大将军，绝非平庸无能之辈，但他缺少心机、麻痹大意，正如缺少了牙齿的猛虎，被人玩弄于股掌之中。两人这一胜一负，一生一死，一荣一辱，并不仅仅取决于实力，而更是取决于管理者心思的缜密程度。可见，捭阖之术能使强弱形势相互转化。弱者通过自守门户，能使强者不自觉地打开门户，放松警惕，从而达到以弱胜强的目的。

在商场上，竞争总是非常惨烈，稍有不慎就会被同行的其他企业击倒，这就更加需要各领域的管理者训练自己缜密的思维习惯，建立起自己的坚固城堡，考虑问题力求全面细致，以便使自己在这一领域中屹立不倒。

古往今来的胜者，不仅要有开创大局的雄伟气魄，也要有管理细节的缜密心思。自诩“力拔山兮气盖世”的楚霸王，能成为名垂后世的英雄，但不能成为最后的胜者，因为他不懂得“欲捭之贵周，欲阖之贵密”的道理，不能很好地管理和控制自己身边的人和事。真正能成就大事业的人，一要胆大，二要心细，两者委实缺一不可。

五、灵活变通才能走出困境

【原文】

捭阖者，天地之道。捭阖者，以变动阴阳，四时开闭以化万物。纵横、反出、反复、反忤必由此矣。

【译文】

捭阖是世间万物变化发展的规律。捭阖是事物发展的动力，使事物阴阳对立的各方面发生变化，就像春、夏、秋、冬四时的交替一样，来促使万物发生变化。世间出现的纵横、离开、归复、反抗等现象，都是通过捭阖来实现的。

【解析】

“捭阖者，天地之道”。鬼谷子认为，捭阖普遍存在于世间，促进万物发生变化。春生、夏长、秋收、冬藏,在这个不断变化的世界里,没有永恒不变的事物。哲人说:“人不能两次踏入同一条河流。”在奔腾不息的历史长河之中,那些拘泥传统,不求变革的人终将被淘汰。

有这样一个笑话,古时候有个人让他的妻子做一条新裤子。他的妻子问他新裤子做成什么样子的,他说就像他的旧裤子一样。于是,妻子就把做好的新裤子弄脏,让它和旧的一样破旧。显然,这则笑话讽刺的是那些因循守旧、不肯变通的人。这些人片面地凭着老经验去办事,费了很大的力气,结果却只能是失败。世界是不断变化的,如果仅以一时一地的经验作为行动的指南,或者总以过时的经验作为行动的依据,那就不符合鬼谷子所说的捭阖之道了。所以说,作为管理者,要想在前进的道路上游刃有余,就必须懂得适时变通,这样才能有不竭的前进动力,一直走在时代的前沿。

古代能够做出巨大业绩的,是那些深明变通之道而不拘泥祖先之法的人,商王盘庚正是这样的人。盘庚是商朝的第二十代王,他是个有才干的君主,为了改变当时王族内部的混乱及社会不安定的局面,决心迁都于殷。但是,大多数贵族都因循守旧或贪图安逸,反对迁都。一些贵族甚至还煽动平民起来反对,闹得人心惶惶。在困难面前,盘庚没有动摇迁都的决心,最终挫败了反对势力的阻挠,带着平民和奴隶渡过黄河,迁都到殷(今河南安阳小屯村)。在那里,盘庚整顿朝政,人民生活逐渐殷实起来。“盘庚迁都”是一项备受称赞的壮举,也被视为中国最早的改革行动。

世界上没有什么是一成不变的,盘庚迁殷是商朝历史上的一次重大变革,通过这次变革,商朝从衰落走向繁荣,创造了辉煌灿烂的文化。可见,在人类社会发展的过程中,变革是不可避免的,也是非常必要的。只有灵活变通才能走出绝境,创造出新的生机,使管理工作有声有色。

【典例】

春秋战国时期,中原军队作战一般使用兵车,人们还不习惯于骑马,在善于骑射的游牧民族骑兵面前,车战有着不够灵活机动的明显缺陷。赵武灵王目光远大,为了达到北御匈奴、南防秦国的目的,决定实行"胡服骑射"的改革,以增强国家的军事实力。这个改革想法一传开去,就有不少大臣反对。赵武灵王有个叔叔公子成,是赵国很有影响的老臣,但是十分顽固,他听说赵武灵王要大家都改穿胡服,就干脆称病不上朝了。赵武灵王知道,要推行改革,首先要说服公子成,于是亲自上门找公子成,反复地讲穿胡服、学骑射的好处,终于使公子成同意穿胡服。大臣们一见公子成都穿胡服了,没有办法,也只好跟着改了。赵武灵王见条件成熟,就正式下令在全国范围内改变服装样式,让所有的人都穿胡服。有的人刚开始觉得不习惯,后来觉得穿了胡服,做事行动实在方便得多。接着,赵武灵王又下令大家学习骑马射箭。不到一年,赵国就训练了一支强大的骑兵队伍。到实行"胡服骑射"的第七年,赵国已收服了中山、林胡、楼烦等国,向北方开辟了上千里的疆域,成为当时的"七雄"之一。

话说西凉刺史董卓乘朝野之乱,统帅 20 万大军进驻洛阳,废了少帝,立了献帝,自封为相国。他欺主弄权,作威作福,残暴凶狠,大臣们都想除掉他,却苦于没有办法。骁骑校尉曹操有心暗杀董卓,他经常出入相国府,渐渐取得了董卓的信任。一日,曹操从王司徒处借来七星宝刀一口,藏刀于身来到相府,走入小阁,见董卓坐在床上,义子吕布侍立于一侧。董卓问"孟德今天为何来得这么晚?"曹操说:"我的马走不快,所以迟了。"董卓听后,命吕布去挑选一匹西凉好马送给曹操,吕布出去了。曹操心想:"这老贼死期到了。"欲刺杀他,又怕董卓力大,没敢妄动,只好站在一旁等待机会。董卓身体肥胖,不能久坐,不一会,即侧身而卧。曹操见他躺下,心想机会来了,急抽刀欲刺。不想董卓从铜镜内看见曹操抽刀,转身急问:"孟德你要干什么?"这时吕布也牵马回来了,曹操心中慌乱,心想:我命休矣。俗话说"急中生智",眼看就要大祸临头,曹操突然灵机一动,想到一个脱身之法,于是持刀跪下说:"我得了一口宝刀,想要献给相国。"董卓接刀一看,长足盈尺,锋利无比,果然是一口宝刀。董卓引曹操出阁看马,曹操谢道:"愿借马一试。"曹操牵着马出了相府,快马加鞭往东南疾去。吕布对董卓说："曹操好像有行刺之举。"董卓有些醒悟，于是派人去追。此时曹操已经飞马奔出东门，逃得无影无踪了。

三国时期，马谡鲁莽失掉战略要地——街亭，魏将司马懿乘势引大军15万向诸葛亮所在的西城而来。此时所有的大将都不在身边，只有一班文官和2500名士兵在城里。诸葛亮登城楼观望一会儿后，对众人说："大家不要惊慌，我有妙策。"于是诸葛亮命令按兵不动，不允许大声喧哗，私自外出。故意把四个城门都打开，派许多士兵装成百姓的模样洒水扫街。自己穿上鹤氅，戴上纶巾，领着两个小书童，到城上望敌楼前坐下，不慌不忙地弹起琴来。司马懿到达城下，见了这种气势，心中联想到诸葛亮足智多谋，非常忐忑不安。便到中军，教后军作前军，前军作后军，望北山路而退。次子司马昭问："莫非诸葛亮无军，故作此态？父亲何故便退兵？"司马懿说："诸葛亮一生谨慎，不曾冒险。现在城门大开，里面必有埋伏，我军如果进去，正好中了他们的计，还是快快撤退吧。"于是两路兵尽皆退去。就这样，诸葛亮凭借空城计，不费一兵一卒就化解了一次危机。

马谡

【点悟】

赵武灵王可以说是中国历史上军事改革的第一人，他没有以中原大国自居，而是勇于学习胡人先进的东西，为我所用，所以才成就了独霸一方的大业。

学会灵活变通才能解开死结，才能摆脱困境，继续以后的路。曹操不愧是一代枭雄，勇略过人，机变无双。行刺失败本是必死之局，也只有他才能金蝉脱壳，化险为夷。

用兵之道，虚虚实实，在危难发生时，惊慌失措只会加快事态的恶化。诸葛亮虽一生谨慎，不喜冒险，但临危仍能灵活变通，破除常规，无愧于他“智圣”的称号。

我们应该明白，困则思变是一种积极、科学的态度。作为管理者，当处于困境时，要有所行动，不可坐以待毙。要认真地考虑一下，重新制订行动方案，并认真地实施，才能如陆游所说的“山重水复疑无路，柳暗花明又一村”那样转危为安，走出困境。那些善于变通，将不如意化解为如意，由困境进入顺境的人，才能成为成功的管理者。

“变”是事物发展的规律，“应变”则是管理者能力的表现，灵活通变并不是牺牲原则，恰恰相反，是化解矛盾的有效途径。如果管理者的思维方法都是沿着既成的模式和程序而进行思维活动，那就等于把自己的思维限制在狭小的天地里，抑制了自由创造的机会，要想提高应变能力，我们在突破常规思维的同时，必须学会非常规性思维。一个人必须思路广阔、头脑灵活、敏捷好动、审时静思，方能在变化中获得主动权。

六、敢说话更要会说话

【原文】

捭阖者，道之大化，说之变也。必豫审其变化。吉凶大命系焉。口者，心之门户也。心者，神之主也。志意、喜欲、思虑、智谋，此皆由门户出入。故关之矣捭阖，制之以出入。捭之者，开也，言也，阳也。阖之者，闭也，默也，阴也。

【译文】

开放和封闭是万物运行的现象，是游说活动的一种形态。人们必须首先慎重地考察万物变化，事情的吉凶，人们的命运都系于此。语言是心灵的门窗，心是精神的主宰。意志、情欲、思想和智谋都要由口出入。因此，用开放和封闭法来把守这个关口，以控制出入。所谓“捭之”，就是使之开放、发言、公开；所谓“阖之”，就是封闭、缄默、隐匿。

【解析】

生活中，总有人掌握不好说话的分寸，不该说的话滔滔不绝，该说的话反倒惜言如金。鬼谷子认为，敢说而不会说和会说而不敢说都不可取。嘴是一个人传递情感的门户，要注意开合，把有益的话、动听的话放出来，把有害的话、得罪人的话关在肚子里。不会说话、行事鲁莽的人，很难处理好人际关系。

《史记·魏其武安侯列传》中记载，公元前131年，安武侯田蚡娶燕王的女儿，失势的魏其侯窦婴与将军灌夫奉王太后的命令前去祝贺。灌夫敬酒，田蚡及他的手下却不理不睬，灌夫借酒醉大骂田蚡，结果招来杀身之祸。语言是人与人之间沟通的桥梁，不同的说话水平和说话方式，所获得的效果也会大不相同。

人们在交往中，语言是桥梁。但是语言能成事，也能坏事，所以古人提倡寡言慎行，要说该说的话，否则一言有失，即酿大祸。优秀的管理者都深深明白这个道理，所以他们总是很善于把握自己的言语，避免祸从口出。

【典例】

有个名叫刘七的人过生日，请了四个朋友张三、李四、王五、赵六来家里吃晚饭。傍晚的时候，张三、李四、王五都陆续来了，可是快到开席时，还不见赵六的踪影。刘七在门口翘首等待，有点儿着急，就自言自语说：“唉，该来的怎么还不来呢？”这话被旁边的张三听见了，心里犯嘀咕：那我是不该来的了。于是，他找了个理由，气愤地走了。李四问刘七：“张三怎么走了呢？”刘七也感到莫名其妙，就说：“唉，不该走的走了！”李四一听也不高兴了，心想我大概是该走了的，于是不辞而别。刘七不明所以，就委屈地对王五说：“你看，我又不是说他俩！”王五一听，也起了疑心：那说的肯定是我了。便也站起来走了。这时，赵六刚好进来，正生着闷气的刘七就向他抱怨：“你呀，来得真不是时候！”赵六一听，气得转身就走。刘七怔怔地看着满桌的酒菜，自语道："我的话哪儿说错了？"

还有这样一个故事：理发师傅带了个徒弟。徒弟学艺3个月后，这天正式上岗，他给第一位顾客理完发，顾客照照镜子说："头发留得太长。"徒弟不语。师傅在一旁笑着解释："头发长，使您显得含蓄，这叫藏而不露，很符合您的身份。"顾客听罢，高兴而去。

徒弟给第二位顾客理完发，顾客照照镜子说："头发剪得太短。"徒弟无语。师傅笑着解释："头发短，使您显得精神、朴实、厚道，让人感到亲切。"顾客听了，欣喜而去。

徒弟给第三位顾客理完发，顾客一边交钱一边笑道："花的时间挺长。"徒弟无言。师傅笑着解释："为'首脑'多花点时间很有必要，您没听说：进门苍头秀士，出门白面书生？"顾客听罢，大笑而去。

徒弟给第四位顾客理完发，顾客一边付款一边笑道："动作挺利索，20分钟就解决问题。"徒弟不知所措，沉默不语。师傅笑着抢答："如今，时间就是金钱，'顶上功夫'速战速决，为您赢得了时间和金钱，您何乐而不为？"顾客听了，欢笑告辞。

晚上打烊后，徒弟怯怯地问师傅："您为什么处处替我说话？反过来，我没一次做对过。"师傅宽厚地笑道："不错，每一件事都包含着两重性，有对有错，有利有弊。我之所以在顾客面前替你说话，目的有二：对顾客来说，是讨人家喜欢，因为谁都爱听吉言；对你而言，既是鼓励又是鞭策，因为万事开头难，我希望你以后把活做得更加漂亮。"徒弟很受感动，从此，越发刻苦学艺。不久徒弟的技艺日益精湛。

【点悟】

不会说话的人是当不了管理者的。第一个故事中的刘七虽然敢说话，但显然不怎么会说话，他虽然不是有意要得罪朋友，但他说的话却极易让人产生误会，最终把朋友一个个都得罪了，自己还蒙在鼓里，真是可怜得让人同情。所以我们在说话之前一定要"过脑子"，不该说的话千万不能随口乱说。

而第二个故事中的徒弟似乎是既不会说，也不敢说，所以工作起来显得很吃力。由此我们应该明白，良好的说话技巧，能够为你赢得更好的人缘和更多的机会。

很多时候，不恰当的话一出口所造成的影响，再用几百句、几千句话也弥补不了。这就是"覆水难收"的道理所在，不注意言语的轻重对错，往往会给自己带来无尽的烦恼。身为管理层的人员，更要时刻注意这一点。

祸从口出，言多必失。聪明伶俐、能说会道固然是好事，但不可自恃聪明善辩就到处卖弄，否则容易招致非议。聪明的管理者都明白，敢说话固然重要，但会说话才是真正的成功之道。

七、进退有度方显管理有道

【原文】

阴阳其和，终始其义。故言长生、安乐、富贵、尊荣、显名、爱好、财利、得意、喜欲为"阳"，曰"始"。故言死亡、忧患、贫贱、苦辱、弃损、亡利、失意、有害、刑戮、诛罚，为"阴"。曰"终"。诸言法阳之类者，皆曰"始"；言善以始其事。诸言法阴之类者，皆曰"终"；言恶以终其谋。

【译文】

阴阳两方相谐调，开放与封闭才能有节度，善始善终。所以说长生、安乐、富贵、尊荣、显名、嗜好、财货、得意、情欲等，属于"阳"的一类事物，叫作"开始"。而死亡、忧患、贫贱、羞辱、毁弃、损伤、失意、灾害、刑戮、诛罚等，属于"阴"的一类事物，叫作"终止"。凡是那些遵循"阳道"的一派，都可以称为"新生派"，他们以谈论"善"来开始游说；凡是那些遵循"阴道"的一派，都可以称为

"没落派",他们以谈论"恶"来终止施展计谋。

【解析】

鬼谷子认为,开放与节制才能善始善终,何时开放、何时节制,需要考察万物。其考察的实质就是寻找事物的关键点,并找出解决或应对问题的最恰当方法。

对于管理者来讲,一定要把握"进攻和退守"的时机,及时进退。要根据形势的细微变化,灵活地运用积极进取和消极防御这两种基本策略。

管理工作实质上就是通过对集团内部合理有效的优化组合,发挥集体的最大效用。譬如在某些谈判场合,利益的博弈,就是原则性和灵活性的平衡,就是双方寻求妥协的过程。谈判要取得成功,达成协作,取决于双方的诚意,各自都有必要做出让步。当然,这种让步不是对等的。过早提出让步,会被对方认为是软弱可欺,导致对方强势欺压,不利于谈判的成功。让步要根据双方的情况和谈判形势灵活决定。有时候需要一步到位,有时候需要分段让步。总之,采取的方式要使对方感到你的让步是通情达理的,对谈判是诚心诚意的。不能让对方感到突然或不合逻辑。同时,要有一定的忍耐力,要学会巧妙地坚持和等待。要让对方知道自己做出让步是带有极大诚意的,而且在做出让步的同时,也需要对方做出相应的让步,以获得自己认为有价值的东西,这样的谈判才是成功的。所以,在谈判中,只有"舍"才能有"得",先"舍"才能够得到更多,也就是先"阴"后"阳"。谈判中,必要的一个条件是首先付出,然后才能够得到更多需要的东西,而且付出的一定是我方所认为不太重要,而谈判对手认为非常需要的,这就是谈判中的"舍"和"得",不"舍"就不能"得",谈判是一个交换的过程,而舍得也是谈判的一个必要条件,谈判时要懂得怎么"舍",然后才能够"得"。

【典例】

唐代武则天时,酷吏来俊臣诬陷平章事狄仁杰等人有谋反之举。来俊臣出其不意地先将狄仁杰逮捕入狱,然后上书武则天,建议武则天降旨诱供。审讯时,来俊臣在大堂上宣读完武后诱供的诏书,以为狄仁杰一定会大呼冤枉,不料狄仁杰竟对诏书上所说之事供认不讳,这样一来,来俊臣反而没了主意,只好将他暂时关押。退堂后,狄仁杰咬破手指,将自己的冤屈都写在绢帕之上,写好后,又将棉衣里子撕开,把绢帕藏了进去。判官王德寿人监探视,狄仁杰托他帮忙将棉衣带到家中拆洗。狄仁杰的儿子接到棉衣,听说父亲要他将棉絮拆了,知道里面一定有文章。急忙将棉衣拆开,看了"血书",才知道父亲遭人诬陷。他几经周折,托人将状子递到武则天那里。过了一段时间,武则天把狄仁杰召来,不解地问道:"既然有冤,为何又承认谋反呢?"狄仁杰回答说:"我若不承认,可能早已死于严刑酷法了。"众人都对狄仁杰的能屈能伸佩服不已。

唐朝名相李泌在帮助唐肃宗平定安史之乱时,经常与唐肃宗同榻而寝,情同手足。功成后,李泌决意离唐肃宗而去,他说"臣有五不可留":"臣遇陛下太早,陛下任臣太重,宠臣太深,臣功太高,亦太奇。"李泌明白,倘若迷恋这一切无法自拔,那么,事情就会悄悄地发生变化。周围的环境会变,信任会变成猜疑,拥戴会变成妒忌;自己的心态也会变,"功"能使人变骄,权力使人变蛮,弄不好就会身败名裂,以至像李斯那样,想当平民百姓而不得。李泌是历史有名的智者,他的善终无虞也证明了他对自己命运的扭转、选择的正确性。

再看清咸丰七年发生在安徽战场上的三河之役。曾国藩父丧守制复出之后,湘军急于进军安徽,以便切断太平军的生命线,完成包围太平天国首都天京(今南京市)的任务,因此派出大将李续宾率师攻皖,湘军七千人马,连下太湖、潜山、桐城、舒城四地,掠足金银财宝,自以为锐不可当,势如破竹。当时赵烈文即劝李续宾急速撤离三河而不攻,该退则避,但是,这时的湘军将领,利令智昏,只知进不知退造成了最终的惨烈失败。原来,当时太平国的统帅陈玉成,采用了让开大路、占领两厢的办法,在形势不利或大军尚未调集之时,主动撤退,连让四城以保存实力,然后在击破包围天京的清朝江南大营时,迅速挥师进皖,十几万人马在三河镇布下口袋陷阱,引诱李续宾的湘军来钻。果然,湘军的骄兵悍将钻进了口袋阵，十几万太平军立刻合围，湘军四面楚歌，主帅李续宾自杀，七千人马全部被歼。

【点悟】

狄仁杰不愧为一代名相，不但有非凡的执政能力，更有顺时屈身、巧妙对付小人的智谋。对于狄仁杰来说，小人来俊臣猖狂，而作为君子的自己则无安身之处，无立足之地，任何轻举妄动恐怕都会给自己带来不测之祸。正是退一步海阔天空，藏器待时，以观动静，显然应该是狄仁杰最明智的选择。

李泌的急流勇退和太平军的一退一进，都深和管理之道，充分说明了在管理工作中进退有度原则的重要性。

管理者在必须退避的时候便应该退避，因为从表面上看此举虽为消极，其实也是以退为进，即退的目的是为了更好地进。这种认识，对于管理者来说显然是一种大智慧。因为任何管理者的生活与事业，都不可能保持恒久旺盛，一个人所进行的事业，会时不时地遇到客观的、主观的阻力。那么，此时进退有度的道理，就不仅是一种处事策略了，而更应把它作为一种融会于心的重要管理学指导思想。

知道不可侥幸，便知道取舍进退，这是一种高妙的人生态度，显然也可作为一种重要的管理者行事指导思想。中国历史上有不少政治家功成身退，他们不仅懂得适时而行，更懂得及时引退。

八、志存高远才能走得更远

【原文】

捭阖之道，以阴阳试之，故与阳言者依崇高，与阴言者依卑小。以下求小，以高求大。由此言之，无所不出，无所不入，无所不可。可以说人，可以说家，可以说国，可以说天下。为小无内，为大无外。

【译文】

关于捭阖之道,要从阴阳两方面来试探对方。因此,对于积极进取者,应谈论崇高奋进之事来加以引导;而对消极保守者,应谈论卑微求全之事来加以引导。卑微求全之事,易得到志小者采纳;崇高奋进之事,易得到志大者采纳。若能从人的心理出发去游说,则无所不出,无所不入,无所不可,达到无往而不胜的境界。这种游说方法,可以游说人,可以游说家,可以游说国,可以游说天下。做小事,可进入无限微妙的境界;做大事,可进入无限广大的境界。

【解析】

在这里,鬼谷子提出了"与阳言者依崇高,与阴言者依卑小"的论点。他把人笼统地分为两类,一类是"阳言者",即积极进取者,这样的人往往胸怀大志,具有很大的发展空间;另一类是"阴言者",即消极保守者,这类人属于胆小怯懦型,发展空间有限。我们在与人共事或交谈之前,不妨也先给对方归一下类,然后决定用什么样的言行。总的来说,志存高远是一个人取得伟大功绩的前提条件,作为管理者,没有高远的志向是很难取得进步的。

一个人能取得多大的成就,很大程度上取决于他的志向。有人问鹰:"你为什么到高空去教育你的孩子?"鹰回答说:"如果我贴着地面去教育它们,那么它们长大了,哪有勇气去接近太阳呢?"一个有所作为的人,不会惮于把自己置身险境。在胸怀上博大宽厚,光明磊落;细节上点滴积累,大事上目光长远;加上坚强的意志,完善的人格,就可以为自己事业的成功奠定坚实的基石。大石拦路,弱者视为障碍,对于勇者却是前进的阶梯。

【典例】

项羽是楚国名将项燕的后代,他的叔父项梁从小就培养他,希望他将来能够成为栋梁之材。项羽最初学习诗书,但不久就厌倦了;后来又学习剑术,却也半途而废。项梁看侄子学无所成,非常生气,就严厉地训斥他。可是项羽理直气壮地说："读书不过是记个名姓罢了，剑术学得再好，也只能对抗一个人。我不愿学习这些，我要学习的是领兵打仗的本领！"项梁听了，觉得这个孩子有大志向，就教他学习兵法。一次，秦始皇南巡会稽，当他的车马仪仗浩浩荡荡地经过时，人们都在大路两旁驻足观看，项羽和项梁也在其中。就在这时，项羽忽然指着威风凛凛的秦始皇对他的叔父说："我可以取代他的地位！"项梁听了，急忙捂住项羽的嘴，心里却暗暗赞赏侄子的胆识。自从这件事情之后，项梁就更加用心地栽培项羽。后来，陈胜、吴广在大泽乡揭竿而起，项梁和项羽也在会稽杀死当地太守，举旗响应。最后，项羽自立为西楚霸王成为一代枭雄。

正是项羽的雄心壮志，造就了他后来的成就，可见志向对一个人的事业有着多么重要的联系。年轻的小提琴手谭盾背井离乡来到美国，以寻求更好的发展。初到美国时，为了解决生计问题，他就在街头拉小提琴赚钱。事实上，在街头卖艺也要争抢人流量大的好地盘才会赚到钱。一个幸运的机会，谭盾认识了一个黑人琴手，并与他一起争到一个最能赚钱的好地盘，那里的人流非常大。谭盾赚了一些钱以后，就告别了黑人琴手。他进入大学，将全部的精力投入到提升音乐素养和琴艺上。在大学里，他只打一些小零工维持生活所需，不像以前在街头拉琴卖艺一样能赚到很多钱，但他一直没有放弃自己的理想。十年之后，谭盾有一次在街上碰到了昔日一起卖艺的黑人琴手，那位黑人琴手仍然在"最赚钱的地盘"拉琴，他跟以前一样陶醉于自己的琴艺，对于自己争到的好地盘感到得意。黑人琴手看见谭盾，高兴地招呼道："兄弟，很久没见啦，你现在在哪里拉琴啊？"谭盾回答了一个有名的音乐厅的名字。黑人琴手就说："那家音乐厅门前确实是个好地盘，你能抢到真是不错！"其实，黑人琴手不知道的是，如今的谭盾已是一位国际知名的音乐家，早就不在门口拉琴卖艺了。

【点悟】

项羽是将门之后，生性勇敢顽强，而且立志成为"万人之首"，对诗书、剑术不感兴趣，唯独喜欢学习兵法。倘若当年项梁不了解项羽之志，而照着书生的标准培养他，恐怕中国历史也要改写。与志大者论小，就不可能契合其意，而与志小者论大，却很可能带来灾难性的后果。

对现代人而言，更应该提倡的是树立远大志向，为社会做出尽可能大的贡献。不同的人生追求、不同的价值取向，带来的很可能是完全不同的结果。小提琴手谭盾的故事，便形象地说明了这一点。

作为企事业的管理者，要想拥有和谐的人际关系，使别人对自己推心置腹，就要充分了解别人，尤其要了解他的志向与追求。否则，就难免遭遇曲高和寡的悲凉，或对牛弹琴的尴尬。“与阳言者依崇高，与阴言者依卑小”，是亘古不变的交际法则。

九、阴阳鱼中的管理学理念

【原文】

益损、去就、倍反，皆以阴阳御其事。阳动而行，阴止而藏；阳动而出，阴随而入。阳还终始，阴极反阳。以阳动者，德相生也；以阴静者，形相成也。以阳求阴，苞以德也；以阴结阳，施以力也；阴阳相求，由捭阖也。此天地阴阳之道，而说人之法也，为万事之先，是谓“圆方之门户”。

【译文】

所有的损害和补益，离去和接近，背叛和归附等行为，都是运用阴、阳的变化来实行的。阳的方面，运动前进；阴的方面，静止、隐藏。阳的方面，活动显出；阴的方面，随行潜入。阳的方面，环行于终点和开端；阴的方面，到了极点就反归为阳。凡是凭阳气行动的人，道德就与之相生；凡是凭阴气而静止的人，开拓势就与之相成。用阳气来追求阴气，要靠道德来包容；用阴气结纳阳气，要施用力量。阴阳之气相追求，是依据开启和关闭的原则，这是天地阴阳之道理，又是说服人的方法，是各种事物的先异，是天地的门户。

【解析】

《鬼谷子》中说："以阳求阴，苞以德也；以阴结阳，施以力也；阴阳相求，由捭阖也。"就是说用阳气来追求阴气，要靠道德来包容；用阴气结纳阳气，要施用力量。阴阳之气相追求，是依据开启和关闭的原则。作为管理者，必须了解员工的特点及优劣势所在，实事求是、因人而异的管理好每一个个体，以发挥集体的功效。

所有的企业都是由一个个的人组成的集体，所以，企业的管理工作也就是对这个集体中的人群进行管理，即所谓的"人事管理"。而"人事管理"的根本原则就是协调。协调指的是把集体中所有的单位个体凝聚到一条战线上来，使个人的努力与大家的努力拧成一股绳并实现一项共同目标的活动。卡耐基曾经说过："组织的第一个原则就是协调。"他认为：协调是一个集体团结进步的首要法则，协调工作做好了，那么这个集体所发挥的作用会远远大于个体工作的简单相加，所以进行有效的组织工作是十分必要的。

我们平常所说的善于协调各方面关系的能力，既是管理者素质的一个重要方面，也是管理人员的一个重要任务。每个人的想法都不同，心态、行为方式有所差异，因此协调能力就管理者而言显得尤为重要。

【典例】

东汉末年，魏、蜀、吴三分天下。蜀丞相诸葛亮受昭烈帝刘备托孤遗诏，立志北伐，以重兴汉室。就在这时，蜀南方之南蛮又来犯蜀，诸葛亮当即点兵南征。到了南蛮之地，双方首战，诸葛亮就大获全胜，擒住了南蛮的首领孟获。但孟获却不服气，说胜败乃兵家常事。孔明得知一笑，下令放了孟获。放走孟获后，孔明找来他的副将，说孟获将此次叛乱的罪名都推到了他的头上。副将听了十分生气，大呼喊冤，于是孔明将他也放了回去。副将回营后，心里一直愤愤不平。一天，他将孟获骗到自己帐内，将孟获捆绑后送至了汉营。孔明用计再次擒获了孟获，孟获还是不服，诸葛亮便又放了他。这次，汉营大将们都有些想不通。他们认为大家远涉而来，这么轻易地放走敌人简直是像开玩笑一样。孔明却自有道理：只有以德服人才能真使人心服；以力服人将必有后患。孟获再次回营，他的弟弟孟优给他献了个计谋。半夜时分，孟优带人来到汉营诈降，孔明一眼就识破了他，于是下令赏了大量的美酒给南蛮之兵，使孟优带来的人喝得酩酊大醉。这时孟获按计划前来劫营，却不料自投罗网，被再次擒获。这次孟获仍是不甘心，孔明便第三次放虎归山。孟获回到大营，立即着手整顿军队，伺机而动。一天，忽有探子来报：孔明正独自在阵前察看地形。孟获听后大喜，立即带了人赶去捉拿诸葛亮。不料这次他又中了诸葛亮的圈套，第四次成了瓮中之鳖。孔明知他这次肯定还是不会服气，再次放了他。孟获带兵回到营中。孟获营中有一员大将杨锋，因跟随孟获亦数次被擒，数次被放，心里十分感激诸葛亮。为了报恩，杨锋与夫人一起将孟获灌醉后押到汉营。孟获五次被擒仍是不服，大呼是内贼陷害。孔明便第五次放了他，命他再来战。第二天，孔明正要分兵缉擒孟获忽得报，说孟获的妻弟将孟获带往孔明寨中投降，孔明知道是假降，一声令下全部拿下，并搜出每人身上的兵器。孟获不服，说假如能擒他七次，他才真服。孔明于是又放了他。孟获又请来乌戈国的藤甲军，与孔明决战。孔明用油车火药烧死了无数蛮兵，孟获第七次被擒，才真心投降。大军回到成都，后主刘禅出城三十里迎接。刘禅与孔明并车而行，设太平筵，重赏三军。从此每年有三百多个邻邦向蜀国进贡。

【点悟】

以诸葛亮的才能，武力征服孟获并不难，但这并非上策。真正的智者善于不战而屈人之兵，以最少的损失获得最大的收益。这就需要决策者充分了解对手的特点，有针对性、有目的地出招应付。对于有利于自己事业的人员，一定要加以团结，这是作为管理者应该做的工作。而团结他人，要讲究方法。似孟获这类在本族之中颇有威望的叛将，必须施之以德，使其诚心归附。否则，即使以武力迫使其归顺，日后也有反叛的可能，实在是后患无穷。

通过这个史事,我们可以看出阴阳结合的重要性和合理性。这个道理在太极图中表现得最为形象。在一个圆圈中有一条白色的阳鱼和一条黑色的阴鱼,阳鱼头抱阴鱼尾,阴鱼头抱阳鱼尾,互相纠结,浑融婉转,恰成一圆形,无始无终,无头无尾,无前无后,无高无下。最妙的是阴鱼当中有阳眼,阳鱼当中有阴眼,相互包容,相互蕴涵,相互激发,相互转化而又相互促生。管理工作也是一样,只有充分了解对象的特点,然后根据这些特点制定出与之相生或相克的对应策略,才能更好地解决问题,这正是阴阳相生的哲理。

第二章　反应篇——让自己立于不败之地

一、以史为鉴可以少走弯路

【原文】

古之大化者,乃与无形俱生。反以观往,复以验来;反以知古,复以知今;反以知彼,复以知己。动静虚实之理不合来今,反古而求之。事有反而得复者,圣人之意也,不可不察。

【译文】

古代以大道教化众生的圣人,总能遵循自然和社会发展的规律。反观以往,可察验未来;反观古代,可洞察今天;反观他人,可了解自己。若对事物动静与虚实的判断,在现在与未来得不到实践,不应怀疑鉴古知今的方法,而应更深入地研究历史,求得符合规律的认识。有些事情要反复探索才能把握,这是圣人的见解,不可不悉心研究思考。

【解析】

古人云:以铜为鉴,可以正衣冠;以人为鉴,可以明得失;以史为鉴,可以知兴替。在这里，鬼谷子以一个纵横家的视角，阐明了这一观点。

管理者应当具备以史为鉴、以人为镜的素质，通过他人的经验和教训，提升自己。他人成功的实践经验可以为己所用，他人失败的教训也可以提醒自己不要再犯同样的错误。生命有涯而知无涯，有限的生命不可能体验所有的事情。直接经验是宝贵的，但却是有限的。人的伟大之处，就在于能借助思维从间接经验中获得智慧。借鉴别人成功的经验和失败的教训，是管理者获得宝贵经验的路径之一。

在人的一生中，不可能是一帆风顺的，总会遇到一些坎坷和波折。聪明人经历过波折、坎坷之后，“吃一堑长一智”，可以得到一些经验和启示，不会再犯同样的错误。

管理者应当把别人的经验教训看作一笔财富，在合理的借鉴中提高自己的判断能力和处理事件的能力，使自己的道路越走越宽，事业越走越顺。

【典例】

1937 年，爱因斯坦等科学家委托美国总统罗斯福的私人顾问萨克斯约见罗斯福，要求美国抢在纳粹德国之前造出原子弹。不料，罗斯福听了萨克斯的建议，冷淡地说：“我听不懂什么核裂变的理论，现在政府无力投巨资研制这种新炸弹，你最好不要管这件事情了！”事后，罗斯福觉得自己的态度有点过火，为表歉意，他邀请萨克斯共进早餐。萨克斯冥思苦想，准备利用这个机会说服总统。第二天清晨，萨克斯与罗斯福一起来到餐厅。刚一落座，罗斯福便说：“那天我的态度不好，抱歉！科学家们老爱异想天开。今天可不许你再提原子弹的事了！”“那就谈一点历史，好吗？”萨克斯平心静气地讲了起来，“当年拿破仑横扫欧洲，不可一世。但是，虽然他在陆地作战中总是无往不胜，在海战中却不尽如人意。有一次，一个叫富尔顿的美国人来见他，建议他砍断法国战舰的桅杆，安装上蒸汽机，把船板换上钢板，并说这样就会所向无敌，很快占领英伦三岛。拿破仑心想：船没了帆就无法行驶，船板换上钢板肯定会沉没。他认为富尔顿是个疯子,竟然把他赶走了。今天的历史学家们说:如果拿破仑当时采用了富尔顿的建议,那么整个欧洲的历史将被改写。”罗斯福听罢,表情变得严肃起来,他沉思片刻,然后对萨克斯说:“你赢了,我们马上着手研制原子弹!”

春秋时代,齐桓公亲率大军进攻山戎,将其击溃。当齐军要返回时,却在深山中迷了路。当时已是冬天,白雪皑皑,山路曲折多变,走着走着就辨不清方向了。这时,管仲说:“不要紧,老马可以做我们的向导,它们认得路。”齐桓公立刻让人挑选了几匹老马,放开缰绳,让它们在前面随意地走,军队跟在马的后边。没多久,在几匹老马的带领下,齐军果然走出了山谷,找到了回齐国的路。

老马识途

管仲知道老马识途,得益于他早年的经历。年轻时,管仲家里很穷,经常和鲍叔牙一起做生意,两人乘骑的都是宝马。一次,两人住在一家客店,遭遇盗贼,两匹马都被偷了。两人报了官,然而等了两天,毫无音讯。到了第三天,管仲、鲍叔牙正闷坐店中,忽听附近有“咴、咴”的马叫声,两人出门一看,竟是被盗的马自己回来了。管仲、鲍叔牙回到家中,就把宝马失而复得的事告诉了鲍父,并问是何原因。老人见多识广,对他俩说:“这有什么奇怪的,俗话说,‘老马识途’,何况是宝马良驹。”

【点悟】

“以史为鉴,可以知兴替。”一般情况下,借用历史人物和事件去劝说别人,更能令对方肃然警醒,收到良好的说服效果。聪明的萨克斯就是巧妙运用了“以史为鉴”的道理,他不直接对罗斯福总统谈原子弹的问题,而是以拿破仑拒绝技术革新的重大失误为例，使自称听不懂核裂变理论的罗斯福总统很快接受了科学家们的建议，做出了研制原子弹的重大决定，在反法西斯的战争中占据了先机，也改变了世界现代史的进程。

“以史为鉴，可以明得失。”借用自己或别人过往的经验，方能以更稳健的步子走过今天，迈向未来。“老马识途”的故事，就充分证明了这一点。齐桓公是幸运的，因为他有了管仲。管仲也是幸运的，因为他有一段坎坷的人生经历，成为他那无穷智慧的源泉。老马识途，短短四个字道出了经验的重要性。在实际的摸爬滚打中所学到的东西有时要比单纯从书本上学到的东西更具现实的指导意义。赵括“纸上谈兵”就是很好的例证。人们经常说“失败乃成功之母”，失败并不一定是坏事，从失败中积累经验和教训，这就是失败的好处。

将历史上的经验教训应用到今天的管理工作当中，能够使我们少走许多弯路，这也是鬼谷子“借鉴”理论的核心。

二、舌灿莲花是一把万能钥匙

【原文】

人言者，动也；己默者，静也。因其言，听其辞。言有不合者，反而求之，其应必出。言有象，事有比。其有象比，以观其次。象者象其事，比者比其辞也。

【译文】

让别人说话，使其处于动态之中；我沉默不言，是处于静态之中。我静听别人说话，了解他的辞意内涵。如果发现对方言辞有矛盾，不合乎实情，要反复地追问、诘难他，从对方的答辞中，可以进一步了解他。言谈之中，会用到象形、比喻、类比等修辞方法。听了对方的原话，要体会藏在其中的含义。所谓象，是指用象形法说其事；所谓比，是指用比喻或类比法述其意。

【解析】

鬼谷子教导我们,要耐心倾听别人说话,如果别人话里有话,要搞清楚隐含的意思。同时要抓住机会提问,从对方的回答中了解实情。

聪明的管理者应该能够辨清空话、大话,即使别人说得天花乱坠,也要保持理智,绝不可轻信。有时,可以通过有效的诘难,了解事情的真相。自己说话的时候,则尽量做到简洁有力,最好生动形象。很多时候,恰当的措辞就像一把万能钥匙,可以打开很多便捷的门。

如果说眼睛是心灵的窗户,那么嘴巴就是心灵的大门。看一个人是善良还是邪恶,要看他的眼神;而要看一个人是智慧还是愚蠢,则要听他的言语。一个会听话也会说话的人,在人生的博弈中将获得更多的机会。

【典例】

一次,齐国靖郭君田婴准备在薛地筑城,谋士们纷纷前来劝阻。田婴对通报的下人说:“那些人来了不要通报。”有个人前来拜见,说:“在下就说三个字。多一个字,甘愿受烹煮之刑。”田婴很好奇,于是接见了他。那人进来说:“海大鱼!”说完掉头就走。田婴说:“你先留下把话说完!”那人说:“我可不敢把性命当儿戏!”田婴说:“不碍事,先生请讲!”那人这才回答道:“你没听说过海里的大鱼吗?渔网钓钩对它无能为力,但一旦因为得意忘形离开了水域,那么蝼蚁也能随意摆布它。以此相比,齐国也就像殿下的‘水’,如果你永远拥有齐国,要了薛地有什么用呢?而你如果失去了齐国,即使将薛地的城墙筑得跟天一样高,又有什么用呢?”田婴称赞说:“好!”于是停止了筑城的事。

还有一个例子:战国时,魏文侯吞并了中山国,把它分封给自己的儿子。一天,魏文侯问群臣:“我是个怎样的君主?”众臣答道:“仁君。”唯独大臣任座表示异议,说:“您得了中山国后,不封给您的弟弟,而封给您的儿子,这哪里是仁君所为呢?”魏文侯听罢大怒,任座见状离座而去。魏文侯又问翟璜。翟璜答:“您是仁君。”魏文侯问:“你为什么这样认为?”翟璜说:“我听说先有仁君,而后才有耿直的大臣。任座是耿直的大臣，所以我认为您是仁君。”文侯听了又心喜又惭愧，赶快让人把任座请了回来，并将他奉为上宾。

听一个人说话，不同的人能听出不同的意思。有些人善于借题发挥，通过巧妙的设计，达到自己的目的。美国有一个出版商，整日为仓库里堆积如山的滞销图书而发愁。有一天，他想到一个促销的好办法。于是，他通过朋友送给美国总统一本样书。总统浏览一番以后，漫不经心地说：“这本书不错！”出版商闻讯，利用总统这句话大做广告，一个月内把积压的书全部卖光了。过了一段时间，又有一批图书积压。这个出版商尝到了甜头，因此又给总统寄了一本样书。这一回总统不给面子，说了句“这本书糟透了！”于是，出版商在广告里大肆宣传：“本公司有一本总统认为很糟糕的书出售！”不久，该书又销售一空。几个月后，这个出版商又遇到了图书积压的难题，他像前两次一样如法炮制，寄给总统一本样书。这一回总统学聪明了，对他的书一言不发。于是，出版商在广告里写道：“这里有一本总统难以评价的书出售！”结果，积压图书全部告罄。

【点悟】

在第一个故事中，齐人用富有神秘感的三个字制造悬念，勾起了田婴的好奇心，诱使他继续听下去，然后用“海大鱼”这样一个形象的比喻，表达了“龙游浅滩遭鱼戏”的意思，使田婴立刻认识到自己思虑不周的错误。这实在是高明的说服方法，作为管理者应当从中有所借鉴。

现实生活中，有些人说话喜欢直截了当，而有些人说话就很委婉。虽然这都无所谓对错，但当不适合直截了当地说明时，就需要使用一些隐语委婉地表达，这样反而能起到很好的效果。不过，使用这种方式，一定要确保对方能够听明白，否则就是空费心思。管理者说话一定要讲究方式，没有用的废话一定不要多说，否则就有可能失掉威信，断送机遇。

美国成功学大师戴尔·卡耐基曾经说过：“当今社会，一个人的成功，仅有一小部分取决于专业知识，而大部分取决于口才的艺术。”在人的一生中，从求职到升迁,从恋爱到婚姻,从推销到谈判,从交际到办事……无不需要说话的能力。话说得好,小则可以讨喜,大则可以保身;而话说得不好,小则树敌,大则事业失败。说话是一种技巧,更是一门艺术。把话说得滴水不漏,把话说得恰到好处,对管理者来说,无疑是一笔可贵的财富。

三、管理者应善于"结网"

【原文】

以无形求有声,其钓语合事,得人实也。其张网而取兽也,多张其会而司之。道合其事,彼自出之,此钓人之网也。常持其网驱之,其言无比,乃为之变,以象动之,以报其心,见其情,随而牧之。己反往,彼复来,言有象比,因而定基。重之袭之,反之复之,万事不失其辞,圣人所诱愚智,事皆不疑。

【译文】

要用巧妙无形的方法让对方说话,若"钓语"合乎人情事理,就不难从其话语中窥测内心的实情。以张网逮兽为例:若多张置一些网,并加以密切关注,就能多捕获一些野兽。这个方法用于人事上,只要方案合宜,这就是钓人的"网"。经常拿着这张"网"与人周旋,可使对方向你推心置腹。如果你用的比喻对方不明白,就要改变方法,用形象的事物来打动对方,以体会其真情实感,从而加以控制。若能你一言我一语地进行交流,且双方言辞均有形象、比喻,这就有了沟通的基础。若双方言语投机,你来我往,则世间万物没有说不清楚的。无论对方是愚人还是智者,圣人都有办法诱使他说出真情。

【解析】

《鬼谷子》中说:"己反往,彼复来,言有象比,因而定基,重之、袭之、反之、复之,万事不失其辞。圣人所愚智,事皆不疑。"意思是说,自己返过去,使对手返回来,所说的话可以比较类推了,心里就有了底数。向对手一再袭击,反反复复,所有的事情都可以通过说话反映出来,圣人可以诱惑愚者和智者,使实情浮出水面。

作为管理者,要善于用巧妙无形的方法引诱对方说话,若"钓语"合乎人情事理,就不难从其话语中窥测内心的实情。以张网逮兽为例:若多张置一些网,并加以密切关注,就能多捕获一些野兽。这是鬼谷子对如何在说话中"钓"到自己需要的东西的一段精彩论述。

管理者的这种"结网"策略,类似于"三十六计"中的"欲擒故纵","擒"是目的,"纵"是手段。"欲擒故纵"的关键在于"纵",只有"纵"的恰当,才能"擒"的巧妙。在"纵"的同时,网已经结好,只等鱼儿进来了。

【典例】

春秋时期,楚成王立商臣为太子,后来又觉得不妥,想废黜太子。商臣得知这个信息,但不知是真是假。于是,商臣就去问他的老师潘崇。潘崇说:"这件事想必江芈知道,你设宴招待她,席间故意对她不敬,从中就可看出传闻的真假。"江芈是楚成王的妹妹,贵不可言,性格暴躁,人们见了她都毕恭毕敬,唯恐有半点儿闪失。于是商臣依计行事,宴请江芈。宴中,商臣故意以言行冒犯江芈,使她十分恼怒。在离席时,江芈向商臣骂道:"你果然是一个不争气的东西,怪不得大王要废你!"商臣听到江芈的话,证实了传闻的可靠性,便策划了一次宫廷政变,夺取了王位。

第二次世界大战期间,法国反间谍机关收审了一位自称来自比利时北部农村的流浪汉,法国反间谍军官吉姆斯认定他是德国纳粹间谍,可是还缺少有力的证据。审讯开始了。吉姆斯用法语提问:"会数数吗?"这个问题很简单,流浪汉用法语流利地数数,没有露出一丝破绽,甚至在说法语的人容易说漏嘴的地方,他也能说得极其熟练。于是,他被押回小屋去了。过了一会儿,有人在屋外燃起火来,哨兵用德语大声喊:"着火啦!"流浪汉无动于衷,照样睡他的觉。

后来，吉姆斯又找来一位农民，和流浪汉谈论种庄稼的事，他谈的居然也不外行。看来吉姆斯凭外观判断的第一印象是很难成立。第二天，流浪汉被押进审讯室的时候，吉姆斯正在审阅一份文件，在上面签完字，抬起头突然说："好啦，你可以走了，你自由了。"流浪汉长长地松了一口气，高兴地站起身。然而，他忽然发现吉姆斯的脸上露出了胜利者的微笑，顿时恍然大悟。原来，吉姆斯在说上面那句话时用的是德语，而他表示听懂了。这个德国纳粹间谍的真实身份也因此暴露了。

【点悟】

第一个故事中，商臣抓住江芈火气大的弱点，故意出言不逊，试探出事情的真相，堪称险中求胜的一招妙棋。俗话说得好，世上没有不透风的墙。同样，世上也没有完美无缺的人。只要是人，都会有这样或那样的弱点。发现人性的弱点，投以适当的钓饵，就不难达到自己的目的。

而第二个故事中，吉姆斯之前使用的一系列方法，表面上看都是失败的，其实不然。这些就像张开的一张大网，为最后的收网做好了准备。德国间谍百密一疏，最终露出了狐狸尾巴。

需要说明的是，鬼谷子用"钓人之网"这样的字眼，难免会引起后人的猜疑，以为这位"智圣"在鼓励行奸使诈的行为，其实这是一种误解。所谓的"钓人之网"，我们可以把它理解为一种交际之法而去借鉴，掌握这个方法对于管理者在职场上的行为、处事有着积极作用。

四、试试不一样的思维方式

【原文】

故善反听者，乃变鬼神以得其情。其变当也，而牧主审也。牧主不审，得情不明；得情不明，定基不审。变象比，必有反辞，以远听之。欲闻其声反默，欲张反敛,欲高反下,欲取反与。

【译文】

古代凡是善于从反面听人言论者,为了能刺探到实情,总是像鬼神一样多变。他们变化很得当,也能驾驭住对方。若驾驭不住对方,得到的信息就不明了。信息不明了,交谈的基调就不确实。言谈中,若能灵活运用形象、类比之法,说反话刺激对方,通过观察对方的反应,即可探测到实情。想要听对方讲话,应保持沉默;想要对方敞开心扉,应暂且收敛;想要使对方高傲起来,应表现得谦恭一些;想要从对方处获取什么,就要先给予点什么。

【解析】

所谓"反弹琵琶,逆道而行",就是利用一种非常规的思维,指导自己的言谈和行动。在做事情时,走一走与目标相反的道路,就像鬼谷子说的"欲闻其声反默,欲张反敛,欲高反下,欲取反与",往往能够收到良好的效果。

管理者在工作当中,应当敢于尝试不一样的思维方式,很多时候,逆向思维会比常规思维取得更佳的效果。逆向思维也叫求异思维,它是对司空见惯的似乎已成定论的事物或观点反过来思考的一种思维方式。敢于"反其道而思之",让思维向对立面的方向发展,从问题的相反面深入地进行探索,树立新思想,创立新形象。当大家都按照一个固定的思维方向思考问题时,而你却独从相反的方向思索,这样的思维方式就叫逆向思维。人们习惯于沿着事物发展的正方向去思考问题并寻求解决办法。其实,对于某些问题,尤其是一些特殊问题,从结论往回推,倒过来思考,从求解回到已知条件,反过去想或许会使问题简单化。

【典例】

《三国演义》中,诸葛亮智激孙权的故事,就充分体现了这一方法。三国时,曹操吞并荆州,打败刘备,然后企图一举吞并江东。诸葛亮为推行"联吴抗曹”的战略,来到东吴面见孙权。舌战群儒一番之后,由鲁肃带着他去见孙权。鲁肃叮嘱他,千万不能和孙权说曹操兵多势大,诸葛亮微笑着答应了。哪料见了孙权,诸葛亮即大谈曹军的兵力之雄,他说:“曹军骑兵、步兵、水军,合起来不下百万之多!”孙权大吃一惊,忙问:“这里有诈吧?”鲁肃在旁边一个劲给诸葛亮使眼色,诸葛亮装作没看见,又具体分析了一番,得出的结果是曹兵超过了百万,最后他说:“我只讲百万,是怕吓到江东人士呀!”孙权又问:“那么我是战还是不战,请先生帮我决断吧!”诸葛亮说:“您应根据自己的力量来决断,如果自认为能与曹操抗衡,那就该及早和他断绝往来;如果自认为敌不过,不如听从众谋士的意见,投降曹操。”孙权有点生气地反问:“照您这么说,刘皇叔为什么不投降呢?”诸葛亮等的就是这句话,他说:“田横,齐国的一个壮士而已,尚且能守节不辱,何况刘皇叔是皇室后代,盖世英才,怎么能甘心投降呢!”诸葛亮这句话显然小看了孙权,孙权立刻脸色大变,怒道:“刘皇叔败军尚不投降,我堂堂东吴怎肯受人控制呢!”至此,孙权被诸葛亮的反话“激”了起来,下定决心抵抗。不久,孙、刘联盟共同抗曹的局面就正式形成了。

在现代社会中,企业总是习惯于把自己的产品夸耀得完美无缺,以此博取消费者的信任。可是,有一些企业却逆道而行,通过“自曝家丑”的方式获得了超乎想象的成功。一天,日本各大报纸同时刊出了明治糕点股份公司的“致歉声明”,大意是这样:因操作疏忽,本公司最近生产的一批巧克力豆中,碳酸钙的含量超过规定标准,请购买者向销售点退货,公司将统一收回处理,特表歉意。据这家公司事后统计,为区区这点小事来公司或向公司各销售点退货的顾客并不多,但明治公司却因此而声名鹊起,顾客更愿意购买它的产品了。其实许多人都知道,碳酸钙多一点对人体并没有多大影响,所以顾客都不愿为此劳神。明治公司对这件事如此认真,兴师动众,无非是在表白企业对待产品的求实态度,并借此提高产品的可信度。

【点悟】

在第一个故事里,诸葛亮就运用了反向思维的方法,他知道孙权是个有为之主,所以故意把曹操说得十分强大,然后一步步激起孙权的斗志,最终达到了联吴抗曹的目的。这个故事告诉我们,采用反向思维,逆道而行,有时候往往会取得意想不到的效果。

而第二个故事中的"自曝家丑"的思维策略也是一种高明的管理方式。与此相类似的例子,发生在日本的美津浓体育用品公司的身上。在该公司生产的运动衣口袋里,无一例外都有一张这样的说明书:"这件运动衣在日本是用最优秀的染料、最优秀的技术染色,但是我们仍觉得遗憾的是,茶色的染色还没达到完全不褪色的程度,还是会稍微褪色的。"在日本,"美津浓"一度成为体育用品的代名词,可想而知该公司是享有怎样的盛名了。

在铺天盖地的产品广告都在大肆宣扬产品优点的时候,有些聪明的管理者却反其道而行,自曝缺点,反而赢得了顾客对企业和产品的信赖,使企业扩大了产品销路,大幅度地提高了效益。

记得有一则令人印象深刻的广告词是这样的:左、左,向左,当世界都向右的时候,向左……为什么世界都向右的时候,我却偏偏要向左呢?这看起来是多么荒唐,多么不合情理。而实际上,这种"反弹琵琶,逆道而行"的思想,富含辩证法的精神,对于管理者在现实中出奇制胜有很好的指导作用。

五、攻城为下攻心为上

【原文】

欲开情者,象而比之,以牧其辞,同声相呼,实理同归。或因此,或因彼,或以事上,或以牧下。此听真伪、知同异,得其情诈也。

【译文】

如果想了解对方的内情,可用象形和比喻的方法,以便把握对方的言辞。同类的声音可引起共鸣,切实的道理会有共同的结果。或因此共鸣,或因彼共鸣,或以共鸣法来侍奉上司,或以共鸣法来管理下属。这也是分辨真伪、了解异同,以分辨对手是真情还是诡诈的有效方法。

【解析】

在这里,鬼谷子阐述了迅速俘获人心的基本方法,即说话要声情并茂,善于借助象形、比喻的修辞方法,引起对方内心的共鸣。这就是我们常常说的"攻城为下,攻心为上"。这样,才更容易使管理者了解对方的真心,以决定下一步的行动。

"共鸣法"同样适用于规劝失足之人。人的心中都有善念,只是有些人的善念已经沉睡,需要用别人的善行去唤醒。对于那些看似冥顽不化的人,也要以诚相待,尽力去感化他们,来感召他们的良知。《孙子兵法》云:"不战而屈人之兵,善之善者也。"能让失足之人主动弃恶从善,那是最好的。

心与心的共鸣,可以让我们的生活多一些宽容和谅解,少一些纠纷和矛盾。对于不讲理的人,揭露、斥责都是必要的,但这毕竟是外力所致,要想真正挽救这些人,最好的办法是让他们自己内心受到震动,得到感化,使他们充分认识到自己的错误。这样,他们就会抛弃侥幸之心,从而改邪归正。

【典例】

齐威王在位的时候,有一年,楚国进犯齐国。齐威王自知不是楚国的对手,拿出黄金 100 两,车马 10 辆作为礼物,派使者前往赵国求救。使者看着这些礼物,忽然大笑起来。齐威王很奇怪,就问他为什么笑。使者回答说:"今天一早,我看到一个农夫在路旁祷告。他面前摆着一小盅酒,祈求说:'老天爷啊,请您保佑我好运,让我五谷满仓,金银满箱,长命百岁,儿孙满堂。我见他的祭品微薄,却对老天爷提出这么多要求,越想越觉得好笑。"齐威王恍然大悟,他立即把送给赵王的礼物增加了十倍。赵王收到齐国使者送来的礼物后很高兴,马上派出精兵增援齐国。楚国得知赵国出兵的消息,就撤兵回国了。

还有这样一个故事。东汉顺帝时,外戚专权,百姓生活艰难。广陵人张婴不堪忍受暴政，聚众起义，纵横扬州、徐州一带数年，劫富济贫，朝廷屡剿无功，视之为心患。当时朝中有一名叫张纲的御史，此人廉洁刚正，得罪了不少权贵。于是，掌权的外戚梁冀便上奏顺帝，任张纲为广陵太守，让他平息暴动，企图借刀杀人。张纲到了广陵，单车独行直入张婴大营。张婴十分惊讶，便出来相见。张婴冷冷地问道："太守大人屈尊来到贼营，不知有何见教？"张纲施礼说："将军何出此言？下官办事不周，不恤民情，以致陷民于水火之中。俗话说，'官逼民反'，将军清廉自律，侠仁仗义，实令下官敬佩不已。"张纲这番话出乎张婴的意料，他激动地说："太守早来十年，我张婴何至于此？我是个草莽之人，不知礼仪，更无法结交朝廷，我也知道自己是釜底游鱼，苟延残喘而已，哪里活得长久？今天大人到此，就给我指点迷津吧！"就这样，张纲用安抚的办法，不动一兵一卒，经过与张婴反复协商，妥善处置，终于平息了广陵之乱。

【点悟】

齐威王企图用微薄的礼物去换取赵国的救兵，这是非常不明智的。但使者没有直接指出齐威王的错误，而是巧妙借一个农夫的吝啬行为加以暗示，使他直观地感觉到农夫的愚蠢，继而对比思索自己的行为，切实意识到自己的错误。使者所使用的，无疑是一种高明的说服方法。言辞能引起对方内心的共鸣，这是游说的一种极高境界。而只有达到这种境界的人，才有可能完成不可能完成的任务，达到"不战而屈人之兵"的效果。

而张纲能够说服张婴，也不是靠威压和利诱，同样是采取了攻心之法。他首先承认自己的失职，将责任揽到自己身上，然后称赞张婴为民赴险，成功地打动了张婴，也攻破了张婴的心理防线。这正符合古人所说的"攻心为上"的原则，因而才能不费一兵一卒，就平息了暴乱。

俗话说：将心比心，凭凭良心。心灵感化的力量，比起严酷的刑罚更为强大。如果管理者懂得这个道理并付诸行动，就能够更好地解决事业上的许多问题。

"攻心为上"是一种高明的管理学策略,管理者一定要做好人心的工作,使其心里产生认同和认可。例如一般领导都是有着一定权力的,但拥有权力并不一定有权威。而在谈到树立威信的方法时,有"以德树威""以才树威""以识树威""以信树威""以情树威"等。诸如此类树立威信的方法,如果我们加以分析,实际上都是让人在心里产生认同感,是让人"心服"的一个过程——即"攻心"的过程。

六、细节是决定成败的关键

【原文】

动作言默,与此出入,喜怒由此以见其式,皆以先定为之法则。以反求复,观其所托。故用此者,己欲平静,以听其辞,察其事,论万物,别雄雌。虽非其事。见微知类。若探人而居其内,量其能,射其意。符应不失,如腾蛇之所指,若羿之引矢。

【译文】

无论是动作、言说还是沉默以及为探测实情而表现出来的喜怒哀乐,都要事先设计,确定基本法则。总之,要以反听法求得对方的回应,以此判断对方的心理寄托。处理对方回应的信息,首先自己要平和冷静,不带个人情绪和偏见,以便能听取对方言辞,考察事理,论说万物,辨别真伪。虽然这还不是事情本身,但是可以根据轻微的征兆,探索出同类的大事。就像刺探敌情而深居敌境一般,要首先估计敌人的能力,其次再摸清敌人的意图,像验合符契一样可靠,像飞龙一样迅速,像后羿张弓射箭一样准确。

【解析】

鬼谷子告诉我们,做任何事情都要提前设计细节。急中生智固然是一种难得的智慧,但不应该作为一种追求。我们应努力做到的,是控制谈话中的细节。通过细致的准备,最大限度地提升进言成功的可能性。

古往今来的杰出人士,尤其是领袖人物,具有高深的个人涵养,对细节的重视程度非常人可以想象。英国首相丘吉尔是闻名于世的政治家、外交家,他在应付大场面时的谈吐、风度令人钦佩。可谁又知道,丘吉尔每次接待外宾,都要提前几天就开始准备材料,为了设计每一句话,甚至睡觉时都在思索。我们往往只看到他风光、潇洒的一面,却很难想象他为此所付出的艰辛努力。

作为企事业的管理人员,必须做到重视细节,把握细节,这样遇到事情才会从容不迫。把握细节的能力不是生来就有的,它来自人们日常生活中的磨炼。人若是平日松懈自己,不注意观察身边的事物,真正遇到问题时就会很难全面把握,而决定事业成败的关键往往就在于细节。

【典例】

优孟是春秋时有名的戏子,深得楚庄王的宠爱。楚国贤相孙叔敖死后不久,优孟在郊外遇见孙叔敖的儿子,发现他竟沦落到以砍柴为生的地步。优孟决心帮他渡过难关。经过一番思考之后,他特制了一套孙叔敖生前常穿的官服,细心模仿孙叔敖的一举一动。一天,楚庄王在宫中大宴群臣,优孟穿着官服走了过来。楚庄王远远一望,误以为孙叔敖复活,惊讶不已。及至近前,才看出是优孟所扮。楚庄王想起孙叔敖,感慨地对优孟说:“你若有孙叔敖的才干,我愿意拜你为相。”优孟不以为然地说:“那又有什么好处,死后连后代的生计都保障不了!”接着,他把孙叔敖儿子的状况如实告诉了楚庄王。楚庄王听后,幡然醒悟,下令召孙叔敖的儿子入朝,加官晋爵。从此,孙叔敖的儿子过上了富裕的生活。

同样在春秋时期,有一年鲁国遭遇严重灾荒,齐孝公乘人之危,亲率大军讨伐鲁国。鲁僖公得知消息,非常害怕。这时,手下有一谋臣建议说:为今之计,应该马上派人带上礼物去问候齐孝公。这样做一是表示友好,二是显示鲁国也有所准备,让他们有所顾忌。鲁僖公觉得有理,便派大夫展喜带着牛羊、酒食去犒劳齐军。展喜日夜兼程,在齐鲁边界上堵住了齐孝公。展喜对齐孝公说:“我们君王听说大王亲自到我国来,特地派我前来慰劳贵军。”“你们鲁国人害怕了吧?”齐孝公傲慢地说。展喜不卑不亢地回答:“那些没有见识的人可能害怕,但我们鲁国的君臣却一点也不害怕。”齐孝公听了,轻蔑地说:“你们鲁国国库空虚,百姓家中无粮,地里连青草也看不到,你们凭什么和我们齐军交战?又怎么会不害怕?”展喜胸有成竹,不慌不忙地说:“我们的军队的确没有齐军强大,但我们并不害怕,因为我们依仗的是周成王的遗命。当初,鲁国的祖先周公和齐国的祖先姜太公,同心协力地辅助成王,废寝忘食地处理国事,终于使天下大治。成王对他们十分感激,立下盟誓,告诫后代的子子孙孙,要世代友好,不要互相侵害,这都是有案可查的。我们的祖先是那样友好,大王您又怎么会贸然废弃祖先盟约,进攻我们鲁国呢?我们正是依仗着这一点,才不害怕。”齐孝公听了,觉得展喜的话很有道理,而且展喜态度从容,齐孝公觉得鲁国已经做好了迎战的准备,于是就打消了伐鲁的念头,班师回国了。

【点悟】

优孟并不是直接劝谏楚庄王,而是花了大量精力,模仿孙叔敖的言行举止,通过细节暗示,对楚庄王进行旁敲侧击,使楚庄王明白了“人走茶凉”这一做法的危害性,从而帮助孙叔敖的儿子改善了生活条件。倘若优孟不是采用上述的方式,而是凭着一股义气,向楚庄王慷慨陈词,恐怕很难收到预期的效果。可见,要达到说服别人的目的,首先要做到鬼谷子所说的“己欲平静”,万万不可产生急躁的心理。尤其在危机重重的时候,当事人更要平心静气,关注细节。

展喜能言善辩,临危受命,智退齐军。他之所以能够态度从容,胸有成竹,就是因为他善于把握细节,做事情之前早已有所准备,坚信凭借自己的满腹才华一定可以应付。

急躁是管理者的大敌。管理者如果经常急躁就会表现为急于求成,说话、做事前没有制订周密的计划,往往忽略很多细节,从而欲速不达,更容易导致失败。同时,急躁之人往往容易灰心,当事情遭到挫折时,他们往往不能冷静地分析原因,而是带着更加急躁的情绪,不冷静地进行下一步的活动;急躁之人容易树敌,因为他在处理矛盾时,有时会没有理智,爱发脾气。一个人如此行事,往往不会得到令人满意的结果,时间长了,对自己的信心它会丧失。

七、了解别人更要了解自己

【原文】

知之始己,自知而后知人也。其相知也,若比目之鱼;其伺言也,若声与之响;其见形也,若光之与影。其察言也,不失若磁石之取针,舌之取燔骨。

【译文】

要想掌握情况,要先从自己开始,只有了解了自己,然后才能了解别人。对别人的了解,就像比目鱼一样没有距离;掌握对方的言论就像声音与回响一样相符;明了对方的情形,就像光和影子一样不走样;侦察对方的言辞,不失为如同用磁石来吸取钢针,用舌头来获取焦骨上的肉一样万无一失。

【解析】

我们都熟悉孙子“知己知彼,百战不殆”这句名言。而鬼谷子在这里提出的“知之始己,自知而后知人”,也含有“知己知彼”的要求。不过,他更强调自知,把自知作为知人的前提,这是很有见地的。自知之明,确实是人的一种重要品质。

管理能力源自一个人的个性品质,而不是通过外部的学识就能弥补的,是被能够正视自身优点和缺点的人所拥有的。管理者在决定自己努力的方向之前,先要了解自身的价值,对自己的能力进行全方位的评估。我们常说,“知己知彼,百战不殆",了解自己才是首要的,在此基础上尽可能多的收集对方的信息,才能真正达到"百战不殆"的目的。

作为管理者,了解别人固然重要,但更重要的是要充分了解自己。不仅要看到自己的长处,充分利用好自己的长处,而更重要的是要了解自己的短处,知道自己的不足所在,不给他人可乘之机。

【典例】

公元前262年,秦昭襄王派大将白起进攻韩国,占领了野王,截断了上党郡和韩都的联系,上党形势危急。上党的韩军将领不愿意投降秦国,派使者带着地图把上党献给赵国。赵孝成王派军队接收了上党。过了两年,秦国又派王龁围攻上党。赵孝成王听到消息,急忙派廉颇率领二十多万大军去救上党。他们才到长平,上党已经被秦军攻占了。王龁欲向长平进攻。廉颇只好守住阵地,叫兵士们修筑堡垒,深挖壕沟,与远来的秦军对峙,准备做长期抵抗的打算。王龁几次三番向赵军挑战,廉颇就是不应战。王龁想不出什么法子,只好派人回报秦昭襄王,说:"廉颇是个富有经验的老将,不轻易出来交战。我军远道而来,长期下去,就怕粮草不够用呀,怎么好呢?"秦昭襄王请范雎出主意。范雎说:"要打败赵国,必须先叫赵国把廉颇调回去。"秦昭襄王说:"那怎样才可以办到呢?"范雎说:"我自有办法。"过了几天,赵孝成王听到人们纷纷议论,说:"秦国就是怕让年轻力壮、有勇有谋的赵括带兵;廉颇不中用,眼看就快投降啦!"他们所说的赵括,是赵国名将赵奢的儿子。赵括儿时爱学兵法,谈起用兵的道理来,头头是道,自以为天下无敌,连父亲也不放在眼里。赵王听信了左右的议论,立刻把赵括找来,问他能不能打退秦军。赵括说:"要是秦国派白起来,我还得考虑怎么对付他。现如今来的是王龁,他不过是廉颇的对手。要是换上我,打败他不在话下。"赵王听了非常高兴,就拜赵括为大将,去接替廉颇。蔺相如对赵王说:"赵括只懂得读父亲的兵书,用套路,临场应变能力不行,不是将才。"可是赵王对蔺相如的劝告听不进去。赵括的母亲也向赵王上了一道奏章,请求赵王别派他儿子去。赵王召见其母并问其原因。赵母说:"他父亲临终的时候再三嘱咐我说,'赵括这孩子把用兵打仗看作儿戏似的,谈起兵法来,就不可一世,目中无人。将来大王不用他还好,如果用他为大将的话,只怕赵军会断送在他手里。'所以我请求大王千万别让他当大将。"赵王说:"我已经决定了。"公元前260年,赵括领兵二十万到了长平,请廉颇验过兵符。廉颇办了移交,回邯郸去了。赵括统率着四十万大军,气势相当壮观。他把廉颇规定的一套制度全部废除,下了命令说:"秦国再来挑战,必须迎头把他们打回去。敌人败了,就得追下去,非杀得他们片甲不留不算完。"那边范雎得到赵括替换廉颇的消息,知道自己的反间计成功,就秘密派白起为上将军,去指挥秦军。白起带军到长平,设置好埋伏,故意打了几个败仗。赵括不知是计,拼命追赶。白起把赵军引到预先埋伏好的地区,派出精兵两万五千人,切断赵军的后路;另派五千骑兵,直冲赵军大营,把四十万赵军切成两段。赵括这才知道中了秦军的计,只好筑起营垒坚守,等待救兵。秦国又发兵把赵国救兵和运粮的道路切断了。赵括的军队内无粮草,外无救兵,守了四十多天,兵士都叫苦连天,无心作战。赵括带兵想杀出去,却被秦军的弓箭手射死了。赵军听到主将被杀,也纷纷扔了武器投降。四十万赵军,就在纸上谈兵的主帅赵括手里全军覆没了。

【点悟】

在我国历史上,赵括可以说是无自知之明、不自量力的典型。他本身属于那种会动脑,但缺乏实践经验、不会动手的人,如果只是在军营中做一个参谋,为主帅出谋划策,或许还能发挥他的才干。或者,他可以参加一些小的战斗逐渐培养实战经验,待经验丰富之后,将理论与实践结合,没准也能成为一代良将。可惜,他在还不具备将帅之能的时候,硬着头皮肩负起了重要的军事任务,造成了如此巨大的悲剧。其历史悲剧,其经验教训,自当深刻总结和检讨。空谈理论,不能解决实际问题。空有才学文化,却没有实践经验,正应得了陆游的一句话:"纸上得来终觉浅,绝知此事要躬行。"纸上谈兵里的赵括只知道自己有才学,却不知道自己没经验。我们应在生活中大胆勇敢地去实践。

类似的故事还发生在三国时期,街亭一战,马谡出征前甚至立下了军令状。诸葛亮曾叮嘱他:要在平地上扎营,阻击魏军。可马谡却自恃聪明,硬要在山上屯兵。结果被魏兵围困,导致大败,丢失街亭,掉了脑袋。不了解自己的真正水平,冒险而为,历史上和现实中许多惨痛的悲剧就是这样造成的。

另外,作为管理者在用人上一定要真正地了解下属,不要听信一些虚言和片面之词,避免因用人不当而造成不可挽回的损失。

八、外圆内方的管理之道

【原文】

其与人也微,其见情也疾。如阴与阳,如阳与阴。如圆与方,如方与圆。未见形圆以道之;既见形方以事之。进退左右,以是司之。己不先定,牧人不正,事用不巧,是谓"忘情失道";己审先定以牧人,策而无形容,莫见其门,是谓"天神"。

【译文】

自己暴露给对方的微乎其微,而侦察对手的行动十分迅速。就像阴变阳、阳转阴,圆变方、方转圆一样自如。在情况还未明朗以前,以圆略来诱惑对手,在情况明朗以后就要用方略来战胜对方。无论是向前还是向后,无论是向左还是向右,都可用这个方法来对待。如果自己不事先确定策略,统帅别人也无法步调一致。做事没有技巧,叫作"忘情失道",自己首先确定斗争策略,再以此来统领众人,策略不要暴露意图,让旁人看不到其门道所在,这才可以称为"天神"。

【解析】

与人相处一定要有分寸,既不可严酷苛刻,也不可过于亲近。我们常常说对人要真诚友好,这并不是说可以没有选择性地与人做朋友。作为管理者,在向别人掏心掏肺时,一定要先对他有所了解。一个人不设防地对待他人,而且成了习惯,那么如果他自己感觉累了,或觉得彼此志不同道不合了,这时再抽身,对彼此都会造成伤害。

管理者学习方圆之道,一个重要的问题是如何对待别人的错误。倘若别人无意中犯了错误,违背了你的心愿,打乱了你的计划,也许你会大发雷霆。很多人都会如此,然而这样做根本于事无补,其结果往往是加剧了对方的恐惧,事情也会越来越糟。其实,如果能够忍住一时的怒火,反过来宽容别人,结局就会不同。美国空军著名的战斗机飞行员胡佛在一次驾机行动中,飞机险些失事,后来检查发现原来是负责加油的机械师加错了油。问题查出后,那个机械师吓得面如土色,然而胡佛不但没有追究这件事,还让他专门做自己飞机的维修工作。后来,这个机械师一直跟着胡佛,而且干得十分出色。由此看来,管理者做人如果能够宽容一点,原谅别人的过失,给予他人理解和尊重,这样于人于己都有益处。

【典例】

北宋真宗年间,地方将晏殊和蔡伯俙两名神童举荐给朝廷。真宗很高兴,让他俩陪皇太子读书。皇太子年纪很小,十分贪玩。晏殊总是规劝他,惹得太子生厌,而蔡伯俙则处处讨太子的欢心。有一次,真宗皇帝要检查太子的学业,太子要晏殊代做一篇,晏殊不肯。太子又叫蔡伯俙写,蔡伯俙马上代写了一篇。真宗皇帝发觉有假,追问下来,晏殊如实禀告了。这下太子气坏了,他恶狠狠地对晏殊说:“我将来当了皇帝,要杀你的头!”晏殊毫无惧色地回答:“就是杀我的头,我也不弄虚作假。”后来,太子当了皇帝即仁宗,晏殊被任命为宰相,而蔡伯俙反而被疏远了。晏殊以方略对待皇太子,绝不弄虚作假,结果后来被委以重任。而蔡伯俙一味采取圆略,阿谀奉承,反而遭到疏远。

在现代激烈的商业竞争中,对于一些有意的欺骗或侵犯,又该如何处理呢?

让我们来看下面这个例子。一天,在法国的一家著名的照相器材厂里,一批日本客商正在参观。给他们当向导的是实验室主任,他是一个细心人,一边热情地回答客人们提出的各种问题,一边暗暗地注意客人们的一举一动。实验室主任注意到,有一个日本客商对一种新的显影溶液特别感兴趣。他戴着领带,当他俯身观察显影溶液时,领带末端恰好浸入了溶液中。日本客商这一极平常的动作没有逃过实验室主任的眼睛。实验室主任心想:多么狡猾的日本人!他只需回去将领带末端的溶液化验一下,便可以轻而易举地获得这种显影剂的配方了。这可是本厂最核心的机密啊!绝不能让日本人得逞。实验室主任急忙叫来一位公关小姐,对她吩咐了一番。不一会儿,公关小姐拿着一条崭新的领带出现在这位日本客商面前,用她那甜润的嗓音说道:“先生,您的领带弄脏了,我们给您洗洗,您先换上这条新领带,好吗?”“噢——好吧,谢谢你!”日本客商知道自己露馅了,他只好一边道谢,一边解下了领带。他内心有点儿沮丧,但对法国方面没有当面戳穿他而深表感激。

晏殊

【点悟】

作为管理者,一定要通晓外圆内方的管理之道。处理事件要圆滑一些,但涉及做人时就一定要力求方正。“能容物者,物乃能容”,这是晏殊告诫初入仕途的王安石的一句话。这可以说是人生至理。不要责难别人轻微的过错,不要随便揭发他人个人生活中的隐私。不管你的品德多么高尚、你的观点多么正确,只要你对别人苛刻,他就会把你当成他的敌人。不念人旧恶是要有些胸襟的,只有修养高的人才可能做到。其实人际间的矛盾往往因时因事而转移,总把思路放到过去的恩怨上属于不智之举。王安石后来的仕途经历也证明了这一点。王安石生性聪明、学识渊博,但却口下无德。郑毅夫写诗引用李白诗句,他就嘲笑:“此人不识字。”王安石成名前,舅舅曾讽刺他的蛇皮身,科举得中后,他就立刻寄诗给舅舅只为报当年讽刺之仇。尽管他倡导的变法利国利民,但攻击四起,终于夭折。如果他能宽厚待人,也许会是另一种结局。

俗话说“兵不厌诈”,在商业领域也是如此。第二个故事中法国方面察觉日本人有“诈”之后,没有予以当面揭露,而是不露声色地抢先一步,制止了对方的不当意图,同时还维持了表面上的和谐关系,确实是十分高明的做法,达到了鬼谷子所赞许的“与人也微,见情也疾”的境界。

第三章 内楗篇——打造和谐的精英团队

一、忠言也有顺耳的时候

【原文】

君臣上下之事,有远而亲,近而疏,就之不用,去之反求。日进前而不御,遥闻声而相思。事皆有内楗,素结本始。或结以道德,或结以党友,或结以财货,或结以采色。用其意,欲入则入,欲出则出,欲亲则亲,欲疏则疏,欲就则就,欲去则去,欲求则求,欲思则思。若蚹母之从其子也,出无间,入无联,独往独来,莫之能止。

【译文】

君臣上下之间的事情,有的距离看似远却很亲近,有的距离看似近却很疏远;有的找上门却不录用,有的离任反去聘求。有的天天在身边却不被信任,有的只是闻其名声却思慕不已。种种微妙关系的形成,都是因为内楗的缘故。内楗一开始就将君臣从根本上结合到一起。或凭道德相结合,或依朋党相结合,或以钱物相结合,或靠艺术相结合。臣下若揣准君主的心思,就能取得主动:想进来就进来,想出去就出去;想亲近就亲近,想疏远就疏远;想接近就接近,想离去就离去;想求取的就能得到,想让君主思念就能如愿。好比蜘母依恋其子那样,来去相随而不留痕迹,独往独来,谁也没法阻止。

【解析】

忠言,原指忠诚正直的劝告,现已泛指所有的批评之语了。俗话说:"良药苦口利于病,忠言逆耳利于行。"这话虽然很有道理,但是,难道良药就一定苦口,忠言就一定逆耳吗?在鬼谷子看来,向居上位者进忠言之前,要先摸清楚他的想法,然后顺着他的心思去说,这样就能在避免犯上的同时,还能使他愉快地接受你的观点。

管理者理解了这一点后,就要注意自己的言辞,无论是对上还是对下,都要提前做好应对准备,打好心理基础,充分把握对方的心理特点,从而发挥自己的游说技巧。只有掌握了对方的真实意向和情感,才能依据实际情况确定行动策略,这样才能增加成功的概率。

忠言也有顺耳的时候,那就是要讲究劝谏的方式。真正的忠言都是出于诚意,但为什么是诚意就非得做简单的否定和生硬的批评不可呢?若是顺耳一些不更好吗?如果批评的内容非常严肃、口气却是温和的,批评的态度非常直率、形式则是委婉的,使对方感到如沐春风,那么这样的忠言既顺耳也更有说服力。

【典例】

春秋时,晋灵公贪图享乐,命人给他造一座九层的琼台。这一工程耗资巨大,劳民伤财,朝野上下一片反对之声,晋灵公一概不听,并下令说:"谁敢再进谏,格杀勿论!"晋国有个能臣叫荀息,他知道此事后,便来求见晋灵公。晋灵公命令武士在暗处弯弓搭箭,只要荀息一开口劝谏,便立刻把他射死。谁知荀息见到晋灵公后,并没有提到琼台的事,而是要求给晋灵公表演杂技以博一笑。

晋灵公高兴地答应了。荀息先把十二颗棋子垒起来，再把鸡蛋一个个加上去。晋灵公看得提心吊胆，不禁在一旁大叫道："危险！"荀息慢条斯理地说："这算什么，还有比这更危险的呢！"晋灵公忙问："还有什么比这更危险？"荀息说："大王，您要造九层高台，造了三年，尚未完工，弄得民不聊生，男人们都被征调到工地去了，留下女人种庄稼，如果以后没有收成，国库就会空虚。一旦外敌入侵，国家危在旦夕，难道这不更危险吗？"晋灵公听后，觉得确实很危险，弄不好要亡国，立刻下令停止了高台的建造。荀息用巧妙的方式，先以杂耍吸引灵公的注意力，再通过垒鸡蛋的演示向灵公形象地说明了国家面临的局面，使灵公停止了高台的兴建。

同样在战国，齐威王整天在宫中饮酒作乐，不理朝政。淳于髡知道齐威王爱听隐语，就进宫去对他说："国中有只大鸟，栖息在王宫里已经三年了，可是它从来没有飞过一次，也没有叫过一声，大王您猜猜看，这是一种什么鸟？"齐威王笑了笑说："这可不是一只平凡的鸟呀！它不飞也就罢了，一旦飞起来，就会直冲云天；它不叫也就算了，一旦大叫一声，天下的人都会大吃一惊。先生您先回去吧！我明白了。"从此，齐威王就像换了个人似的，开始勤勉治理国家。在齐威王执政的三十七年中，齐国始终是一个强国。

【点悟】

在向别人提意见时，即使是出自好意，也要讲求方式方法，巧妙委婉的暗示和生动形象的比方，往往比直截了当的批评更容易为人所接受。

淳于髡没有直接批评齐威王不理朝政的行为，而是借大鸟的不飞不鸣为喻，在委婉批评的同时，也是一种间接的勉励。其结果，齐威王一下子振作起来，果然"一鸣惊人"了。

我国古代，敢于直言犯上的直臣、谏臣也不少，但大多没有好结果，而唐朝名臣魏征则是一个例外。有一次，唐太宗被魏征不留情面地批评之后，怒气冲冲地回到内宫，对长孙皇后说："我非杀了魏征那乡巴佬不可"。皇后劝他说：

"有魏征这样的大臣是值得庆贺的,没有您这样的明君,怎能有如此耿直的大臣呢?"唐太宗转念一想:是呀,没有魏征,自己就无法知道自己的错误,那自己不就是昏君了吗?于是对魏征加以重赏。

像魏征这样犯颜直谏的忠臣固然令人钦佩,但话说回来,唐太宗、长孙皇后这样的一对帝后那可是千年难遇。魏征要是不幸生在其他朝代,以他天不怕地不怕的脾气,恐怕也难保善终。所以,在向上司进言时,还是要注意说话的技巧,因为你的上司毕竟不是唐太宗。

管理者在给别人提意见的时候也应当注意自己的说话方式。忠言何妨顺耳些,并非提倡是非不辨、美丑不分,更不是将批评变成表扬。相反,意在使忠言更"忠"一些,更有效果一些。

二、进谋献策要讲究方式

【原文】

内者,进说辞也。楗者,楗所谋也。欲说者务隐度,计事者务循顺。阴虑可否,明言得失,以御其志。方来应时,以合其谋。详思来楗,往应时当也。夫内有不合者,不可施行也。乃揣切时宜,往便所为,以求其变。以变求内者,若管取楗。

【译文】

所谓"内"就是接受采纳意见;所谓"楗"就是进献谋策。游说的人一定要暗地里揣度好,谋划事情时要按照规律。要暗中分析是否可行,透彻辨明所得所失,以便影响君主的意向。方法策略适应时势的变化,以便与君主的谋略相合。仔细思考进献的谋策,应适应形势的变化。意见有与君主志趣不一的,就不要施行。要揣摩切中时宜,往往方便自己的所作所为,求得事情的改变。用善于变化来争取谋策被采纳,就像以门管来接纳门楗一样顺当。

【解析】

管理人员之所以与基层人员有所区别,很重要的一点就在于:管理人员有很多的机会和更大的责任向上司进言献策。而如何向上司进言,这是大多数管理人员都犯难的问题。鬼谷子向我们提出了一个很好的办法,那就是:要揣摩切中时宜,往往方便自己的所作所为,求得事情的改变。以灵活变化求得意见被采纳,进献谋策就方便多了。

的确,向自己的上司或者决策者贡献自己好的建议与计划,是企业管理人员应尽的职责。然而,在献计策的时候,常常会因为不受重视、不被采纳而苦恼,特别是当一个经过潜心研究、周密思考后提出的优秀建议或计划被上司断然拒绝的时候。出现这样的问题的原因,关键在于人们通常会以"我"的角度,而不是"我们"的角度,来陈述事情或者观点。这样做的弊病在于往往会引起听者对自我观点的防御性保护,即使他的观点根本是错误的。所以作为管理者,应该永远记住的一点是:发言权并不等于决策权。

其实在语言的表达过程中,最重要的是两条:一是真诚的态度,二是磋商的精神。其中,真诚的态度是前提。

【典例】

许多跟在英国首相丘吉尔身边的人给他起了一个很有趣的绰号——"一架老的 B-2 轰炸机"。因为这种轰炸机的最大特点是,任何优质燃料只要进入它的发动机,都会被毫无例外地检测为不合格的油品而禁止进入燃烧室。

丘吉尔拥有卓越的才能,却相当自负,对于别人的意见或建议要么不采纳,要么根本不予理睬。不过,他的助理史蒂文斯却是一个独一无二的例外,他的意见总能得到丘吉尔的青睐。但有一次,史蒂文斯被丘吉尔单独召见,却使他改变了这一处境。史蒂文斯明知首相不容易接受别人的建议,但因为是经过苦心研究的,他自认为这个方案相当可行,所以说得理直气壮,十分自信。

但这一次他没有得到幸运之神的惠顾,他得到的是丘吉尔尖刻的话语:"在我愿意听废话的时候,欢迎你再次光临。"

令史蒂文斯吃惊的是,在数天之后的一次宴会上,他听到丘吉尔正在把那天他的建议当作自己的见解发表。这件事使史蒂文斯"大彻大悟",原来并非是他的建议本身不好,而是他提出建议的表达方式不够完美。

提建议时应低调,不再强调某个计划是"我"想到的,就好像那是首相自己的想法一样。在首相不知不觉地感兴趣以后,再将这个计划作为首相自己的"天才构思"公之于众。这样,这个计划就被"移植"到首相的头脑中了,他就会坚定不移地相信这是一个好主意。

史蒂文斯最终决定,为了使一个好计划得以实现,他甘愿牺牲自己的功劳。

后来史蒂文斯奉命到美国做外交上的接洽,这一次他已经掌握了提出建议的最好方式。出发前,丘吉尔虽然在原则上同意了史蒂文斯的计划,不过态度却相当谨慎,看起来这个计划短期内很难被批准。

史蒂文斯到纽约以后不久,向丘吉尔寄回了他同美国国务卿的谈话记录。在谈话中,史蒂文斯把自己想出的那个只是首相谨慎同意的计划说成是"首相的创见",并且对这个"天才、勇气、先见之明"的主张热情赞扬。

结果丘吉尔看了这个记录后,毫不犹豫地正式批准了这个计划。

【点悟】

鬼谷子告诫管理者给领导进言献策的原则,那就是:要低调一些,不要过分渲染"我"在这个观点中的地位。可以选择另一种表述方法,比如:"我有这样一个想法,不一定正确……""现在出现了一个新情况,我需要您帮我拿主意……"等。

但同时需要注意的是,如果只是运用"口才"对上司一味地奉承和附和,也不可能给上司留下良好的印象。所以,千万不要期望用降低身份来争取得到上司的重视与尊敬。保持自己独立的人格,与对上司的尊敬并不矛盾。

学会用合适的方式说话,是一件既容易又困难的事。说容易,是因为谁都会说话，并且都知道说话要做到讨人喜欢；说困难，是因为要想真正把握别人的心理很难，而且绝大多数时候说话是即时的，容不得仔细斟酌。难怪我国台湾著名成功学家林道安说：“一个人不会说话，那是因为他不知道对方需要听什么样的话。假如你能像一个侦察兵一样看透对方的心理活动，你就知道说话的力量有多么巨大了！”

三、处乱不惊善于应变

【原文】

言往者，先顺辞也；说来者，以变言也。善变者，审知地势，乃通于天，以化四时，使鬼神，合于阴阳，而牧人民。见其谋事，知其志意。事有不合者，有所未知也。合而不结者，阳亲而阴疏。事有不合者，圣人不为谋也。

【译文】

与君主交谈时，凡谈及以往的事，应顺着君主的言辞说；凡谈及未来的事，可以与君主有不同意见。内楗时善于随机应变者，总是能审察地势，通晓天时，遵循四时变化规律，驾驭鬼神，合于阴阳之道。他统治下的百姓，都能够安居乐业。只要看君主的做事方式，就可判断出其志向和意愿。如果你的计谋不合君主之意，说明你对他的了解还不透彻。如果你的计谋合乎君主之意，却没有任何结果，那么你应表面上亲近，而暗中与之疏远。君臣之间若不能情投意合，圣人不会为他出谋划策。

【解析】

鬼谷子认为，一个经常与居上位者接触的人，一言一行都势必要小心谨慎，以免出错。但是这样还不够，还必须要头脑灵活。在应付突然事件时，要有随机应变的能力。

我们每个人的应变能力可能不尽相同,造成这种差异的主要原因,一方面可能有先天的因素,如多血质的人比黏液质的人应变能力高些。也可能有后天的因素,如长期从事紧张工作的人比工作安逸的人应变能力高些。因此,应变能力也是可能通过某种方法加以培养的。

管理工作需要有处乱不惊,随机应变的能力,两者其实是相互联系的,都是心理素质优秀的表现。应变能力高的人往往能够在复杂的环境中沉着应战,而不是紧张和莽撞从事。在工作、学习和日常生活中,遇事沉着冷静,学会自我检查、自我监督、自我鼓励,有助于培养良好的应变能力。假如我们遇事总是迟疑不决、优柔寡断,就要主动地锻炼自己分析问题的能力,迅速做出决断。假如我们总是因循守旧,半途而废,那就要从小事做起,努力控制自己,不达目标不罢休。只要下决心锻炼,人的应变能力是会不断增强的。

【典例】

某日纪晓岚在翰林院校理《四库全书》时,因时逢盛夏,天气炎热,纪晓岚热得汗流浃背,便脱下衣服,光着膀子读起书来。谁知乾隆皇帝突然大驾光临,纪晓岚来不及穿衣服,又不能光着身子去迎驾,只好躲在书橱后面。乾隆皇帝早已看见纪晓岚,故作不知。示意群臣坐下,自己随意翻书。纪晓岚躲在书橱后面没有听见动静,便伸出头问:"老头子走了没有?"一时众人大惊失色。不敢言语。纪晓岚从书橱后面走出来,发现气氛不对,才看清乾隆帝手里拿着扇子正在扇凉。不觉惊骇得浑身颤抖,连忙跪下求皇上饶命。乾隆帝暴跳如雷,非要纪晓岚讲出"老头子"是什么意思。纪晓岚急中生智,娓娓道来:"这个'老'仍万寿无疆之意;'头'是一国之主,万民之首;至于'子'是昊天之子为子。'老头子'是特殊之称,是尊敬之意。"乾隆听后,转怒为喜。

还有一例是说刘邦称帝后,一天把韩信召进宫中闲谈,要他评论一下各将领的才能,韩信一一说了,当然,那些人韩信根本就不放在眼里。刘邦听了,便笑着问他:"依你看来,像我这样的人能带多少人马?"韩信回答:"陛下能带十万。”刘邦又问:“那你呢?”“对我来说,当然是越多越好了!”刘邦心里不快,但还是笑着问道:“你带兵多多益善,怎么为我所用呢?”韩信知道自己说错了话,忙掩饰说:“陛下虽然带兵不多,但您‘善将将’,驾驭将领的能力无人能比啊!”刘邦一听这话,心里顿时舒坦了许多。

【点悟】

事实上,凡居上位者可能有一定的傲气和霸气,有人将其形容为“老虎的屁股——摸不得”。但话说回来:智者千虑,必有一失。若不慎触怒了居上位者,真摸了“老虎的屁股”,就该设法予以补救。这需要管理者拥有高超的智慧,而且是“急智”,这是优秀管理人员应该具备的素质,纪晓岚显然就是此中高手。

而韩信后来死于非命,当然与他功高震主、不知收敛有很大关系。但在这里,韩信给刘邦戴上“善将将”这顶高帽子,确实还是令刘邦十分欣喜的。韩信虽然不以舌辩见长,但随机应变的本事还是很高的。作为管理者,功高盖主不可取,但应变能力是一定要有的。

第三个故事中,杜锡面对太子的挑衅举动,能够随机应变,处之泰然,因为他深知君臣之间的关系。如何才能消灾免祸,摆脱“不得不死”的悲剧,确实是古代臣子的一大课题。

四、充分的调查是决断的基础

【原文】

故远而亲者,有阴德也;近而疏者,志不合也。就而不用者,策不得也;去而反求者,事中来也。日进前而不御者,施不合也;遥闻声而相思者,合于谋待决事也。故曰:“不见其类而为之者见逆,不得其情而说之者见非。得其情,乃制其术。此用可出可入,可楗可开。”故圣人立事,以此先知而楗万物。

【译文】

所以说，与君主距离很远却被亲近，是因为私下有恩德于君；与君主距离很近却被疏远，是因为与君主志向不合；找上门而不被录用，是因为所献计策不被君主欣赏；离去之后反受聘用，是因为其主张的正确性被事实所证明；每天都在君主面前而不被信任，是因为行为举止不合君意；相隔遥远却被思念，是因为其主张与君主相合，现遇疑难，急需此人参与决断。所以说，没有搞清对方是哪类人就去盲目游说，必然事与愿违；在未掌握实情的时候盲目游说，也定然遭到否定。只有充分掌握情况，并有制服人的方术，才可出可入，可内楗，也可离开。圣人立身处世，注重调查研究，有先见之明，方可从容驾驭万物。

【解析】

我们平时说话、办事，怎样才能达到预期的效果呢？鬼谷子认为，要“得其情，乃制其术”，就是说，必须通过调查研究，掌握实情，然后根据实情锁定目标，采取行动。如果在掌握实情之前就盲目行动，必然遭遇失败。

一个事先不经过调查研究就盲目行动的管理者，他的决策在实施的过程中将会处处受阻。与此相反，一个聪明的管理者在行动之前就会把情况调查清楚，并预见到事情的结果。充分的调查是决断的基础，只有调查做的充分，才能保证决断的正确合理。

人与人之间的关系都是相互依存的，做到知己知彼，对于管理者来说是相当重要的。这就是说，真正了解对方，才能不至于陷入误区，才能行之有效地处理棘手的问题。这就需要在行动之前，把调查工作做足。

【典例】

刘邦西进后，进展还算比较顺利。部队也由原来的数千人，发展到了近十万人，他踌躇满志地向武关进军。他心里盘算：如若驱兵强攻，势必造成惨重伤亡，一定要想另外的办法，以计取胜。这时，营外通报：秦军丞相赵高派使来与刘邦讲和，声称只要沛公答应与丞相合作，丞相愿意献出咸阳，二人平分关中，共同称王。对赵高其人，刘邦很是了解。赵高出身于原赵国一个贵族之家，后来家境没落，随父母流亡到秦国，因父母触犯了秦律，受到严惩，他也受牵连而被处以宫刑，沦为官奴。赵高对自己的“卑贱”地位一直耿耿于怀，总是千方百计地想出人头地，凭着他的小聪明，又通晓狱律法令，不久就赢得崇法尚刑的秦王嬴政的欢心。秦王灭掉六国，称“始皇帝”，赵高亦被任为“中车府令”，管理宫廷车马辇舆，同时执掌秦朝的印符玉玺，为皇帝起草诏书命令，还兼任公子胡亥的老师，给胡亥讲授法律。为了取悦胡亥，赵高常常把宫廷机密要闻透露给胡亥，胡亥因而把赵高当作知己。

秦始皇为求得长生不老之术，带着丞相李斯、中车府令赵高和幼子胡亥，进行第五次巡游。他祭祀完大禹又去寻找神仙乞求长生不老仙丹。百般折腾，仍然一无所获。公元前210年，秦始皇在南巡途中一病不起，知道自己大限将至，于是连忙召见丞相李斯，要李斯草拟密诏，立扶苏为太子。当时，掌管玉玺和诏书的是宦官赵高。赵高早有野心，看准了这是一次难得的机会，就故意扣压了密诏。几天后，秦始皇驾崩。李斯怕太子回来之前，政局动荡，所以秘不发丧。赵高特意去找李斯，告诉他，皇上赐给扶苏的信，还扣在我这里。现在，立谁为太子，我和你就可以决定。狡猾的赵高知道李斯是个权力欲很强的人，又了解到他与大将军蒙恬不和，于是就借机对他讲明利害：如果扶苏做了皇帝，一定会重用蒙恬，到那个时候，宰相的位置你能坐得稳吗？一席话，果然把李斯说动心了，于是二人合谋，制造假诏书，赐死扶苏，杀了蒙恬。把昏庸无能的胡亥扶为秦二世。

赵高就是这样一个飞扬跋扈、奸佞无比的阴谋小人。尽管他能控制秦二世和朝中大臣，可对迅猛发展的农民起义军，却毫无办法。刘邦率军向武关挺进的时候，派了一个叫宁昌的人“使秦”，以和平谈判为掩护，目的是打探秦统治集团内部的消息。刘邦的军队打到关中的南大门，咸阳城里一夕数惊。赵高也难以沉心静气，派亲信代表自己赴武关与刘邦谈判，企图保住手中的权力。刘邦虽急于入关,却不肯与赵高这样阴险的人同流合污,但他觉得可以对赵高的阴谋加以利用。于是他十分热情地接待了赵高派来的使者,并煞有介事地与其谈判,同时故意把谈判的情况四处张扬,大造和谈将成的舆论。武关守将初见大兵压境,惊恐万分,又是增派岗哨,又是加固城防,秣马厉兵,日夜警惕。如今看着朝廷派来的使者与刘邦谈判,双方置酒把盏,握手言欢,一颗高悬的心落了地,对部下的管束也不严了,派出去的岗哨也撤回来了。第二天天色未明,刘邦出其不意,挥军进攻,一举攻占了武关。武关守将睡梦未醒,便束手就擒。赵高的使者见势不妙,慌忙逃回咸阳报信。

【点悟】

刘邦看透人心,巧妙应对,稳住对方,暗中布阵,然后一举攻城夺地,实是高明之策。充分的调查是决断的前提条件,这是现代管理者应该学习的一点。

在现代商业领域,企业管理者在做出某种决策之前,也要进行充分的调查研究,在掌握正确信息的基础上做出正确的判断,以求最大限度地获取经济效益。王先生是某公司的所有人,经过银行介绍,他想以 200 万元的价钱把他的公司卖给张先生。为了尽快完成交易,王先生把经营这家公司的前景大肆吹嘘了一番。但是张先生没有轻信他的话,经过多方仔细调查,他发现这家企业其实已摇摇欲坠,而且欠银行一大笔钱,如果公司卖不成,银行也势必遭受损失。因此,张先生决定让银行做中介,给王先生施加压力。于是张先生跑去对银行负责人说:“看目前的情况,这家公司顶多值 50 万元,但王先生不会接受这个价格,所以您必须帮助我和他好好谈谈,否则公司破产,您也会跟着遭受损失。”银行方面也认为 50 万元价格是十分公平合理的,于是从中撮合,最后生意谈成,双方以 50 万元价格成交。在收购公司的过程中,张先生没有听信王先生的一面之词,而是做了大量调查工作,正确评估了该公司的实际价值,然后巧借银行来压价,终于以较低的价格完成了收购。可见,做任何事情之前,调查研究都是不可缺少的。

五、内部分裂是管理的大忌

【原文】

由夫道德、仁义、礼乐、计谋,先取《诗》《书》,混说损益,议论去就。欲合者,用内;欲去者,用外。处因者必明道数,揣策来事,见疑决之。策无失计,立功建德。治民入产业,曰:楗而内合。

【译文】

凡是道德、仁义、礼乐、计谋这类重要问题,首先要借鉴《诗经》《尚书》的教诲,综合分析利弊得失,最后决定是去还是留。若想留下与人合作,则用内楗之法,用力于内;若想离职而去,则用置身于外之法,用力于外。处理内外大事,必须先明确理论和方法,会预测未来,并善于在各种疑难处,当机立断。在运用策略时没有失误,从而建立功业和积累德政。管理百姓,要使他们从事生产事业,这叫作内部安定,团结一致。

【解析】

鬼谷子所强调的"欲合者,用内;欲去者,用外。处因者必明道数,揣策来事,见疑决之。策无失计,立功建德。治民人产业,曰:楗而内合。"所说的是如何加强内部团结的问题。简而言之,就是一个企业,如何做到内部团结的问题。

团结就是力量,内部分裂是管理工作中的大忌。现代企业都强调团队合作,同事之间相互配合、互相帮助,不但能提高工作效率,而且能创造和谐的团队气氛,营造良好的工作氛围,增强团队的凝聚力。如果同事关系不和谐,彼此钩心斗角,这样不仅工作做不好,自己的心情也不舒畅,时间久了,工作就会成为一种负担。因此,良好的同事关系对个人的发展至关重要。对每一位企业管理人员来说,搞好与同事、下属的关系也相当关键。

管理者在建立良好融洽的人际关系时,必须经常与他人主动沟通。而要做到相互沟通,除了相互帮助、相互谅解之外,得体恰当的语言也是非常重要的。许多争吵,甚至发生在平素关系非常密切的同事之间,很大一部分原因就是由于说话不讲艺术,使对方误解,以致造成同事间的隔阂。

【典例】

在佳佳食品公司里,销售部经理冯阳与宣传部经理张港就是冤家对头。张港为人热情,表面看很支持冯阳的工作,却总在不经意间把自己的任务踢给冯阳:“你是掌握财权的领导,这事还是你负责吧!”或:“如果这件事由你而不是我去联系,对方可能会更重视。”甚至说:“明天吧,今天我还有紧急的事要处理!”而冯阳刚进入这个公司,正急于出成绩,最近两周总遭遇这个瓶颈,让他苦恼甚至愤恨不已。长此下去,无功的自己只有走人了。此时,冯阳突然想起一句话“把脚放进别人的鞋子里”。于是他仔细观察后,发现张港不是有意地折磨他,而是因为张港的孩子高考后分数低找不到好的学校,于是冯阳托大学的一个同学,很快解决了张港的后顾之忧,结果两个人很快成了好搭档。

同样,小路是兴隆快乐饮料公司的业务经理,因在与合作方的合作过程中“受制于人”的因素迟迟无法解决,致使业务发展很不顺利。年终会议上,小路总结了过去业务发展中遇到的大量实际困难,由于对该业务的大量投入,总结时小路讲话的情绪一度有一些激动。岂料不久,老总下达的年度业务量高得出奇,小路度日如年,心里想着去年都不怎样,今年怎么可能?小路一边郁闷至极,老揣摩着是不是态度不好而得罪了老总;一边又尽力地适应老总的工作风格,寻找可能实现目标的方案。可是他提出的解决方案,总是在与老总交流的过程中被否定。经过观察,小路发现老总由于业务压力,心情一直很差,直接导致了连锁反应。于是就采取了柔性策略,加强工作外的沟通。例如利用一些轻松的场合同他聊天,表示对他的理解;会餐、联谊活动中给他敬酒,表示尊重;另外,他也适当的组织一些朋友聚会,尽量邀请一些层次高、职位高的朋友,并请上司参与其中。在小路坚持不懈的努力下，老总与小路的谈话日渐轻松起来。老总逐渐相信和理解了小路的压力，同时也指出了小路以往工作中的弊端，并同小路一起商量出了解决办法。最后，由于公司上下同心，某些在以往工作中阻碍业绩发展的因素得以消除，使得业绩有了很大的飞跃。

【点悟】

管理者在与同事关系不和谐的时候，首先，要学会从其他的角度来考虑问题，善于做出适当的自我牺牲。而替他人着想还表现在当他人遭到困难、挫折时，伸出援助之手，给予帮助。良好的人际关系往往是双向互利的，给别人关心和帮助，当需要帮助的时候也会得到回报。另外，如果在表达自己思想时，能含蓄、幽默、简洁、生动，也会起到避免分歧事半功倍的作用。

企业管理人员在提意见的时候，要学会察言观色，照顾到上司的心理状态，当公务缠身、诸事繁杂时，他往往没有很好的耐心随时倾听你的建议。尤其是在隔阂出现的时候，更应该采取“两条腿走路”的策略：首先要在上班沟通的时候，注意自己说话的态度和敬语的运用，恰到好处地表达出自己的意思，如果管理者能够做到坦率和诚意，那么即使上司不完全赞同你的观点，也不会影响到他对你个人的看法；而下班后，多了解上司的爱好，一起打个保龄球，或者参加一个朋友聚会等，利用轻松的场合潜移默化的消除障碍。在两面结合的沟通中逐渐缓和关系。

六、管理者必须定位好自己

【原文】

上暗不治，下乱不寤，揵而反之。内自得而外不留，说而飞之。

【译文】

如果国君昏庸不理政务，吏治腐败不堪，则你在献策时应采取与内揵相反的思路，以促其垮台。如果你在游说过程中，发现国君只用本国人才，排斥外来人才，则你在游说后应离去，免遭祸患。

【解析】

儒家把“忠”作为人臣的第一信条，我们今天则把“忠”分成忠烈和愚忠。鬼谷子显然是反对愚忠的。他认为，遇到“上暗不治，下乱不寤”的情形，就要“反”；自己不被重视，就要“飞”。这一“反”一“飞”，充分表明鬼谷子对“明珠暗投”持激烈的批判态度。

俗话说“良禽择木而栖”，明智的管理者应该定位好自己，找到最适合自己，最能施展自己才华的舞台，不要在一棵树上吊死。商纣王的叔叔比干是一位正直的大臣，虽然已经知道商王朝病入膏肓、不可救药了，但还是不停地向纣王进谏，希望挽回败局，最终被商纣王残忍杀害。许多其他的近臣，了解到纣王暴虐、覆亡在即之后，纷纷出逃。有的逃于荒野，如纣王的兄弟微子；有的携带商王的祭器和乐器投奔周族，如商纣王的太师疵、少师疆等。箕子虽然因未逃走而遭纣王囚禁，但他仍端正其心志，未与纣王同流合污。我们无法说哪种做法、哪种价值观是正确的，只能说更敬佩哪种价值观。有些时候，那些比生命，比现实价值更重要的东西，往往更值得我们敬佩。的确，人生于世，就应该承担时代所赋予的责任。

【典例】

“明珠暗投”的典故出于西汉。当时，汉景帝的弟弟，梁孝王刘武有位门客叫邹阳，他才华出众，颇受重用。邹阳知道梁孝王觊觎皇位，极力劝告梁孝王去除非分之想，惹得梁孝王不高兴，最后竟将邹阳打入监牢。邹阳不甘心含冤死去，他在狱中写了封信给梁孝王，信中说：“珠玉本是众人至爱的珍宝，可若是在黑夜里将它抛掷在路人的身上，人们就会按着剑对它怒目而视，怪它砸了自己……”邹阳用“明珠暗投”的比喻，深深打动了梁孝王，不久即获释出狱。不仅如此，梁孝王还把邹阳敬为上宾，以表明自己是爱惜人才的主子。

一个朝代，如果出现了满朝都是人才的景象，就表明一个贤能的君主出现了。末世无英才，贤者或隐于市，或已被奸人陷害。治世之君能识正直的忠臣，对他们加以保护。魏征担任谏议大夫，敢于当面对太宗提出批评，太宗很赞赏他。有一次，唐太宗问魏征："历史上的君主，为什么有的人明智，有的人昏庸呢？"魏征说："能够听取各方面意见的君主，就是明智的；片面听取个别人的话，就是昏庸的。在历史上，尧、舜属于明智的君主，而秦二世、隋炀帝就属于昏庸的君主。君主要是广泛听取臣民的意见，就能了解下面的情况，不会被小人所蒙蔽。"唐太宗点头称是。

有一则寓言，一天风暴来了，一个农夫被困在家里。到了晚上，他饥饿难忍，可家里什么食物也没有了。他想来想去，只好把家里的绵羊杀了吃。第二天、第三天，风暴没有停止。他靠着这只绵羊维持着生活。然而又过了几天，风暴还没有停止，农夫又把家里的山羊杀了吃。后来，风暴仍然没有减弱，他又吃掉了耕田的牛。守门的两只狗看见农夫做法，互相说道："我们快离开吧，主人连辛勤耕作的牛都吃了，又怎么能放过我们呢？"

【点悟】

在治世明君面前，一个人的正直可博得功业、名望。相反，在乱世昏君面前，这种正直就是找死，而且不会给任何人带来好处。有识之士一旦了解黑暗的内幕，知道形势不可逆转，就应趁尚未深陷其中，当机立断，毅然地远离黑暗，以防止自身受到损害。形势已急转直下了，却偏想要逆流而上，最终自身会受到损害。但是，在"君要臣死，臣不得不死"的年代，君王就是国家，忠君就是爱国。赶上好时机，遇到明主是臣子的福气。如果生不逢时，君王愚钝，那么做忠臣就需要些勇气了，需要时时做好要死谏的准备。

定位，通俗地讲就是要为自己寻找一个合适的位置。一个人要想不活得稀里糊涂、浑浑噩噩，就要学会先给自己定好位——能做什么、想做什么、怎样去做以及成为一个什么样的人。人不能总是走到哪儿算哪儿，懂得定位，就可以学会以理性的态度追求更好的生存状态，这样，才能把命运的主动权握在自己手中。作为现代的管理者，一定要找准自己的定位，进行多方尝试，找到真正属于自己的天空，以便尽情施展自己的才能。

不管怎么说，管理者在提高管理能力的同时，也要有洞察先机之明，不等灾难来到即急速离去。就如同傍晚时归巢的鸟，当太阳开始西沉，尚未收尽余晖之时，鸟类已开始归巢，而不是等到天黑之后才开始归巢。鬼谷子用一个“飞”字，也使人感到智者的离去就像鸟儿那样迅速。

七、贪欲过盛是败亡的先兆

【原文】

若命自来已，迎而御之；若欲去之，因危与之。环转因化，莫知所为，退为大仪。

【译文】

若受到君主的重用，机遇降临到自己头上，就不妨加以把握和利用。但一旦决定离开，就要在危险到来之前放弃权力。如果在多次尝试之后，内楗仍不成功，则以急流勇退为佳。

【解析】

鬼谷子认为，英雄一旦找到了用武之地，就要积极进取，建功立业。然而世事难料，到了需要放手的时候，就要果断放手，不可存在非分之想，痴迷于权力或富贵，应急流勇退，以免引起灾祸。

人是会思想的动物。人的思想有正常和非分之别，正常的思想使人生活愉悦、精神充实，推动社会的发展和进步。非分之想是一种非理性的思维活动，企盼本来不属于自己的东西，是人思想道德修养的大敌。思想是行动的先导，如果不善于克制心中的非分之想，就很容易走入歧途。

其实，世上所有事业有成的人，都必须要有适当的企图心，或者说是贪念。因此，适当的贪念可以成为一个人事业进步的助推器，也可以成为一个人获取幸福生活的原始动力。问题是如何把自己的贪念保持在适当、健康和能够控制的范围之内。有的人追求的是金钱上的满足，但太多的钱反而会成为一种负担；有的人则追求财富的无限化，哪怕是“路有冻死骨”也无动于衷；而还有的人却会用强烈的自控能力来克制自己过多的贪念，让自己生活的淡泊恬静。

在当今的商业社会里，看到别人赚钱，自己也想发财，这是正常的现象。见到利益，每个人都想得到多些，这也是人们共同的心理。但是君子爱财，取之有道，切不可有贪心。平常百姓如果过于贪心，他就很难开心起来；身为官员，如果有了贪念那么他的政治前途将会丧失；生意场中，一个管理者如果太过贪婪，那么很快就会败下阵来，身处孤立的境地。因此，人们要控制自己的贪心，学会克制自己的非分之想。

【典例】

春秋时期，越王勾践被吴王夫差打败，成为吴国的俘虏。后来，勾践在范蠡、文种等人的辅佐下，励精图治，最终打败了吴国，逼得夫差拔剑自杀。吴国被消灭以后，范蠡辞掉官职，到陶地做生意，成为当时有名的大富翁。直到今天，人们还称他为“陶朱公”。据说，范蠡在离开越国以后，写了一封信给好朋友文种，劝他舍弃功名富贵，做一个快乐、自由的人。他在信中写道：“鸟儿们都被射杀光了，再好的弓也要收藏起来；狡猾的兔子死了，猎狗也会被主人杀掉，煮来吃呢！”文种认为越王对自己十分优待，不会那么绝情，所以没有听从

范蠡

范蠡的建议。不久,越王听信谗言,怀疑文种对他不忠,真的逼他自杀了。范蠡和文种对待名禄的态度不同,人生的结局也就天壤之别。

古代有一则寓言:从前,海边住着一个人,他非常喜欢海鸥。每天一大早,他就来到海边,跟海鸥一起玩耍嬉戏。时间一长,他跟海鸥成了朋友。每天,只要他一出现,成群的海鸥就接连不断地向他飞来,有些还停在他的肩头,和他非常亲热。有一天,这个人的父亲对他说:"听说海鸥都不怕你,喜欢跟你一块玩耍,明天,你捉一只回来,给我解解闷吧!"此人不敢违抗父亲的命令,只好答应下来。第二天一早,这个人又来到海边,他等着海鸥落在他的肩头,好抓上一只带给父亲。可是,奇怪的是,海鸥们只在他的头顶上飞翔,再也不肯落下来跟他一块玩了。这个人在海边待了半天,一只海鸥也没有抓到。一个存有非分之想的人,自然容易产生急躁的心理,连鸟儿都蒙骗不了。

还有这样一个懒汉,他跟邻居去学钓鱼。到了河边,懒汉放下诱饵,头脑里便开始想入非非:"要是这次我钓上了一条金鱼多好,金鱼又生很多小金鱼,我拿到市场上去换来很多银两,然后我不用干活,我去买洋房,娶三个老婆……"懒汉这样想着,不时地做着钓上鱼的动作,可惜,渔竿一点动静都没有,只是河水在他的动作下泛起涟漪。没过一会儿,邻居钓上了一条一尺长的大草鱼,懒汉心生妒意,把渔竿一甩,对邻居说:"我们是一样的诱饵,同样的河流,为什么我钓不上鱼而你却能呢?"邻居笑着说:"我能钓上鱼儿因为我头脑里有目标,所以我心静如水地等鱼儿上钩,你钓不上是因为你头脑里只有钓鱼的愿望,反而心浮气躁。"

【点悟】

越王勾践忍辱负重,卧薪尝胆,终成大业,值得称道。但他心胸狭窄,连与自己一起同生死、共患难的大臣文种都不放过,令人心寒。范蠡富有先见之明,懂得急流勇退的道理,才得以在残酷的政治斗争中保全了自己。相比之下,文种的想法就未免太过天真了。

可以说，非分之想是人性的致命弱点，管理者如果不常加以祛除，听之任之，势必会给事业、生活造成不应有的损失，也会葬送个人的前程。做事情时要保持专注，要有耐心，不要存有非分之想，否则能钓到的鱼儿也不会上钩，能做到的事情也会变得很艰难。

从古至今，非分之想最主要的表现是“贪”。李崇和王元融都是北魏的高官。一次他们随太后视察左藏库，太后下令赐随行人员布匹且任其挑选。李、王二人唯恐拿得少，结果由于背得太重，一个闪了腰，一个摔断了腿。爱贪小利使得他们成为千古笑柄。

第四章　抵巇篇——消除危机的方法策略

一、积累是成功的第一步

【原文】

物有自然，事有合离；有近而不可见，有远而可知。近而不可见者，不察其辞也；远而可知者，反往以验来也。

【译文】

万物都有自然发展的规律，万事都有自然离合的道理。有的在近前却看不见，有的在远处却能得知；在近前的所以看不见，是由于习而不察，不明对方的虚实；在远处的所以能得知，因为反观以往，可以推验未来。

【解析】

鬼谷子说得好：“有近而不可见，有远而可知。”为什么在近处的反而看不见呢？因为近处的东西太平常了。同样的道理，我们生活中有很多事情不被重视，因为它们太小了。但是有句古话说："不积跬步，无以至千里。"对于想干大事的管理者，又怎么能轻视小节呢？

世间万物都是由小到大发展变化而来的，都有一个量的积累到质的变化的过程。一个人的本性是善的，可是如果不注意修养自身，日后也可能逐渐地变坏。这就是"勿以善小而不为，勿以恶小而为之"的道理。

疏忽小节的管理者，最终是做不成大事的。古人所说的"一屋不扫，何以扫天下"，也正是这个意思。

【典例】

有个富家子弟特别爱吃饺子，每天都要吃。但他只吃馅，吃完了就将饺子皮丢到屋子后面的小河里。在他十六岁那年，一把大火烧了他的家，父母也相继病逝。这下子他身无分文，又不好意思要饭。邻居家大嫂是个好人，每顿送给他一碗面糊糊吃。他则洗心革面，发奋读书，发誓三年后考取官位回来，好好感谢大嫂。三年后，他果真中了魁元，做了官，于是衣锦还乡去见大嫂。大嫂什么礼物也不愿意接受，而是对他说："你不要感谢我，我没给你什么，三年来你吃的饭都是当年你丢下的饺子皮，我收集晒干后装了好几麻袋，本来是想备不时之需的，正好你有需要，就还给你了。"大官愣住了，继而思考良久……

重视细节的事例还发生在周武王身上。周武王灭掉商朝，做了天子以后，远方的西戎国派使臣送来一条大狗。这条狗是西戎的特产，非常名贵，武王高兴地收下了。召公担心武王贪图享受，就劝谏他。武王觉得不过是收下一条狗，没什么大不了的。召公说："贤明的君主应该给百官做出表率，随时注意积累自己的德行，哪怕是小细节也应该注意。大德是由小德积累而来的，就好像用土去堆一座很高的山。山很快就要堆成了，只差一筐土的高度。如果这时你停止了，就不能成功，这不是太可惜了吗？您是一个贤明的君主，可不能犯这种错误啊！"武王听了召公的劝告，就专心治理朝政，最终成为一位贤明的君主。

蘧伯玉是卫灵公时著名的贤大夫。一次，卫灵公与夫人南子在宫中夜坐，先听到辚辚的车声,可到宫门时就消失了,过了一会儿,辚辚的车声又响起来。卫灵公就问夫人说:“你知道刚才过去的人是谁吗?”夫人说:“应该是蘧伯玉。”灵公问:“你怎么知道呢?”南子说:“君子是非常注意自己的生活细节的,车走到宫门口时没了声音,那是车的主人让车夫下车,用手扶着车辕慢行,为的是怕车声打扰国君。能这样做的人,除了蘧伯玉还有谁?”灵公派人去看,果然是蘧伯玉。

【点悟】

福与祸都是积攒而来的,管理者要想避免失败,就要从谨慎小事做起;要想获得成功,也必须重视量的积累。

在第二个故事中,召公说得没错,越是干大事业的人,越应该注意小节。俗话说“千里之堤,溃于蚁穴”,垃圾堆里的一点火星,可以把一座宫殿烧成灰烬。“一子落错,满盘皆输”。你站在高处,身上任何一个微小的弱点都可能成为敌人集中火力攻击的目标。荷马史诗中的著名英雄阿喀琉斯刀剑不入,但他的脚后跟却是他的致命之处。就因为有了这个弱点,他终于死在太阳神的箭下。

在别人都能看到的时候,言行有节,这是很容易的;但是在别人看不到的时候,依然能不改操守,注重生活小节,这就不是人人都能做得到的。蘧伯玉“不欺暗室”的故事,就证明了这一点。只有像蘧伯玉这种“不欺暗室”的人,才是真正的君子,因为他们做事不是为了赢得美名,而是为了坚持自己的信念。对自己诚实,有时比对他人诚实还要难。

一个人能不能干成大事,有很多种检测的方法,但最简单的一种,就是看他在处理小事时的态度和做法。

二、把危机消灭在萌芽状态

【原文】

巇者,罅也;罅者,涧也;涧者,成大隙也。巇始有朕,可抵而塞,可抵而却,可抵而息，可抵而匿，可抵而得，此谓抵巇之理也。事之危也，圣人知之，独保其用，因化说事，通达计谋，以识细微，经起秋毫之末，挥之于太山之本。其施外，兆萌芽蘖之谋，皆由抵巇。抵巇之隙，为道术。

【译文】

所谓“巇”就是小的缝隙，巇发展之后变成“罅”，罅发展之后变成“涧”，涧发展以后变成“大隙”。当小的缝隙刚出现时，常带有某种预兆，此时就应设法加以堵塞，使其变小，或者不再扩展，或者消失，如果仍不可治，就设置使之转化，弃旧图新。这就是抵巇的原理。当危机征兆出现时，圣人就敏锐地察觉到了，他们总是密切注意危机的征兆，利用事物变化的原理进行具体分析，提出计谋，进一步认识征兆的细微变化。利用秋毫之末，可动摇泰山之根基。当圣人的德政推行外方后，当对方出现危机征兆时，就要运用抵巇对付，予以排斥或者消灭。总之，抵巇是一种方法。

【解析】

在这里，鬼谷子分析了古代圣贤应付社会危机的办法，概括来说，就是“防微杜渐”四字。在危机刚刚露出苗头的时候，优秀的管理者就应该找到解决的办法。

当危机刚出现苗头的时候，智者就能敏锐地察知，而愚者还蒙在鼓里，往往对智者的忠告不屑一顾。古代圣贤明君能把国家治理得很好，就因为他们能及时发现问题，在危机还处于萌芽状态的时候就加以消除。反过来，那些亡国之君，像秦二世、隋炀帝，则对危机视而不见，最终使大好江山在自己手里败落。

天下刚刚安定，需要创造一个和平安宁、休养生息的环境。但维护这个和平环境是很不容易的，一旦放松警惕，就难免有沉渣浮起，搅浑一池春水。所以为政者要明白，休养生息不等于“刀枪入库，马放南山”，无事可做了，而更要时刻戒备。危机和危难往往蕴藏于太平盛世、安定祥和之中。而危机和危难的爆发，必定有其最初的细微诱因和苗头。

作为管理者要时刻不忘居安思危，将身边灾难的诱因和苗头消灭在萌芽之中，切不可等酿成大乱再去处理。对于一个企业来讲，危机随时都有可能来临，但能不能出奇制胜，就要看企业平日的修炼了。这就是成功的企业和失败的企业对比之下的高明之处吧。

【典例】

一些目光远大的杰出人士，往往都明白这个道理，因此他们懂得节制自己儿女的物欲。美国前总统肯尼迪的父亲约瑟夫是美国最知名的五大企业家之一。为了防止日后有所不测，约瑟夫给他的每个孩子存了一千万美元的委托金，但他决不让富裕腐蚀他们。肯尼迪成为总统后，报纸曾公布过他十岁时向父亲递交的一份正式请求，请求父亲将他的零花钱由每星期四毛提高到六毛，但父亲未予准许。然而，另一方面，约瑟夫又十分注意培养孩子的美好品性。约瑟夫经常在家中宴请知名人士，并鼓励孩子们参与他们的谈话。约瑟夫让男孩子们全部进非教会学校读书，开阔视野，后来他们全部进入哈佛大学学习，并个个有所作为。

【点悟】

“防微杜渐”这四个字，既适用于国，也适用于家。家庭是社会的细胞，家庭美满、幸福，社会才能稳定、发展，要做治国平天下这样的大事，先要从日常居家小事做起，从一言一行做起。老子说过：“千里之行，始于足下。”若小节不修，言行不信，虽是小事也能酿成大的祸端。所以家长要在一开始就立下规矩，不脱离正常的轨道。只有如此，才能使家庭和睦友爱，这个家族才能兴旺繁盛。

《周易》中说：“君子藏器于身，待时而动。”我们一旦觉察到隐患萌生，就要用“器”将它斩杀于摇篮之中。这便是鬼谷子抵巇之术的精髓。

企业可能因决策失误、管理失效以及环境变化等多种原因，使经营陷入危机之中。在危机形成和发展过程中，会出现各种预警信号来提醒企业的管理者加以注意。及时识别这些预警信号，采取措施，将危机消灭在萌芽状态，是企业风险管理的重要内容。

三、未雨绸缪胜过亡羊补牢

【原文】

天下分错，上无明主，公侯无道德，则小人谗贼，贤人不用，圣人窜匿，贪利诈伪者作，君臣相惑，土崩瓦解，而相伐射，父子离散，乖乱反目，是谓“萌芽巇罅”。圣人见萌芽巇罅，则抵之以法。

【译文】

天下分裂错乱，朝廷没有明君，公侯缺乏道德，小人们就会谗害忠良，贤能之人不被任用，圣人被迫逃匿，贪利伪诈之徒兴风作浪，君臣互相猜疑，国家土崩瓦解，以致百姓互相杀伐，父子离散，骨肉分离，这就是“萌芽巇罅”。圣人见到萌芽巇罅之后，就要采取相应的手段加以应对。

【解析】

人们常常十分关心危机的处理手段，这是“临时抱佛脚、病危之时才寻医”的具体表现。实际上，大家都知道，一个人要想活得长、活得好，仅仅“临病求医”是远远不够的，进行经常性的身体检查预防疾病更加重要，企业也是如此。正如鬼谷子所说的“圣人见萌芽巇罅，则抵之以法”。

危机是可以避免或减轻的，对待危机，或未雨绸缪，或亡羊补牢，结果有着天壤之别。对于一个庞大的企业，防患于未然的重要性远远高于病后的治疗。中国有句古话，凡事预则立，不预则废。市场如战场，所以管理者应当有备制人，而无备则制于人。

对企业来说，危机不仅仅指企业面向公众或顾客的重大事故处理，而且还包括不论客观还是主观因素，抑或是不可抗力所引发的能够导致企业处于危险状态的一切因素。从分类上，包括人力资源危机、产品和服务危机、客户危机、行业危机、财务危机、媒体危机、计算机技术危机、工作事故、诉讼危机、侵权危机、合同危机、政策法规变更、天灾人祸、破产危机、并购危机、保卫工作危机、企业战略危机、供应链危机、文化冲突、多元化危机、权力交接危机等21种危机模式。当前企业最经常面临的前三种危机依次是人事危机、行业危机、产品和服务危机。

作为管理者，不能有丝毫“鸵鸟心态”，认为危机绝不会降临到自己的头上，等到事后发出“假如当年不那样就不会今天这样”的慨叹。与其抱着侥幸心理去消极面对危机，不如制订切实可行的、周密的危机管理计划，化被动为主动。周密的危机管理计划是危机管理的指导方针。

危机的突发性和不可预见性决定了危机的不可避免性，对企业来说，只有尽早制订周密的应急计划，才能将危机扼杀在襁褓之中，将其所带来的严重后果降到最低。

【典例】

刘备和诸葛亮“借”了荆州后，毫无归还之意。周瑜正苦于讨还荆州无计可施，忽闻刘备丧偶，便计上心来，对孙权说：“刘备刚刚丧偶，我们可以以联姻抗曹的名义向刘备招亲，把他骗到我们这里幽禁起来，逼他们拿荆州来换。”孙权一听这个主意不错，就立刻派人到荆州招亲，说要将自己的妹妹许配给他。

刘备听了使者的话，不知是否有诈，心中犹豫不定。诸葛亮思考了一会儿，对刘备说：“您只管去吧，让赵云陪您去，我自有安排。”刘备和赵云出发之前，诸葛亮暗地里关照赵云：“我这里有三个锦囊，内有三条妙计，到孙权那里打开第一个；到年底打开第二个；危急无路时打开第三个。”赵云点头，把锦囊收好。

刘备、赵云带了500名士兵到了孙权那里。见过孙权后，赵云打开了第一个锦囊，上面写着：将计就计。赵云心中有了主意，便命令士兵去购买结婚用品，并到处宣扬：“刘备要和孙权的妹妹结婚了！”还劝刘备去拜见乔国老。乔国老把这件事告诉了孙权的母亲。孙权的母亲听后大怒，召见孙权骂道："男婚女嫁乃人生大事，怎么我做母亲的竟然不知道女儿要出嫁？那个刘备是个什么样的人我总得见见吧？"于是传令在甘露寺相亲，孙权只得遵从。不想，老太太看到刘备仪表堂堂、气度不凡，心中很是欢喜，满口答应把女儿嫁给刘备。这下子，孙权是哑巴吃黄连——有苦难言，只好依了母亲，真的把妹妹嫁给了刘备。

出主意的周瑜也是苦不堪言。一计不成，又生一计。他对孙权说："刘备是苦出身，极少享乐，现在可以利用声色犬马迷住他，离间他们上下级的关系，到时再出兵夺取荆州。"孙权听了周瑜的话，觉得有理，便给刘备提供各种各样的玩意儿，使刘备乐不思蜀。刘备和孙权的妹妹关系也非常好，两个人过得很幸福。

赵云见刘备迷恋新婚生活，根本没有回荆州的意思，心里很苦恼。恰好到了年底，他想起了诸葛亮的锦囊，便打开了第二个，看后心领神会。他向刘备报告说："曹操出兵55万要报赤壁之仇，荆州危急，主公宜速赶回。"刘备大惊，第二天就带着夫人，借口到江边祭祖，一路朝荆州方向飞奔而去。

孙权知道真相后，急派人马追赶，又派周瑜的队伍在前方挡住去路。眼见情况危急，走投无路，赵云打开了诸葛亮的第三个锦囊，把里面的妙计给刘备看。刘备依计向夫人哭诉，说孙权、周瑜利用美人计想诱杀自己。孙权的妹妹与刘备的感情一直很好，她早已把自己和刘备的事业紧紧联系在一起。听了刘备的话，她非常气愤，便走出座车，对追赶上来的士兵严词斥骂。将士们见孙权的妹妹发火了，便让开大路让刘备他们通行。

刘备和士兵们走到荆州地界的时候，周瑜又率兵赶到，结果被诸葛亮早已布下的伏兵杀得丢盔掉甲，大败而回，刘备等人安全回到荆州。

【点悟】

未雨绸缪的意思是趁着天没下雨，先修缮房屋门窗。比喻事先做准备，以免临时手忙脚乱。最早出自《诗经·豳风·鸱号》："迨天之未阴雨，彻彼桑土，绸缪牖户。”清代朱用纯《治家格言》:“宜未雨而绸缪,毋临渴而掘井。”

虽然说亡羊补牢,犹未迟也,但更要懂得在羊丢失之前做好防范准备。诸葛亮在刘备出发之前,就已经周密地考虑到了刘备到达东吴后可能出现的各种情况,提前想出了对策,因此刘备才可以安然返回荆州。

患祸的出现,在于没有防患于未然并采取相应的对策。如果预先将各种可能发生的情况考虑周全,在灾祸未成势的时候就采取相应的措施加以疏导,便能将危险和损失降到最低程度。

而对于企业的管理者来说,应急方案越周详越好,并且在执行中要不断地根据情况做出修正,而且一切都要尽量透明,要保证信息流畅。如果在某些环节上不透明,隐藏的信息无法得到处理,一旦问题爆发,足以让整个组织陷于被动。

四、推陈出新才能走在时代前沿

【原文】

世可以治则抵而塞之,不可治则抵而得之。或抵如此,或抵如彼;或抵反之,或抵覆之。五帝之政,抵而塞之,三王之事,抵而得之,诸侯相抵,不可胜数。当此之时,能抵为右。

【译文】

若世道能够治理,就要设法堵塞巇罅;若世道不可治,就设法推翻它,使之获得新生。总之要解决矛盾,或这样对付,或那样对付,或弥补裂缝,或颠覆更新。例如五帝对当时的社会巇罅,均采取补塞的办法;夏、商、周三王时代,则是采取颠覆办法,取得政权。春秋战国以来,诸侯之间的互相征伐,多得数不清。当天下混乱时,谁能善于抵巇,谁就能占据上风。

【解析】

鬼谷子是主张积极变革的，他认为，当出现了“天下分错，上无明主，公侯无道德”的现象时，就表明社会出现了问题，需要一场变革来加以整顿。而古代的圣人所进行的变革，都能达到安定社会、造福万民的目的。

革旧迎新是历史发展的必然趋势，这是个人意愿无法改变的。荆轲刺秦王虽以失败告终，但他不畏强暴、不怕牺牲的英雄气概一直为人们所称道。然而，从另外一个角度来说，荆轲的刺杀行动却是以阻止变革为目标的，而秦国统一六国，是符合社会发展趋势的。

变革旧的事物，绝非轻而易举，需要一段时间的准备，才能逐渐被人们理解、接受。古代圣王的变革都是顺天应人、大公至正的就像是老虎身上的斑纹一样昭然可见，天下人看得清清楚楚，无不信从。东汉的马融说“虎变威德，折冲万里，望风而信”。可见“德”是多么重要，任何人在推行变革之时，能够做到德行天下，革道显明，天下人自然会云集响应，这样的变革前景当然美好。

在这个竞争日益激烈的时代，唯有积极变革的企业才能生存，才能在市场竞争中站稳脚跟，走出新的道路，迈上财富的康庄大道。反之，抱残弃缺、墨守成规必然被市场淘汰。作为现代的管理者，应当认识到，变革是一件牵动全局的大事。在条件尚未成熟的时候，应审慎时势，积聚力量，巩固自己，不可轻举妄动；一旦条件成熟，就应抓住时机，果断行动；变革绝非修饰，必须彻底，只有这样，才能真正破除旧弊，开创出全新的局面。

【典例】

战国时期，秦孝公即位之后，面对国势裹足不前的态势，下令招贤纳士，想要恢复春秋时期秦穆公的霸业。不久，卫国的商鞅就赶赴秦国，秦孝公任命商鞅为左庶长，实施变法。为了取信于民，商鞅就在国都的南门竖立一根三丈长的木桩，发出悬赏：只要有人将木桩移到北门赏十金。人们当时都觉得不可思议，不敢轻举妄动。于是商鞅再度下令，能搬移到北门就赏五十金。后来果真有人搬移了木桩，商鞅就给予五十斤黄金，表明自己实施的变法改革说到做到，绝不是儿戏。接着，就正式实行新法。第二天起，秦国上下都开始恪遵新法，十年之后，法令发挥效用，人民安乐，路不拾遗，治安良好，家给户足；人民勇于作战，不敢私斗，各地都繁荣而安定。国力的增强为以后秦统一中国打下了坚实的基础。

西汉武帝时，著名的经学大师董仲舒在朝廷担任博士，受到汉武帝的重用。当时，汉武帝请学者们对治国之道提出建议。董仲舒借机发表了一番很有名的言论，他说："汉朝继秦而立，秦朝的旧制度都不适用了。好比琴上的弦已经陈旧不堪，只有更换新的弦，才能继续弹奏。同样，社会也需要改革。琴弦该换而不换，就是最好的音乐家也弹不出优美的曲子来。应当改革而不改，就是最贤明的政治家，也不能创造令人满意的政绩。"汉武帝对他的这番见解表示赞同，于是便有了所谓的"罢黜百家，独尊儒术"。

【点悟】

由以上事例可以看出，变革是一个循序渐进的过程，它需要分步骤、分阶段地进行。经过反复研究，天时、地利、人和都有时，只需顺势而行。变革是非常严肃的事情，需要热情，更需要冷静；需要勇敢，更需要智谋。盲目采取行动只会导致失败。对变革的舆论，必须要经过反复多次的研究探讨，进行审慎周密的考虑安排，证明变革确实合理可行。同时，还要能够得到人们的理解与信任，只有打牢基础，才可以大刀阔斧地进行变革。

作为管理者需要注意，如果不该变革的时候贸然变革，其效果难得恰好，甚至会适得其反。变革失败的不只是革命本身，有时还会造成余波影响。另一方面，若到了该变革的时候还不变革，就会错失良机，贻误大事。

变革成功之后，一定要小心翼翼地维护变革的成果。历朝历代在经济与政治改革获得一定的成功之后，会一再强调要稳定，稳定压倒一切，这样做的目的只有一个，就是维护变革后的成果。如果此时不安守既有成果，又思变革，势必会过犹不及，导致凶险。"当此之时，能抵为右"，这可以看作是鬼谷子对现代人的忠告。

五、锋芒过露有违管理之道

【原文】

自天地之合离终始。必有巇隙，不可不察也。察之以捭阖，能用此道，圣人也。圣人者，天地之使也，世无可抵，则深隐而待时，时有可抵，则为之谋。可以上合，可以检下。能因能循，为天地守神。

【译文】

自天地有离合变化以来，自始至终必有巇罅，为政者不可不察。要发现巇隙，就要用"捭阖之道"，能用此道的就是圣人。所谓圣人，是以挽救天下苍生为己任的人，假如世间没有可"抵"之事时，圣人就隐匿在人民中间，等待时机；一旦世间出现可"抵"之事，就挺身而出，为国家谋划。这些谋划，上可说服君主，下可治理百姓，既依据实际情况，又遵循客观规律，真可谓天地的守护神。

【解析】

几千年以来，中国的有志之士就在出世与入世的两端徘徊。到底什么时候应该入世，建功立业，造福社会；什么时候又应该出世，藏身山林，韬光养晦？鬼谷子的回答是："世无可抵，则深隐而待时，时有可抵，则为之谋。"也就是说，社会问题出现了就做事立功，天下太平了就深隐待时。

锋芒过露不仅是做人的大忌，也是有违管理之道的，所以鬼谷子教导我们要学会韬光养晦。鬼谷子所说的"深隐而待时"，也并非消极等待，而是要刻苦磨砺自己、约束自己，把自己修炼成济世之才。深隐之时要有"晦"。只有经过剪枝的树木才能长成栋梁，只有勤于自我约束的人才能成为有用之才。不怕有缺点，只怕看不见缺点。荒地只要勤于耕耘也会变成良田，而一片良田如果从不锄草也会荆棘丛生。不能自我约束的人不但不能改掉缺点，连原来的优点也会逐渐丧失。孟子说："天将降大任于斯人也，必先苦其心志，劳其筋骨，饿其体肤，空乏其身，行拂乱其所为，所以动心忍性，增益其所不能。"这就说明一个人要想创立大事业，必须先在艰难困苦的环境中磨炼心性，然后才经得起巨浪的冲击，担当起"挽大厦于既倾"的重任。

功成名就之后，又该如何自处？自古以来，"鸟尽弓藏，兔死狗烹"，例如勾践杀文种、赵匡胤杯酒释兵权、朱元璋杀功臣等。正所谓功高震主，所有开国皇帝都明白，所谓开国功臣，就是那些当初与自己一起伏冰卧雪、风餐露宿打天下的"患难之交"。他们有苦劳、有功劳、有资格与自己平起平坐；他们最了解自己过去的历史，最清楚自己现在的心思；距自己的龙椅最近。这样的人当然不能被皇帝留在身边。这个道理，懂得的与不懂得的，其最终结果必然是两个样子。

【典例】

范蠡出身贫寒，但聪敏睿智、胸藏韬略，年轻时，就学富五车，上晓天文、下识地理，满腹经纶，文韬武略，无所不精。然纵有圣人之资，在当时贵胄专权、政治紊乱的楚国，范蠡却不为世人所识。

越王勾践卧薪尝胆，任用大夫范蠡、文种整顿国政。范蠡与文种拟定兴越灭吴九术，是越国"十年生聚，十年教训"的策划者和组织者。为了实施灭吴战略，也是九术之一的"美人计"，范蠡亲自跋山涉水，终于在苎萝山浣纱河访到德才貌兼备的巾帼奇女——西施，在历史上谱写了西施深明大义献身吴王，里应外合兴越灭吴的传奇篇章。

范蠡事越王勾践二十余年，苦身戮力，卒于灭吴，成就越王霸业，被尊为上将军。十年生聚，十年教训，使国家转弱为强，终于击败吴国，洗雪国耻。吴王夫差兵败出逃，连续七次向越国求和，文种、范蠡坚持不允。夫差无奈，把一封信系在箭上射入范蠡营中,信上写道:"兔子捉光了,捉兔的猎狗没有用处了,就被杀了煮肉吃;敌国灭掉了,为战胜敌人出谋献策的谋臣没有用处了,就被抛弃或铲除。两位大夫为什么不让吴国保存下来,替自己留点余地呢?"文种、范蠡还是拒绝议和,夫差只好拔剑自刎。

越王勾践灭了吴国,在吴宫欢宴群臣时,发觉范蠡不知去向。第二天,人们在太湖边发现了范蠡的外衣,都以为范蠡投湖自杀了。过了不久,有人给文种送来一封信,上面写着:"飞鸟打尽了,弹弓就被收藏起来;野兔捉光了,猎狗就被杀了煮来吃;敌国灭掉了,谋臣就被废弃或遭害。越王为人,只可和他共患难,不宜与他同安乐。大夫至今不离他而去,不久难免有杀身之祸。"文种此时方知范蠡未死,而是隐居了起来。他并不相信信中所言,认为自己与越王乃是生死之交,越王不会对自己绝情。

不料,有一天勾践登门探望文种,临别留下佩剑一把。文种见剑鞘上有"属楼"二字,正是当年吴王夫差逼忠良伍子胥自杀的那把剑。他明白勾践的用意,悔不该不听范蠡的劝告,只得引剑自尽。

至于范蠡,他辗转来到齐国,变姓名为鸱夷子皮,带领儿子和门徒在海边结庐而居。戮力垦荒耕作,兼营副业并经商,没有几年,就积累了数千万家产。他仗义疏财,施善乡梓,范蠡的贤明能干被齐人赏识,齐王把他请进国都临淄,拜为主持政务的相国。他喟然感叹:"居官致于卿相,治家能致千金;对于一个白手起家的布衣来讲,已经到了极点。久受尊名,恐怕不是吉祥的征兆。"于是,他再次急流勇退,散尽家财,第三次迁徙至陶(今山东肥城陶山,或山东定陶),在这个居于"天下之中"(陶地东邻齐、鲁;西接秦、郑;北通晋、燕;南连楚、越)的最佳经商之地,操计然之术(根据时节、气候、民情、风俗等,人弃我取、人取我与,顺其自然、待机而动)以治产,几年后,经商集资又成巨富,遂自号"陶朱公",当地民众皆尊陶朱公为财神,乃我国道德经商——儒商之鼻祖。

【点悟】

"伴君如伴虎",明智的人都深知这个道理。成就霸业后诛杀有功大臣,这是历代君王的通病。范蠡知道灭掉吴国后倘若再留在勾践身边,迟早会有杀身之祸。于是急流勇退,遁世归隐。

管理者都懂得“月满则亏,水满则溢”的道理,所以不会做“锋芒过露”的举动。诸葛亮晚年曾写下了著名的《戒子篇》,文中说:“夫君子之行,静以修身,俭以养德。非淡泊无以明志,非宁静无以致远。”诸葛亮出山时,还向往着统一天下之后重返山林,可惜壮志未酬身先死;春秋时,范蠡看到勾践“只可共患难,不可同安乐”的本性,在帮助其大败吴国之后,功成身退,经商治产,富甲一方,逍遥自在;东晋的谢安年轻时隐居于浙江会稽的东山,后入朝为相,在淝水之战中指挥若定,力挽狂澜,后来打算再回东山,可惜不久病死在建康,未能实现避世隐居的意愿。

人都有欲望,都希望能尽可能多地拥有,这是人之常情。然而人的欲望如果无限膨胀,得不到适时的抑制,便会成为贪欲。人如果总是汲汲于物欲之争,对自己的所有总是不知满足,最终会走向失败。汉代刘邦的谋士张良和大将韩信就是最好的例子。张良明白“鸟尽弓藏”的道理,功成身退,领了一小块封地,远离朝廷,去过与世无争的日子,最后保全了声誉和性命。而韩信不明白这个道理,不考虑自己的实力和处境,最终丢掉性命。

由此看来,有些时候不去争长短论得失,懂得机智避退,这并非是软弱无能,而是一种处世的智慧。因此,管理者不仅明白,更应做到审时度势、适可而止。

第五章　飞钳篇——管理者的用人之道

一、知人善任才能人尽其才

【原文】

凡度权量能,所以征远来近。立势而制事,必先察同异之计,别是非之语,见内外之辞，知有无之数；决安危之计，定亲疏之事；然后乃权量之。其有隐括。乃可征、乃可求、乃可用。

【译文】

只要善于揣度人之权谋和考量人之才能，就能吸引远近人才为我所用。为统帅者，要造成一种声势，制定事业目标，这是网罗人才的前提。在“立势而制事”的前提下，考察此人与哪些人意见相同，与哪些人意见不一；考察此人对是与非的判断；考察此人对内对外的言辞有什么差别。通过这些可以得知此人的虚实有无。还可以令此人决定事关安危的计谋，考察其设谋决断的能力；还可以问此人与谁亲近和与谁疏远，考察其处理人事关系的能力。最后，把以上情况综合起来加以衡量，就可对此人的综合素质进行大致的判断。最值得重视的，是那些具有“可塑性”的人才。对于可塑之才，可以征召，可以聘请，可以任用。

【解析】

作为管理者，必须得到人才的辅佐，才可能成就大业。要得人才，首先要识人才，这就需要有鉴人之术，正如鬼谷子所言，“凡度权量能，所以征远来近”。管理者若不能鉴人识人，纵是身边人才济济，也会视而不见。

人们都知道“滥竽充数”这个典故。南郭先生滥竽充数的伎俩之所以能够得逞，其最大的责任不在南郭，而在齐宣王。身为一国之君的齐宣王被南郭的花言巧语所蒙骗，犯了失察之过。还好南郭先生只是一个在乐队里混饭吃的市井无赖，要是在一个集体里面，所谓的“人才”都像南郭这样，其后果将不堪设想。

历史上，有过很多用人不当导致事业失败的教训。如北宋杰出的政治家王安石，在宋神宗的支持下实施变法。一场轰轰烈烈的变法运动，最终却以失败告终。失败的原因，除了深刻的社会、政治原因外，与王安石本身也有很大的干系。王安石自身很有才华，但过于自信，以至于到了自大的地步；他识人不准，在实施变法的用人方面多有失误。当时,由于得不到朝中重臣的支持,王安石只好任用新人。然而,这些人不仅缺乏实际操作经验,而且把变法作为晋身之阶,参与变法动机不纯。王安石的重要支持者与助手,如吕惠卿、章敦、曾布、蔡卞、吕嘉向、蔡京、李定、邓绾等,皆为人品不正者,甚至大多数后来都被写进了《宋史》的奸臣传中。任用人品不好、胸怀私心的人进行变法,再好的设想也难得正确实施。

【典例】

秦末群雄逐鹿,最终刘邦夺天下建立汉朝。刘邦所依仗的三个重要人才是张良、萧何、韩信,人称"初汉三杰"。刘邦称帝后,曾在庆功宴上说:"论运筹帷幄之中,决胜于千里之外,我不如张良;论镇国抚民、供给粮饷,我不如萧何;论领兵百万,决战沙场,百战百胜,我不如韩信。这三个人都是人中豪杰,我能做到知人善用,发挥他们的才干,所以能得天下。"

刘邦曾经问韩信:"如我,能带多少兵?"韩信说:"陛下不过能带十万。"刘邦又问:"你呢?"韩信答:"臣多多而益善。"刘邦笑着又问:"多多益善,为什么被我擒住?"韩信说:"陛下不能将兵,而善将将,这就是我之所以被陛下擒住的原因。"

韩信

刘邦采用了张良的谋略,萧何的内政,韩信的军事三方面的才能,才建立了汉朝。刘邦临死前,召见吕后,嘱咐后事。吕后问他:"萧相国之后,谁可以接替他。"刘邦回答曹参。吕后问曹参之后呢。刘邦回答:王陵,并由陈平辅助他。陈平足智多谋,然而不能独当一面,周勃朴实,少文化,但是,今后安定刘家天下的,非他不可,可以任他为太尉。吕后再问后事,刘邦摇摇头说,后事恐怕不是你所能知道的了。

正是这份政治遗嘱稳定了初汉的政权。

曹参继任丞相后，极力主张清静无为不扰民，遵照萧何制定的法规治理国家，使西汉政治稳定、经济发展、人民生活日渐提高。史称“萧规曹随”。

曹参死后，王陵为右丞相，陈平为左丞相。吕后欲立吕氏族人为王，问王陵。王陵说：“不可。”又问陈平，陈平说：“可。”罢朝之后，王陵责备陈平：“阿谀吕后之意，违背高帝之约”，陈平说：“于面折廷争，臣不如君；全社稷、定刘氏，君亦不如臣。”王陵无言以对。吕后死后，吕氏族人把持朝中大权，谋夺刘氏天下。太尉周勃和丞相陈平联合，夺取兵权，诛杀诸吕，匡扶汉室。

【点悟】

刘邦不但知人善任，使各种类型的人才都得到充分的利用，为他打下大汉江山；而且在临死之时也能一一料定身后之事，预先调用合适的人才，以应付将要发生的情况，使汉初政权得到巩固，这种识人用人的本领堪称一绝。

人们常说，“千里马常有，而伯乐不常有”，说明伯乐难找，其实伯乐也难当。如果祁黄羊不从社稷利益出发，他就很难做到唯才是举了。因此，当好伯乐，必须先做品德高尚的人。人才问题关系到兴衰之大事，墨子云：“国有贤良之士众，则国家之治厚。贤良之士寡，则国家之治薄。”可见人才的重要性。人才是一种资源，更是一种财富。

无论国家还是企业，若要取得进步和发展，都要善于发掘和运用各种人才。作为管理者，要想取得成功，必须善于发现人才，网罗人才，礼待人才，并且大胆任用，因才授职，尽其所长。如果不善用才，即使人才多如过江之鲫，对国家和企业也是起不到作用的。

管理者如何用人是一项非常重要的课题，它考察的不仅是企业的高层管理者成功驾驭企业的组织能力，更考察企业的高层管理者高瞻远瞩、运筹帷幄、决胜未来的品质和胸怀。对于管理者来说，企业的用人之道在于知人善任、用人之长。所谓知人善任就是了解和掌握员工的特点，并将其合理地安排到相应岗位上工作，达到人尽其才的目的；所谓用人之长就是在工作中要尽量发挥员工的工作特长使工作更加完美，高效率的完成。懂得用人之道的管理者定会运筹帷幄、决胜未来。

二、留住其人更要留住其心

【原文】

引钩钳之辞，飞而钳之。钩钳之语，其说辞也，乍同乍异。

【译文】

先用话诱使人才说出实情，然后通过褒扬赢得其心，以此来钳住对方。钩钳之语是一种游说辞令，如何使用应根据谈话情况而定，或同或异，没有什么死规矩。

【解析】

通过鉴人之术锁定人才之后，怎样吸引人才为我所用呢？在这里，鬼谷子提出了"飞而钳之"的办法，即首先要了解对方，其次要以褒扬的方式俘获其心。

管理者要想留住好的人才，就必须努力去争取，留住其人更要留住其心；否则，无法拥有尽心尽力来帮助自己建功立业的贤能之才。作为心怀大志者，能够做到屈己求贤，那么天下贤能之士就会云集而响应，忠心辅助，完成大业。

有时候，在你放低姿态的一瞬间，很多难以解决的问题变得迎刃而解。作为管理者，应当向古人学习俘获人心，管理者应善于调动下属的积极性，让他们把潜能发挥出来。现代市场竞争亦如古之兵战。现代管理者必须懂得，治理关键在于"心"。

【典例】

战国时,群雄争霸。燕国因为内乱和齐国的侵略,国力衰败。燕昭王继位以后,想重振国威,可是手下无人。一天,他去拜见贤士郭隗,诚恳地说:“我想招纳贤士,却不知道先去请谁才好,请先生教我!”郭隗说:“我给大王讲个‘千金买马骨’的故事。从前,楚王很想得到一匹千里马,不惜拿出一千镒金子来买马。但三年过去了,仍一无所获。楚王又派一位侍臣到民间四处访寻。一天,侍臣得知一个人家里有匹千里马,高兴极了,哪料他急匆匆赶去的时候,那匹千里马已经死了。侍臣就拿出五百镒金子,买下了这匹千里马的尸骨,带回去见楚王。楚王看到死马,非常生气,说:‘我要的是活的千里马,你买匹死马有什么用!’侍臣说:‘大王息怒,您付五百镒金子买一匹死马,天下人知道了,还怕没人把千里马送上门来?’果然,不到一年,楚王先后得到三匹千里马。如今,大王希望招纳天下贤才,就请把我当作‘死马’吧,那些比我更贤能的人听到这个消息,肯定会来投奔您的!”

燕昭王大喜,立刻拜郭隗为师,为他造了一幢华丽的住宅。消息一传开,乐毅、邹衍、剧辛等有才能的人,纷纷来到燕国。燕昭王对他们都委以重任。燕昭王在群贤的辅佐下,经过28年的励精图治,使燕国日益富强。后来,乐毅指挥燕国军队,将强大的齐军打得一败涂地,报了当年的破国之耻。

历史上敬重人才的例子还有很多。春秋时,齐桓公不计前嫌,任用管仲为相,成就春秋霸业;三国时,曹操听说许攸来访,喜出望外,连鞋子穿反了都不知道,在许攸的帮助下赢得了著名的官渡之战;刘备“三顾茅庐”,终于请得诸葛亮出山,为他创下了三分天下的霸业;而唐太宗李世民的礼贤下士更胜人一筹,他居然四次下诏,请出身贫寒的马周出来做官。只有热情、诚恳地对待人才,才能赢得有识之士的诚心相助,成就大业。

【点悟】

风平浪静、安享荣华的时候,聚集在身边的人,不一定都是真正的知己,一旦祸乱临头,这些人就作鸟兽散了。能够雪中送炭的朋友,才是真朋友。在危难时,曾被怀疑的朋友往往成为救星,十分“信赖”的朋友却往往背叛。所谓“疾风知劲草,日久见人心”,说的就是这个意思。推及到管理上来,管理者任用人才必须明辨其心智,任用真正志同道合、值得信赖的人为自己所用,否则就容易招来祸事。

要俘获人心,仅给予物质奖赏是不够的。重用自己不喜欢的,或是和自己作对的人,不但能得到当事者的誓死相报,还能赢得开明、宽容的口碑,从而吸引更多人追随。

把人才当作朋友、知己一般对待,使其怀有知遇之感,自然不难赢得人才之心,从而为自己的事业加上一枚重重的砝码,这是古今中外无数成功者的成功秘诀。从古至今,凡是人才得到尊重的朝代,就一定会兴旺,反之,人才凋零,或受到排斥打击,这时就离亡国不远了。燕昭王重用了乐毅等人,使燕国大兴,就是运用了恩义的力量,留住了人才的心。

三、管理人才要重视“感情效应”

【原文】

其不可善者,或先征之,而后重累;或先重累,而后毁之。或以重累为毁;或以毁为重累。其用或称财货、琦玮、珠玉、璧帛、采色以事之,或量能立势以钩之,或伺候见涧而钳之,其事用抵巇。

【译文】

对于那些以钩钳之术仍没法控制的对手,或者首先对他们威胁利诱,然后再对他们进行反复试探;或者首先对他们进行反复试探,然后再对他们加以攻击摧毁。有人认为,反复试探就等于是对对方进行破坏;有人认为对对方的破坏就等于是反复的试探。想要重用某些人时,或者先赏赐财物、珠宝、玉石、白璧和封地,以便对他们进行试探;或者通过衡量才能创造态势来吸引他们;或者通过寻找漏洞来控制对方,在这个过程中要运用"抵"之术。

【解析】

从鬼谷子对于人才的论述中我们可以看出,是否能够让各种各样的人才为己所用,是评判一个管理者是否合格的重要标准。而"钳"——也就是以正确的方法控制人才,则是使用人才的有效手段。欲成大业,人才的重要性是不言而喻的。能收揽人才,并且能知人善任,那么就有可能成就大业。若无人才相助,或有人才而不能用,必然导致失败。

在现代社会中,这种做法仍然很有市场。以现代企业管理为例,聪明的管理者在工作生活中,会主动给下属以恩惠,让下属有归属感,让他们既感觉到温馨,又感受到安全。这样富有人情味的上司必能获得下属的衷心拥戴。有人说"世界上没有无缘无故的爱",只有和下属搞好关系,赢得下属的拥戴,才能调动起下属的积极性,激发他们努力工作的热情,为事业的发展尽心尽力。

"要怀着深厚的感情,像爱护自己兄弟姐妹一样去搞企业安全工作……"这是一位国有大型企业的总经理语重心长的话语,这位领导之所以这么说,是因为他在自己漫长的经营管理历程中,深深体会到企业安全工作要注重情感效应。一旦员工拿出状态,二流能力也能干出一流业绩。只要激发员工工作状态,营造出企业积极氛围;然后强化执行,就能实现目标,提高执行力,实现企业的战略规划。

【典例】

汉高祖刘邦在未起事之前不过是一地方小吏,在后人看来甚至还有些好吃懒做、不务正业之嫌。最后能成为大汉帝国的开国皇帝,非他有不世之才,是因为他有张良、萧何、韩信等众栋梁之材的辅佐。当然,有栋梁之材相助,还要知人善任并驾驭之,如此才能成就大业。韩信、陈平、黥布等人都曾是项羽的部下,归附刘邦之后都被重用。从刘邦封韩信、彭越之举中,我们就能领略刘邦

"善将将"的本领。秦亡后,刘邦和项羽争夺天下。刘邦逐渐由劣势转为优势,率兵追击楚军,在阳夏南安营扎寨,派人与大将韩信、彭越约定日期会师。可是到了约定日期,韩信、彭越的军队并没有开来。刘邦孤军深入,被楚军击败,只好退兵,坚守壁垒。刘邦又急又怒,于是请来张良求教对策。张良分析了当时的形势,说:"现在楚军眼看就要覆没,可韩信和彭越还没有得到封地。两人功勋卓著,本应封王,现在您若允诺灭楚后给韩信、彭越封王,他们必定前来助战。这样,几路大军联合,消灭楚军就易如反掌了。"刘邦依计而行。韩信、彭越很快出兵,几路大军会师在垓下,韩信用十面埋伏消灭了项羽的残部,逼得项羽自杀。刘邦终于登上了皇帝的宝座。

刘备与诸葛亮,也是君恩臣忠的典型例子。诸葛亮感激刘备三顾茅庐的知遇之恩,出山后尽心竭力辅佐刘备,深得刘备的信任。刘备临终前,曾将自己的儿子刘禅托付给他,请他帮助刘禅治理天下,并且诚恳地表示:"你能辅佐他就辅佐他,如果他违背你的意愿,做出危害国家的事来,你就取而代之。"刘备死后,诸葛亮殚精竭虑,帮助后主刘禅治理国家。曾经有人劝他称王,被他严词拒绝,他说:"我受先帝委托,已经担任了这么高的官职;如今讨伐曹魏没见什么成效,却要加官晋爵,这样做不是不仁不义吗?"诸葛亮六出祁山,北伐中原,最终积劳成疾,病死在五丈原。诸葛亮的一生,可以说是为蜀汉"鞠躬尽瘁,死而后已",这固然是由于他具有匡扶乱世之志,而刘备的善施恩德在其中也起到了很重要的作用。

【点悟】

刘邦善于审时度势,从谏如流,这是明君必备的素质,也是人才甘愿为其效力的原因。人们讲究"滴水之恩,涌泉相报",于是就有了"生当陨首,死当结草""士为知己者死""风萧萧兮易水寒,壮士一去兮不复返""壮士死知己,提剑出燕京"等说法,这无一不是"感情效应"的体现。君主善用恩情来维系与臣下的关系,这也是历史上的常见现象。

想要俘获人心，一定要讲究方法。用道德去感化下属，那么当下属犯了错误，他们自己就觉得很羞耻，会自觉约束自己。刘备善于用恩义笼络人才，所以他手下的人才大都是死心塌地地为他卖命。所以说，感情投资是做大事的人必须掌握的一种手段。在古代，这当中虽然不乏统治者收买人心的把戏，但它也包含着管理上的一些基本原则。因为只有让人们切实感受到获益，才会真心拥护，并发自内心地创业图强。总之，要想留住人才，就一定要做好感情投资。

四、管理者要摸清对方的“软肋”

【原文】

将欲用之于天下，必度权量能，见天时之盛衰，制地形之广狭，阻险之难易，人民货财之多少，诸侯之交孰亲孰疏，孰爱孰憎。察心意之虑怀，审其意，知其所好恶。乃就说其所重，以飞钳之辞钩其所好，乃以钳求之。用之于人，则量智能、权财力、料气势，为之枢机，以迎之、随之，以钳和之，以意宣之。此飞钳之缀也。

【译文】

如果想把飞钳之术用之于天下，必须考核人的权谋和才能，观察自然和社会以及了解天地的盛衰，掌握地形的宽窄和山川的险阻，了解人民财富的多少。要考察各诸侯的交往中谁与谁亲密，谁与谁疏远，谁与谁友好，谁与谁相恶。要详细考察和分析对方的想法和胸怀，审察其意向，了解其好恶，然后抓住对方最注重的问题游说他，先用“飞”的方法投其所好，说出能使他高兴的话，然后再用“钳”的方法控制他，使他信任你，重用你。如果把“飞钳”之术用于他人，就要揣摩对方的智慧和能力，度量对方的实力，估计对方的气势，然后以此为突破口与对方周旋，进而以“飞钳”之术达成议和，以友善的态度建立邦交。这就是“飞钳”的妙用。

【解析】

一般而言,不管做什么事情其实都是对利益的追逐,而要想从他人那儿获得某种利益,就必须要保持一种相对稳定的利益平衡关系。就是说在利益问题上不能总是单方面的,不能让对方一味地付出,而在付出之前或付出之后总能有所得,这种获得当然不限于物质上的,也包括精神上、感情上的。所以,正是基于这种利益平衡关系,就有了欲取先予。

在管理工作当中,“欲取”的目标必须暂时隐藏,且在未露之前投其所好,先让对方心情愉悦,再顺势把自己“欲取”的目标提出来。在这种心理驱动下,对方会因为感激很容易答应自己的请求。

可以说,先予的成果如何,直接关系到预取的目标实现。鬼谷子认为,可以先探出对方的喜好,摸清对方的软肋,然后再采取行动,这样就可以控制对方,从而达到自己的目的。这是一条屡试不爽的方法,接近人,先从他的爱好下手,会得到更多的好感和信任,并且能迅速收到效果。

【典例】

有一次,美国《黑檀》月刊的主编约翰逊想要拉到森尼斯公司的广告。当时,该公司的首脑麦唐纳是个极其精明能干的人。

开始,约翰逊先写了一封信给麦唐纳,希望和他当面谈谈森尼斯公司的广告在黑人社会中的重要性。

麦唐纳当即回信说:“来信已经收到,不过我不能见您。我并不主管广告。”

约翰逊并不气馁,他又写了封信给他,问:“我可不可以拜访您,谈谈在黑人社会进行广告宣传的政策。”

麦唐纳回信道:“我决定见您。不过,要是您想谈在您的刊物上登广告的事,会见将立刻结束。”

约翰逊翻阅了美国名人录,发现麦唐纳是一位探险家,曾到过北极,时间是在汉森和比尔准将于1909年到达北极后的几年间。汉森是黑人,他曾就本身的经历写过一本书。

这是个可以利用的信息,约翰逊本能地觉察到。

于是,约翰逊找到汉森,请他在自己的书上签名,以便送给麦唐纳。此外,他又想起汉森是他们写文章的好题材,于是,他从还未出版的《黑檀》月刊中抽去一篇文章,而代之以介绍汉森的一篇文章。

麦唐纳在约翰逊走进他的办公室时,第一句话就是:

"看到那边那双雪鞋没有?那是汉森送给我的。我把他当作朋友,你看过他写的那本书吗?"

"看过",约翰逊说,"凑巧我这里有一本,他还特地在这本书上签了名。"

麦唐纳翻着那本书,显得很高兴。接着,他又说:"您出版一份黑人杂志,在我看来,黑人杂志上该有一篇介绍像汉森这样的人的文章才对。"

约翰逊对他的意见表示同意,并将一份7月份的杂志递给他。

然后告诉他,创办这份杂志的目的,就是为了宣传像汉森这样克服一切障碍而达到最高理想的人。

这时,麦唐纳合上杂志说:"我看不出我们有什么理由不在您的杂志上登广告。"

【点悟】

约翰逊开始拉广告受挫后,并不气馁。他知道每个人都有乐意显示自己辉煌战绩的心理,根据麦唐纳的经历,变换了接近麦唐纳的方法,攻心求同,终于使麦唐纳答应在他的杂志上刊登广告。

美国联邦调查局有一位专门测写罪犯人格和心理的探员,多次突破重大罪犯的心防,侦破了不少重案;而当记者采访他时,却发现他竟然是个不善言辞的人,他的话不多,却每个字都很精准且有力量,他告诉记者,他不是个善辩的人,而要盘问罪犯,靠的也不是口才,而是攻心策略。在谈判和协商战场上,你的话是子弹,而对方的心理弱点和需求,是唯一的目标靶;如果瞄不准靶子,或是根本看不到靶子,尽管妙语如珠,也只是浪费子弹。这时候,不如找一位狙击手,只要一颗子弹,正中靶心,胜过乱枪打鸟。

管理者要学会攻心策略,要能够找出对方的软肋所在,满足对方的需求,你就可以拥有你想要的结果。遗憾的是,很多人都以为所谓的谈判高手讲究的是语速和语量,事实上,话越多的人,思考就越少,而且说话太多太快,对方也根本无法全部接收,对谈判结果和说服任务毫无益处。

五、在进取与谨慎中寻找平衡点

【原文】

用于人,则空往而实来,缀而不失,以究其辞。可钳而纵,可钳而横;可引而东,可引而西;可引而南,可引而北;可引而反,可引而覆。虽覆,能复,不失其度。

【译文】

如果把“飞钳”之术用于他人,可用好听的空话去套出对方的实情,但要与对方的事业紧紧联系,勿使失误;还要经常研究对方的辞令,揣度其意图。这些关键点把握之后,就可钳住对方,或纵或横,或东或西,或南或北,或反或覆。尽管如此,还是要谨慎从事,不能丧失节度。

【解析】

我们找到了一个好的平台之后,自然希望得到重用。这时,就不能空逞口舌之能,还必须做出实际的业绩来。这就是鬼谷子所说的“缀而不失”的道理。如若不然,就会像诸葛亮舌战群儒时讥讽张昭的那样,“坐议立谈,无人可及;临机应变,百无一能,”那岂不是有“纸上谈兵”之嫌了。但在进取的过程中也要当心,切不可做得太过,“木秀于林,风必摧之”。在某种特定的情况下,甚至会引起不必要的猜忌。

古代辅佐帝王的名将名相,一般都具备“进不求名,退不避罪,唯民是保,而利合于主”的精神。这样的将相,既可以功成名就,又不至于受到统治者的猜忌,才真正称得上是国家的宝贵财富。蜀汉丞相诸葛亮在率军攻打魏国前,曾写下《出师表》,表明自己“鞠躬尽瘁、死而后已”的精神。但是在连胜几阵的大好形势下,由于错用“言过其实”的马谡镇守街亭,导致街亭失守,蜀军一下子转胜为败,满盘皆输,只好撤军回国。诸葛亮为了严肃军纪,挥泪斩了马谡。他自己也做了深刻的反省,上奏幼主刘禅,请求自己连降三级,并将自己的过错公布于全国,让大家揭发其缺点。

另外,管理者做任何事情,都不能只将注意力单纯放在外在的形式上,而忽视了其实际的效用。同样,为人所用,就要拿出真才实学来,而不能过分追求表面功夫,这是很难有所收获的。当年,孙武向吴王阖闾进献兵法 13 篇,即后世所称道的《孙子兵法》。吴王读后大悦,当即任命孙武为大将。史载,孙武曾率兵“西破强楚,入郢,北威齐晋,显名诸侯”,为吴国的霸业立下赫赫战功,从而赢得“兵圣”的千古美名。

【典例】

战国时期,秦孝公任用商鞅实施变法。商鞅变法取消了贵族的特权,规定重新按军功大小给予爵位。贵族由此失去了无功受禄的特权,对商鞅十分不满。而秦国经变法以后,很快强盛起来,生产力大大提高,国库充盈,将士作战勇猛,威震六国。商鞅因变法有功,受封商地十五邑,号商君。在变法过程中,太子的老师触犯了法律,商鞅为了使新法能得以实施,依法进行了严厉公正的处置。太子曾为老师向商鞅说情,但无济于事。从那时起,太子便对商鞅恨之入骨,欲除之而后快。孝公驾崩后,太子嗣位,史称惠文王。有人趁机诬陷商鞅谋反。惠文王虽然清楚商鞅没有谋反,但为了出气,还是下令逮捕商鞅。商鞅此时在自己的封地,听到消息逃往别国避祸。这天,天色渐渐暗了下来,商鞅急于逃离秦境,便匆匆赶路,来到关下,不想被守关军士拦住,声称:“商君有令,黄昏后非公事不得出城。”商鞅只好来到一家旅店,要求住宿,老板说:“请问您是谁,我要接待了身份不明的人,会被杀头的。这是商君的法令,违背不得呀!”商鞅当然不敢表明自己的身份,他走出旅店,仰天长叹道:“想不到我自己制定的法律,竟反过来害了我自己!”商鞅后来被抓回咸阳,受车裂之刑而死。

清朝末年,太平军金田起义后,杨秀清封东王,称九千岁,掌握军政,节制诸王。他是起义军前期的实际指挥者,曾指挥太平军成功地突围永安,攻克武昌、汉口、汉阳等重镇。太平天国定都天京(今江苏南京)后,他又筹划、组织了太平军第一次西征和北伐诸战役,战功显赫,位高权重。杨秀清居功自傲,与天王洪秀全的矛盾逐渐加剧。在太平军连破清军江北、江南大营后,他逼迫洪秀全封他为“万岁”。洪秀全遂下密诏,令领兵在外的韦昌辉、石达开等返天京除去杨秀清。韦昌辉率部抵达天京后,突袭东王府,杀了杨秀清全家。

【点悟】

商鞅为秦国的强盛而主持变法,不畏权贵,执法如山,称得上功劳盖世,可惜最后仇家变成了持有生杀大权的君主,而其行程却被自己制订的法令所延误,“作法自毙”,最终惨遭车裂酷刑而死,实在是可悲可叹。

在社会上打拼的人,难免遇到危难,要积极进取,同时也要格外小心谨慎。不谨慎无以安身,不进取无以脱困。谨慎和进取犹如硬币的两面,任何一面都不可偏废。过分谨慎而不进取,就易变为保守;过分进取而不谨慎,就易变为冒进。保守会逐渐落后,并导致最后衰败;冒进会使根基不稳,并导致倾覆。这两种情况就像孔子说的“过犹不及”一样。

最后,当功名升到一定的程度,就不该再有野心了。如若再升就有逼上的嫌疑,这时就需要妥善处理自己的地位与升晋之间的矛盾。如果当止不止,很可能会引火烧身。太平天国的东王杨秀清就是因为这样而遭杀身之祸的。

由此可见，我们需要在谨慎和进取二者之间找到一个平衡点，使前进的路途更加平坦通畅。其实，这个点不是轻易就能找到的，这就要做到鬼谷子所说的“虽覆，能复不失其度。”这需要我们自身拥有较高的修养和智慧。只有这样，不论遇到什么事情，我们都可以举重若轻，拿得起，也能放得下。

第六章　忤合篇——管理者要找准自己的定位

一、盟友的选择要慎之又慎

【原文】

凡趋合倍反，计有适合。化转环属，各有形势。反复相求，因事为制。

【译文】

无论是联合还是对抗的行动，均要有合宜的计谋。所向与所背的双方，就像圆环一样旋转而无中断，各有自己的形势。对于各方的具体情况，应反复进行研究。根据事态的发展，决定自己的态度。

【解析】

在纷繁复杂的社会生活中，当彼此对立的各方都邀请自己加入的时候，应该接近谁？远离谁？作为管理者，弄清这一点是很重要的。鬼谷子给出的答案是“因事为制”，也就是根据事态的发展来决定。

在现代商业领域，一个企业要发展、壮大，也必须善于选择最佳的盟友。比如，现代电气高科技的迅速发展，对电气材料也提出了更高的要求，大量的新材料也应运而生。制造节能变压器铁芯的新型低铁矽钢片就是其中一种。一开始，美国电气行业执牛耳的美国通用电气公司和西屋电气公司以及实力不是很强的阿姆卡公司都在研制新型低铁矽钢片，而竞争的结果却被阿姆卡公司拔了头筹。阿姆卡公司十分重视信息情报工作。在研制矽钢片的过程中，发现“通用”和“西屋”也在从事同类产品的研制。远在地球另一端的日本钢厂也有此意，而且准备采用最先进的激光处理技术。阿姆卡公司分析形势后认为，以自己的实力继续独立研制，极可能落在“通用”“西屋”之后，风险极大。若要走合作研制之路，就必须选择合作者。与“通用”“西屋”联手，未必有利于加快研制过程，而且将来只能与之分享美国市场，同时还得考虑崛起的日本钢厂。而与日本钢厂并肩合作，生命力旺盛，研制过程自然会加快，将来的市场之大不可限量。阿姆卡公司选择了日本钢厂为合作者，结果比预定计划提前半年研制成功，战胜了“通用”“西屋”两大强劲对手。

同样，在现代商业社会中，凭个人的单打独斗，很难取得事业上的飞跃。学会与人合作，则显得至为关键。那么，该怎样选择合作者呢？借用一句名言来说：我们没有永远的朋友，也没有永远的敌人——凡事要根据形势来判断，这也是鬼谷子思想的精髓。

【典例】

有这样一则寓言：一天，狼的使者来到羊群里，许诺说：“如果你们把守护你们的狗抓住杀了，我们以后就不再吃你们了，让你们过上安宁的日子。”愚蠢的羊答应了狼的要求。这时，有只年老的公羊站出来说：“我们怎么能相信你们，有狗保护我们的时候，你们还在企图吃我们呢。”我们可以看到，盟友选择的重要性。

春秋时期，鲁国是一个弱小的国家，经常受到其他大国的威胁。鲁国国君为了巩固统治，想和晋、楚这两个大国结交，就准备把自己的几个儿子派到晋、楚两国去，名义上是当官，其实是当作人质。鲁国大夫犁鉏不同意这样做，他对鲁君说：“大王，如果您的儿子落水了，您到越国去求人救他，越国的人虽然善于游泳，但也救不活您的儿子；如果鲁国失火了，您到海里去取水，海水虽多，也不能及时扑灭大火，这是因为远水难解近火啊！现在晋国和楚国虽然强大，但距离鲁国很远。离我们最近的大国是齐国，如果让公子去齐国，我们和齐国结交，当鲁国有难时，齐国能不来相救吗？”鲁君认为他说得很有道理。

【点悟】

从上面的寓言中我们可以明白，聪明人不会轻信敌人的诺言，而放弃自己的安全保障。相信敌人的诺言无疑是愚蠢的，所以选择自己盟友的时候，一定要睁大眼睛。

第二个故事中，鲁国国君舍近而求远，准备结交一些根本帮不上忙的盟友，这种做法违背了常理，显然是错误的。但是他联合大国，寻求安全保障的做法是正确的。有时候，当我们面临共同的威胁时，单打独斗是很难有胜算的，此时应该建立一个统一的战线，团结一切可以团结的力量以克服困难。古语云：“人心齐，泰山移。”只要有足够的力量联合，即使是泰山挡道，也可以将它移开。

历史上许多有远见的政治家都因做到了这一点，而改变了敌我力量对比悬殊的境况，使自己走出了困境。比如三国时期，蜀军败于夷陵，被吴国陆逊火烧七百里连营，损兵折将，导致刘备悲愧交加，病死于白帝城。此时，蜀国内部政权不稳，外部魏国大兵压境。其危急情形，正如诸葛亮在《出师表》中所说：“先帝创业未半，而中道崩殂；今天下三分，益州疲敝，此诚危急存亡之秋也。”在这国难当头之时，诸葛亮没有盲目决定向东吴复仇，而是首先考虑建立统一战线，恢复与东吴的联盟关系。由于统一战线的建立，进攻蜀国的曹真大军被吴将徐盛打得大败，而诸葛亮由于再无后顾之忧，得以放手南征，七擒孟获，北伐中原，六出祁山，取得了一系列的胜利，为蜀国又赢得了几十年的生存空间。在政治和军事斗争中，当对立的双方势均力敌、难解难分的时候，第三方的态度就显得非常关键了。当第三方加入某一方以后，就迅速促成了另一方的失败。

作为管理者应该明白，站在一起的盟友，并非各方面都完全一致，因此必须异中求同。这需要有人积极主动，才可以很快地找到共同点，来解决共同面对的问题。

二、抓住稍纵即逝的机遇

【原文】

是以圣人居天地之间，立身御世，施教扬声明名也，必因事物主会，观天时之宜，国之所多所少，以此先知之，与之转化。

【译文】

圣人居住于天地之间，立身处世，都是为了驾驭社会，教化人民，传播学说，宣扬名声。他们必须把握事物的发展机遇，观察自然和社会气候是否相宜，国家哪些方面有余，哪些方面不足，由此做到先知其情，然后运用计谋，促进事物向有利的方面转化。

【解析】

每个人都在追求成功，但真正的成功者却只占少数。有人觉得疑惑，同样的付出，为何结果天差地别那答案很可能是这样一个词——机会。善于把握机会，是成功人士必备的素质之一，这就是鬼谷子所说的“因事物主会”。

现实生活中，有很多管理者因为自己能力不够，借口说时机没有成熟。好机会来了，却没有能力去把握；等自己有能力了，机会却又早已溜走了。在许多人的一生中，都曾有过这样的遗憾。避免这种遗憾的唯一方法，就是要提前做好准备，未雨绸缪，而不是临渴掘井。

沧海横流方显英雄本色，作为管理者要懂得看准时机，伺机而动，在适当的时候才可大有作为。时机不成熟，就需要修身养性，此时可从事一些小的作为，以积聚力量，千万不可操之过急。一旦时机到来，就一定要牢牢把握，付诸行动，争取赢得胜利。

在我们的日常生活中,常常会听到有人说“这件事有机会一定给你办,现在确实没办法”在这个“机会”中,隐藏一个“等待”的含义,也就是我主观上非常积极,需要等待客观上的“机会”来临,否则毫无办法。“机遇”有它的偶然性和客观性,但“抓住机遇”却有了一个“通过寻求而获取”的含义,显示了人们的主动性和渴望。这与“机会”中的消极等待有了很大的区别,也就是这个区别,有人去“等机会”,有人去“抓机遇”,结果也就有了天壤之别。

【典例】

春秋时代,鲁昭公亲小人、远贤臣,把国家治理得一塌糊涂,遭到国人的驱逐,只好出走到齐国。鲁昭公与齐景公交谈时,对没有采纳忠言后悔不已。齐景公看他诚心悔过,就对晏子说,应该帮助昭公回国,使他成为一位贤明的国君。晏子说:“昭公因为面临灾难,所以能够说出悔改的话。这就好比‘临渴掘井’,已经来不及了。”景公连连点头,认为他的话很有道理。

现代社会中,发财致富可以说是每个人的梦想。穷渔夫和富渔夫的故事,就告诉我们在致富的过程中,时机有多么的重要。在海边,生活着一个穷渔夫和一个富渔夫,两人都以打鱼为生。每天傍晚,他们都打回满满的一船鱼,然后把鱼拿到市场上去卖。可是,每次卖鱼,富渔夫总比穷渔夫多卖很多钱。穷渔夫十分不解,就问富渔夫:“我们每次打回来的鱼,数量和质量都差不多,但为什么你每次都能多卖这么多钱呢?”富渔夫听了哈哈大笑,回答说:“我们的鱼是一样,但我们的卖法不一样。你每次把鱼拿到市场上卖,为了卖个好价钱而迟迟不肯出手,最后鱼不新鲜了,只能贱价出售。而我考察了当地很多的餐厅,总能在第一时间把新鲜的鱼出售给第一流的餐厅,所以能卖个很好的价钱。如果不幸难以脱手的话,我也会尽快半价把它们卖给二流餐馆。我抓住了卖鱼的最好时机,所以才能多挣很多钱啊!”穷渔夫听了,终于明白了自己输在哪里。

美国著名的实业家伯纳德·巴鲁克在30岁之前就靠经营实业而成为百万富翁了。1898年7月3日,巴鲁克28岁,那天夜里他与父母一起待在家里。突然广播里传来消息，美国海军在圣地亚哥把西班牙船队消灭了，这意味着美西战争进入尾声，即将结束。听到这个消息，巴鲁克立即意识到，如果自己能够在黎明前赶回伦敦的办公室，就可发一笔大财。因为这天正好是星期天，第二天就是星期一，而美国的证券交易所在星期一照例都是关门的，只有伦敦的证券交易所照常营业。当时，小汽车还没有问世，火车在夜间又停止运行。巴鲁克赶到火车站租了一列专车，终于在天亮以前赶到了伦敦，当其他的投资者还在睡梦中的时候，他已经做成了几笔大交易。就这样，巴鲁克一举成功了。巴鲁克能取得这样的成功，是因为他把握了致富的时机，并立即采取了相应的行动。别人还在睡梦中时，他已占据了先机。

【点悟】

管理者应当注意，对任何事，都应该预先做好准备，假如事到临头，才开始考虑解决的办法，就会像鲁昭公那样，怎么悔过都没有用了。另一方面，当形势尚未成熟，或自己能力确实不足的时候，就应知难而退，没必要冒险而进。正所谓："觉迷途之未远，知来日之可追。"还不具备穿越险境的能力和素质，退回来也许是最好的选择。退回来之后，努力加强自身各个方面的建设，把自己锻炼得足够强大。在等待中耐心观察，时机总会到来。

两个渔夫所卖的是同样的鱼，可是穷渔夫每次卖的钱都比富渔夫少，唯一的原因就是他不善于抓住卖鱼的时机。在企业管理中也是如此，一旦商机出现，一定要当机立断，该出手时就出手，这样才能在竞争中占据优势地位。

就企业而言，随着我国现代企业制度改革的深入进行，政府对企业及个人的直接控制越来越少，企业自主参与市场竞争，根据市场变化自主制订经营战略和产品战略，外部对企业的控制环境变得宽松；加上信息化推动科技进步高速发展、科技革命迅速涌动，加快了世界各国在全球经济一体化过程中政治、经济、文化方面相互渗透的速度，各种机遇会伴随着竞争快速进入国内市场，竞争的加剧，同样带来了更多的机遇。

能不能够看到商机是一回事,能不能把握又是另一回事。优秀管理者事业成功的法则,就是看到机会来了以后,立即采取相应的行动,绝不拖延时间。路是人走出来的,越早一步走这条路,成功的目标就越早一天达到。

三、管理者要明确自己的立场

【原文】

世无常贵,事无常师。圣人常为无不为,所听无不听。成于事合于计谋,与之为主。合于彼而离于此,计谋不两忠,必有反忤。反于是,忤于彼;忤于此,反于彼。

【译文】

世上没有永恒显贵的事物,事物没有永恒效法的榜样,圣人做事总是顺乎客观规律,所以无所不为;圣人所听的都是客观真理,所以无所不听。做好要做的事,重要的是不违背定下的策略。如果计谋合于彼方的利益,则一定会背离此方的利益。不可能同时效忠于对立的双方,必然有合有忤。合乎此方的意愿,就要违背彼方的意愿;违背彼方的意愿,才可能合乎此方的意愿。这就是“忤合”之术。

【解析】

鬼谷子所说的“忤合之道”,绝不是风吹两边倒式的“骑墙”,而是有原则、有立场的行为。在现实生活中,我们要想把事情办好,有时难免要借助他人之力,但不能过度依赖,正所谓“世无常贵,事无常师”。所以,自己的路,还是要由自己的脚一步步走出来。

对于一个管理者来说,立场是十分重要的。管理者立场不坚定,往往会导致决策上犹犹豫豫,踌躇不前,从而错失很多良机,给自己的事业带来很大的损失。

在现代商业领域，企业与企业之间的联合也是司空见惯的事情，但并不是所有的联合都有好的结果。即使是好的联合，也不是所有的联合方都能获益。作为企业的管理者，只有选择了合适的联合盟军，目标坚定、不丧失立场，才能从联合中获得实实在在的利益。

【典例】

有一个流传很广的寓言，说在一片茂密的大森林里，住着许多动物，有鸟有兽。有一天，鸟类和兽类因为一个误会，打起架来。刚开始，鸟类占了上风。蝙蝠急忙飞过来，对鸟儿们说："你们看，我有一双翅膀，所以我是鸟。"于是站到了鸟类这一边。可没过多久，兽类又占了上风。蝙蝠一看，又急忙从鸟类的队伍里跳了出来，对野兽们说："你们瞧，我有牙齿，所以我是真正的兽啊。"说完又加入了兽类的队伍。后来，鸟类和兽类消除了误会，大家和睦相处。蝙蝠不知该站在哪一方才好。这时大家都看清了蝙蝠两面派的嘴脸，明白了它的欺诈行为。于是，鸟类和兽类都裁定蝙蝠有罪，把它赶到阳光之外。从此以后，蝙蝠总躲藏在黑暗中，不敢露面，到晚上才出来。

那些善于变化嘴脸的"人中蝙蝠"，最终也不会有好下场。在历史上，就有很多因两面三刀而落得悲惨结局的例子。战国末期，七雄并立。秦国兵力最强，但齐、楚结盟，秦国无法取胜。秦相张仪带着厚礼拜见楚怀王，说秦国愿意把商於之地六百里赠予楚国，只要楚能绝齐之盟。怀王一听，觉得有利可图，于是不顾大臣的反对，痛快地答应了。后来，怀王派人到齐国，大骂齐王，于是齐国绝楚和秦。这时，怀王派使者找到张仪，说起送商於之地一事。张仪却不认账，只说当初答应的是自己在商於的封地六里。楚怀王大怒，发兵攻秦。在秦、齐两国的夹击之下，楚军大败，秦军尽取楚汉中之地六百里。后来，楚怀王又轻信秦国的话，入秦结盟被扣，终于客死秦国。

第二次世界大战结束以后，美国在西方世界市场上处于绝对的主导地位，各国的产品要进军世界市场，首先都要在美国市场"打响"。但是，要在美国市场上出人头地，实在是难上加难。1955年，日本的佳能公司在美国成立了分公司。它与美国一家富有销售经验的贝尔·哈威尔公司合作，以"贝哈·佳能"的商标，把照相机推向美国市场。几年以后，佳能又将其首创的自动电子曝光照相机投放到美国市场，在喜新厌旧的消费者中大出风头。佳能则利用这一契机和贝尔·哈威尔公司脱钩，正式以"佳能"的名牌商标，在美国市场上独领风骚。到20世纪90年代初，佳能公司年产相机数百万架，约占全日本产量的三分之一，且绝大部分行销世界各地。可见，在当今错综复杂的商战中，智高一筹的经营者，由于善于有目标性地联合，常可收到"与人分利己得利"的效果。

我国温州民办企业奥康进军国际市场，也走了一条与佳能类似的道路。2003年2月，奥康做出了一个重大的决定——与意大利第一品牌GEOX合作。当时国内制鞋业一片哗然，都认为奥康此举是引狼入室，搞不好要被吃掉。协议签订后，GEOX把奥康作为自己的生产基地，使GEOX的造价更加低廉，而奥康则借用GEOX在世界68个国家的销售网络，迅速走向了世界。实践证明，奥康不但没有被GEOX吃掉，反而越战越勇，至今已在世界上很多国家建立了自己的分公司，还在温州、广州及意大利米兰设立了三个鞋样设计中心，每年开发出3000多个新样式。

康熙

【点悟】

联齐抗秦，是楚国能够自保的有效方式，可楚怀王贪慕纵横家张仪允诺的六百里土地，与齐绝交，后又怒而出兵，大败而归，反而丢了六百里土地，在历史上传为笑柄。楚怀王的悲剧，就在于他的立场不坚定，一味攀附强秦。

有时候，若自己的力量柔弱，做不了大事，就应暂时依附于人，借此权宜之时好好培养自己的能力，伺机而动。清朝的康熙皇帝就深明此理，在自己还软弱没有能力的时候，装作懵懂顽童，任由鳌拜把持朝政，处理国家大事。待自己能力达到了且时机成熟了，就一举消灭了鳌拜，夺回了政权。反之，如果康熙一开始就向鳌拜要权，恐怕早就身遭不测了！

没有当初的合作，就没有奥康的国际化之路。奥康公司通过借用别人已有的技术和销售网络，实现了自己的国际化目标，这是利用有效联合取得成功的绝佳例子。

四、让自己的舞台更加宽广

【原文】

其术也，用之于天下，必量天下而与之；用之于国，必量国而与之；用之于家，必量家而与之；用之于身，必量身材能气势而与之。大小进退，其用一也。必先谋虑计定，而后行之以忤合之术。

【译文】

如果把这种忤合之术运用于天下，就必然要把全天下都放在忤合之中；如果把这种忤合之术运用于某个国家，就必然要把整个国家都放在忤合之中；如果把这种忤合之术运用于某个家族，就必然要把整个家族都放在忤合之中；如果把这种忤合之术用于某一个人，就必然要把这个人的才能、气势都放在忤合之中。总之，无论把这种忤合之术用在大的范围还是用在小的范围，其功用是相同的。因此，无论在何时何地都要进行谋划、分析，计算准确了以后再实行忤合之术。

【解析】

一个人生于世间，有无数种志向可供选择。首先应该弄清楚的问题是：到底我想拥有多大的舞台？鬼谷子认为，不管舞台有多大，都要事先有所权衡，弄清楚在自己选择的舞台上，自己今后的生活会是一个什么样子，会和什么样的人打交道，这些想清楚了，如果还想继续待在这个舞台上，那么，它就是自己的舞台。

舞台一定要是真实存在的。要确保通过长期不断的努力，自己可以一步一步地登上这个舞台。如果这个舞台本身就是虚无的，或者根本不适合自己，那么，无论想象多么美好，也毫无意义。

现实生活中，我们常看到很多人满足于现状，醉生梦死地生活。他们对到手的财富无比满足，丝毫不愿意再花时间和精力去赚取新的财富。他们守着手里有限的财富过着平庸的生活。而那些对财富有强烈欲望的人，则会用不满之心激发自己无限的创造力和生命力，实现自己不同阶段的理想。

作为管理者，不能仅仅满足于既有的一点成就，要适时为自己确立更高的目标，不断拓宽自己的舞台，不断进取，这样才能在时代的洪流中劈波斩浪，扬帆前行。

【典例】

世界巨富金·吉列自幼家境贫寒，十几岁就开始为生计而奔波，后来做了推销员，终年奔波各地，推销各种商品，但他并不满足于现状，而是希望成为老板。在推销员的生涯中，吉列始终秉持着创造财富的信念，经常思考致富的方法。终于，他在一次刮脸中获得了发明安全刮胡刀的灵感，最后靠着造福天下男人的刮胡刀，他成为一个真正的富豪。然而，从发明刮胡刀开始，到把它推向市场，前后将近 8 年时间。这 8 年岁月，如果吉列不是具有坚定的致富信念，渴望财富的野心，而是抱着安安分分做个推销员的心态，也许他的安全刮胡刀事业早就半途而废了。

类似的故事发生在 19 世纪中期，英国有一个青年叫詹姆士，他从哥哥那里借了一些钱，开办了一间小药厂。几年后，他的药厂规模扩大，每年有几十万美元的盈利。但詹姆士经过市场调查和分析研究后,觉得药物发展前景不大,而食品市场在不久的将来前途光明,因此决定卖掉药厂,从事食品经营。詹姆士的哥哥极力反对,但詹姆士意志坚定,哥哥就买下了詹姆士的药厂。詹姆士让出药厂后,向银行贷款,买下了"加云食品公司"的控股权。掌控该公司后,詹姆士在经营管理和行销策略上进行了一番改革,使公司的销售额迅速增长。很快,在欧洲各国开设分店,形成了广阔的连锁销售网。之后,詹姆士又收购了很多食品公司。20 年后,詹姆士的食品连锁店已达 2500 家,成为英国最大的食品公司,而他本人也成为世界 20 位超级富豪之一。试想,如果当初詹姆士像他哥哥一样抱着保守的想法,对自己的小药厂迟迟不肯放手,又怎会有今日拥有跨国连锁店的辉煌呢?

【点悟】

能屈能伸的人往往胸怀大志,他们的舞台是无限广阔的。有的人能屈不能伸,懦弱无能,没有主见;有些人能伸不能屈,执迷顽固,脆而不坚。真正的英雄达则兼济天下,穷则独善其身。一个人的性格特征决定了梦想的舞台。

作为管理者,无论什么时候都不能够满足于现状,只要生存在人世间,就要不断地进取,否则就可能被不断发展的社会所淘汰。那些满足于现状的人认为,待在原地不动,就永远保险。其实不是这样。一切都在发展,待在原地不动就意味着已经落后。

成功不会无缘无故地跑到你的身边来,要想获取成功,就需要在不满足现状的推动下不断进取,向前追逐,把自己的舞台无限地扩展下去。

五、选择了就要坚定地走下去

【原文】

古之善背向者,乃协四海、包诸侯,忤合之地而化转之,然后以之求合。故伊尹五就汤、五就桀,然后合于汤。吕尚三就文王,三入殷,而不能有所明,然后合于文王。此知天命之钳,故归之不疑也。

【译文】

古代善于处理向背关系的人,总是能够横行天下,包容诸侯。用忤合之术考察天时地利的向背,促成其转化,最后选定圣贤君主与之联合。因此,夏朝末年,伊尹曾五次接触商汤,五次接触夏桀,最后决定背桀向汤,助其灭夏建商。商朝末年,吕尚三次接触周文王,三次接触商纣王,其立场仍未显露于世,最后才决定臣服于周文王,助其灭商建周。这些古圣人就是看清了天命所归之后,才做出向谁背谁的决断,最终没有犹疑,归顺明主。

【解析】

无论是辅佐商汤灭夏兴商的伊尹还是辅佐文王、武王灭商兴周的吕尚,都是为古人所称道的贤人,鬼谷子称他们为"善背向者",因为他们一旦选中了得天意民心的明君,就毫不犹豫地为之效忠。同样,管理者在选好了正确的道路之后,也应该坚持走下去,不可犹豫彷徨,更不可半途而废。

在使一些人有别于他人的那些特质中,信念处于中心地位,正是不同的信念使"我"和"你"彼此区分开来。这些信念直接关系到我们能否充分挖掘自己的潜力,以及能否在个人生活和事业上获得成功。

哲人说过:"走自己的路,让别人去说吧!"可是,能坚持走自己的路的人,恐怕也只是少数。而坚持走自己的路,是一个人获得成功的前提。翻开任何一位成功人士的传记,能得到的最大的感触就是:他们走了自己的路!

【典例】

巴菲特 1996 年被美国的《财富杂志》评为美国第二大富翁,被公认为股票投资之神。迄今为止,巴菲特已拥有数百亿美元的资产。11 岁时,巴菲特开始投资第一只股票,他把自己和姐姐的一点儿零用钱攒起来,都投入了股市。一开始总是赔钱，而他坚持要放三四年才会赚钱，结果姐姐把股票都卖掉了，而他继续持有，最后他的想法得到了验证，小赚了一笔。几年之后，巴菲特在哥伦比亚大学就读，与他年龄相仿的年轻人在玩乐时，他却大啃金融学的书籍，继续进行股票投资，最终他的钱越赚越多，积累了一定的创业资本。1954年，巴菲特集资并投资创办了顾问公司。该公司资产增值30多倍以后，他解散公司，退还了合伙人的钱，把精力集中在自己的投资上。如今，巴菲特成为美国有史以来真正的金融大亨。巴菲特之所以获得成功，与他六十年如一日坚持走自己的道路是分不开的。

很多成功人士在成功之前，都会精心设计自己的人生，在发现自己真正想要做的事情之前，不会贪图享受，他们会不断地进行选择，直到达到目的。美国商人布拉文就是这样的人。布拉文的父亲在洛杉矶经营一所大型的会计师事务所。布拉文在大学学的是会计学，毕业后进入了他父亲的事务所工作。当时周围人都认为他会顺其自然地继承他父亲的公司，继续经营会计师事务所，但是，他觉得事务所的工作不适合自己，最后辞职了。在他37岁那年，他开始经商，经营体育用品的生意，经过十几年的努力，终于跻身超级富豪的行列。布拉文可以选择两条道路，一条是父亲指定的路，另一条是自己选择的路。和所有具有成功潜质的人一样，布拉文毫不犹豫地选择了后者。

【点悟】

所有成功的管理者在追求成功的路途中，都曾面对种种逆境、重重困难，他们从未放弃过。生活中总是有许多人抱怨自己没本事，没钱，没技术，从而消极、平庸。其实每个人都有成功的潜质。俗话说得好："天生我才必有用。"只要坚持走自己的路，积极进取，就一定能成功。推销奇才韦尔奇从小就患有口吃症，他当过球童、报童，卖过鞋；洛克菲勒小时候食不果腹，衣不蔽体，18岁时，仅以1000美元开始创业；松下幸之助不满10岁便背井离乡去当学徒，一生体弱多病，刚开始创建松下电器时，仅有3名员工和不到100元的创业资本。

这样的例子，不胜枚举。

世界上没有任何一个成功人士是一帆风顺，不经历失败和挫折就能成功的。只有选择正确的道路，并一直走下去，才有成功的希望。作为管理者，必须时刻牢记这一点。

六、正确评估自己的力量

【原文】

非至圣达奥，不能御世；不劳心苦思，不能原事；不悉心见情，不能成名；材质不惠，不能用兵；忠实无真，不能知人。故忤合之道，已必自度材能知睿，量长短、远近孰不如，乃可以进、乃可以退；乃可以纵、乃可以横。

【译文】

如果不是至圣之人，不具备高尚的品德和超人的智慧，是不可能驾驭天下的；如果不劳心苦思，是不可能揭示事物规律的；如果不悉心考察事情的真相，就不可能功成名就；如果没有胆识或缺乏爱心，就不能统兵作战；如果只是愚忠而缺少真知，就不能有知人之明。以上是忤合之术的必备条件。因此，要想用好忤合之道，首先要估量自己的聪明才智，衡量自己的优劣长短，分析在远近范围内可为榜样的贤人。这样就可以进取，可以退守；可以合纵，可以连横了。

【解析】

在鬼谷子看来，不管是与人竞争还是联合，要想得利，都必须以自己本身的实力作为保证，否则就会归于失败。

“用实力说话”，这是现代社会的一句流行语。确实，在决定成功的内、外因素之中，内因发挥着最关键的作用。作为管理者，只有不断增强自己的实力，才能在激烈的竞争中立于不败之地。同时，管理者在做出重大举动前，一定要正确评估自己的力量,不要做超出自己能力范围以外的事。倘若不能正确评估自己,贸然做出决定,那必然会给自己的事业带来不必要的损失。

与人联合是增加力量的有效途径,但是也一定要慎重对待,因为这样做是有一定风险的。不恰当的联合不但无益,反而是有害的。有一则寓言,说狮子和野驴联合打猎,狮子力气大,野驴速度快。许多野兽成了它们的猎物。狮子把猎物分成三份,说道:“第一份是我的,因为我是百兽之王。第二份也是我的,这是我和你一同打猎的报酬。这第三份呢,要是你不跑,没准对你有危险。”这就告诉我们,不要在自己毫无保障的时候,盲目地和比自己强大得多的人联合。这个原则,在现代商业领域也经常得到重视。

【典例】

不能正确评估自己的力量是很危险的。春秋初期,郑国实力很强,经常欺凌邻近的小国,一些小国忍气吞声,敢怒不敢言,唯独息国国君息侯仗着自己是侯爵,不把郑伯放在眼里,经常制造事端,处处与郑国作对。有一年,郑、息两国又起争端,到了兵戎相见的地步。息侯直接率军奔赴郑都,还没到郑国边境,就被郑军打了个落花流水!没过几年,息国就灭亡了。

秦末,刘邦和项羽相争时,项羽拥兵四十万,刘邦兵只有十万,项羽占有优势。刘邦因善于运用外交战取得各方的援助,结成刘邦、韩信、彭越、黥布等联合反项的统一战线,垓下一战,终于迫使项羽自杀。但项羽临死前还对部下说:“今诸君知天亡我,非战之罪也!”到死的时候,项羽还不知自己失败的真正原因,真是可悲。

还有这样一个事例,和田一夫是日本八佰伴蔬果供应店的老板,他努力经营着自己名下的众多店铺,并逐步扩展他的领域。但是,当时商品销售业非常不稳定,国际性的连锁店随时有可能占领他的市场,由此带来沉重的竞争压力。在强敌环伺的情况下,和田摸索着生存之道,他最初考虑和连锁店联营,因为这样可以增加资金,防止更大的组织渗入。但是转念一想,联合可能会导致合并,如果被对方吃掉，八佰伴的字号就将永远消失了。面对这样棘手的局势，和田想："何不到国外去发展，巩固自己的基础，让八佰伴长存下去。"于是和田立即着手计划到国外开设地方性超级市场的事宜，先在巴西，再到新加坡等地。如今，单靠国外这些雄厚的资本，八佰伴已能稳固地生存下去。

【点悟】

"识时务者为俊杰。"聪明的管理者一般先会认清形势，审时度势，然后再采取行动。而息侯狂妄自大，发兵进攻比自己强大的郑国，结果惨败同灭。就算息侯不愿受郑国凌辱，真要采取武力解决，也应该在联合各小国的基础上，才能出兵攻打郑国，或许还有胜利的可能。

楚汉争霸中，正是因为刘邦精于管理懂得权衡利弊；能屈以伸，不做自不量力的举动才逐步扭转败局，成了最后的赢家。

而和田一夫在强敌环伺的情况下，采取避其锋芒，稳步发展，开拓围外市场的策略，也不失为经营管理工作的妙招。

第七章　揣篇——管理者要善于审时度势

一、管理者要有所为有所不为

【原文】

古之善用天下者，必量天下之权，而揣诸侯之情。量权不审，不知强弱轻重之称；揣情不审，不知隐匿变化之动静。

【译文】

古时候，善于治理天下的人，必然会审慎地把握国家的发展趋势，揣度各诸侯国的具体情形。如果不能周密切实地审时度势，权衡利害，就不会知道各诸侯国的强弱情况；如果不能周密地揣度形势，便不知道各种隐藏的情况和发展变化。

【解析】

有的时候，成功需要的是管理者弃卒保车的胆识和远见的眼光，有所为有所不为，这是一个优秀管理者应该具有的能力。

所谓“有为”，就是有所作为，这是人生的理想和目标。许多人都想干出一番事业来，但常常事与愿违，拼命努力、吃苦耐劳，却仍枉费心机，因为事情不会按照个人的意愿发展。有时，反而会出现“有心栽花花不活，无心插柳柳成荫”的情况。所谓“无为”，并不是“不为”，不是躺在床上，听天由命，无所事事，而是不要凭个人主观意识去干扰事物发展的规律，更不要违背自然发展的规律去刻意追求什么，这样反而会导致失败。

在生活中，有的年轻人，尤其是有一定聪明才智和专长的年轻人，一走进社会，就想有一番大的作为，凭着一腔的热情和冲劲，或恃才傲物，或锋芒毕露，或猛打硬拼，结果大多力不从心。他们铩羽而归之后，便心灰意冷，收刀入鞘，再无所求，变得无所作为，这样的无为，是一种消极、悲观的无为。真正的无为，是一种积极而平静的进取，其攻势并不凌厉，但有着潜在的推动力量。

作为管理者，要正确处理有为和无为的关系。无为和有为的选择取决于双方力量的对比。当主体力量明显占优势，居高临下，以一当十，采取行动后，可以取得显著的效果，应该有为。而当主体处在劣势的位置上，稍一动作，就可能被对方“吃掉”，或者陷于更加被动的境地，那么便应该以退为进，坚守“无为”方式。

【典例】

以“石油大王”的名号著称于世的洛克菲勒，当初也是靠着料事如神的绝招打开了财富的大门。1859 年，当美国宾夕法尼亚州发现了第一口油井时，洛克菲勒就看到了这项风险事业的前景。在别人畏缩不前的时候，他凭借非凡的冒险精神与合伙人争购了安德鲁斯——克拉克公司的股权。当他所经营的标准石油公司在激烈的市场竞争中控制了美国出售全部炼制石油的90%时，他并没有就此止步。到19世纪80年代，在利马地区发现了一个大油田，因为含碳量很高，人们称之为“酸油”。当时没有人能找到一种行之有效的方法提炼它，因此酸油只卖一角五分一桶。而洛克菲勒认为这种石油总有一天会找到方法提炼，所以执意要买下这个油田。他的建议遭到董事会大部分人的坚决反对，而他却说：“我将冒个人风险，自己拿钱投资这一产品。”他的决心终于打动了董事们，最终同意实行这一决策。结果，两年后，洛克菲勒就找到了炼制“酸油”的方法，油价一下子从一角五分涨到一美元，标准石油公司在那里建造了全世界最大的炼油厂，赢利猛增到了几亿美元。

人生有时候，你越想得到，越是得不到。你若采取“无为而无不为”的态度，反而会收到应有的效果，达到预定的目的。三国时的刘备一直胸怀振兴汉朝大业的鸿鹄之志。在时机不成熟时，他韬光养晦，不显山露水，安心做自己的菜农，不给人以加罪的口实。一旦时机成熟，他便如蛟龙腾渊，成为一代豪杰。

英国有一家令世人瞩目的科研机构贝尔实验室，其负责人是一位名叫赵玉成的教授。他是一个英籍华人，长期受中华民族传统文化的熏陶，他的办公室里挂着一张“无为而治”的条幅，下面加了一段英文注释：“最好的领导者时时不忘帮助下属，但又不让下属觉得离不开他。”他说：“领导者的能力表现，就是在领导别人的时候，使别人感觉不到领导的干预；研究所的一切工作都是在你的领导下迈进，但所里的人又不能感觉到你的存在。”可见，无为不仅仅是为人处世的一种方法和策略，更是一种明智的人生态度、一种崇高的人生境界。

【点悟】

对于企事业的管理者来说，无为只是一种权宜之计和求生手段，待时机成熟，成功条件已具备，便可由无为转为有为，由守转为攻，这就是中国古人所说的屈伸之术、快乐之道。为此，在人生大道的某一个点上，只有无为，方能无所不为。

有的人一心想有所作为，喜欢正面进攻，喜欢表现自己，因而往往容易成为众矢之的，进取的阻力当然要大得多，而一旦有所作为之后，又生怕别人不知道自己有所作为，四处夸耀，令人厌恶，也容易遭人嫉恨。有的人也一心想有所作为，但采取的是迂回战术，喜欢另辟蹊径，不愿暴露自己，即使已经有所作为了，也不炫耀卖弄。

其实，一个人有所作为，并不在于表面形式，主要在于实质内容。表面上轰轰烈烈的人，并不一定有所作为；表面上平淡无奇的人，反而可能有所作为。"君子有所为，有所不为。"对于事业我们应该孜孜以求，而对于那些名利之事，我们大可不必计较，还是随遇而安的好。

二、情报的收集至关重要

【原文】

何谓量权？曰：度于大小，谋于众寡；称货财有无之数，料人民多少、饶乏，有余不足几何？辨地形之险易，孰利孰害？谋虑孰长孰短？揆君臣之亲疏，孰贤孰不肖？与宾客之智慧，孰多孰少？观天时之祸福，孰吉孰凶？诸侯之交，孰用孰不用？百姓之心，孰安孰危？孰好孰憎？反侧孰辨？能知此者，是谓量权。

【译文】

什么叫量权呢？度量国土的大小，谋算兵力的多少，衡量整个国家财货的有无，估计百姓有多少，是丰足还是贫乏，丰足和贫乏者各有多少；分辨各国山川地貌的险峻与平易，考察哪处与己有利，哪处与己有害？研究哪个是长策，哪个是权宜之计；在君臣亲疏关系中，要知道哪些人贤德，哪些人不正派；在谋士与宾客中，哪个足智多谋，哪个是平庸之才；考察命运祸福时，什么是吉利的，什么是凶险的；与诸侯交谊中，谁是可以效力的，谁是不能效力的；判断各国老百姓的人心向背，哪国比较安定，哪国潜伏危机；考察国内的老百姓拥护谁、厌恶谁；考察不顺从的势力，哪些要提防，哪些可相契。如果能把这些方面搞清楚，才是达到了“量权”的要求。

【解析】

鬼谷子认为治理天下的人必须审时度势，权衡利弊得失，他列举了若干个需要了解的信息，告诉国家的决策者从这些方面下手去权衡，从而更好地管理国家。对企业管理来说，为了在残酷的市场竞争中胜出，企业需要及时掌握市场动态、随时了解竞争对手信息、准确把握行业发展趋势和国家最新政策，这同样需要大量收集相关的竞争情报。

竞争优势取决于决策能力，而决策能力取决于情报资源。任何科学的企业决策都必须依赖于足够及时、准确的情报信息和规范的情报管理体系。实施竞争情报收集的第一个步骤就是确定目标。在确定目标时，应该以市场和顾客为导向。首先，应确定市场目前的状况：这个市场是不是一个开放的自由竞争市场；这个市场处于其市场生命周期的哪个阶段。然后再确定市场中的竞争者，包括现有竞争者和潜在竞争者，最后根据市场和竞争者的情况确定实施竞争情报研究的目标。这时，需要针对该竞争情报项目列出尽可能多的影响因素，将其中不可测量的因素转化成可测量的参数，再从中选择对此项目影响最大，且最经济有效的几个参数进行测量。在选择参数的时候，一定要注意全面性。不能只是因为数据容易获得而选定一个参数，也不能只是因为一个参数在测量时成本较低而做出选择。

【典例】

秦穆公任命孟明视为大将，西乞术、白乙丙为副将，率领三百辆兵车去偷袭郑国。

秦国的军队在公元前 628 年 2 月动身，到了第二年 2 月里才到了滑国（都城在今河南睢县西北,后迁都于今河南偃师西南)地界。前边有人拦住去路,说郑国的使臣求见。孟明视吃惊地接见了郑国的使臣。

使臣说:"我叫弦高。我们的国君听到将军要到敝国来,赶快派我先送来熟牛皮和肥牛。这一点小意思不能算是犒劳,不过给将士们吃一顿罢了。我们的国君说,敝国蒙贵国派人保护着北门,我们不但非常感激,而且我们自己也格外小心谨慎,不敢懈怠。将军您只管放心!"

孟明视说:"我们不是到贵国去的,你们何必这么费心!"弦高似乎有点不信。孟明视偷偷地对他说:"我们……我们是来征伐滑国的,你回去吧!"弦高交上牛皮与肥牛,谢过孟明视,回去了。

孟明视对西乞术和白乙丙说:"郑国有了准备,偷袭是没法成功的。我们还是回国吧。"接着,秦军顺道灭了滑国,就回国了。

没想到孟明视中了弦高的计策。那个"使臣"原来是冒充的!他是郑国的商人,赶到周天子的都城洛邑去做买卖,半路上碰见一个从秦国回来的老乡。老乡说起秦国发兵来打郑国。弦高听到这个消息,十分着急。他一面派人赶快回去通知国君,一面买了熟牛皮和肥牛迎了上来。果然在滑国地界碰到了秦国的军队,他就冒充使臣犒劳秦军,救了郑国。

郑国的新君郑伯兰接到了商人弦高的警报,马上派人去探望秦军的动静。果然,他们正在磨刀喂马,整理兵器,收拾行李,好像打算要回去的样子。郑伯派大臣去对他们说:"诸位辛苦了,待在我们这儿这么久,大概以为敝国供给你们的食用也没了,所以要回国,其实敝国有你们吃的,你们何必回去呢!"三个将军知道已经泄露了机密,匆忙地连夜撤回。

【点悟】

由于情报收集的到位,弦高凭借一人之力就吓退了孟明视的大军,由此我们可以看到情报的重要性。

对于一个企业来说,情报是应该由企业的竞争情报部门、与此项目相关的职能部门和该产业的专家共同确定需要测量的参数。这些可测量的参数包括：价格、市场规模、市场占有率、市场饱和度、产品更新率、性能—价格比、客户态度调查、市场增长率、潜在市场容量、产品生命周期、销售强度、产品使用量分析、客户统计、公司内部销售分析、市场集中度、客户回忆与认知率、销售渠道和客户不满意度等。

总体来说，确定收集竞争情报的目标最重要的一点，就是确定上述参数中哪些是需要重点监测的。在技术占有重要地位的市场中，如信息产业市场，则应监测竞争对手的研发情况。而如果竞争对手有进行价格竞争的习惯，则应监测其产品的价格走向。

情报收集只是第一步，接下来就要由管理者对情报进行分析，审时度势，权衡利弊，做出正确的决策。

三、找到做事的最佳切入口

【原文】

揣情者。必以其甚喜之时，往而极其欲也，其有欲也，不能隐其情；必以其甚惧之时，往而极其恶也，其有恶也，不能隐其情:情欲必知其变。感动而不知其变者，乃且错其人勿与语，而更问其所亲，知其所安。夫情变于内者，形见于外，故常必以其者而知其隐者，此所以谓测深探情。

【译文】

所谓揣情，就是必须在对方最高兴的时候，去加大他们的欲望，他们既然有欲望，就无法按捺住实情；又必须在对方最恐惧的时候，去加重他们的恐惧，他们既然有害怕的心理，就不能隐瞒住实情，情欲必然要随着事态的发展变化流露出来。对那些已经受到感动，仍不见有异常变化的人，就要改变游说对象，再说无益，而应改向他所亲近的人去游说，这样就可以知道他安然不为所动的原因。那些感情从内部发生变化的人，必然要通过形态显现于外表。所以我们常常要通过显露出来的表面现象，来了解那些隐藏在内部的真情。这就是所说的“测深揣情”。

【解析】

鬼谷子是见缝插针的行家，他强调游说要抓住对方“甚喜”“甚惧”两个时机，以此作为突破口。同样，管理者在做事前，也要事先寻找突破口，使自己获得更快速、更完美的成功。

我们常说做事“三思而后行”，管理者要想在事业上纵横不败，做事之前必须慎重思考将要出现的情况，对环境、对手以及自身都要有充分的分析和了解，从而把握整个局势，选择最佳切入口和最有利于自己成功的方式和道路。

审时度势，纵观全局，思虑周全，这是一个成功管理者的必备素质，能够做到这些才能减少失误，增加成功的机会。

【典例】

明朝末年，后金汗努尔哈赤率大军进攻宁远，宁远守将袁崇焕身先士卒，奋勇抗敌，用大炮击伤努尔哈赤。努尔哈赤自起兵以来首尝败绩，又身受重伤，羞愧愤懑而死。皇太极继位后，又率师与袁崇焕交手，再次兵败而回。又经过几年的准备，皇太极再次攻打明朝。他为避开袁崇焕的守地，由内蒙古越长城，长驱而入，直逼京师。袁崇焕立即率部入京勤王，日夜兼程，比满兵早三天抵达京城的广渠门外，做好迎敌准备。满兵刚到即遭迎头痛击。皇太极视袁崇焕为生平最大的劲敌，又忌又恨。为了除掉袁崇焕，皇太极绞尽脑汁，定下借刀杀人之计。他深知崇祯帝猜忌心重，难以容人。于是秘密派人用重金贿赂明廷宦官，向崇祯告密，说袁崇焕已和满洲订下密约，故此满兵才有可能深入内地。崇祯大怒，将袁崇焕下狱问罪，并不顾将士吏民的请求，将袁崇焕残酷杀害。

有个商人到小镇去推销鱼缸，尽管鱼缸做工精细，造型精巧，但问津者寥寥。商人尝试了很多促销手段，都没有什么效果。有一天，他突发奇想，跑到花鸟鱼市场以低价买了500尾小金鱼,来到穿镇而过的水渠上游,把这500尾金鱼都投了进去,小渠里有了一尾尾漂亮、活泼的小金鱼,这条消息很快就传遍了小镇!镇上的人们争先恐后拥到渠边,许多人跳到渠里,小心翼翼地捕捉小金鱼。捕到小金鱼的人,立刻兴高采烈地去买鱼缸;那些还没捕到的人,也纷纷拥上街头抢购鱼缸。大家都兴奋地想:"既然渠里有了金鱼,虽然自己今天没捕到,但总有一天会捕到的,那么鱼缸早晚能派上用场。"卖鱼缸的商人把售价抬了又抬,但他的几千个鱼缸还是很快就被人们抢购一空。这个聪明的商人利用人们贪图便宜和盲目从众的弱点,略施小计,别人就心甘情愿地把钱送上了门。

【点悟】

俗话说:"打蛇要打七寸"。在古代战争中,聪明的将帅总是能从失利中总结经验教训,找到敌人的弱点,实施毁灭性的打击,一战而胜。

袁崇焕是我国古代罕见的军事天才,他接连击败努尔哈赤和皇太极,将清军死死地拦截在山海关以外,被视为明王朝最后一道坚固的"长城"。可是,睿智的皇太极却找到了这道长城的突破口,即崇祯皇帝的猜忌心。于是略施小计,就完成了在战场上无法完成的目标,使得崇祯帝自毁长城,加速了明王朝的覆亡。

四、统筹策划才能料敌机先

【原文】

故计国事者,则当审量权;说人主,则当审揣情;谋虑情欲必出于此。乃可贵、乃可贱、乃可重、乃可轻、乃可利、乃可害、乃可成、乃可败,其数一也。故虽有先王之道、圣智之谋,非揣情,隐匿无所索之。此谋之本也,而说之法也。

【译文】

决策国家大事的人,必须精心权衡利弊得失;游说君主的谋士,必须精心揣度实情。一切策划、谋略和欲求，均须从量权和揣情出发。精通揣情之术，可使人富贵，也可使人贫贱；可使人手握重权，也可使人微不足道；可使人受益，也可使人受害；可使人成功，也可使人失败，产生这些差异的法则是一样的。因此，即使你有古代贤君的大德，有大智之人的计谋，若离开揣情之术，就无法识破隐藏的真相。由此可知，揣情之术是策划计谋的根本条件，是游说君主的基本法则。

【解析】

鬼谷子认为，要保证游说和谋略行动的成功，有两个不可或缺的环节，即"审量权""审揣情"。这里的"审"，就是细致、精心的意思。在把握基本事实的基础之上，进行缜密的分析、判断，进而决定最佳的行动方案。

企业竞争如战场角逐。当一种为众人共得的大机遇出现时，往往也可以给自己带来赢利的契机。能否抓住这一契机，关键要看管理者能否静观形势，耐心等待，不忙于一时竞争，冷静决断，抓住时机，才能实现所追求的目标。

一个优秀的企业应该是目标远大、气氛良好、团结和谐、积极进取的。企业就是一个大家庭，家庭里的成员个性万千，情况瞬息万变。这要求管理者审时度势，及时调整管理策略，做好动态管理。所谓审时度势、动态管理是指根据企业的具体情况，尤其是出现的新情况新问题，采取相应的措施，而不是死搬教条，一条路走到底。

【典例】

公元1140年，岳飞率领骑兵驻扎在河南郾城，抗击金兀术的军队。当时，金军的骑兵主力都是重铠甲，用熟牛皮将每三匹马联结在一起，称作"拐子马"。"拐子马"有强大的冲击力和良好的保护能力，在交战中，宋军常常被"拐子马"冲得七零八落，为此一筹莫展。这次金兀术出动了15000名骑兵进攻。岳飞摸清了金军的装备和作战特点，总结以往宋军失利的教训，改进了作战方式，进行了一系列准备工作，他告诫士兵们带上麻绳大刀，冲入敌阵后，不要往马上看,只管用绳索绊住对方的马腿,用大刀砍对方的马蹄。战斗开始后,岳家军奋力前进,在战场上运用这种新的战术,"拐子马"一旦被绊倒或砍伤一匹,其余两匹也就失去了作用。而且,前面的"拐子马"倒了,后面的"拐子马"冲上来,人马互相践踏,乱作一团。一仗下来,岳家军大胜,金兀术经营多年的"杀手锏"毁于一旦。

另一位民族英雄戚继光,在抗击倭寇的战争中,也表现出一位优秀将帅"料敌如神"的素养。明世宗的时候,"倭寇"骚扰我国东南沿海,他们烧杀抢掠,闹得沿海不得安宁。朝廷派戚继光到浙江剿灭倭寇。戚继光根据南方沼泽地区的天气、地形特点和倭寇的作战规律,制订了战略,研究了阵法,亲自教兵士使用各种武器。过了几年,倭寇袭击台州(今浙江临海)一带,戚继光率领"戚家军"赶到台州,和倭寇交锋了九次,戚家军大获全胜。第二年,倭寇又到福建沿海骚扰,朝廷派戚继光救援。戚继光没有立即进攻,而是首先搞清楚敌人的巢穴在横屿岛,调查了横屿岛的地形,悄悄地偷袭倭寇大营。经过一场激烈战斗,盘踞在岛上的2000多个倭寇全部被歼灭。

俗话说:"商场如战场"。一个精明的商人,同样需要具备古代良将"料敌如神"的素养,才能在激烈的商业竞争中立于不败之地。第二次世界大战以后,美国建筑业开始蓬勃发展,砖瓦工价码看涨,这对失业者来说是个难得的机遇。一个叫迈克的人为了生计,由明尼亚波利来到芝加哥,他看到招工广告后,却没有投入砖瓦工的竞争洪流中,而是先冷静地观察了一番。他发现去应征砖瓦工的人,大多都没有学过技术,或者技术达不到要求,因而在竞争中失败。于是迈克灵机一动,在报纸上刊登了一则"你能成为砖瓦工"的广告。迈克租了一间店铺,请来一位瓦工师傅,买来1500块砖头和一堆砂石作教材,开展培训业务。许多工人蜂拥而至,纷纷出高价参加培训。结果,迈克10天内就获利3000美元,等于一个瓦工大半年的收入。

【点悟】

优秀的军事将帅都能把握一个原则,"不打无把握之战"。岳飞大破"拐子马”,就是其中的经典战例。正是由于在指挥中避免了盲目性和主观随意性,在熟知敌我双方各方面的情况下,制订了行动方案,使指挥完全符合客观实际。在这种正确的指挥条件下,才能真正做到“知彼知己,百战不殆”。在抗倭之战中,戚继光利用对天象、地形和倭寇活动规律的熟悉,因此才能屡战屡胜,成为著名的抗倭英雄。

从两位战功彪炳的民族英雄身上,我们可以总结出一条规律:要做到“料敌如神”,必须进行细致的观察和思考。有条件的话,可以直接观察敌人的动向,以判断他们的行动目标。但是,有时我们不能直接观察到对方的行动,这时就需要了解对方有可能接触到的一些事物,尤其是与之直接发生作用的事物,那么,这些事物如同一面镜子,会将对手的状态或动向真实地折射出来。

在企业管理中,新产品的开发是一个企业生存发展的命脉。但是,新产品的开发也是风险极大的投资。为了降低风险,产品在上市之前,最好以试销来了解消费者的意见和反映,作为修正、改善或放弃的参考。这不正体现了鬼谷子“审量权”“审揣情”的战略思想吗?

五、管理者如何做到“神机妙算”

【原文】

常有事于人,人莫能先。先事而至,此最难为。故曰“揣情罪难守司”。

【译文】

善于运用揣情为人谋事的人,总是让人无法超越。他总是在事情发生之前,就已经预料到了,这种料事如神的境界是最难达到的。所以说,揣情是最难把握的法术。

【解析】

说某人预测事情很准,我们通常都会用“神机妙算”“料事如神”“未卜先知”等词来形容。但是,人毕竟不是神,不可能掐指一算就能前知五百年、后知五百年。预测,靠的是经验和智慧。

所谓“先谋后事者昌,先事后谋者亡”,做事之前先做好谋划,在做事的过程中又能恰如其分地运用,这才是管理者的成功之道。凡古今中外的成功人士,都不会将有口皆碑的名声作为人生的目标,而是将层出不穷的谋略作为事业的宗旨,这样名声、谋略和事业才会相得益彰。比如三国时期的诸葛亮,他可以说是神机妙算的典型,他的一生可谓传奇,即使死去也能料定身后之事,“死诸葛吓走生仲达”,将他那神鬼莫测的智慧发挥到了极致。

在企业的发展进程中,经常会出现这样的一种现象,那就是“事后诸葛亮”。于是,便有一个问题需要回答,那就是如何才能做“事先诸葛亮”,企业管理者如何做到未卜先知?人们为什么很难做一个“事先诸葛亮”?其实,企业管理中的“事前诸葛亮”与“事后诸葛亮”的根本区别,就在于是否具有识别经济资源与经济资本的能力。什么意思?就是说如果一个人能够事先区分出哪些是经济学意义上的资源,哪些是经济学意义上的资本,又知道“资源是资本之母”的道理的话,那么他就是一个“事先诸葛亮”而不再是“事后诸葛亮”了。

【典例】

有这样一则寓言,说的是两头公牛为了争夺一片肥美的草地,发生了争斗。一只青蛙看到后,唉声叹气。其他的青蛙看到后很是不解,就问它:“你用得着这么发愁吗?这和你有什么关系啊?”这只青蛙答道:“唉,我们很快就要倒霉了。因为失败的那头公牛将被迫离开草地,而在荒野上一口草也吃不到,它肯定会来到我们这长满芦苇的沼泽地,把我们踩在脚底下。最终,我们大家都会变成肉泥。”这种担心不是没有道理的。果然,没过多久,被打败的公牛来到沼泽地栖身,蛙群受到了严重的伤害,一会儿就有几十只青蛙被踩死了。

春秋时期,秦穆公决定发兵,长途奔袭攻打郑国。大夫蹇叔认为兴师动众,无法做好保密工作,郑国肯定会做好准备。秦穆公不听,派孟明视等三师率部出征。在部队出发时，蹇叔痛哭流涕地警告说，恐怕你们这次袭郑不成，反会遭到晋国的埋伏，只有到崤山去给士兵收尸了。果然不出蹇叔所料，秦军袭郑不成，只得回师。部队经过崤山时，晋国早在峡谷中埋伏了重兵。一个炎热的下午，晋军小股部队前来骚扰，孟明视下令追击。追到山隘险要处，晋军突然不见踪影。孟明视见此地山高路窄，草深林密。情知不妙，这时鼓声震天，杀声四起，晋军伏兵蜂拥而出，大败秦军，生擒孟明视等三师。

秦穆公

人生如战场。想要获得成功，必定要先付出一定的代价。辛亥革命前，是山西大德通票号最兴盛的时候，但总经理高钰没有得意忘形，而是冷静处事，凡重大进退总是三思而后行。当时，三岁的小儿溥仪被扶上了皇帝宝座，高钰就看出天下将不安定的苗头，于是在经营上采取保守的做法。稍后，革命党人在南方的活动加剧。高钰便觉得事必大变，所以采取了急流勇退的方式，迅速收敛业务。高钰的这一举措，与当时票号界的隆盛局面极不相称，受到世人的讥讽。很快，他的收敛之计刚刚就绪，辛亥革命就爆发了！于是，绝大多数票号由于准备不足，猝不及防，在挤兑风潮的袭击下纷纷关门！而在这些票号遭受这场灭顶之灾时，大德通票号却安然渡过了这场金融风暴！

【点悟】

那只“料事如神”青蛙的推理其实也不复杂，但其他青蛙之所以没有想到，是因为它们没有意识到，或者说对潜在的危险视而不见。有的时候，真理总是简单的。问题是，让人们相信简单的真理，确实是很难。

秦穆公作为“春秋五霸”之一，也是一位英明的君主，但这次不听蹇叔的话，不察敌情便轻举妄动，终于遭到惨败。蹇叔在秦师未出之前，便料定郑国会做好防范，而且还料定晋军会在崤山设伏，后来果然一一验证。

而高钰的聪明之处，就在于他知道票号的经营与政局关系极大，一有大的政变，就可能引起灾难性的后果。因此，他密切关注时局的变化，以此为根据决定自己的经营策略，显然这是一种十分明智的做法。

可见，说一个人“料事如神”，是因为他的经验和智慧均达到了很高的境界，能对事情未来的发展趋势进行相当准确地判断。鬼谷子说：“先事而至，此最难为”。这样的人高瞻远瞩，是真正的管理人才，也是每一个渴求成功的人效仿的对象。

六、文饰工作要恰如其分

【原文】

言必时其谋虑，故观蜎飞蠕动，无不有利害，可以生事变。生事者，几之势也。此揣情饰言成文章。而后论之。

【译文】

游说活动必须深谋远虑的选择时机。过去我们看到昆虫蠕动，都与自己的利益相关，因此才发生变化。而任何事情在刚刚产生之时，都呈现一种微小的态势。这种揣情，需要借助漂亮的言辞或文章，而后才能进行游说应用。

【解析】

在说话或写文章的时候，表达的义理固然是首要的，但文饰也不可或缺。为了强调文饰的必要性，鬼谷子用了“蜎飞蠕动，无不有利害”的比喻。

文饰要恰如其分，不可太过。因为文饰只是促进事业成功的助因，而不是主因,只起辅助作用,不起决定作用。决定因素仍然是内在的实质。作为管理者,如果文饰工作做得太过,超过限度,不符其实,结果就会适得其反。

一个人内在的品质优秀,如果再加上外在的仪表高雅,秀外慧中,就更显示出人格的魅力。所以孔子说:“文质彬彬,然后君子。”外在的文饰和内在的品质,正是文与质的关系。文质双兼,就有彬彬之美了。

文过盛,实必衰,这是必然的道理。如果你用翡翠作钓线,桂枝作钓饵,渔竿是够美了,鱼看了却一定会吓跑。正像浓妆艳抹,往往会掩盖容貌本身的清丽;过于华美的文辞,也常常会妨碍思想的表达。人们只记住他的文字,却没有注意他的思想,这对于文人而言实质上是一种失败。唐宋古文运动,其目的就是反对此前文坛堆砌辞藻、无病呻吟之风,提倡直抒胸臆、真情实感之文。因为这样的文章才能代表真实思想,但这个分寸实在难以把握。

【典例】

《论语》记载,有一天,卫国大夫棘子成对孔子的学生子贡说:“君子只要有好的本质就够了,为什么还要注意自己的语言呢?”子贡说:“您这样说是不对的。俗话说:一言既出,驷马难追。我们说话的时候应该特别注意。就像虎豹的皮和犬羊的皮,它们的区别既在于本质,也在于花纹,如果把这两类兽皮上的毛拔去,那么两者看起来就差不多了。”子贡的意思是说:说话要注意文采和修辞,因为人们对于自己说过的话,是要负起责任来的。棘子成听了连连点头,认为很有道理。

晋武帝司马炎手下有一名叫满奋的臣子,晋武帝对他非常器重,经常召他进宫商议国事。满奋从小生长在温暖的南方,特别怕冷,一到冬天,就苦不堪言。一天,晋武帝召见满奋,他知道满奋畏寒,就命人在北窗下立了一扇琉璃屏风。晋武帝赐座后,一个侍臣把椅子放到北窗下。满奋不由得浑身打战。坐吧,怕冷风吹;不坐吧,恐怕对皇上不敬。他局促地站在原地,不知如何是好。晋武帝看到满奋左右为难的样子,大笑说:“你就放心坐下吧,那是琉璃屏风,挡风的效果更好。”满奋这才松了口气，同时又很不好意思，就自我解嘲道：“我就像吴地的水牛，一看到月亮就吓得直喘气。”满奋为什么这样说呢？原来，吴地的水牛怕热，一看到太阳，就会喘个不停。所以一到夏天，水牛就喜欢泡在凉水里，在阴凉的地方歇息。有的水牛看见月亮，误以为是太阳出来了，也会吓得不断喘起气来。总之，吴牛喘月是一种很奇妙的现象，满奋在这里把自己心中的惧怕借一种自然现象说得惟妙惟肖，起到了很好的解嘲作用。

隋炀帝杨广生性好动，喜欢到处巡游。为了能坐船去江南游玩，他广征民力，修建运河，搞得怨声载道。在他登基的第一年，就坐船去游江都，第二年四月才回到洛阳。大业三年又北巡榆林，至突厥启民可汗帐。大业四年，又到五原，出长城巡行到塞外。大业五年，西行到张掖，接见许多西域的使者。大业六年，再游江都。杨广出巡如此频繁，而每次出巡的气派又大得惊人。庞大的游玩队伍，一路上还得要吃要喝，为了满足他们的口福，两岸的百姓就遭了殃。杨广下令，沿途500里以内的百姓，都得为他献上珍贵的食品。那些州县的官员，就逼着百姓办好酒席送去。有些地方的官员，向杨广献上了精美的食品，而有的地方则因贫困无法进贡，杨广“赏罚分明”，就给献食精美的官员升了职，把那些献食不合他意的官员降职处分，并调到献食精美的官员身边，要他们向他学习。这样一来，郡县的官吏就争着向他供奉食品，又多又精，百姓苦不堪言。过分地注重排场外表反而会引起他人的不满，最终隋王朝覆灭。

【点悟】

古往今来，许多失败的领导者，在很大程度上都是因为“修饰”太盛而导致奢靡而引起祸乱，这样的例子实在是不胜枚举。

身为管理者，看问题时首先当然要看实质，不能只看外表。但在实质的基础上，也要注意适当合度的修饰，这是有益无害的。适当的文饰，有助于发挥积极作用。像墨子那样故意使自己的文章粗朴，显然过分。正所谓：“言之无文，行而未远。”

像某些包装华美的商品，金玉其表，败絮其中，到底是骗不了人的。但是，质优价廉的产品，如果包装粗劣，同样不被市场接受。可见，外表的文饰美化也是不可忽视的重要因素。

《春秋》里有“郑伯克段于鄢”这一篇，讲的是郑庄公和弟弟共叔段相争的故事。庄公先是纵容共叔段做错事，当共叔段正式谋反的时候，庄公便把他驱逐了。《左传》注释说：由于共叔段违背了做弟弟的本分，所以《春秋》不用“弟”字称呼他；这件事如同两个国君之间争权，所以用“克”字；又由于郑庄公对弟弟有失教诲，所以经文不用郑庄公的谥号，而用“郑伯”，表示对他的批评。这种所谓的“春秋”笔法，虽然在今天被很多人诟病，但也表明古人对于文字是何等的严谨。

第八章　摩篇——管理者的攻守之道

一、高明的管理者善于保全自己

【原文】

摩者，揣之术也。内符者，揣之主也。用之有道，其道必隐。微摩之以其所欲，测而探之，内符必应。其应也，必有为之。故微而去之，是谓塞峁、匿端、隐貌、逃情，而人不知。故能成其事而无患。

【译文】

所谓“摩意”是一种与“揣情”相类似的方法。“内符”是“揣”的对象。进行“揣情”时需要掌握“揣”的规律，而这些规律都是隐而不现的。这就要适当地去“摩”，投其所好进行测探，其内情就会通过外符反映出来。内心的感情要表现于外，就必然要做出一些行动。这就是“摩意”的作用。在达到了这个目的之后，要在适当的时候离开对方，把动机隐藏起来，消除痕迹，伪装外表，加避实情，使人无法知道是谁办成的这件事。因此，达到了目的，办成了事，却不留祸患。

【解析】

鬼谷子所说的"摩"，就是要通过言语刺激等方式，使对方的真情充分暴露出来。与此同时，要做好隐蔽的工作，尽量不暴露自己的内心。这样做的目的，就是要掌握主动权。正所谓"人在明处，我在暗处"，这是所有的谋略家所追求的境界。

在战争理论中，有一条重要的原则就是要注意隐藏自己的实力，故意让对手认为自己不构成威胁而产生轻视心理，等到敌人放松警惕，所有的弱点均暴露无遗时，再加以重拳出击，一举击溃对方。

在现代的管理工作中，也可以借鉴古人的这些战术，其有效性已经被很多实例所验证。石油大王洛克菲勒曾经给他儿子写过很多信。信的内容大多是告诉儿子做人的道理以及为人处世的方法。其中有一封信是说"装傻也是一门学问。"与我们平时说的"难得糊涂"是同样的道理，这样做其实是一种十分聪明的，可以很好地保护自己不受伤害，赢得积攒力量的时间。装傻的另一面是"锋芒毕露"，太锋芒毕露往往会适得其反。装傻需要很大的勇气和毅力，有时还需一时的自取其辱。如此涵养与忍耐是一般人很难做到的。

【典例】

魏国有一名大将叫庞涓，他指挥魏军打了不少胜仗，自以为是了不起的军事家。可是他心里明白，和齐国人孙膑相比他就犹如荧荧之火遇皓月之光。

庞涓妒忌孙膑的才能，居心不良，设下一条陷害孙膑的诡计。他向魏惠王（魏国国君）举荐孙膑，魏惠王很高兴地派人请来孙膑，共议国事。孙膑的才华处处显露出来以后，庞涓在魏惠王面前诬陷孙膑私通齐国谋反。魏惠王大怒，要杀孙膑，庞涓又假意讲情，结果孙膑被治了罪，剜掉了双腿的膝盖骨，成了残废。

后来孙膑知道了这是庞涓的诡计，一怒之下，烧掉了即将写成的兵书，装疯卖傻，麻痹庞涓，再设法逃脱。

恰好齐国的一位使臣到魏国办事，偷偷把孙膑藏在车内，混过了关卡，带到齐国。

齐国国君十分敬重孙膑，想拜他为大将，孙膑极力推辞："我是个受过刑的残废，如果当了大将，众人会笑话的。"齐威王就让他做军师，行军时坐在有篷帐的车里，协助大将田忌作战。

在孙膑的策划下，齐军连打胜仗。公元前342年，庞涓带魏军攻打燕国，田忌、孙膑率齐军救燕。孙膑指挥军队不去燕国，而是直接攻打魏国。这就是历史上著名的"围魏救赵"。

庞涓得到情报，忙从燕国撤兵赶回魏国。路上庞涓观察齐军扎过营的地方后发现：第一天的炉灶数，足够十万人吃饭用的；第二天的炉灶数，够五万人吃饭用的了；第三天的炉灶数，只够三万人吃的了。庞涓放了心，笑着说："我就知道齐兵都是胆小鬼，到魏国才三天，十万大军就逃散了一大半。"他下令急追齐军。

魏军一直追到马陵（现河北省大名县东南），天渐渐黑了，马陵道在两山之间，路很窄，两旁都是深涧。这时，有士兵报告："前面山道都用木头给堵住了。"庞涓急忙上前去看，果然如此，只有一棵大树没被砍倒，大树上还有一大片树皮被砍掉了，上面好像还写着字。庞涓命人拿火把来，借火光一看，他大惊失色，原来上面写的是"庞涓死于此树下"，落款是"孙膑"。庞涓想撤兵已来不及了。这时四面杀声震天，不知有多少支箭一齐射来，齐军已把魏军团团围住了。庞涓身中数箭，无路可走，就在树下自刎了。

原来孙膑使用诱兵之计，一路上造成齐军逃散的假象。他料定了庞涓会在傍晚时追到马陵，早在此处设下了埋伏，他吩咐士兵：只等树下火光一起，就一齐放箭。

【点悟】

孙膑用装傻的办法,保住了自己的生命,为自己的逃跑创造了条件;在后来的对决中,用减灶的方式,故意向庞涓示弱,让庞涓相信齐军已逃亡大半而沾沾自喜,从而产生轻敌的心理。实际上,齐军实力丝毫未损,最终在马陵之战中射杀庞涓。

在政治风云中,当危险降临到自己头上时,要学会逃避危难、保全自身。虽然"装傻"是很辛苦和不容易的,但是到了危及生命的时候,还是一种很有效的生存技巧。装傻表面虽傻,但内心却是非常清醒的。这算是一种高招,因为它能够更好地保全你自己。正是所谓的"大智若愚"。

其实,装傻也是一门艺术,更是一种境界。高明的管理者在形势对自己不利的时候,就善于装疯卖傻,给人以碌碌无为的印象,实际上却隐藏自己的才能,掩盖自己的抱负,以免引起对手的警觉,以等待时机,实现自己的抱负。

保全自己,用于政治谋略,就是韬晦之计。兵法上所讲的"明修栈道,暗度陈仓"同样也是引开敌人的注意力,而暗地开己之路。人在明处,我在暗处,说起来简单,其实很难,它需要有大智慧、大定力,以符合鬼谷子所说的"成其事而无患"的要求。

二、"香饵钓鱼"在管理中的运用

【原文】

摩之在此,符之在彼。从而应之,事无不可。古之善摩者,如操钓而临深渊,饵而投之,必得鱼焉。故曰:"主事日成,而人不知,主兵日胜,而人不畏也。"

【译文】

"摩"对方是在这个时候,而对方表现自己是在那个时候。只要我们有办法让对方顺应我们的安排行事，就没有什么事情是不可办成的。古代善于“摩意”的人，就像拿着钓钩到水潭边上去钓鱼一样。只要把带着饵食的钩投入水中，不必声张，悄悄等待，就可以钓到鱼。所以说：主办的事情一天天成功，却没有察觉；主持的军队日益压倒敌军，却没人感到恐惧，只有做到这样才是高明的。

【解析】

同样的一件事情，有多种多样的解决方法。有的方法能够成功，有的方法却注定会失败。很多时候，即使多种方法都能够获得成功，其中也总有最便捷的一个。比如要想伐倒一棵大树，可以有多种方法。想通过自己的力气把树推倒的人是一个愚蠢的人，用斧头一下一下把树砍倒的人也能够达到目的，但耗时费力。而使用电锯的人最聪明，最快最省力地解决了问题。世界上的任何事情都是这样。恰当的方法常常可以起到事半功倍的效果。所以，做事情之前，思考一个最恰当的方法是十分必要的。

在现在的市场营销中也需要用到这一计谋：市场营销是个人和群体通过创造并通过与他人交换产品和价值以满足需求和欲望的一种社会管理过程。我们很容易就看清楚：消费者的需求和欲望在这种管理过程中起着决定性的作用。消费者是一切市场营销活动的中心和目标。

我们必须看到每一次成功的营销活动都与消费者息息相关。几乎所有的新的成功营销都得益于“消费者至上”的营销之道。更好的产品，或者是更好的品牌形象；更好的市场定位，或者是更有效的广告；更好的促销创意，或者是更得当的公关推广，都必须从消费者的身上获得力量的源泉。脱离了消费者，一切营销企划就会变成花拳绣腿，中看不中用。脱离了消费者，再高明的营销大师都会一筹莫展。

市场竞争说到底就是如何吸引更多的消费者来购买自己的产品，现在产品的同质化越来越严重，竞争越来越激烈，要想在激烈的竞争中，占有更多的市场份额,企业必须要学会谋划,将顾客吸引过来。做事前谋与不谋,效果是截然不同的。

善于谋划的管理者,总是悄悄地抛下诱饵,让消费者不期而至。要收到这样的效果,必须仔细分析消费者,以消费者为中心,针对他们的需求,发现他们的需求,有的放矢抛下诱饵,自然能够做到事半功倍。

【典例】

"世界红茶大王"——英国的里甫顿,以高明的营销才能誉满天下。有个冬季,一位乳酪制造商请里甫顿替他在圣诞节前的商品特卖期销售乳酪。思考了一阵后,里甫顿定下了"投李索桃"的策略,准备以50∶1的比率在乳酪里装入一块金币。此前,他用气球在空中广发传单,大肆宣传,接着在蜂拥而至的人群面前当众装入金币。这50∶1的金币使整个苏格兰沸腾了。因为在欧美曾流行这样一种说法:谁若在圣诞节前后所吃的糖果中吃到了一枚六便士的金币,他将大吉终年,万事如意。当地的报纸对于这样一个奇特的消息自然大登特评,甚至有的剧团也以此为题进行表演。于是里甫顿得到一大批免费宣传员。

在金币的诱惑下,等到了销售日,凡是卖里甫顿乳酪的商店门前,都是人山人海,挤满了争购的人群。成千上万的消费者涌进店里购买乳酪,使其乳酪销售量剧增,令里甫顿的同行们嫉妒不已。于是就有人偷偷到苏格兰当局告发里甫顿,说他经营做法有赌博嫌疑,当局派警察干涉,新闻机构马上跟踪全方位报道。而里甫顿仍然我行我素,仍是大力销售其乳酪,并根据当局干涉的内容,发布这样有针对性的广告:亲爱的顾客,感谢大家喜爱里甫顿乳酪,但如发现乳酪中有金币,请您将金币送回,谢谢合作。消费者不但没有退还金币,反而在乳酪含金币的声浪中踊跃购买,而苏格兰当局的警察认为店主已有悔改之意,即已着手收回金币,便不再加以干涉。一招不灵,那些同行们并不灰心,继而促使他们采取进一步的行动,他们联合起来,以食用不安全为理由要求警方取缔里甫顿的危险行为。在警方的再度调查下,里甫顿又在报刊上登了一大页广告:根据警方的命令,敬请各位食用者在食用里甫顿乳酪时,一定要注意里面有个金币,不要匆忙,应十分谨慎小心,以免误吞金币造成危险。这则表面上是应付警察和同行们的说明,而实际上又是一则更生动具体的广告,无形中又掀起了一次购买里甫顿乳酪的热潮。

【点悟】

操钩而临深渊,饵而投之,必得鱼焉。里甫顿深知"钓鱼时要投入香饵"。无饵者门可罗雀,有饵者门庭若市,有无诱饵使销售情况产生天壤之别。里甫顿利用金币的诱惑使乳酪的销量猛增。牺牲了一点金币,换回的却是"日进斗金"的收益。真是"钓者露饵而藏钩,故鱼不见钩而可得"。加之同行们的围追堵截,当局警察的积极干涉,新闻机构的全方位报道,都渲染了乳酪销售的空前盛况。里甫顿阳奉阴违,游刃有余地进行大肆炒作,终使其推销的奶酪声名鹊起。

如今,"香饵钓鱼"在广告宣传中已司空见惯了。喝酒可以喝到金球,吃蜜饯可以吃到港币,一杯可乐可以使万元钞票唾手可得。恰当地使用该手段,确实可以做到"主事日成而人不知,主兵日胜而人不畏也"。

如何争取到更多的消费者,或者说如何让自己的产品受到消费者的青睐,这需要管理者进行周密的谋划。因为做事情最重要的就是做事的方法,而不是事情本身,更不是其他因素。所谓做事的方法,也就是做事的策略。只有正确的策略才能保证事情更快、更有效地完成。就好像钓鱼一样,只要投下鱼儿喜欢吃的诱饵,鱼儿才会上钩。

三、"深藏不露"是为了"露"

【原文】

圣人谋之于阴,故曰神;成之于阳,故曰明。所谓主事日成者,积德也,而民安之，不知其所以利。积善也，而民道之，不知其所以然。而天下比之神明也。主兵日胜者，常战于不争、不费，而民不知所以服，不知所以畏。而天下比之神明。

【译文】

圣人谋划事情总是在暗地里进行，人们不知就里，故称之为"神"；而他所取得的成功都显现于众人眼前，所以人们称之为"明"。圣人"主事日成"，一是由于他暗中施德泽于民，使老百姓安居乐业，老百姓尚不知是如何得到这些好处的；二是由于他暗中积累善行，老百姓只知说好，却不知道为什么会这样。天下人都把这样的人比之为神明。圣人"主兵日胜"，是由于他不热衷于争城夺池，战争的消耗很小，老百姓不知道敌国为何拜服，也不知道战争有什么可怕。天下人都把这样的人比之为神明。

【解析】

鬼谷子所说的"圣人谋之于阴"，说的是圣人言行谨慎，做事不张扬，只有如此，才能"主事日成""主兵日胜"。中国人最擅长的就是韬光养晦了，因为一个人锋芒太露，很容易招致他人的嫉恨，并最终为自己带来祸患。

古语有云："木秀于林，风必摧之。"太过招摇了，不是什么好事情。深藏不露的人，表面上看来好像他们都是庸才，胸无大志，实际上只是他们不肯在言语上露锋芒，在行动上露锋芒而已。因为他们有所顾忌，言语露锋芒，便要得罪旁人。得罪旁人，旁人便成为阻力，成为破坏者；行动露锋芒，便要惹旁人的妒忌，旁人妒忌，也会成为阻力，成为破坏者。表现本领的机会不怕没有，只怕把握不牢，只怕做出的成绩不能使人满意。

在生活中，寒光森森的锐器往往会使人感到威胁和震慑，一个人的才智过高，在人与人的交往中也会使人产生距离感，或产生回避、逃遁的心理意识，甚至成为你的阻力，成为你的破坏者。因为人从根本上讲是趋弱去强的。所以，作为管理者，如果锋芒太露，就会丧失掉一些机会和朋友，就会延长到达成功的时间。等到明白这种道理的时候,已经时过境迁,悔之晚矣。这正应了“万事古难全”“盈则损、直则折”这些话,弱者有弱者的幸运,强者有强者的不幸,而人生就在幸与不幸之间。

【典例】

万石君姓石,名奋。当时15岁,做小官吏,侍候高祖。高祖和他谈话,喜欢他的恭谦,问他说:“你还有什么人?”回答说:“我只有母亲和一个姐姐。母亲不幸失明、家里贫苦。”高祖说:“你能跟随我吗?”他说:“愿意为您效劳。”于是高祖召他姐姐来封为美人,让石奋任中涓,把他家迁到长安城里的中戚里。他做官靠积累政绩当上了太中大夫。他虽然没有什么学识文化,但恭敬严谨没人能比。到孝景帝即位,石奋的四个儿子都因为品行端正,孝敬父母,办事严谨,官至二千石。景帝称赞说:“石君和四个儿子都是二千石官员,作为臣子的尊贵光宠竟然集中在他一家。”于是,称呼石奋为万石君。孝景帝晚年,万石君回家养老,每年仍定期作为大臣参加朝会。经过皇宫的门楼,万石君一定下车疾走,看见皇帝的车驾,一定俯身按着车前横木表示敬意。他的子孙做小官,回家来见他,万石君一定穿着朝服出来,不称呼其名字。子孙有错误,不是谴责,而用不坐正座,面对食案而不吃来表达他的不满情绪。然后儿子们自责,通过长辈的帮助说情,犯错的人光着上身坚决地请罪、认错,改正了错误,他才原谅。皇上时常给他家赏赐食物,他一定跪下叩拜俯伏着吃,好像就在皇上眼前。子孙遵循他的教导,像他一样跪拜下来吃。万石君一家凭着孝敬严谨而闻名于各郡各国。太史公说:孔子有句话“君子言语要迟钝,行动要迅速”,说的大概就是石奋吧?因此他的教化不急而成功,不苛刻而安定。这可以说是行为忠厚的君子了。

汉代贾谊,以诵诗通经闻于郡中。吴廷尉为河南太守,听说他的锦绣文采,召至门下,甚是喜欢。汉文帝初立,闻河南太守吴公政绩为天下第一,且此人原来与李斯同邑,曾从师李斯,于是征召他为廷尉。这时贾谊刚二十岁,在众大臣中年龄最小。每次皇帝召集大臣议事,诸老先生不知道怎么表达的话语,贾谊都耐心地帮他们把话讲出来。诸生于是乃以为能力不及贾谊。汉文帝悦之,便越级提拔他,一年之内就官至太中大夫。贾谊自以为汉朝立朝已二十多年,已达到天下大治,因而当改正朔,易服色,法制度,定官名,兴礼乐。他还自作主张,草撰了新的仪规法礼,认为汉代的颜色以黄为上,黄即土色,土在五行位第五,故数应用五。还自行设定官名,把由秦传下来的法律全部废除了,换成新的制度,虽然汉文帝刚即位,不敢一下子都按贾谊的意见去办,但却以为贾谊可以担任公卿。大臣周勃、灌婴、东阳侯张相如、御史大夫冯敬等贵族都因此而嫉恨贾谊,常常在文帝面前说贾谊的不是:"年少初学,专欲擅权,纷乱诸事。"于是文帝不再重用亲近他,不再采纳他的建议,让贾谊当长沙王的陪读太傅。过了一年多,文帝召见贾谊,与贾谊长谈至夜半,但是"不问苍生问鬼神",贾谊不能自陈政见。后又让贾谊当梁怀王太傅。梁怀王是"文帝之少子,爱,而好书。"文帝又封淮南厉王子四人皆为列侯。贾谊数上疏谏,以为祸患从此起矣。言诸侯或连数郡,非古之制,可稍削之。文帝不听。过了几年,梁怀王学骑,坠马而死。贾谊痛恨自己没有尽到老师的责任,哭泣岁余,亦死,年仅33岁。

【点悟】

年少才子贾谊本来学富五车,才高八斗,聪慧能干,颇受皇帝的赏识。但是,贾谊毕竟太年轻,锋芒毕露,不懂得自我保护,看不到身边的危险,致使自己力尽而寡助,落得少年悲哀。

据说曹操是一个极其多疑而没有安全感的人,为了防止别人暗杀自己,连给他盖被的侍卫也杀了,且说:"吾梦中好杀人!"可见在古代和帝王权贵相处的危险性,难怪古书上有伴君如伴虎之说,真的一点都不为过。由于帝王权贵缺乏安全感,生性好疑,常好杀人!在其身边相对弱小的群体为了保护自己,韬光养晦这种生存艺术就诞生了。

管理者应当明白这个道理,是金子总会发光,但也不能老把金子埋在地里。

把握机遇的能力也很重要，一旦机会来临，千万不要错过。真人不露相，这是千真万确的。但永远都不露相的，肯定不是真人。深藏不露的“藏”也是为了“露”，在时机成熟时，要毫不犹豫地表现自己。就像当年毛遂向平原君自荐时说的：“吾乃囊中之锥，未曾露锋芒，今日得出囊中，方能脱颖而出。”

四、“借力打力”的巧妙运用

【原文】

其摩者，有以平，有以正；有以喜，有以怒；有以名，有以行；有以廉，有以信；有以利，有以卑。平者，静也；正者，直也；喜者，悦也；怒者，动也；名者，发也；行者，成也；廉者，洁也；信者，明也；利者，求也；卑者，谄也。故圣人所独用者，众人皆有之，然无成功者，其用之非也。

【译文】

在实施“摩意”时，有用和平进攻的，有用正义责难的，有用娱乐讨好的，有用愤怒激励的，有用名望威吓的，有用行为逼迫的，有用廉洁感化的，有用信誉说服的，有用利益诱惑的，有用谦卑夺取的。和平就是安静，正义就是刚直，娱乐就是喜悦，愤怒就是激动，名望就是声誉，行为就是实施，廉洁就是清明，利益就是需求，谦卑就是委曲。所以，圣人所独用的“摩意”之术，平常人也都可以具有。然而没能运用成功的，那是因为他们没能正确应用。

【解析】

要想在竞争中获得胜利，一定要采取一定的手段。根据目标的不同，采取的手段也各不相同。关键在于，你的手段是否有效，是否能打动你想打动的人。鬼谷子在这里提出了各种不同的策略，对我们颇有借鉴意义。

利益就是需求，当利益摆在你面前的时候，不要盲目地去争夺，有时候利益也是伴随着陷阱一起到来的。而掌握好利益的分寸,另辟蹊径的做法,有可能帮助你获得意想不到的成功。人活在一个社会整体之中,个人的力量是非常薄弱的,很多时候都必须借助他人的力量来助已成事。“所谓三个臭皮匠,顶个诸葛亮”“众人拾柴火焰高,人多力量大”就是这个道理。善于借助他人力量的人,前面的道路也将会更加平坦。

但“借力打力”的前提条件是“有力可借”,这就要求管理者对人要一视同仁,既不论出身,也不要用有色眼镜和偏见去看待人,人是多种多样的,不可因自己的喜好而顾此失彼。恰当运用这种不拘一格降人才的用人之术,它随时都可能使你大受其益。

圣人尚有欠缺,何况凡人?事必躬亲,则不可能成大事。其结果往往是事事无成。我们应该学会善于借助他人的力量,唯有善于借助他人的力量,自己才有更多的时间和精力处理更重要的事情。为人处世不能以自己的智慧代替所有人的聪明才智,要充分借助他人的力量来协助自己开展工作,针对不同的人用不同的方法加以借助,懂得如何使用借力,从而借人之力为己之力,这才是真正高明的处世之道。

【典例】

伍子胥名伍员,本是贵族出身,他的先人伍举在楚庄王时即已显贵。他父亲伍奢是太子太傅,费无忌是太子少傅。楚王让他们二人共同辅佐太子建。太子建身边的这两位恰恰是一忠一奸。伍员的父亲因为忠于太子建而不得善终,费无忌却因为出卖太子建而得到昏庸君王的宠幸。

楚平王要为太子建娶妻,可是费无忌却借机为自己邀功,竟然将太子要迎娶的秦女奉献给楚平王,还谗言太子建谋逆。太子太傅伍奢力劝楚平王,不要因为小人的离间而伤害了骨肉亲情。楚平王哪里听得进去?太子建被逼得逃亡到宋国,伍奢因为忠于太子而被囚。但费无忌的心病仍未消除,他深知伍奢的两个儿子都很有才干,不诛杀将会危及自己的生命。昏庸的楚平王再一次听信谗言，要求伍奢将两个儿子招来一同处死。伍奢深知自己的两个儿子，伍尚为人忠义，但伍员为人刚戾忍诟，终会成就大事，不会生而就擒。果然，伍员对其兄伍尚说："不如奔他国，借力以雪父之耻。"

伍子胥为了报仇逃到了吴国。得到吴国公子光的信任后，伍子胥向公子光推荐勇士专诸，为公子光刺杀了吴王僚，公子光于是自立为吴王，即为阖闾。此后伍子胥便被聘为行人（官名，掌管朝觐、聘问、出使等事务），参与国政。

由于伍子胥很有才干，因此屡次大破楚军，最后终于攻破楚的都城时。此时，楚平王已埋身于坟墓，气愤的伍子胥就把他的尸体从墓中掘出来，并用鞭子抽打以泄杀父之恨。

【点悟】

两人相斗，弱小者要想斗过强势的人，单打独斗无疑是以卵击石——自不量力。因此，这时就需要借助他人的力量，达到自己的目的。伍子胥正是知道自己根本不可能斗得过楚平王，才去找更强大的吴王，借助他的力量除掉劲敌。

好风凭借力，送你上青云。天下最重要的"借"不是借钱和借物，而是借力。"借别人的智慧为自己所用"。不论是你认识的还是不认识的，只要你会借，懂得如何来借，如何使用借力，能够使他们心甘情愿地帮你做事，做到"毕其智为己所用"，就一定能够心想事成。所以，"借力"不仅是打开财富大门的钥匙，更是每个渴望成功的管理者所必须学会的。

古人讲："智者，当借力而行。"意思是说聪明的人，应当借助外力寻求发展。在当今这个竞争日益激烈的快节奏社会，管理者要想拥有属于自己的一席之地，要想在复杂的商战中永远潇洒自如，如入无人之境，仅靠单枪匹马、赤手空拳地搏斗是行不通的。所以，我们应该学会"借力"，并善于"借力"！

五、说服能力是如何练就的

【原文】

谋莫难于周密，说莫难于悉听，事莫难于必成；此三者，唯圣人然后能任之。故谋必欲周密，必择其所与通者说也，故曰：或结而无隙也。夫事成必合于数，故曰：道、数与时相偶者也。说者听，必合于情，故曰：情合者必听。

【译文】

设计谋略，最难的就是用到缜密；游说君主，最难的就是使其言听计从；主持事务，最难的就是确保成功。这三个问题只有圣人才能解决。凡设计谋略要想周到缜密，一定要选择与自己情意相通的人共谋，所以说：相互结合，无懈可击。凡办事要想取得成功，必须有适当的方法，所以说：方略、方法与天时互相依附。进行游说的人要让对方听信，必须使自己的说辞合于情理，所以说：合情理才有人听。

【解析】

说服是以求得对方的理解和行动为目的的谈话活动。因此，说服的最大特征就是在于引起对方的共鸣。如果只是一味地述说自己的想法，将自己的想法以堆积的形式强加在他人的头上，这样的说服是不可能获得成功的。

简单来说，说服能力就是“什么人”“说什么”“怎么说”三者的综合。它是从“劝说者的人品”“说服内容的含金量”以及“劝说者对于突发事件的应变能力”这三者的综合效果中产生的，不可能被某一种单一的技巧所替代。所谓的说服，就是包括这些要素，并事先预测到所有可能会发生的事。

管理者要培养自己说服别人的能力，实质上就是在培养一种综合的谈话能力。它在管理工作当中的作用不可小觑。

【典例】

战国初年,楚国的国君楚惠王想重新恢复楚国的霸权。他扩大军队,要去攻打宋国。楚惠王重用了一个当时最有本领的工匠。他是鲁国人,名叫公输般,也就是后来人们常说的鲁班。公输般使用斧子不用说就是最灵巧的了,谁要想跟他比一比使用斧子的本领,那就是不自量力。公输般被楚惠王请了去,当了楚国的大夫。他替楚王设计了一种攻城的工具,比楼车还要高,甚至可以到达云端,所以叫作云梯。楚惠王一面叫公输般加紧赶制云梯,一面准备向宋国进攻。楚国制造云梯的消息一传扬出去,列国诸侯都有点担心。特别是宋国,听到楚国要来进攻,更加觉得将要大祸临头。楚国想进攻宋国的事,也引起了一些人的反对。反对得最厉害的是墨子。墨子,名翟,是墨家学派的创始人,他反对铺张浪费,主张节约;他要他的学生穿短衣、草鞋,参加劳动,以吃苦为高尚。如果不刻苦,就是违背他的主张。墨子还反对为了争城夺地而使百姓遭到灾难。

墨子听到楚国要利用云梯去侵略宋国,就急急忙忙地亲自奔赴楚国,途中他跑得脚底起了泡,出了血,就把自己的衣服撕下一块裹着脚走。这样奔走了十天十夜,到了楚国的都城郢都。他先去见公输般,劝他不要帮助楚惠王攻打宋国。公输般说:“不行呀,我已经答应楚王了。”墨子就要求公输般带他去见楚惠王,公输般答应了。在楚惠王面前,墨子很诚恳地说:“楚国土地很大,方圆五千里,地大物博;宋国土地不过五百里,土地并不好,物产也不丰富。大王为什么有了华贵的车马,还要去偷人家的破车呢?为什么要扔了自己绣花绸袍,去偷人家一件旧短褂子呢?”楚惠王虽然觉得墨子说得有道理,但是不肯放弃攻宋国的打算。公输般也认为用云梯攻城很有把握。墨子直截了当地说:“你能攻,我能守,你也占不了便宜。”他解下了身上系着的皮带,在地下围着当作城墙,再拿几块小木板当作攻城的工具,叫公输般来演习一下,比一比本领。公输般采用一种方法攻城,墨子就用一种方法守城。一个用云梯攻城,一个就用火箭烧云梯；一个用撞车撞城门，一个就用滚石擂木砸撞车；一个用地道，一个用烟熏。公输般用了九套攻法，把攻城的方法都使完了，可是墨子还有好些守城的高招没有使出来。公输般呆住了，但是心里还不服，说："我想出了办法来对付你，不过现在不说。"墨子微微一笑说："我知道你想怎样来对付我，不过我也不说。"楚惠王听两人说话像打哑谜一样，弄得莫名其妙，问墨子说："你们究竟在说什么？"墨子说："公输般的意思很清楚，不过是想把我杀掉，以为杀了我，宋国就没有人帮助他们守城了。其实他打错了主意。我来到楚国之前，早已派了禽滑釐等三百个弟子守住宋城，他们每一个人都学会了我的守城办法。即便把我杀了，楚国也是占不到便宜的。"楚惠王听了墨子一番话，又亲自看到墨子守城的本领，知道要打胜宋国没有希望，只好说："先生的话说得对，我决定不进攻宋国了。"这样，一场战争就被墨子阻止了。

公输般

【点悟】

墨子计谋缜密，游说合情合理，难怪会取得成功，这样的例子值得我们深思。说服的关键，在于帮助对方产生自主的行动意志。因此，说服不是为了使对方在理论上获得理解而进行的"解说"，也不是迫使对方在无奈之下付诸行动。

在企业管理中，如果不对上司或同事、部下进行劝导和说服，工作就会一事无成。而且，如果是业务员的话，推销，或为了使策划或产品更符合客户的要求而征求客户的认可，这些都是一种说服。在公司内部，与其他部门之间的协调，说服能力是不可缺少的能力之一。

人们常说："人生，就是不间断地说服。"尤其是在商业领域，那里汇集着各种性格不同的人，为了达到共同的目标，大家必须同心协力，因此说服的场景更是俯拾皆是。如果说，工作就是不间断地说服，也并不过分。

六、"心理战术"的神奇力量

【原文】

故物归类：抱薪趋火，燥者先燃；平地注水，湿者先濡。此物类相应，于势譬犹是也，此言内符之应外摩也如是。故曰："摩之以其类，焉有不相应者？"乃摩之以其欲，焉有不听者，故曰"独行之道"。夫几者不晚，成而不拘，久而化成。

【译文】

世上万事万物都有各自的规律，例如：抱着柴薪向烈火走去，总是干燥部分先燃烧起来；往平地倒水，总是潮湿的地方先湿透。这些都是与物性相适应的，以此类推，其他事物也是如此。这就是"内符"与"外摩"相呼应的道理。所以说，按着事物的特性来施行"摩"术，岂有不响应之理？依据其人的欲望来施行"摩"术，岂有不听之理？圣人深谙其中奥妙，所以说，这是圣贤独行之道，只有他们才能施用"摩"术并确保成功。凡做事有法度者，都会把握好时机，有成绩也不居功，并且持之以恒，最后一定会成功。

【解析】

你说的话、做的事，怎样才能深入人心？施行鬼谷子的"摩"术，怎样才能确保成功？在鬼谷子看来，需要做到"摩之以其欲"。

在商场上，心理战术有着神奇的妙用。竞争对手之间也同样存在心理战问题，胜负除了与经济实力、竞争方法等因素相关外，还取决于心理战能力和心理素质。俗话说:“知人知面不知心。”作为管理者,在与人打交道的时候,一定要学会揣摩对方的心理,一旦达到“知心”的地步,你就已经胜券在握了。

用现代的话来讲,“摩之以其欲”就是要体察人性。古代著名的政治家、军事家,大都有深入体察人性的本领。诸葛亮七擒孟获而不杀之,为的就是要在心理上使之折服,达到不战而屈人之兵的目的。

管理心理学认为,心理战术是以组织中的人作为特定的研究对象,重点在于对共同经营管理目标的人的系统的研究,以提高效率,在一定的成本控制条件下,最大限度地调动人们的积极性和创造性。当今的管理心理学都是以人本思想为前提的。它有助于调动人的积极性、改善组织结构和领导绩效,提高工作生活质量,建立健康文明的人际关系,达到提高管理水平和发展生产的目的。

【典例】

三国时期,曹操领军去讨伐张绣,天气热得出奇,骄阳似火,兵士们口渴难耐,行军的速度十分缓慢。曹操担心贻误战机,心里很是着急。于是,他叫来向导,悄悄问他:“这附近可有水源?”向导摇摇头说:“泉水在山谷的那一边,要绕道过去还有很远的路程。”曹操想了一下说,“不行,时间来不及。”他看了看前边的树林,脑筋一转,办法来了,他一夹马肚子,快速赶到队伍前面,用马鞭指着前方说:“士兵们,我知道前面有一大片梅林,那里的梅子又大又好吃,我们快点赶路,绕过这个山丘就到梅林了!”士兵们一听,仿佛已经将梅子吃到嘴里,精神大振,行军速度一下子快了许多。

在古代的战争中,一个优秀的将帅除了要熟悉天文、地理、阵法外,还必须洞察人的心理,善打心理战。项羽的破釜沉舟与韩信的背水一战,都是利用人在危险境地中的求生本能而取胜的例子。春秋时期的“长勺之战”,也是最早的心理战的经典战例,集中体现了《孙子兵法》中“避其锐气,击其惰归”的军事思想。公元前684年春,齐桓公任命鲍叔牙为大将,率军攻打鲁国。两军在长勺展开决战。齐军猛击战鼓,首先发动攻击。鲁庄公正欲击鼓出战,曹刿劝止说:“齐军士气正旺,不宜出战,只可坚守阵地。”齐军再次擂鼓挑战,鲁军仍是坚守不出。鲍叔牙以为鲁军胆怯了,于是第三次擂响战鼓。曹刿这才说:“现在可以出击了。”于是士气旺盛的鲁国军队发起反击,大败齐军。事后,鲁庄公问曹刿打败齐军的道理,曹刿说:“夫战,勇气也。一鼓作气,再而衰,三而竭,彼竭我盛,故克之。”

某市著名企业家王经理购得一块位置绝佳的宝地,准备建一个大型商城。为了装修得豪华一些,他同本市某大理石加工厂的韩经理联系,准备购进一批大理石。韩经理是个有野心的人,在谈判时,他提出想入股王经理的企业,并将此作为销售大理石的交换条件。王经理没有同意,结果谈判不欢而散。王经理回去以后,为大理石一事发愁,因为韩经理厂生产的大理石确实物美价廉,其他厂无法比拟。正在这时,一家新成立的大理石加工厂找上门来,要以较低的价格卖给王经理大理石。王经理计上心来,他一边与这家新加工厂磋商,一边偷偷放出风去,故意让韩经理知道这件事。韩经理没料到王经理会和别的厂家交易,为了这笔买卖,只好立即答应一切条件,再也不提入股的事了。王经理在与韩经理的心理战中取得了胜利,买到了物美价廉的产品。

【点悟】

在遇到困难时,人类意志力和信念的强弱往往能起到决定性的作用。在旁人陷入困境时,帮助他树立信心,重建希望,往往比提供实质性的帮助更为重要。曹操用“酸梅林”鼓舞士兵的士气,成功地走出绝境,正是源于他对人性有着深刻的体察。

在战争中要打败强敌,必须要避敌锐气,攻其虚弱。当敌人处于精神放松、意志疲惫的情形时,出其不意,攻其不备,往往能获得意想不到的效果,最终取得战争的胜利。曹刿论战的故事就说明了这一点。

管理者在工作当中,难免碰到各种矛盾和纠纷,在解决的过程中,如果善于体察人性,就能做到游刃有余,将大麻烦消弭于无形。其高明之处,就在于做到了“摩之以其欲”。

第九章　权篇——管理者的语言艺术

一、警惕小人的糖衣炮弹

【原文】

说者，说之也；说之者，资之也。饰言者，假之也；假之者，益损也。应对者，利辞也；利辞者，轻论也。成义者，明之也；明之者，符验也。难言者，却论也；却论者，钓几也。

【译文】

凡游说，就是说服别人；要能说服别人，就要给人以帮助。凡是经过修饰的言辞，都是借以达到某种目的；凡是被借用的东西，都既有好处，也有害处。凡要进行应酬和答对，必须掌握伶俐的外交辞令。凡是伶俐的外交辞令，都是不实在的言论。要树立起信誉，就要光明正大；光明正大，就是为了让人检验复核。凡是难以启齿的话，都是反面的议论；凡是反面的议论，都是诱导对方说出秘密的说辞。

【解析】

有人会说，每个人都爱听好听的话。好听的话的确能够使人精神愉悦，同时又长面子，可是有些好听的话又如漂亮的罂粟花，开放时美丽，却暗藏剧毒。

“耳中常闻逆耳之言，心中常有拂心之事，才是进德修行的砥石。若言言悦耳，事事快心，便把此生埋在鸩毒之中也。”作为管理者如果常听难以入耳的忠言，常遭遇使心中不悦的难事，就能修身养性，提高自己的品德和洞察真相的能力;相反,假使一直听悦耳的话,行事又很顺利,就会自然而然地松懈下来,如同中了鸩毒一般。

纵观历史,因为君王听信谗言而使忠臣良将遭到诛杀的情况有很多,这样的君王往往也没有好下场,轻则留下骂名,重则身死国亡。崇祯皇帝听信谗言,自毁长城,杀掉了袁崇焕,导致明朝的覆灭,所以说灭明朝者,非满清也,乃明朝自己也。

【典例】

闵公元年,管仲向齐桓公进谏:"宴安鸩毒,不可杯也。"原来齐桓公爱姬甚多,常在后宫饮酒作乐,管仲见了很担心,就把酒色比作鸩毒,劝诫齐桓公勿近醇酒妇人。齐桓公毛病很多,由于有管仲辅佐治国,对管仲的批评也能接受,才使齐国成为春秋五霸之一。但到管仲去世后,就发生了变化。

管仲死前齐桓公去看望他,并问他:"仲父病成这个样子,有什么话要和寡人说吗?"管仲劝他离易牙、竖刁、常之巫这些人远点。齐桓公说:"易牙把自己的儿子煮了让我吃,这么忠心耿耿的人还值得怀疑吗?"管仲说:"人之常情,谁不疼爱自己的孩子?既然他可以忍心烹杀自己的儿子,那么将来对你,还会有什么不忍心的事情不能做呢?"桓公又问道:"竖刁把自己阉了以亲近寡人,这样的人也值得怀疑吗?"管仲回答道:"按人之常情来看,没有不爱惜自己身体的。能下狠心自残,那么对国君有什么下不得手的呢?"桓公又问道:"常之巫知道人的生死,能治重病,这样的人也值得怀疑吗?"管仲回答道:"死生,是有一定的;疾病,是人体失常所致。主君不顺其自然,守护根本,却完全依赖于常之巫,那他将对国君无所不为了。"桓公又问道:"卫公子启方,事奉寡人十五个年头了,他父亲死时都不肯离开寡人回去奔丧,这样的人也值得怀疑吗?"管仲回答道:"按人之常情来说,没有不爱自己生身父亲的。他父亲死了都不肯回去,那对国君又将如何呢?"

管仲死后,齐桓公开始时还记着管仲的劝告,将这些人赶出了宫外,可是非常不习惯没有这些人的日子，又将他们接回来了。齐桓公将管仲的劝告置之脑后，重用易牙、竖刁等人，这些人投其所好，阿谀谄媚，齐桓公在他们的奉承下，上进心尽失，政治渐渐腐败，他自己还觉得没有不妥，说："仲父的话是言过其实了。"齐桓公生病的时候，这几个人一同叛乱。他们在桓公寝宫四周筑起一道围墙，禁止任何人入内。这时，桓公哭得鼻涕横流，感慨道："唉！还是圣人的眼光比我们远大呀！若是死者地下有知，我还有什么脸面去见仲父呢？"说罢，自己扬起衣袖捂住脸，气绝身亡，死在寝宫。尸首无人理睬，以致腐烂发臭，蛆虫爬出门外，上面只盖一张扇，三个月无人安葬。从此，齐国的霸业也骤然衰落了。

【点悟】

齐桓公的悲惨结局可以说是他自己一手造成的，他的悲剧提醒人们，如果听不到批评意见，听不进忠言，就认识不到错误，察觉不了灾祸，无法提醒、鞭策自己，是件很危险的事；整天被赞扬的话包围，赞美之词不绝于耳，就像喝含有"鸩毒"的美酒一样，听多了就会丧失警觉，削弱自己发奋上进的精神，沉湎于自我陶醉的深渊中，积羽沉舟，最终毁了自己。

管理者应该时刻警惕小人的糖衣炮弹。一般情况下，小人和谗言总是分不开的，谗言由小人口中产生，自小人口中传播，任谗言摆布也就是被小人玩弄，这样的人多半没有好下场，无论在什么时代，小人都是制造混乱的罪魁祸首。孔子说过："利口覆邦家"，可见谗言的可怕，想成就大事就必须远离一切谗言，只有不断修身养性，增加阅历，才能识破谗言，明辨是非。

二、恰当的措辞是管理工作的润滑剂

【原文】

佞言者，谄而于忠；谀言者，博而于智；平言者，决而于勇；戚言者，权而于信；静言者，反而于胜。先意承欲者，谄也；繁称文辞者，博也；策选进谋者，权也，纵舍不疑者，决也；分不足而窒非者，反也。

【译文】

说奸佞话的人，由于会谄媚，反而变成“忠厚”；说阿谀话的人，由于会吹嘘，反而变成“智慧”；说平庸话的人，由于果决，反而变成了“勇敢”；说忧伤话的人，由于善权衡而变成“守信”；说平静话的人，则于习惯逆向思维，反而变成“胜利”。为实现自己的意图而迎合他人欲望的，就是谄媚；用很多美丽的词语去奉承他人，就是吹嘘；根据他人喜好而进献计谋的人，就是玩权术；即使有所牺牲也不动摇的人，就是有决心；能揭示缺陷，敢于责难过失的人，就是敢反抗。

【解析】

鬼谷子所说的佞言、谀言，其实就是奉承话。自古以来，对于喜欢说奉承话的谄媚之徒，人们一般都比较反感。宋朝参知政事丁渭在都堂为宰相寇准擦拭胡须上的汤渍，寇准戏谑他说：“参政是国家的大臣，怎能为上司拭胡子呢？”丁渭不禁羞愧万分。

然而，有一种话和奉承话相似，那就是赞美话。赞美与奉承的区别，在于奉承的话总是缺乏根据，让人一听就大倒胃口。因此，喜欢说奉承话的人往往被称为“马屁精”。赞美则立身于“有其事”，而且往往是出于善意的。

措辞，是指人们在说话、写作、行文时，经过深思熟虑，综合考虑受众的思想、情感、心理特征、个性特点、学历背景、生活习惯等因素的情况之下，精心选用恰当的词语、句子，有效表达自己的意思，并让受众易于理解、接受、相信的一个互动过程。恰当的措辞永远是管理工作当中的润滑剂。在现代紧张枯燥的生活中，恰当的措辞和真诚的赞美可以缓解一个人紧张的神经，给生活带去一份美丽；奉承话则会使人生厌。而这种措辞应当如何来把握，就要靠管理者自己努力去摸索了。

【典例】

罗杰斯是某皮革公司的销售经理，一次，他向客户介绍完他们的一种新产品后，微笑着问他："你认为我们公司的产品如何？""啊，我非常喜欢，但是我想它是非常贵的，我应该为它付出一个非常荒谬的价格，在您来之前我就听说过。""请您告诉我，"罗杰斯微笑着说，"看来您是一个非常有贸易经验的人，而且懂得皮革和兽皮。您猜想它的价格是多少？"那人受到赞美，回答说他认为可能是45美分一码。"您说得对。"罗杰斯用惊奇的眼光看着他说，"我不知道您是怎样猜到的？"结果，罗杰斯以45美分一码的价格获得了他的订单。而罗杰斯绝不会告诉他的客户，公司最初给产品的定价是39美分一码。

一次，中国与突尼斯SIAP公司代表就建设化肥厂事宜进行谈判，几次磋商都很顺利，双方商定利用秦皇岛港的优越条件建址。不久，科威特方面也参加进来联合办化肥厂。在第一次三方谈判中，科威特石油化学工业公司的董事长听了中突双方的筹备工作介绍后，断然提出反对："你们前面所做的一切工作都是没有用的，要从头开始！"谈判陷入了僵局。中突双方无法接受科威特方面的苛刻意见。但这位董事长在科威特的地位仅次于石油大臣，他还是国际化肥工业组织的主席，怎么改变这位董事长的决心，打破沉闷的气氛呢？中方代表明白，像科威特公司董事长这样的铁腕人物，一般是吃硬不吃软的，于是他猛然站起身，义正词严地说："我代表中国地方政府声明：为了建设这个化肥厂，我们选定了一处地理位置优越的厂址。为了尊重我们的友谊，在许多合资企业表示要得到这块土地的使用权时，我们都拒绝了。如果按照董事长今天的提议，事情将要无限期地拖延下去，那我们只好把这块地方让出去！对不起，我还要处理别的事情，我宣布退出谈判。下午，我等待你们的消息！"说罢，他拎起皮包就走，回到了自己的房间。半小时后，一位谈判人员跑来了，兴奋地说："那位董事长请你回去，他们强烈要求迅速征用秦皇岛的场地！"

日本古都奈良是著名的旅游城市，每年一到春夏两季，观光客就如潮水般涌来。奈良的春天，一过四月份，就有大量燕子从南方飞来，争相在旅馆的檐下筑窝栖息，繁衍后代。可是，燕子有随便排泄的习惯，尽管服务员们不停地擦洗，但总会使旅馆留下污渍。于是，房客们纷纷抱怨此事。这时，一家旅馆的公关小姐灵机一动,她以燕子的名义给房客写了一封信,并广为张贴和宣传。这封信是这样写的:“女士们、先生们:我们是刚从南方赶到这儿过春天的小燕子,没有征得您的同意,就在您的窗前安了家。我们的小宝贝年幼不懂事,我们的习惯也不好,经常弄脏您的玻璃窗和走廊,致使您很不愉快。我们为此很过意不去,请您多多原谅。还有一件事恳求您的谅解,请您千万不要埋怨服务员小姐,她们是经常擦洗的,只是擦不胜擦,这完全是我们的过错。请您稍等一会儿,她们很快就会来擦洗。——您的朋友小燕子。”旅馆的房客们见到这封妙趣横生的信,明白了事情的原委,心里的怨气顿时消散了。这家旅馆的公关小姐巧借小燕子的名义,以温柔的语气代旅馆向房客们道歉,收到了良好的效果,避免了一场效益危机。

【点悟】

在生意场上,恰当的话语有着无穷的妙用。在销售产品的过程中,适当地赞美别人,让别人觉得他自己很聪明,就可能做成生意。罗杰斯的故事就告诉了我们这一点。

在商业谈判的过程中该讲什么话,采用什么样的语气,都关系到谈判最终的结果。除了事先仔细斟酌外,也要注意临场的发挥。在中突谈判中,中国取得谈判胜利的主要原因,在于中方代表能够认真分析出现僵局的症结所在,采取了正确的语气来应对,获得了预计的成功。

在现代企业管理工作当中,为了争取更大的利益或避免更大的损失,有时难免要有一番唇枪舌剑。在这种情况下,善于措辞的管理者,无疑会占据先机。

三、管理者要始终保持清醒

【原文】

故口者,机关也;所以关闭情意也。耳目者,心之佐助也;所以窥间见奸邪。

故曰:参调而应,利道而动。故繁言而不乱,翱翔而不迷,变易而不危者,观要得理。

【译文】

一般说来,"口"就是人的"政府机关"。用它来封锁、宣传信息。耳目,就是心的辅助器官,用它来侦察奸邪。所以说,只要口、耳、目三者相互呼应,就会走向成功。一般说来,虽有烦琐的语言并不纷乱,虽有翱翔之物并不迷惑人,虽有局势的变化并不危险,就是要在观物时,掌握要害。

【解析】

在鬼谷子的眼里,世间没有任何事物是绝对、孤立存在的,同一个事物也都以不同的面目呈现出来,就看你用什么样的眼光去看待。天堂或许就在地狱的隔壁,苦难也可成为一笔宝贵的财富,表面上看起来是祸,没准转瞬间就成了福。因此,作为管理者要始终保持清醒的头脑,对事件发生的始末进行精确的分析,以便做出正确的判断。

生活中的聪明人善于从吃亏当中增长智慧。"吃亏是福"也是一种哲理,其前提有两个,一个是"知足",另一个就是"安分"。"知足"则会对一切都感到满意,对所得到的一切充满感激之情;"安分"则使人从来不奢望那些根本就是不可能得到的或者根本就不存在的东西。没有妄想,也就不会有邪念。表面上看来,"吃亏是福"以及"知足""安分"会有不思进取之嫌,但是,这些思想确实能够教导人们,成为对自己有清醒认识的人。

人非圣贤,谁都无法抛开七情六欲,但是,要成就大业,在选择面前,就得分清轻重缓急,放眼长远,把握事物本质的发展方向。

【典例】

古时,塞外有一个老翁丢了一匹马,邻居们都认为是件坏事,替他惋惜。塞翁却说:"怎么知道这不是件好事呢?"众人听了之后大笑,认为塞翁丢马后急疯了。几天以后，塞翁丢的马又自己跑了回来，而且还带回来一匹马。邻居们见了都非常羡慕，纷纷前来祝贺。塞翁却板着脸说："怎么知道这不是件坏事呢？"大家听了又哈哈大笑，都认为老翁是被好事乐疯了，连好事坏事都分不出来。果然不出所料，过了几天，塞翁的儿子骑新来的马去玩，一不小心把腿摔断了。众人都劝塞翁不要太难过，塞翁却笑着说："怎么知道这不是件好事呢？"邻居们都糊涂了，不知塞翁是什么意思。事过不久，发生战争，所有身体好的年轻人都被拉去当了兵，派到最危险的第一线去打仗，而塞翁的儿子因为腿摔断了未被征用，在家乡过着安定幸福的生活。

我国历史上刘邦与项羽在称雄争霸、建立功业上就表现出了不同的态度，最终也得到了不同的结果。苏东坡在评判楚汉之争时就说，项羽之所以会败，就因为他不能忍，不愿意吃亏，白白浪费自己百战百胜的勇猛；汉高祖刘邦之所以能胜就在于他能忍，懂得吃亏，养精蓄锐，等待时机，直攻项羽弊端，最后夺取胜利。楚汉战争中，刘邦的实力远不如项羽，当项羽听说刘邦已先入关时，怒火冲天，决心要将刘邦的兵力消灭掉。当时项羽的 40 万兵马驻扎在鸿门，刘邦的 10 万兵马驻扎在灞上，双方仅隔 40 里，兵力悬殊，刘邦危在旦夕。在这种情况下，刘邦先是请张良陪同去见项羽的叔叔项伯，再三表示自己没有反对项羽的意思，并与之结成儿女亲家，请项伯在项羽面前说句好话。然后，第二天一早，又带着随从，拿着礼物到鸿门去拜见项羽，低声下气地赔礼道歉，化解了项羽的怨气，缓和了他们之间的关系。

【点悟】

通过"塞翁失马"这个故事我们可以明白，即使是表面看起来很吃亏的事，也会带来意想不到的好处。管理中此类事常见，因此管理者一定要擦亮眼睛，保持清醒，仔细分辨，小心求证，有时看似吃亏的事反而是获得更大利益的前提和资本。

而在"鸿门宴"中，表面上看，刘邦忍气吞声，项羽挣足了面子，实际上刘邦以小忍换来自己和军队的安全，赢得了发展和壮大力量的时间。刘邦对不利条件的隐忍，面对暂时失利的坚韧不拔，反映了他对敌斗争的谋略，也体现了他巨大的心理承受能力。刘邦正是把眼光放远，靠着吃一些眼前亏的技巧，赢得了最后的胜利。有人说刘邦是一忍得天下，相信这种智慧不是有勇无谋的人可以修炼成的。

所以说，管理者看事情不能只停留在表面，眼前的亏从另一个角度看，就是日后的福。

四、不恰当的言语是祸乱的源头

【原文】

故无目者不可示以五色，无耳者不可告也五音。故不可以往者，无所开之也。不可以来者，无所受之也。物有不通者，圣人故不事也。古人有言曰："口可以食，不可以言"者，有讳忌也。众口铄金，言有曲故也。

【译文】

没有视力的人，没有办法向他展示五彩颜色；没有听力的人，没有办法跟他讲音乐上的感受。不该去的地方，是那里没有可以开导的对象；不该来的地方，是因为这里没有人能接受你这样的说法。"口可以用来吃饭，但不能用它讲话"。因为说的容易犯忌。"众人的口可以熔化金属"，这是因为凡是言论都有复杂的背景和原因。

【解析】

鬼谷子认为，即便是有雄辩之才，也应该谨言慎行。有些话说出来没有效果，根本没必要说。有些话说出来犯忌讳，容易伤害别人，一定不要说。

在企业管理中，没有语言作为桥梁，员工之间就无法实现沟通。但是语言能成事，也能坏事，所以古人提倡寡言慎行，要说该说的话，否则一言有失，即酿大祸。有些人事情还没有做，就开始满天吹牛，这种人只是些夸夸其谈之辈罢了，一定成不了大事。

【典例】

东汉末年，杨彪的儿子杨修，才思敏捷，灵巧机智，后来成为曹操的谋士，官居主簿，替曹操典领文书，办理事务。

有一次，曹操造了一所后花园。落成时，操去观看，在园中转了一圈，临走时什么话也没有说，只在园门上写了一个“活”字。工匠们不解其意，就去请教杨修。杨修对工匠们说，门内添活字，乃阔字也，丞相嫌你们把园门造得太宽大了。工匠们恍然大悟，于是重新建造园门。完工后再请曹操验收。操大喜，问道：“谁领会了我的意思？”左右回答：“多亏杨主簿赐教！”曹操虽表面上称好，而心底却很忌讳。

有一天，塞北有人给曹操送了一盒精美的酥。曹操尝了一口，突然灵机一动，想考考周围文臣武将的才智，就在酥盒上竖写了“一合酥”三个字（当时无“盒”字），让使臣送给文武大臣。大臣们面对这盒酥，百思不得其解，就向杨修求教。杨修看到盒子上的字，竟拿取餐具给大家分吃了。大家问他：“我们怎么敢吃魏王的东西？”杨修说：“是魏王让我们一人一口酥嘛！”在场的文臣武将都为杨修的聪敏而拍案叫绝。而后，操问其故，修从容回答说：“盒上明明写着‘一人一口酥’，岂敢违丞相之命乎？”曹操虽然喜笑，而心头却很嫉妒杨修。

曹操多猜疑，害怕人家暗中谋害自己，常吩咐左右说：“我梦中好杀人，凡我睡着的时候，你们切勿近前！”有一天，曹操在帐中睡觉，故意落被于地，一近侍慌取被为他覆盖。曹操即刻跳起来拔剑把他杀了，复上床睡。事后佯惊问：“何人杀我近侍？”大家都以实情相告。曹操痛哭，命厚葬近侍。人们都以为曹操果真是梦中杀人，唯有杨修又识破了他的意图，临葬时指着近侍尸体而叹惜说：“丞相非在梦中，君乃在梦中耳！”曹操听到后更加厌恶杨修。

曹操出兵汉中进攻刘备,困于斜谷界口,欲要进兵,又被马超拒守,欲收兵回朝,又恐被蜀兵耻笑,心中犹豫不决,正碰上厨师进鸡汤。操见碗中有鸡肋,因而有感于怀。正沉吟间,夏侯惇入账,禀请夜间口号,曹操随口答道:“鸡肋!鸡肋!”夏侯惇传令众官,都称“鸡肋!”行军主簿杨修见传“鸡肋”二字,便教随行军士收拾行装,准备归程。有人报知夏侯惇。夏侯惇大惊,遂请杨修至帐中问道:“公何收拾行装?”修说:“以今夜号令,便知魏王不日将退兵归也,鸡肋者,食之无肉,弃之有味。今进不能胜,退恐人笑,在此无益,不如早归,来日魏王必班师矣。故先收拾行装,免得临行慌乱。”夏侯惇说:“公真知魏王肺腑也!”遂亦收拾行装。于是寨中诸将,无不准备归计。曹操得知此情后,唤杨修问之,修以鸡肋之意对。操大怒说:“你怎敢造谣言,乱我军心!”喝刀斧手推出斩之,将首级号令于辕门外。

【点悟】

祸从口出,言多必失。聪明伶俐、能说会道固然是好事,但不可自恃聪明善辩就到处卖弄,否则就容易招来大祸。杨修的死固然是因为曹操的嫉才所至,但也与他不懂收敛,说话太多有关。其实,曹操的意思别人未必不懂,只是知道这位丞相疑心重,忌讳多,不愿开口点破而已。而杨修只道是自己聪明,恃才傲物,锋芒毕露,完全不揣摩曹操的心思,犯了忌讳,结果反误了身家性命。成杨修者,聪明也;亡杨修者,亦聪明也。所以,真正的智者都明白,寡言慎行才是安身保命之道。

“众口铄金,积毁销骨。”流言蜚语多了,“是”可以被说成“非”,“白”可以被说成“黑”。一代名将岳飞不就是因为“莫须有”的罪名,惨死在奸臣秦桧手里的吗?历史上还有很多忠臣遭到奸臣的谗言,过早地结束了自己的政治生命。套用一句俗语,“害人之言不可有,防人之心不可无”,这是作为管理者应该切记的。

五、要善于发挥自己的长处

【原文】

人之情,出言则欲听,举事则欲成。是故智者不用其所短,而用愚人之所长;不用其所拙,而用愚人之所工,故不困也。言其有利者,从其所长也;言其有害者,避其所短也。故介虫之捍也,必以坚厚;螫虫之动也,必以毒螫。故禽兽知用其所长,而谈者亦知其用而用也。

【译文】

人之常情是,说出话就希望别人遵从,做事情就希望成功。所以聪明的人不用自己的短处,而宁可用愚人的长处;不用自己的笨拙,而宁可用愚人的技巧,因此才不至陷于困境。说到别人有利的地方,就要顺从其所长;说到别人的短处,就要避其所短。甲虫自卫时,一定是依靠坚硬和厚实的甲壳;螫虫攻击时,一定会用它的毒针去螫对手。所以说,连禽兽都知道用其所长,游说者也应该知道运用其所该运用的一切手段。

【解析】

与人交往的问题,鬼谷子的论述很多。在这里,他又一次提道:一个人只有善于扬长避短,才能趋利避害,获致吉祥。

每个人都有自己的强项,好好把握它就能发挥其最大功效。真正出类拔萃的人不会在所有方面都一争长短,他们都善于发挥自己的专长,做自己最善于做的事情,从而成为某一领域中的佼佼者。

优秀的管理者要善于把握住已有的优势,这样往往可以弥补劣势的不足。比如田忌赛马,并没有更换马匹,只是改变了马的出场顺序,充分发挥了上等马和中等马的优势,从而扭转了败局。

辨识一个人的长处,将其配置在合适的位置,从而为组织创造最大的价值。这是一个基本的管理常识,也是一个职业管理者必须履行的职责。很多公司的管理人员由业务尖子担任,销售部经理往往曾是销售明星。但这种人员配置常常使组织失去了一个销售明星,又制造了一个平庸的管理者,对于组织和个人都是一种损失。

清晰地辨识每个人的倾向和长处不是一件容易的事。管理者应面对两个事实:其一,每个人都与众不同,每个人都拥有自己与生俱来的独特的长处;其二,每个人最大的成长空间在于充分发挥其长处而不是弥补短处,很少有人因倾心掩盖、弥补短处而获得成功,凡成功者必是将其长处发挥到极致。

【典例】

一则寓言,说狐狸和鹤交上了朋友。一天,狐狸请鹤吃饭。狐狸仅做了一点儿肉汤,并把汤盛在平盘里。鹤每喝一口,汤就从它的长嘴中流出来,结果鹤什么也吃不到。鹤生气极了,可狐狸却在一旁偷着乐。鹤打算也戏弄狐狸一回,就邀请狐狸明天来家里吃饭,狐狸也答应了。第二天,鹤用一只长颈小口的瓶子来盛饭菜,鹤很容易地把嘴伸进去,吃得津津有味。狐狸一看,却傻了眼,自己的嘴比杯子还粗,怎么能吃到饭菜呢?它知道自己遭到了鹤的报复,红着脸溜走了。

在古代战争中,将帅在考虑问题时,应该兼顾利害。公元前204年,韩信背水一战消灭赵国后,想乘胜北击燕国,东伐齐国,乃问计于李左车。李左车说:“你一日内大破赵国军队二十万,闻名天下,这是你的长处。然而,你的军队苦战疲劳,以劳军攻坚,必然挫败,不能速决。燕国攻不下来,齐国就可以加强防御,这是你的短处。会用兵的人,不以短击长,而以长击短。现在最好一面休整军队,一面摆出要进攻燕国的样子,同时派人宣扬你的军威,去招降燕国,燕国不敢不投降。燕国一投降,齐国就不得不屈服了。”韩信权衡利害,感到此计甚妙,因此听从了李左车的建议,燕国果然投降。韩信听从李左车的建议,在充分考虑利害关系的基础上，扬长避短，最终招降燕国，达到了不战而屈人之兵的目的。

“扬长避短”的原则在言谈论辩当中也常常能发挥很大的效用。林肯任总统后在参议院发表演说，一位参议员站起来说：“林肯先生，在你开始演讲之前，我希望你记住，你是一个鞋匠的儿子。”林肯说：“我非常感激你使我想起我的父亲，他已经过世了，我一定会永远记住你的忠告，我永远是鞋匠的儿子，我知道我做总统永远无法像我父亲做鞋匠做得那么好。”他又转头对那个参议员说，“据我所知，我父亲以前也为你的家人做鞋子，如果你的鞋子不合脚，我可以帮你改正它。虽然我不是伟大的鞋匠，但是我从小就跟随父亲学到了做鞋子的手艺。”林肯的话得到了一片掌声，那位出言不逊的参议员惭愧地低下了头。

【点悟】

在第一个故事里，狐狸和鹤这对朋友，都在充分发挥自己长处的同时，也抓住了对方的短处，相互戏弄了一把。这个故事谴责了不厚道的朋友，同时也告诉我们一个“扬长避短”的道理。

通过第二个故事，我们可以看出战争中的利与害，亦虚亦实，互相依存，互相转化，都是对立统一的关系，贯穿于战争的全过程。在实施作战指导时，应根据利害关系，决定策略，充分发挥自己的长处，避开自己的短处。

而林肯出身贫寒，在美国上层社会的一些名流眼中，这绝对是一个短处，因此，即便林肯已贵为总统，还是难免遭到别人的嘲讽。林肯没有就出身问题与对手辩论，更没有以同样的语气回击对手，而是深情款款地回忆了自己的父亲，以自己的气度和真情打动了所有的人，使他的反对派都为之折服，完全忽略了他出身贫寒的事实，达到了扬长避短的效果。扬长避短是一种智慧。在现代管理当中，管理者也需要有这种智慧。

六、管理者要善于控制情绪

【原文】

故曰:“辞言五,曰病、曰怨、曰忧、曰怒、曰喜。”故曰:“病者,感衰气而不神也;怨者,肠绝而无主也;忧者,闭塞而不泄也;怒者,妄动而不治也;喜者,宣散而无要也。”此五者,精则用之,利则行之。

【译文】

一般而言,在外交辞令中有五种言态:一是病态之言;二是幽怨之言;三是忧郁之言;四是愤怒之言;五是喜悦之言。病态之言是神气衰弱,而无精神;幽怨之言是悲观过度,没有主见;忧郁之言是情感闭塞,不能畅言;愤怒之言是气急发怒,不能自制;喜悦之言是宣泄于外,不得要领。以上这五种言态应尽力避免,但精于言说者也可一用,若用之有利,则不妨付诸实行。

【解析】

我国古人十分重视修身,修身最重要的一点就是要控制自己的情绪。在与人交往中,尤其要注意这一点。在这里,鬼谷子简单列举了病言、怨言、忧言、怒言、喜言等五种情绪化的语言,以提醒我们注意。试问,谁愿意与一个喜怒无常的人交往,谁又愿意与一个总是愁眉紧锁的人交谈?

同样,在现实生活中,学生、下级、晚辈犯了错,作为师长、上级、长辈的就会劈头盖脸地训斥一番,有时候也能收到一定的效果,但更多的时候只会适得其反,因此凡事都要把握好度。

控制不了自己的情绪往往会得罪很多人,也会失去很多的机会。管理者在与人交往的时候最忌一个“怒”字,动不动就发脾气,终会害了自己。容忍心中的怨气确实不太容易,但只要遇事多思虑一下,又怎能让一时之气冲昏头脑呢?

【典例】

有一次，一位老者出差到广州，在街头的小货摊买了件衣服。他付完款后又看了看别的衣服，正要离开，突然发现钱包不翼而飞了。此刻货摊上只有卖衣服的姑娘和他两个人。老者明知这事与姑娘有关，但又没凭没据。当他向姑娘提及此事时，姑娘双眉紧蹙："噢，你凭什么说我拿了？"老者明白，他要是现在离开小摊，就没希望找回钱包了。如果和她讲理，只会越说越僵。于是，他忍住气，笑着说："我也没说你拿了，是不是刚才一忙，混到衣服堆里去了。"这很有分寸的一句话，让姑娘显得有些心神不宁。他又低声说："姑娘，我大老远从外地来广州，照顾了你的生意，你也不忍心看着一个老者回不了家吧？看你年纪轻轻的，一个月收入也不少，信誉要紧呐！"这话把姑娘说得低下了头，显然在进行思想斗争。老者继续说："我也不多说了，你就帮我仔细找找吧。"姑娘经不住他的恳求、开导，就说："我给你找找看。"老者高兴地说："谢谢你！"果然，姑娘在衣服堆里翻了一阵子，"找"出了钱包，红着脸递给了老者。

同样，辛亥革命中的著名烈士徐锡麟，早年曾担任绍兴府中学堂的副校长。有一次，一位家境富裕的学生偷了同学的东西，被人暗暗告到徐锡麟那里。徐锡麟勃然大怒，想立即开大会公开批评他。但他很快冷静下来，先让自己把气消了，然后把这个学生叫到了办公室。徐锡麟平静地问："你知道我为什么叫你来吗？"学生满不在乎地答道："我不知道。"徐锡麟盯着他，说："我要通知你，我已经抓到了一个小偷。"话音刚落，学生脸色突变，但还是故作镇静地问："小偷在哪？"这时，徐锡麟递给他

徐锡麟

一面镜子，表情严肃地说："看，小偷就在镜子里，你仔细照照他吧，先照照外貌，再照照灵魂。"这个学生接过镜子，羞愧万分地低下了头。徐锡麟这才开始语重心长地教育起这个学生来。最后，这位犯了错误的学生流下了悔恨的泪水，表示要改过自新。

【点悟】

在第一个故事里，那位老者首先控制好自己的情绪，说话带恳求、开导，不仅要回了钱包，而且把一个姑娘从沦为小偷的路上拽了回来，其处理事情的方式非常值得我们学习。

而徐锡麟用镜子来教育犯了错误的学生，收到了很好的效果。但也幸亏他及时克制了自己的怒气，这才想出这么高明的办法。

在本节中，鬼谷子还说到"精则用之，利则行之"，大意是，有时候为了说服人，也要善加利用自己的情绪。但是，只有在确保能控制谈话局面时才能尝试。

管理者应当善于控制情绪，这是一门十分重要的功课，也是管理工作中一个重要原则。

七、"看人说话"是高明的社交手段

【原文】

故与智者言，依于博；与博者言，依于辩；与辩者言，依于要；与贵者言，依于势；与富者言，依于高；与贫者言，依于利；与贱者言，依于谦；与勇者言，依于敢；与愚者言，依于锐。此其术也，而人常反之。

【译文】

因此与聪明的人谈话，就要依靠广博的知识；与知识广博的人谈话，就要依靠善于雄辩；与善辩的人谈话要依靠简明扼要；与地位显赫的人谈话，就要依靠宏大的气势;与富有的人谈话,就要依靠高屋建瓴;与贫穷的人谈话,就要以利益相诱惑;与卑贱的人谈话,要依靠谦敬;与勇敢的人谈话,要以果敢为原则;与上进者谈话,要以锐意进取为原则,这些都是与人谈话的原则。然而不少人却常常与原则背道而驰。

【解析】

鬼谷子认为,与智者、拙者、辩者、贵者、富者、贫者、贱者、勇者这些不同类型的人交谈,所使用的方式是截然不同的。现实生活中,说话不光要看一个人的贫贱、富贵、智拙,还要根据他的生活环境、性格特征来综合考虑。

管理者在工作当中,需要去应对各种类型的人。而这些人的心理特点、脾气秉性、语言习惯也都是各不相同的,这些因素决定了他们对语言信息的要求是不同的。所以,不能只用一种说话方式来交流,见什么人说什么话,因人而异是非常必要的,否则无异于“对牛弹琴”。

生活充满了多样性,人的语言掌握程度也各不相同,即便大家都说同一种语言也是如此。如果想和对方快速实现沟通,一定要注意听众的接受程度。同样的意思可以尝试采用不同的说法来表达。

【典例】

春秋时,孔子周游列国,走累了,在路上休息。他的马逃脱了束缚,吃了别人的庄稼,农民把马牵去了。子贡请求去说服那个农民,孔子同意了。子贡是当时著名的雄辩家,可他把什么话都说了,农民就是不理他那一套。有个刚刚跟随孔子学习的郊野之人,请求一试。他对那个农民说:“您不是在东海种地,我不是在西海种地,我的马怎么可能会不吃你的庄稼呢?”那农民很开心,对他说:“说话都像你这么清楚就好了,怎么能像刚才那个人那样!”说完,解开马的缰绳把马交给了他。

电话的发明人贝尔有一次来到他的朋友、大资本家许拜特先生的家里,希望他能够对他的新发明投资。但他知道许拜特脾气古怪,向来对赞助电气事业不感兴趣。怎么能让他产生兴趣,并热心于投资呢?两人见面寒暄一阵之后,贝尔并没有立刻向许拜特介绍他的发明,也没有说明预算和预期利润。他坐下来,轻松地弹起了客厅里的钢琴。弹着弹着,他忽然停了下来,对许拜特说:"你知道吗,如果我踏下这块脚板,向这钢琴唱一个声音,这钢琴便会跟着我学。譬如我唱一个 DO!这钢琴便会应一声 DO!你看这事有趣吗?"许拜特放下手中的书本,好奇地问:"这是怎么回事?"于是,贝尔详细对他解释了一些科学原理。结果,许拜特非常乐意为贝尔提供一部分实验经费,令贝尔如愿以偿。

下面的这个故事,发生在美国独立战争时期两位开国元勋身上。18 世纪 70 年代初,北美 13 个殖民地的代表在费城齐聚一堂,协商独立大计,并推举富兰克林、杰弗逊草拟《独立宣言》。杰弗逊执笔写好后,把草稿交给委员会审查。当时的杰弗逊才华横溢,又年轻气盛,最不愿意别人对他的作品品头论足。在外面等待结果的时候,他显得极不耐烦。老成持重的富兰克林怕到时发生不愉快的事情,就想先劝一劝杰弗逊,又怕引起一场争辩,于是灵机一动,就给杰弗逊讲了一个故事:有一个人准备开一家帽店,觉得应该挂一个醒目的招牌。于是他设计了一个招牌,上面写着:"约翰·汤普森帽店,制作和现金出售各式礼帽",招牌下面则画了一顶帽子。他把这块招牌得意地给他的朋友们看。一个朋友说"帽店"与后面的"出售各式礼帽"语义重复,建议删去。另一个朋友则建议省略"制作"一词,因为顾客并不关心帽子是谁制作的,他们只关心质量和式样。第三位朋友则说"现金"两字多余,因为顾客买帽子一般都是当场付钱的。删了几次后,只剩下了"约翰·汤普森,出售各式礼帽"字样和帽子的图画。最后,又有一个朋友建议把"出售"也删去,因为谁也不指望你白送给他。他又想了想,觉得下面已经画了一顶帽子,就把"各式礼帽"也删了。招牌挂出的时候,上面醒目地写着"约翰·汤普森",下面画着一顶礼帽。没有人不说这块招牌做得好。听了这个故事,杰弗逊笑了,渐渐平静了下来。后来,《独立宣言》经过众人的精心推敲,成为一篇举世闻名的经典文献。

【点悟】

鬼谷子所说的“与富者言，依于高”，在贝尔对许拜特的游说过程中得到了验证。假设贝尔一见面就大谈他的发明能带来多少利润，可以想象，这很难引起许拜特的兴趣。因为成功的商人都有自己的原则，他们只投资于自己所熟悉的领域，对于自己不了解的领域，一般不会贸然投资。而贝尔巧借科学的魅力征服了许拜特，让他慷慨解囊。

富兰克林针对杰弗逊的性格特征，巧妙地借用一个寓意明显的小故事，一下子让自负的杰弗逊保持了冷静，实在是非常高明。总之，要想成为一个优秀的管理人员，就要注意培养“看人说话”的能力。

不同生活背景和文化背景的人会有不同的思维定式，对于同一领域的人来说，相互理解起来更容易，但对不同领域的人来说，沟通则相对艰难。所以，管理者在与人交谈之前要先了解对方，才能达到有效的沟通。

八、管理者说话要有根有据

【原文】

是故与智者言，将以此明之；与不智者言，将以此教之；而甚难为也。故言多类，事多变。故终日言不失其类，而事不乱；终日不变，而不失其主。故智贵不忘，听贵聪，辞贵奇。

【译文】

与聪明人谈话时，就要让他明了这些方法，与笨人谈话时，就要把这些方法教给他。然而事实上很难做到。所以说谈话有各种方法，所论事情会不断变化。掌握这些后，即使终日谈论，也不会把事情搞乱。事情不断变化，也不会失其原则。故就智者而言重要的是要不乱不虚，听话善辨真伪，聪颖则善断是非，出言要变幻莫测。

【解析】

《鬼谷子》中说：人的嘴是关键，是用来打开和关闭感情和心意的。耳朵和眼睛是心灵的辅佐和助手，是用来侦察奸邪的器官。只要心、眼、耳三者协调呼应，就能沿着有利的轨道运动。使用一些烦琐的语言也不会发生混乱；自由驰骋地议论也不会迷失方向；改变论辩主题也不会发生失利的危险。这就是因为看清了事物的要领，把握了事物的规律。

一个优秀的管理者，在与人打交道的过程当中，不应单逞"口舌之辩"，而要将其与目视、耳听、心思三者结合起来，力争做到有理有据，从而在工作和处事中无往而不胜。

【典例】

春秋时，郑国的执政子产以贤能著称。一天，他出门巡视，走到一家门前，听到妇人的哭声，就问怎么回事。仆从告诉他这家男主人刚去世。子产略加思索，就派人去捉拿那妇人审问，原来是她杀死了自己的丈夫。后来，他的仆人问道："先生怎么知道她是凶手？"子产说："她的哭声中隐含着恐惧。所有人对于自己的亲人，开始病的时候是爱护的，临要死的时候会感到恐惧，已经死了的话就会哀伤。现在她是哭已经死了的人，不是哀伤却是恐惧，那么就知道她心怀鬼胎啊。"

在细心观察的基础上进行分析，是澄清事实的必要步骤。比如林肯为一桩谋杀案件辩护的故事，便是如此。林肯当律师时，一个朋友的儿子小阿姆斯特朗被控谋财害命，已初步判定有罪。林肯以辩护律师的身份到法院查阅了案卷。他发现，全案的关键在于原告有一位证人福尔逊，发誓说他在10月18日的月光下目击了小阿姆斯特朗用枪击毙死者。林肯做了仔细的分析后，要求复审此案。在复审中，双方有以下一段精彩的对话。

林肯："你发誓说看清了小阿姆斯特朗？"

福尔逊:“是的。”

林肯:“你在草堆后,小阿姆斯特朗在大树下,双方相距二三十米,你能认清吗?”

福尔逊:“月光很亮,所以看得非常清楚。”

林肯:“你不是根据衣着认出他来的吗?”

福尔逊:“不是,我确实借着月光看清了他的脸。”

林肯:“你肯定时间是在 11 点吗?”

福尔逊:“肯定,因为我回屋看了钟,那时是 11 点 15 分。”

林肯问到这里,转过身来,说:“我不得不告诉大家,这位证人在说谎。他一口咬定 10 月 18 日晚上 11 点在月光下看清了被告的脸。请大家想一想,10 月 18 日那天正好是上弦月,晚上 11 点月亮已经下山,月光从何而来?退一步说,或许他时间记得不很精确,稍有提前。但那时,月光是从西照向东,草堆在东,大树在西,如果被告的脸面对草堆,脸上是不可能有月光的!”做伪证的福尔逊顿时傻了眼。法庭上一阵沉默之后,爆发出一阵热烈的掌声和欢呼声。

【点悟】

鬼谷子说“耳目者,心之佐助也”,其实是说要注意观察,积累经验,在此基础上进行分析和判断。但是,在某些特殊情况下,自己亲眼所见的事实也不一定可靠,还要依赖于对人和事的正确判断。

细致的观察、透彻的分析加上如簧的巧舌,这是林肯成功的三大要素,也是我们应该努力追求的境界。

第十章 谋篇——管理者的谋略之道

一、优秀的管理者善于出奇制胜

【原文】

为人凡谋有道，必得其所因。以求其情。审得其情，乃立三仪。三仪者曰上、曰中、曰下。参以立焉，以生奇。奇不知其所拥，始于古之所从。故郑人之取玉也，必载司南之车，为其不惑也。夫度材、量能、揣情者，亦事之司南也。

【译文】

凡为人谋事有一定规律，首先必须查明事情的原委，以探得实情。审慎考核实情，然后确立“三仪”，即上、中、下三种策略。此三者互相参验，通过分析论证，就能定出奇谋。这样产生的奇谋所向无阻，自古以来便是如此。据说，郑国人入山采玉，必乘载带有司南针的车，为的是不迷失方向。为人谋事，一定要考量其才干、能力，揣测其实情，这是为人谋事不可或缺的指南。

【解析】

在这里，鬼谷子道出了出奇制胜的奥妙，“奇不知其所拥，始于古之所从”。正如孙子所说：“凡战者，以正合，以奇胜。故善出奇者，无穷如天地，不竭如江海。”出奇制胜，正是优秀将帅的追求。

在管理工作当中，很多的管理者都常常按照惯常的思路去想问题、办事情，由于绝大多数人都是这样做的，所以他们并不感到有变化的必要，也并不觉得这样做有什么不好。然而，不是任何时候，常规的做法都可以解决问题。

世界上绝大多数人已经习惯了按部就班地生活，按部就班地思考，所以就不易产生有创意的想法。其实，商场上出奇制胜的例子，往往只需要一个好点子、一句广告词就足够了，根本不需要大费周折。

【典例】

楚汉争霸之际，韩信背水一战大破赵军。在庆祝胜利的时候，将领们问韩信："兵法上说，列阵时应该背靠山，阵前可以临水泽，现在您让我们背靠水排阵，竟然取胜了，这是一种什么策略呢？"韩信笑着说："这也是兵法上有的，只是你们没有注意到罢了。兵法上不是说'陷之死地而后生，置之亡地而后存'吗？如果是有退路的地方，士兵早都逃散了，怎么能指望他们拼命呢？"

在商场上，同样要追求出奇制胜，以较小的代价赢得丰厚的利润。日本西铁城表在进入澳大利亚市场的过程中，就使出了闻所未闻的招数，收到奇效。西铁城表质量优良，属于世界名牌，但在刚进入澳大利亚市场时却遭到了冷眼，因为澳大利亚人对西铁城表几乎一无所知。西铁城钟表商为了让澳大利亚人了解西铁城表，提高西铁城表的知名度，想出了一个绝妙的办法。他们首先在大众传媒上广泛宣传：某日将有世界上最精美的手表从天而降，谁拾到就归谁。好事者怀着侥幸的心理在这天来到指定的广场。预定的时间一到，果然有一架飞机出现在上空，不一会儿，一只只晶光闪亮的手表从天而降。广场上的人兴奋地拾起落在地上的西铁城表，发现这些表居然完好无损。从此，西铁城表在澳大利亚声名大振，一个广阔的市场就这样被打开了。

有一个年轻人梦想致富，他发现近来用作礼品的红豆很受欢迎，就开始了卖红豆的生意。红豆又称相思豆，和玫瑰一样，都是爱情的象征。年轻人去了一趟红豆产地，进了大量红豆，回来以后才发现这些红豆大都有瑕疵。有的带着明显的疤痕，有的表皮皱巴巴的，有的颜色不正。怎么办？难不成就这样放弃了？经过一夜的思索，年轻人想出了一个好办法。他把这些红豆分了类，把颜色偏紫红的陈豆制作成"红得发紫，爱到心痛"，把皱巴巴的红豆制作成"等你等到红颜老"，把一半黑一半白的红豆制作成"天亮了，我还是不是你的女人"。结果这些价格更高的红豆一下子引起了销售热潮，让他大赚了一笔。

曾经有一段时间，法国男子追求美式潇洒，不流行戴帽子。市场上男帽滞销，帽商一筹莫展。最后，帽商请出著名的服装设计大师做电视广告。他只说了一句话：“女人戴男帽，俏上加俏。”有的女郎一试戴，果然别有一番风韵。立时一股“男帽女戴风”席卷法国。法国帽店因此门庭若市，不论是牛仔帽、鸭舌帽还是老式毡帽，多年的积存全部一扫而空。各时装店不得不临时增设帽子专柜，以接待潮涌而来的顾客，巴黎百货公司则干脆把男帽部并入女帽部。帽商们大赚了一笔，抹掉一身冷汗后，喜不自禁。

【点悟】

韩信精通兵法，但不囿于兵法，而是充分领会兵法之精华，将其融会贯通，最终达到出奇制胜的效果。正如《孙子兵法》上所说：“水因地而制流，兵因敌而制胜。”

在数学的推理求证中，有两种行之有效的方法，一种是“正面推理”，而另一种叫作“逆向推理”，后者往往能够起到更好的效果。在上面的两个例子中，商人把有瑕疵的红豆卖出高价，还把男人的帽子卖给了女人，把不利的生意转变成红火的生意，这正体现了逆向创新思维的价值。管理者在工作当中，为什么一定要坚持惯常思维，而不愿通过逆向思维去出奇制胜呢？

二、志趣相投才能同舟共济

【原文】

故同情而相亲者，其俱成者也；同欲而相疏者，其偏害者也。同恶而相亲者，其俱害者也；同恶而相疏者，偏害者也。故相益则亲，相损则疏，其数行也；此所以察同异之分，其类一也。故墙坏于其隙，木毁于其节，斯盖其分也。

【译文】

凡志趣相投的人联合谋事，事成后若双方都能得利，感情定会亲密；若仅一方得利，感情定会疏远；凡有共同憎恶的人联合谋事，若是同受其害，感情定会亲密；若仅一方受害，感情定会疏远。所以，如果能互相带来利益，就要密切关系，如果相互牵连地造成损害，就要疏远关系。这都是有定数的事情，也是要考察异同的原因，凡是这类事情都是一样的道理。所以，墙壁通常因为有裂缝才倒塌，树木通常因为有节疤而折毁，这都是理所当然的。

【解析】

《鬼谷子》中说：在为人谋事时，一定要考察彼此在各方面的异同。否则就会有害于双方。

孔子说："道不同，不相为谋。"意即志向不同，不能一起谋划共事。每个人的道德修养既与个人后来所学有关，又必然与所处的外界环境相关联。重视对朋友的选择，是我们一贯注重的问题。一个人初出茅庐，如果能够得到朋友的正确指点和帮助，会在创业的途中大为受益。这就是"近朱者赤，近墨者黑"的现实意义。

志同道合才能在一起合作，志不同、道不合就会南辕北辙，越走越远。人与人的思想不同，想法也就不同。如果一味坚持己见，可能会引起一些争执，甚至还会造成矛盾，使朋友之间闹得不愉快。有时候可以退一步想，他有他的想法，你有你的想法，各自找出自己的答案，也许结果会证明双方未必都正确。如果只是认定了自己的想法就不肯罢休，往往会导致合作关系的僵持。所谓"道不同，不相为谋"，何不先放弃和对方争执，先了解真正的原因所在，最后朋友间的意见也许会达成一致。

【典例】

一则寓言中说，青蛙爱上了老鼠，它想时时刻刻都和老鼠在一起。于是，它把老鼠的脚和自己的脚绑在了一起。刚开始，它们在地面上行走正常，还能吃到谷子。可后来，当它们来到池塘边时，青蛙一下就跳进了水里，把老鼠也拖下了水。老鼠不会游泳，淹死了。最后，老鼠的尸体浮上水面，它的脚仍然和青蛙绑在一起。一只老鹰发现了老鼠，便冲向水面，抓起老鼠。而青蛙也被跟着提出水面，成了老鹰的美食。不恰当的合作，就像这则寓言中的青蛙和老鼠，只会给双方带来损失。

人们大都愿意与品德高尚的人结交，而品德低劣的人，却常常被人所鄙视，很少有人愿与之交往。在我国古代管宁不愿与华歆为伍的故事就是一个很好的例子。管宁和华歆在年轻的时候，是一对非常要好的朋友。他们整天形影不离，同桌吃饭、同室读书、同床睡觉，相处得非常好。有一次，他们一起在菜地里锄草。只见管宁举起锄头，一锄下去，碰到了一个硬东西。黑黝黝的泥土中，有一个黄澄澄的东西闪闪发光。管宁定睛一看，是块金子，他就自言自语地说了句："我当是什么东西呢，原来是锭金子。"接着，他不再理会了，继续锄草。"什么？金子！"不远处的华歆听到这话，赶紧丢下锄头奔了过来，抓起金块捧在手里仔细端详。管宁见状，边干活边责备华歆说："一个有道德的人是不可以贪图不劳而获的财物的，钱财应该是靠自己的辛勤劳动去获得。"华歆听了，口里说："这个道理我也懂。"手里却还捧着金子舍不得放下。后来，他实在被管宁的目光盯得受不了了，才不情愿地丢下金子回去干活。但他心里还在惦记金子，所以干活也没有先前努力。管宁见他这个样子，暗暗地摇了摇头，没再说什么。又有一次，他们两人坐在一张席子上读书。正看得入神，忽然外面传来一片鼓乐之声，中间夹杂着鸣锣开道的吆喝声和人们看热闹吵吵嚷嚷的声音。于是管宁和华歆就起身走到窗前去看究竟发生了什么事。原来是一位达官显贵乘车从这里经过。一大队人马，威风凛凛，而他的车子更是豪华：车身雕刻着精巧美丽的图案，车上蒙着的车帘是用五彩绸缎制成，四周装饰着金线，车顶还镶了一大块翡翠，显得富贵逼人。管宁看了看，又回到原处捧起书专心致志地读起来，对外面的喧闹好像没有听到一般，华歆却完全被这种浩大的声势和豪华的排场吸引住了。他嫌在屋里看不清，听不明，干脆放下书跑到街上，尾随着车队仔细看。管宁目睹了华歆的所作所为，再也抑制不住心中的惋惜和失望。等到华歆回来以后，管宁就拿出刀当着华歆的面把席子从中间割成两半，痛心而决绝地宣布："我们两人的志向和性情太不一样了。从今以后，我们就像这被割开的草席一样，不是朋友了。"这就是"割席断交"的故事。

【点悟】

割席断义的故事告诉我们：真正的朋友，应该建立在共同的思想基础和奋斗目标上，一起追求、共同进步。如果没有内在精神的默契，只有表面上的亲热，这样的朋友是无法真正沟通和理解的，充其量算个熟人，也就失去了做朋友的意义了。

古人这么看重志向的异同，是因为那时的社会结构比较简单，社会分工无非士农工商几种，非此即彼。现代社会是建立在劳动分工精细化的基础上的，多样化的分工给了每个人更多的人生选择，这就要求管理者在寻求合作者的时候，要注意寻找志同道合的人。

司马迁说："世上学老子的人不屑于儒学，学儒学的人也不屑于老子。道不同，不相为谋。"这是思想观念、学术主张不同，不相为谋的典型。伯夷和叔齐相传为殷代孤竹君的两个儿子。武王灭殷，天下宗周，伯夷叔齐义不食周粟，隐居首阳山，终于饿死。司马迁由此而感叹说："道不同，不相为谋，真是各人追随各人的志向啊！"这是由于政治态度不同，不相为谋的典型。

三、循序渐进是成功的重要保障

【原文】

故变生事，事生谋，谋生计，计生议，议生说，说生进，进生退，退生制，因以制事。故万事一道，而百度一数也。

【译文】

事物在变化中产生事件，事件中产生谋略，谋略中产生计策，计策中可分三仪，有了这些前提说辞就产生了，有了良好的说服力，就可以进，在进的过程中谋取退路，做到了“进可攻，退可守”的程度就可以制服对方了；用这种套路可以治理一切事务。所以万事的变化都是一个规律，而各种心机谋略也只有一种法则。

【解析】

古语云：“骐骥一跃，不能十步；驽马十驾，功在不舍。”凡事都要循序渐进，持之以恒，不可急功近利，武断行事，否则就很容易忙中出错，导致功亏一篑。鬼谷子也说，万事的变化都是一个规律，而各种心机谋略也只有一种法则。只要遵循这一法则，就可以进。这个“进”，就是我们现在所说的“循序渐进”。

循序渐进是事物发展的一个普遍规律。力量薄弱不要紧，只要循序而进，可以避免失误。循序渐进应该建立在自力更生的基础之上，但是并不排斥正当的外力援助。作为管理者，当自己的力量尚嫌不足时，应尽快寻找一个比较平安的环境，渐渐壮大自己，再徐图进取；所处环境不安稳时，要善于应变，运用柔顺的方法争取强者的援助。渐进的道路也有曲折，也有种种阻碍，应该认识到这种复杂性。尽管道路曲折，前途却是光明的。

【典例】

战国时期，燕国封乐毅为帅，同时纠集韩、赵、秦、魏等国军队进攻齐国，攻克齐国七十余城，消灭了齐国的主力部队，占领了齐国都城，齐国只剩下营城和即墨两个小城。乐毅深知“穷寇勿追”的道理，只是将即墨团团围住，使其不战自乱。这时，燕王中了齐将田单的反间计，用骑劫代替乐毅为帅。骑劫改变乐毅宽大的做法，他割去齐军俘虏的鼻子，把他们放在队伍前面，还挖掘城外齐人的祖坟，以打击齐军的士气。孰料，这种残暴的做法反而激起了齐人的愤怒，使他们同仇敌忾，宁死不屈。田单见时机成熟，于是设下“火牛阵”，大败诸侯联军，杀死骑劫，并且乘胜收复了所有失地。

为将帅者，急于求成是其大忌。三国时代，辽东太守公孙康依仗地势偏远，不肯归顺曹操。后来,袁尚和袁熙与曹操作对,带几千人马投奔了公孙康。曹操击败乌丸后,有人劝说曹操讨伐公孙康,擒拿袁尚、袁熙。曹操说:“我正要公孙康把袁尚、袁熙的首级送过来,不用麻烦出兵。”不久,公孙康斩杀了袁尚、袁熙,把首级送过来了。众将问这是为什么,曹操说:“公孙康一向防备袁尚等人,我威逼他,他们就合力回击;我不管他,他们就一定会自相残杀,这是理所当然的。”有时候,像曹操这样让自己冷静下来,静观局势的慢慢发展,反而能取得意想不到的效果。

富商蒙德学生时代就读海德堡大学,在学习研究中,他发现了一种从废碱中提炼硫黄的方法。后来他移居英国,想找一家公司合作开发。但当时很多公司都认为这一方法没有什么实用价值。蒙德费尽周折,才找到一家愿意投资的公司。有了资金以后,蒙德开办了自己的化工企业,随后他买下了一项专利技术。但这项技术当时还很不成熟,没有人愿意去投资。蒙德就自己建立厂房,反复研究,解决了技术上的难题,终于投入生产。起初,生产情况并不理想,企业连续几年亏损。但蒙德一直不气馁,终于在六年后取得了重大突破,不仅弥补了亏损,还大赚了一笔。蒙德的企业后来成了全世界最大的碱生产企业。

【点悟】

在第一步还没有迈出去的时候,不要幻想最后的结果。否则美梦破灭,甚至连迈出第一步的机会都会永远丧失。

在现代商业社会中,一个企业的发展壮大,是不可能一蹴而就的。作为企业的管理者,也应循序渐进,不断积累经验,持之以恒,就一定能赢来企业的腾飞。蒙德的成功,得益于他循序渐进的严谨作风,虽然他的成功之路走得比较艰辛,但只有这样的企业才能经得住大风大浪。

一种新商品,如果它在市场上知名度并不高,消费者也很少,这时将它大批量投入市场,效果肯定不会好。这时候,管理者就应该采取促销的手段,循序渐进地达到目的。轻易得来的东西,总是很容易失去。在功利主义泛滥的现代社会，很多人都在梦想着一夜暴富，但这不过是泡沫而已。只有坚持循序渐进的人，才能获得真正的成功。

四、知己知彼才能百战不殆

【原文】

夫仁人轻货，不可诱以利，可使出费；勇士轻难，不可惧以患，可使据危；智者达于数，明于理，不可欺以诚，可示以道理，可使立功；是三才也。故愚者易蔽也，不肖者易惧也，贪者易诱也，是因事而裁之。

【译文】

一般而言，仁德的人不看重财物，不可用财物相诱惑，只可让其提供财物；勇敢的人不惧怕危难，不可用祸患相恐吓，只可使他据守险地；智慧的人知权变、明事理，不可假装诚信相欺骗，只可晓以大义，使其建功立业。这是三种人才啊，必须好好使用！由此观之，愚昧的人容易受蒙蔽，不肖的人容易被吓住，贪婪的人容易被引诱。对于这些人，要抓住其特点来控制他们。

【解析】

鬼谷子告诉我们，人有仁人、勇士、智者、愚者、不肖者、贪者的区分。要亲近或用一个人，就应首先分析他的性格特征，采取应对的办法。若采取的方法不当，就可能事与愿违，引起别人的反感。

对于管理工作者来说，充分了解对手十分重要。了解对手的性格特征，就能有的放矢，收到良好的效果，这在政治和军事较量中有重要意义。在《三国演义》一书中，就有大量这样的例子。三国时代的所有枭雄中，袁绍的出身是最尊贵的，“四世三公”的家世与声望，在当时确实是一块响亮的招牌，相对能够获得更多人的拥戴。然而孔融和曹操都说袁绍是“冢中枯骨”。历史上的“官渡之战”，曹操就是利用了袁绍的“志大而智小，色厉而胆薄，忌克而少威”等弱点，引袁绍轻举冒进，曹军则后撤筑垒设防，集中兵力坚守要隘。结果在力量悬殊的情况下，对峙数月，曹操寻找到抄其后路、焚其粮草的机会，终于打败了袁军，创造了以少胜多的经典战例。而一度以织草鞋为生的刘备虽暂栖他人门下，却依然是曹操眼里的“英雄”。曹操的知人，是他取得巨大成功的一个重要因素。

【典例】

杨震为官一向公正廉洁，不谋私利。他任荆州刺史时发现王密才华出众，便向朝廷举荐王密为昌邑县令。后来杨震被调任东莱太守，途经王密任县令的昌邑（今山东金乡县境）时，王密亲赴郊外迎接恩师。晚上，王密前去拜会杨震，俩人聊得非常高兴，不知不觉已是深夜。王密准备起身告辞，突然他从怀中捧出黄金，放在桌上，说道：“恩师难得光临，我准备了一点小礼，以报栽培之恩。”杨震说：“以前正因为我了解你的真才实学，所以才举你为孝廉，希望你做一个廉洁奉公的好官。可你这样做，岂不是违背我的初衷和对你的厚望。你对我最好的回报是为国效力，而不是送给我个人什么东西。”可是王密还坚持说：“三更半夜，不会有人知道的，请收下吧！”杨震立刻变得非常严肃，声色俱厉地说：“你这是什么话，天知，地知，我知，你知！你怎么可以说没有人知道呢？没有别人在，难道你我的良心就不在了吗？这种不义之财，我断不能收。”王密顿时满脸通红，十分惭愧，只好作罢。后来杨震调任涿郡太守。为人奉公廉洁，子孙常常吃素菜，出门步行，从不浪费钱时。老朋友中有人想让他为子孙置办产业，富裕为后代，杨震不肯，说：“让后代人说他们是清官的子孙，把这个‘产业’留给他们，不也是很丰厚的吗？”

曹操生性多疑，他的这一弱点也曾被他的敌人利用。三国时代，蜀将黄忠在定军山一战杀死魏将夏侯渊，夺取了战略要地。曹操闻讯大怒，就亲自率领二十万大军进攻黄忠，却被前去接应的赵云打败。曹操岂能善罢甘休，他指挥大军追杀赵云。赵云杀出重围，回到了蜀营。副将张翼见赵云已退回本寨，后面追兵来势汹汹，便要关闭寨门拒守。赵云却下令大开营门，偃旗息鼓，又命令弓弩手埋伏在寨内，自己则单枪匹马在营门等候敌军。不久魏军大兵压境，战云密布。曹操见赵云寨门大开，怀疑里面隐藏着伏兵，不敢轻易进攻，便下令撤兵。赵云见曹军退兵，立刻擂起战鼓，霎时杀声震天，飞箭如雨，魏军十分恐慌，自相践踏，死伤无数。赵云趁势夺了魏军的粮草，斩杀了曹操的大批人马，得胜回营。第二天，刘备亲自来到营地犒劳军士，感慨地说："子龙一身都是胆咧！"

三国时代的军事奇才司马懿，以"料敌如神"而著称。他平定公孙渊叛乱一事，充分证实了这一点。当时，魏国的辽东太守公孙渊，于魏明帝景初元年(232年)自立为燕王，与曹魏分庭抗礼。景初二年春，魏明帝曹睿令司马懿领兵讨伐公孙渊。司马懿整装待发时，明帝问他如何打败公孙渊。司马懿回答说："如果公孙渊明辨形势，就会断然割弃眼前利益，弃城出走，以此拖延时日，疲惫我军，待机而战，这是上策。可是公孙渊智浅寡断，上策难用。他必然会认为我军孤军深入，难以持久，定会依托辽河据守，一旦接战不利，就会退守襄平，这是下策。我军定能在襄平打败他。"曹睿听后，赞叹道："看来讨伐公孙渊之战，都在将军心中了。"于是，司马懿进行了充分的准备，便率军渡过黄河，穿越华北平原，直捣公孙渊。结果，果然不出司马懿所料，公孙渊采取了下策，结果叛军大败，公孙渊被斩。

【点悟】

王密给杨震送礼，或许真的是出于一片感激之情，但是他不懂得"仁人轻货，不可诱以利"的道理，碰了一鼻子灰不说，还为两人原本融洽的关系蒙上了阴影，影响了自己今后的发展。

赵云深知曹操生性多疑，所以偃旗息鼓，诱敌深入，大获全胜。可见要想取胜，首先要掌握敌方主帅的性格特征和心理状态，才能在战斗中占据主动。

管理者要想减少工作上的差错，就必须重视情报的收集，尽可能多地了解对手的信息，以便做出正确的决策。

五、谁抓住了主动权谁就是赢家

【原文】

故为强者积于弱也，为直者积于曲，有余者积于不足也，此其道术行也。故外亲而内疏者说内，内亲而外疏者说外。故因其疑以变之，因其见以然之，因其说以要之，因其势以成之，因其恶以权之，因其患以斥之。摩而恐之，高而动之，微而证之，符而应之，拥而塞之，乱而惑之，是谓计谋。

【译文】

强者是由不断发展的弱者形成的，直线是由许多微小的曲线组成的，富裕是由长期的节俭形成的。这就是道术反致的规律啊！若对方表面上与我亲近而内心疏远，则我要从打动其内心入手；若对方内心与我亲善而表面上疏远，则我要从改善外部关系入手。应根据对方的疑惑改变自己的说辞，根据对方的见解表示同意与否，根据对方的言辞确定说辞的要点，根据对方的情势协助其取得成功，根据对方的憎恶权衡利弊得失，根据对方的顾虑加以消除。与对方磨合后，告知以危机，引起他的恐惧；抬高对方，使之奋发向上，策划行动；针对对方的怀疑，不动声色地加以验证，打消其疑虑；凡对方的正确意见，我应积极响应；凡对方的错误要求，我应加以阻止；搅乱对方的思想，使其困惑。这些就是计谋之道。

【解析】

鬼谷子强调施展谋略要得“势”，即要善于根据对方的情况，随时调整自己的策略，将主动权牢牢地抓在自己的手里。只有这样才能控制事态的发展，令自己获得利益。

管理者要想避免失败，必须让自己尽快地掌握主动权。凡事掌握主动，既是一种策略，也是一种精神。任何希望成功的企业和个人，都应该记住这一点。

作为管理者要时刻想清楚，如何能做到不被别人打败，孙子讲的"胜兵先胜而后求战，败兵先战而后求胜"的道理回答了这个问题。胜兵是已经胜算在握了才打，败兵则是打了再说。争取战略主动，重点在于战略部署和战略布局。古希腊学者阿基米德曾说："给我一个支点，我就可以撬动地球。"对企业来说，战略布局就是取得战略主动的支点。很多企业家说，我的企业小，因为小，所以我主动不了。恰恰相反，越是小的企业，越需要从战略布局和战略部署上争取主动。

毛主席讲过："抓战略主要抓两点，一抓主动权，二抓方向。"失去了主动权就会被打败，主动权就是高屋建瓴，主动权就是势如破竹。战略就是选择，有了选择就有了战略，做什么项目，问题往往不是来自事情发生的层面，而来自更高一层，事情不成功，往往是因为方向错了，有没有钱赚不是方向问题，利润只是一方面，如果能发现蓝海最好了，同时还要看主动权掌握不掌握在自己手里，如果不能掌握，怎么获得主动权就至关重要。

【典例】

公元231年，诸葛亮五出祁山，率军到达郡县，然后进驻五丈原。司马懿率军渡渭水，背靠渭水构筑营垒防守。魏蜀两军相持了百余天。诸葛亮多次挑战，甚至送给他一些妇女的衣服羞辱他，但司马懿仍不为之所动。他认为，蜀军远道而来，粮草运输困难，不能持久作战，这是其不"利"。而魏军粮草充足，以逸待劳，这是我之"利"。只要以"利"动之，坚守不战，以守为攻，就能牢牢抓住主动权，迫使蜀军不战自退。后来，蜀军果然渐不能支，被迫撤军。

而在公元986年，辽军侵宋，与宋军相持于代州城外。知州张齐贤向潘美求救，潘美发兵驰援，但在途中又接皇帝之命撤回。张齐贤了解到辽只知潘发兵而不知其收兵，于是令200名士兵一人一旗，于城西30里外设置疑兵，又于辽军退路埋伏锐卒2000人。随后,辽军见火光突起,以为宋援兵已到,立时撤退。张齐贤开城出击,伏兵在路上截击,辽军大败,代州之围遂解。

自汉代以来,北塞的少数民族经常南侵,他们勇猛剽悍,中原军队往往不是他们的对手。但是,塞外不会冶铁。因此,中原王朝就对向塞外供应的钢铁加以限制,以防他们用来打造兵器。明王朝时,边关铁禁也照样未开。明神宗万历年间,兵部右侍郎梅国桢总督西北边塞三镇军务。塞外边族久苦明朝铁禁,想出一条诱开边关铁禁的主意。这天,边族首领来拜见梅国桢,谎称塞外已发现铁矿,特来向梅将军报喜。梅国桢一眼看穿了敌人的诡计,马上传令边关:“塞外已产铁,即日起断绝一切铁器供应。”边族首领原本是要让梅国桢做出铁禁已经失效的判断,不料连生活用铁也不供应了,不禁叫苦不迭。

在现代商业领域,竞争对手就如同拳击场上的拳击手一样,若双方实力相当,则主动与被动间的转化都在转瞬之间,只要没有被彻底击垮,就绝不能放弃对主动权的争夺。1984年的洛杉矶奥运会前,富士公司为了从柯达公司手中夺取更大的市场份额,斥资几百万美元运作,获得了此届奥运会胶卷的指定产品资格。富士根本就没有想到柯达会采取反击行动,所以便高枕无忧地等待着奥运会的开幕。柯达发现,富士公司推出的所谓“指定产品”,仅在运动会举办的那两周时间和指定的体育场馆,在其他的时间和地点,富士并没有什么特殊的举动。于是,柯达公司将宣传的重点放在了奥运会举办前那狂热的6个月中。柯达公司赞助了美国田径队和奥运会田径预选赛,聘用有可能夺冠的几个热门运动员为其大力宣传,并且使整个洛杉矶充满了柯达的出版物、电视片和张贴广告。待到夏季奥运会来临时,很多人甚至没有注意到富士公司,反以为是柯达赞助了这届奥运会。在获取奥运会指定产品资格一战中,柯达输给了富士。柯达能痛定思痛,抓住富士公司的薄弱点进行猛攻,最终意外地夺取了主动权,在奥运会的整体战役中战胜了对手。

【点悟】

我们平时常说“形势”,“形”与“势”连用,可见二者密不可分。“形”是静态，是力量尚未散发出来之前的状态；“势”是动态，是迅速运动造成的威力。积水本来呈现静止不动的状态，看似一种极其柔弱的“形”，可是当堤防决口，或是水自高处飞激而下时，就形成威力无穷的“势”；猛禽攻击前的准备工作是“形”，一旦完成准备，奋力一击，就是“势”的运用。张齐贤利用潘美率军来援所造之势，诱使辽军退兵，然后迅速展开伏击与出击，以少胜多，力挽危局，其势险节短，可谓千钧一发。

在对立的各方之间，主动权是会不断转移的。一方运用计谋以争夺主动权，另一方看似处于被动，但若此时能够将计就计，利用对方的计谋而定计，则主动权不但不会丢失，反而能够更加牢固。

“结而无隙”是结盟的重要原则

【原文】

计谋之用，公不如私，私不如结，结而无隙者也。正不如奇，奇流而不止者也。故说人主者，必与之言奇；说人臣者，必与之言私。其身内，其言外者，疏；其身外，其言深者，危。

【译文】

运用计谋，公开谋划不如私下密谋；私下密谋不如结为同盟；结为同盟就应避免矛盾。运用计谋，常规策略不如奇谋，施以奇谋则无往不胜。所以说，向人主游说时，必须先献奇谋；向人臣游说时，必须先谈私交。若你是同盟内的人，却将机要泄露给同盟外的人，就会被同盟者疏远。若你是同盟外的人，却触及同盟内的机要，同样会有危险。

【解析】

作为管理者，结交朋友需要谨慎，鬼谷子的“结而无隙”，是说朋友之间要团结一致，防止出现不必要的隔阂，否则就可能导致事业不顺，给双方都带来危机。

荀子说："蓬生麻中，不扶而直；白沙在涅，与之俱黑。"就说明了朋友的影响是十分巨大的。因此，在交朋友之前，除了自身保持中正之外，还要注意所交朋友的人品。以防止所交非人，对自身造成某些潜移默化的不良影响，进而影响以后人生道路的选择。

选择朋友，也就是选择自己未来的人生！选择"益友"，就选择了人生路上在遇风雨的时候可以遮蔽风雨和歇脚的驿站；选择了"损友"，就选择了人生前进路上可能在你跌倒的时候落井下石的小人。孔子说："君子喻于义，小人喻于利。"意思就是说看重道义的就是有益的朋友，只重视利益的就是有害的损友。选择朋友的时候不妨以此为参考的标准，在遇到事情的时候，注意观察，就可知道所谓的朋友是"益友"或是"损友"了。

【典例】

廉颇是战国时期赵国的名将，屡立战功，官封上卿大将军。蔺相如出身低微，后因出使秦国，勇敢机智地保护了"和氏璧"，把惇宝玉完好地送回赵国，立了大功，被封为上大夫。渑池之会后，赵王又拜蔺相如为相国，位居上卿，比廉颇的官衔还要高一点。廉颇心里很不服气，对人说："我是老资格的大将军，为国家转战沙场，出生入死，功勋卓著。

将相和

蔺相如出身低贱，只凭着一张嘴巴，却居然爬到我头上来了！”并且公开扬言：“如果见到了蔺相如，我一定要把他羞辱一番！”蔺相如听到这话，就经常留心，避免同廉颇会面。每逢朝会的时候，蔺相如常常托病请假，不去跟廉颇争地位名次排列的先后。有一次蔺相如外出，远远望见廉颇的车驾，连忙叫手下的人改走便道避开去。蔺相如的门客对这种情况愤愤不平。他们对蔺相如说：“您和廉将军同样都是上卿的大官，他公然口出恶言侮辱您，而您却这样害怕他，连普通人都不能忍受这样的侮辱啊！”蔺相如听了，心平气和地说：“依你们看来，是廉将军厉害呢，还是秦王厉害？”门客们说：“当然是秦王厉害了。”蔺相如说：“秦王这么威焰万丈，我却在朝堂上斥责他，侮辱他的臣子们，难道我就单独害怕廉将军吗？不过我想，强暴的秦国之所以不敢对赵国用兵，正是因为有廉将军和我两个人在啊，如果两个老虎相搏斗起来，那情势发展下去，一定不能一起生存，这正合秦国的心意，我对廉将军一再退让，正是以国家利益为重，把私人恩怨的小事抛在脑后啊！”后来，廉颇听到这些话，非常惭愧，他为自己以往的狂妄而感到羞耻。于是就袒露身体背着荆条，亲自到蔺相如家去谢罪，请蔺相如用荆条狠狠鞭打自己。蔺相如听说廉颇要来，连忙热情地出来迎接，两人从此誓同生死，成为挚友。

如果是不同的集团结成联盟，就更需要加强团结，否则就难以发挥联盟的力量。春秋时期，诸侯割据。随着秦国的日渐强大，联合抗秦成为各国唯一的选择。有一年，晋将荀偃为统帅，率领鲁、齐、卫、郑等国联军向秦进发，在棫林与秦军僵持了很长时间。荀偃见联军以众击寡却难取胜，一时情急，没有和各国将领商议，就下达了一道命令：“明天早晨鸡一叫，全军就要驾马套车，拆掉炉灶，许进不许退，唯我马首是瞻！”魏国将领栾黡听到荀偃的命令，非常反感，气愤地对手下军士说：“荀偃的命令太过专权独断，根本不把魏国放在眼里！好，他的马头向西，我偏要向东，看他能怎样？”于是，他率领魏军回国去了。其他各国将领看到这种情况，谁也不跟荀偃进攻秦国了，全军顿时混乱起来。荀偃此时虽后悔不已，但军心已经涣散，只得沮丧地下令撤兵回国。

【点悟】

“将相和”的故事传颂千古。蔺相如面对不可一世的秦王,仗义执言,毫无惧色;而面对盛气凌人的廉颇,则为顾全大局,理智地选择了忍让。因为他清楚地知道,盟友间的不和,就会给敌人带来可乘之机,给自己招来灭亡的命运。当然,老将廉颇先矜后晦,“负荆请罪”,其胸怀之坦荡也同样令人敬仰。如果天下的同盟者都有蔺、廉二人这样的胸怀,又何愁不能同舟共济,共创一片天地?

在“典例”的第二则故事中,诸国军队合在一起,浩浩荡荡,貌似强大,但人心不齐。人心齐,泰山移。但如果各怀私心,失败就成为必然。荀偃破釜沉舟的勇气值得肯定,但他忽视了笼络人心,忽视了联盟团结合作的重要性,导致了最终的失败。

“结而无隙”四字,教给我们一个交友的基本原则,这也应该成为管理者经营自己人际关系的座右铭。

七、“欲取先予”才能顺利的“取”

【原文】

无以人之所不欲,而强之于人;无以人之所不知,而教之于人。人之有好也,学而顺之;人之有恶也,避而讳之,故阴道而阳取之也。故去之者纵之,纵之者乘之。貌者不美,又不恶,故至情托焉。

【译文】

不要把人家不喜欢的东西强加给人,不要把人家不愿知道的事情强教给人。如果对方爱好某种东西,你要学着迎合他的兴趣;如果对方厌恶什么东西,你要尽量加以避讳。所以说,你是在暗中顺从对方,得到的却是公开的信任。因而,想要除掉的人,可献谋使其放纵,待他犯了错误时,你就可以抓住机会制裁他。不论对任何事物都不立刻把毁誉形于色的人，都是属于冷静而不偏激的人，这种人可以完全信赖他。

【解析】

孔子有一句名言“己所不欲，勿施于人”，这是处理人际关系的一项基本准则。鬼谷子也主张：“无以人之所不欲，而强之于人。”作为现代的管理者，要想从他人那里获得利益，就必须投人所好，知道怎样在不丧失原则的基础上，尽力去取悦他人，以求达到自己的目的，这就是“欲取先予”的处事原则。

要想与人相处得融洽，或者想让别人听从你的意见，一定要学会投人所好，否则就很难达到自己的目的。自古以来，只有“虚圆之士”才能既建功立业，又明哲保身。走路从不转弯的人，常常头撞南墙。儒家主张内仁外和，就是要人既在内心深处坚持道德原则，绝不让步，外在又灵活机动，处世随和，这样人与人的关系才可能融洽。孔子并不是要人成为“逢人不笑不开口，一问摇头三不知”的明哲保身者，也不是让人们取媚于所有人，丧失立场原则。

【典例】

元代时，有人告乃颜想要谋反，皇帝下诏令让伯颜去调查情况。伯颜知道自己此去凶多吉少，就做了精心的准备。伯颜发现如果要平安回来，逃回来时的交通是一个关键。于是，他就随身带上许多皮袍。到了乃颜控制的地区以后，每到一个驿站，伯颜就把这些皮袍送给管驿站的官员，一路上交了不少朋友。乃颜反心已决，对伯颜的来意也有所了解，他设下一个计谋，准备除掉伯颜。伯颜到了乃颜处，乃颜为他设宴，打算在宴会中把他抓起来。伯颜发现事态不妙，同他的随从快步逃了出来，分三条道逃走。管理驿站的官员因为得了他的皮袍，便都把健壮的快马借给他，于是他便逃脱了。

唐朝时候，不学无术、无才无德的李林甫之所以能当上宰相，靠的是钻营取巧、溜须拍马的本事。我们不得不承认李林甫确实很会要“小聪明”：他先笼络皇宫的宦官、妃子，探明主子唐玄宗的心意，然后再有的放矢地说话、办事，所以赢得了主子的赏识和信任。但是,李林甫在历史上却留下了“口蜜腹剑”的骂名。可见,无原则的图人所好,发展到溜须拍马的程度,是令人厌恶的。

【点悟】

伯颜给驿站官员送皮袍,与他们交朋友,是为了最后能够顺利脱身,这是一种为保全自己而安排的计谋,并非无原则的滥交。图人所好,要有明确的目的,如果毫无原则,想让所有人都说自己好,那这个人的品德就值得怀疑。也就是说,在图人所好和阿谀谄媚之间,需要把握一个度。

当一个人最迫切的需求难以得到满足时,管理者应当能够适时出现,对他进行慷慨相助,他必定要寻求一种回报,以平衡内心受惠后的感激之情。对管理者自身而言,自然也不难达到自己的目的,这就是“欲取先予”的妙用。

八、聪明的管理者善于运用智慧

【原文】

可知者,可用也;不可知者,谋者所不用也,故曰:“事贵制人,而不贵见制于人。”制人者握权也。见制于人者制命也。故圣人之道阴,愚人之道阳。智者事易。而不智者事难。以此观之,亡不可以为存,而危不可以为安,然而无为而贵智矣;智用于众人之所不能知,用于众人之所不能见。

【译文】

对于了解透彻的人,可以重用;对那些还没了解透彻的人,有智慧的人是不会重用他们的。所以说,从事政治活动最重要的是掌握人,绝对不要被人家控制。控制人的人是掌握大权的统治者;被人家控制的人,是唯命是从的被统治者。所以,圣人运用谋略的原则是隐而不露,而愚人运用谋略的原则是大肆张扬。有智慧的人成事容易,没有智慧的人成事困难。由此看来,一旦国家灭亡了就很难复兴;一旦国家骚乱了,就很难安定,所以无为和智慧是最重要的。智慧是用在众人所不知道的地方,用在众人所看不见的地方。

【解析】

古代就有许多人深知隐藏实力的处世做事之道。楚庄王的"不鸣则已,一鸣惊人"的举动,正是具有这种智慧而为。

老子说过"兵强则灭,木强则折",其就是因为锋芒过露。聪明的管理者不会过早暴露自己的真正实力,明于内而憨于外,就会时时主动;否则的话,就会处处被动,事事受制。为人处世也是如此,不要被人过早地知道自己有多么强大,要懂得隐藏。做事之前,应当懂得将自己的才能、智慧隐藏起来,保持静默从而细心观察别人的动作,这样所有人的内外情形就都真实地展现在自己眼前,那么事业也就自然能成。

【典例】

春秋战国时期,楚庄王即位伊始,便受到朝中内外的瞩目,因为他的祖父和父亲两代国王都很有作为。楚国上下希望他能继承遗志,开疆拓土,使楚国更加强盛。而邻近的小国则是战战兢兢,危不自安,甚至连中原的大国秦、晋也都密切注意楚国的动向。

然而出人意料的是,楚庄王即位后,根本不理国政,每日不是在宫中听音乐、饮美酒,与妃妾们寻欢作乐,便是率领卫士于深山大泽打猎,一副标准的荒淫无度的国王形象。

楚国的大臣们自然不甘心楚国前两代国王奋斗的成果就此毁灭,纷纷人宫劝谏,楚庄王置之不理,我行我素。后来听得烦了,干脆在王宫外立一道牌子,上写:敢入谏者死。严令之下,楚国的大臣们大概觉得还是保命要紧,真的没人敢再劝谏了。

楚庄王夜以继日,荒淫不已,一连持续了三年。国王不理朝政,下面自然乱作一团:权臣们借机树党争权,谄谀小人们则逢迎拍马,捞取官职;贪官们更是浑水摸鱼,中饱私囊。楚国的政治一下子陷入了混乱无序的状态,而忠臣贤良扼腕叹息。

楚国的大夫伍举实在忍不住了，决定入宫进谏。不过，他也不愿意拿自己的头往刀刃上撞，于是想出了一个巧妙的方法。

伍举入宫见到楚王时，楚庄王正左搂郑姬，右拥越女，一边喝着美酒，一边听乐师们奏乐。见到伍举，楚庄王问道："大夫是想喝美酒，还是要听音乐？"

伍举笑道："臣既不想喝酒，也不想听音乐，而是听人们说大王智慧过人，所以想请大王猜个谜语。"

楚庄王知道伍举是要借机进谏，但既然伍举没明说，自己也不点破。伍举便说道："在楚国的一座高山上，停落一只大鸟，它羽毛五彩缤纷，异常华丽，可是三年来它既不鸣叫，也不飞走，臣实在不明白其中的原因。"

楚庄王沉思片刻，说道："这不是一只平凡的鸟，它三年不鸣，是在积蓄自己的力量；三年不飞，是等待看清方向。这只鸟不鸣则已，一鸣惊人；不飞则已，一飞冲天。你去吧。你的意思我都明白了。"

伍举听完楚庄王的解释后异常兴奋，他出宫后告诉自己的好友，同是楚国大夫的苏从："国王是很有头脑的人，他是在等待时机，而绝不是一个沉溺酒色的荒淫君主，看来楚国还是大有希望。"

几个月过去了，楚庄王不但没有丝毫改变，反而更加荒淫无度，苏从感到受了骗，他全无顾忌，舍身直闯王宫，直言进谏："您身为国王，不理国政，只知道享受声色犬马之乐，却不知道乐在眼前，忧在不远，不久就会民众叛于内，敌国攻于外，楚国离灭亡不远了。"

楚庄王勃然大怒，拔出长剑，指着苏从的鼻尖，厉声叱道："大夫不知道寡人的禁令吗？难道你不怕死吗？"

苏从凛然正色道："假如我的死能让君王悔悟，能让楚国富强，我的死就是值得的。"

楚庄王看了苏从半晌，忽然扔下长剑，双手抱住苏从，感慨道："我等的就是大夫这样忠于国家，不怕死的栋梁。"他挥手斥退歌男舞女，与苏从谈论起楚国的政务了。苏从这才惊异地发现:国王对国家上下的了解比自己还要多。

楚庄王随后发布一系列政令,把那些权臣政客、谄谀小人、贪官和不称职的官员该杀的杀,该罢职的罢职;把那些包括伍举、苏从在内的忠于国家、有才能、刚直不阿的人提拔上来。一番洗涤振奋后,楚国的政治从贪浊混乱一下子变得清明而富有活力。

楚庄王待国内基础巩固后,不仅继续开疆拓土,平定了周围附属小国的背叛,而且挺进中原,夺得了霸主地位,成为历史上著名的“春秋五霸”之一。

【点悟】

楚庄王故意掩饰自己的锋芒,装出一副荒淫无度的样子,即麻痹了虎视眈眈的邻近国家,也麻痹了朝中的奸佞小人,从而使自己躲避了灾祸,也看清了忠奸,最后大刀阔斧,兴利除弊,实在是大手笔。

楚庄王即位时,楚国的情况表面上看来不错,但实际上却有隐忧——当时,国内权臣夺利,小人充斥,群臣良莠不清,忠奸难辨。他就故意收敛住自己的锋芒,将真实的自己隐匿起来,装扮成一个荒淫君主的形象,这样不仅解除了周围国家对自己的戒心,更消除了群臣的顾忌,让他们尽情施展自己的手段,露出自己的庐山真面目。在苦等三年,摸清了所有的情况后,猝然施展霹雳手段,将楚国政治振奋一新,这才是真正的人生智慧。

管理者善于运用智慧,并非是一声不响、默默无闻。而是让自己在这种不被关注的情况下,去发现那些隐藏在表面现象之中的本质问题,然后再实行具体的措施,达到“一鸣惊人”的效果。

九、该出手时就要果断出手

【原文】

既用见可,择事而为之,所以自为也;见不可,择事而为之,所以为人也。故先王之道阴，言有之曰："天地之化，在高与深；圣人之道，在隐与匿。非独忠、信、仁、义也，中正而已矣。"道理达于此义者，则可与语。由能得此，则可与远近之义。

【译文】

在施展智谋和才干之后，如果证明是可行的，就要选择相应的时机来实行，这是为自己；如果发现是不可行的，也要选择相应的时机来实行，这是为别人。所以古代的先王所推行的大道是属于"阴"的，古语说："天地的造化在于高与深，圣人的治道在于隐与匿，并不是单纯讲求仁慈、义理、忠诚、信守，不过是在维护不偏不倚的正道而已。"如果能彻底认清这种道理的真义，就可以与人交谈，假如双方谈得很投机，就可以发展长远的和目前的关系。

【解析】

作为一个管理者，当力量薄弱的时候，应该隐忍待机，切忌妄动；当可以出世而又羽毛未丰的时候，应该以诚待人，积聚力量；在成长时期，一方面应该奋发有为，同时也要戒骄戒躁，谨慎处事；当机会来临可以放手一搏的时候，应该把握最有利的时机，果断出击，一举成功。

"布衣三尺取天下"的刘邦，可谓是善于见机而动的有为之人。他本是秦朝的一个小官，但当他看到秦末山雨欲来风满楼的形势后，便带领一批人跑到大山中，密谋起事。后来，刘邦起义部队成为一支劲旅，最后从项羽手中夺得天下，建立了刘汉王朝。

见机而动，关键是要善于看准机会。而这需要管理者拥有敏锐的眼光，并在有七分把握的条件下当机立断，勇于实践，否则，时机稍纵即逝，永远抓不住机会，也永远得不到成就事业的甜美果实。

【典例】

具有雄才大略的唐太宗李世民，更善于见机而动。在取得天下之前，他不像刘邦只是一介布衣，而是出身贵族官僚家庭，父亲李渊为隋朝命官，统率太原数万军队。

在李渊还是隋朝官员，奉命镇压农民起义的时候，李世民已明白隋朝必亡的大势。他对父亲李渊说："您受隋帝的命令讨伐贼寇，难道贼寇真的能彻底消灭吗?"在劝父亲反抗隋朝时，李世民又说："今日破家亡国在于你，化家为国也在于你。"足见李世民的雄才大略。公元618~620年，李世民打败了薛仁杲和刘武周两个强敌，平定了关中和中原地区。公元620年7月，李世民又开始进攻王世充。这时他才不过22岁，但富有政治家的雄才伟略，知人善任，采纳正确的意见，采取了正确的策略，一举击败了王世充和窦建德。后来又成功镇压了刘黑闼等人的起义，最后统一了全国。辅助父亲建立了唐朝，李渊是为唐高祖。

唐高祖李渊有四个儿子。长子李建成，次子李世民，三子李元霸(早亡，未及争位)，四子李元吉。在这四个儿子中，长子李建成由于排行最长被封为太子，为人也精明能干，次子李世民被封为秦王，四子李元吉被封为齐王，勇武超人。不过，战功最多也最有谋略的，要数次子李世民。

太子李建成常随父亲驻守长安，帮助父亲处理军国政务，也是一个精明强干的人。比起平庸的父亲李渊来，李建成在处理政务上已显示出了才干，但与弟弟李世民相比，却还有很大的不足。李世民南征北战，为统一天下，立下了赫赫战功，麾下聚集了一批文臣武将，在军政各界享有很高的威望。不但如此，李世民野心很大，他不甘心做一个区区秦王，希望日后能当皇帝。但按照封建宗法制度，继承皇位的只能是太子李建成，况且李建成也算功勋卓著，而且也有很强的势力。这样，一场兄弟之间的争位战就不可避免了。

从当时形势看，太子李建成集团处于优势，首先李建成是太子，是长子，名正且言顺，继承皇位是理所当然的事，社会舆论也多在他这一边；其次李建成有李渊的支持，在权力和名义上有可靠的保障；而李世民有文臣武将，私人武装比较强大，也有有利的条件，他本人威望高，群众基础好，富有作战经验，才略出众,更主要的是他手下人既精明强干又齐心合力,因而李世民的力量也是不能被忽视的。

齐王李元吉多次蓄谋除掉李世民,皆未成功。而李世民也未示弱,他随后策划了“玄武门之变”。经过周密策划,李世民在玄武门提前设下埋伏,意图一举除掉对手。第二天,太子和齐王来到临湖殿前,忽然发现殿角有埋伏的士兵,感觉有变,立即警觉起来,太子扯了一下齐王的衣袖,飞奔下殿,上马往玄武门逃跑。这时,伏兵尽起,李世民张弓搭箭,射死了太子李建成,尉迟恭射杀了齐王李元吉,太子和齐王的卫士也被尽数消灭。就这样,太子李建成和齐王李元吉的多次蓄谋化为泡影,而秦王李世民则抓住时机,取得了胜利。

【点悟】

机会难得,而如果有了机会,作为管理者就应当及时地抓住;如果不能把握机会,迟迟难以下决断,就不能成功。“当断不断,必有后患”,这句话在许多人竞争同一目标的情况下往往很正确。

怎样才能当机立断呢?调动你所有的器官,去观察,去感觉,去倾听,如果有必要,去嗅,去尝。当遇到蕴涵赢利可能性的情况时,要全神贯注,忘掉一切,尽快收集各种情况,做到心中有数,然后快速做出决断,从而在竞争中占据领先优势。当机立断,指在客观条件发生变化的情况下,做出恰当得体、有理有节的反应,进而维护自己的地位和利益。

第十一章　决篇——优秀管理者的心态

一、重大决策一定要深思熟虑

【原文】

为人凡决物,必托于疑者,善其用福,恶其有患,善至于诱也,终无惑偏。有利焉，去其利则不受也，奇之所托。若有利于善者，隐托于恶，则不受矣，致疏远。故其有使失利、有使离害者，此事之失。

【译文】

凡为他人决断事情，都是受托于有疑难的人。一般说来，人们都希望遇到有利的事，不希望碰上祸患和被骗诱，希望最终能排除疑惑。在为人做决断时，如果只对一方有利，那么没有利的一方就不会接受，这是因为依托的基础不平衡。任何决断本来都应有利于决断者的，但是如果在其中隐含着不利的因素，那么决断者就不会接受，彼此之间的关系也会疏远，这样对为人决断的人就不利了，甚至还会遭到灾难，这样决断是失误的。

【解析】

当我们面前只有一条路的时候，可以毫不犹豫地走下去，然而，人生难免要走到分岔路口，从而面临一系列选择，该何去何从？这个问题，是对我们每一个人的最大考验。鬼谷子给我们指出一个很好的解决办法：“为人凡决物，必托于疑者，善其用福，恶其有患，善至于诱也，终无惑偏。”

作为管理者，考虑问题要通盘谋划，尤其是在重大决策当中，更是要三思而后行。做事情之前应特别注意，不仅要考虑事情有利的方面，更要考虑到其弊处所在。倘若只顾眼前利益，而不顾身后祸患，必然会自讨苦吃。

在现代的企业经营中，企业管理者也经常会遇到需要决断的事情。决断得好，就会获得良好的经济效益，赢得企业腾飞的良机；决断不好，就有可能给企业带来损失，甚至带来生存的危机，所以应特别慎重。

【典例】

有这样一则寓言。夏天天气炎热，池塘里干得一滴水也没有了。有两只住在池塘里的青蛙不得不离开那里，寻找新的住处。它们走啊走，终于来到一口井边。它们小心地趴在井口，探着头，往井下看。井水清澈见底，清凉的气息一阵阵地涌上来。其中一只青蛙没有细想，就高兴地跳了下去，对它的伙伴说："喂，朋友，快下来吧，这井水多好啊。我们就住这里吧。"另一只青蛙回答说："这井这么深，如果它里面的水也干了，我们怎么出来呢？"

在《三国演义》中，也有很多英明决断的例子。在刘备投靠荆州刘表后，刘表长子刘琦与刘备、诸葛亮相友善。当时，刘琦被后母所忌，面临危险，多次请教诸葛亮，但诸葛亮为试探其心，一直不肯为他谋划。一天，刘琦约诸葛亮到一座楼上饮酒，并暗中派人拆走了楼梯。刘琦说："今日上不至天，下不至地，出君之口，入琦之耳，可以赐教矣。"诸葛亮见状，就以春秋时期"申生在内而亡，重耳在外而安"的典故指点刘琦。刘琦马上领会了诸葛亮的意图，立即上表请求派往江夏防守，避开了后母，从而免遭陷害。刘琦走后不久，曹操进取荆州。荆州是三国时的重要州郡，交通发达，粮产丰富，成为当时三国的必争之地。赤壁战败，曹操只好逃出荆州。赤壁胜利是孙、刘两家齐心协力的结果，刘备完全可以理直气壮地将荆州占为己有。但为了刘孙联盟，刘备采取诸葛亮的两全之策，用一个"借"字，既获得了一块根据地，又不破坏两家的联盟。刘备长期占领荆州，并以此为根据地，向西取得了西川与汉中，为在三分天下中争得一席之地开创了基础。这两次成功的决断，充分证明了诸葛亮的大智慧。

成熟的企业在做决断前，都会做一些深入的市场调查工作，以获得公众对产品的接受度的第一手信息。1982 年，美国第三大汽车制造商克莱斯勒公司在艾科卡的领导下，从濒临破产倒闭的低谷走出，一举扭转了连续 4 年亏损的局面，开始赢利。但艾科卡仍要考虑如何让克莱斯勒公司重振雄风的问题。艾科卡把"赌注"押在敞篷汽车上。美国汽车制造业停止生产敞篷小汽车已经 10 年了。虽然预计敞篷小汽车的重新出现，会激起老一辈驾车人对它的怀念，也会引起年青一代驾车人的好奇，但为了保险起见，艾科卡决定做一番调查。一天，艾科卡亲自驾驶一辆色彩新颖、造型奇特的敞篷小汽车，在繁华的汽车主干道上行驶，立即吸引了一长串汽车紧随其后。甚至有几辆车把艾科卡的敞篷小汽车逼停在路旁，这正是艾科卡所希望的。追随者下车来围住艾科卡，提出了一连串的问题。“这是什么牌子的?”“这车是哪家公司制造的?”“这种汽车售价多少?”艾科卡面带微笑地一一回答,心里满意极了,看来自己的预计是对的。为了进一步验证,艾科卡又把小汽车开往购物中心、超级市场和娱乐中心等地,每到一处,就吸引了一大群人的围观,道路旁的情景在那里又一次重现。不久,克莱斯勒公司正式宣布将生产男爵型敞篷汽车应市,美国各地都有大量的爱好者预付定金!结果,第一年敞篷汽车就销售了 23 万辆,是原来预计的 7 倍多。艾科卡亲自驾车前去市场调查,了解市场对敞篷汽车的接受程度,确定无疑后,才正式推出产品,结果成绩显著,帮助克莱斯勒公司重新起飞。

【点悟】

“典例”中的第一个故事告诉我们,在做出决定之前,必须权衡利弊,否则就会像第一只青蛙那样,只图一时的痛快,而换来终身的痛苦。

管理者在处事时多方权衡利弊,是“谋”;做出最终的决定,是“断”。谋与断相辅相成,缺一不可,都是人生的大功课。俗语说“一着不慎满盘皆输”在官渡之战中,袁绍不经仔细思量就贸然出兵,加上他本人刚愎自用,不听规劝,导致兵败曹操。

二、管理者应具备高明的战略眼光

【原文】

圣人所以能成其事者有五:有以阳德之者,有以阴贼之者,有以信诚之者,有以敝匿之者,有以平素之者。阳励于一言,阴励于二言。平素枢机以用四者,微而施之。

【译文】

圣人能够取得成功,有五种途径:有的依靠公开的仁德,有的依靠暗中的计谋，有的依靠诚实信义，有的依靠谦卑隐匿，有的依靠平素积累。为人决疑，要分清是阳谋还是阴谋。为阳谋决疑贵在说一不二，为阴谋决疑贵在留有余地。为人决疑，还要善于抓住平素和关键两种时刻。将阳谋、阴谋、平素、关键四者有机结合，而后可以细致地进行决疑。

【解析】

大到一个国家，小到一个团体，都会有一些战略性的规划。在这里，鬼谷子列举的“阳德、阴贼、信诚、敝匿、平素”，其实就代表了五种战略。在制定决策的时候，必须要服从于整体战略。用战略的眼光去看待问题，才能做出正确的决断。

企业管理的实践表明，战略的制定和实施对于企业的发展来说至关重要。一个良好的战略是管理者事业成功的前提，有效的战略实施是企业战略目标顺利实现的保证。另一方面，如果管理者没有完善的制定出合适的战略，但是在战略实施中，能够克服原有战略的不足之处，也有可能最终导致战略的完善与成功。当然，如果对于一个不完善的战略选择，在实施中又不能将其扭转到正确的轨道上，其结果只有失败。

【典例】

一个青年向一个富翁请教成功之道，富翁拿出三块大小不一的西瓜放在青年面前，说：“如果每块西瓜代表一定程度的利益，你选哪块？”“当然是最大的那块！”青年毫不犹豫地回答。富翁一笑：“那好，请吧！”他把最大的那块西瓜递给青年，自己却拿了最小的那块。很快，富翁吃完了，随后从容地拿起桌上最后一块西瓜，得意地在青年眼前晃了晃，然后大口大口吃起来。青年马上明白了他的意思：富翁吃的西瓜虽不比自己的大，却比自己吃得多。如果每块西瓜代表一定的利益，那么富翁占的利益自然比自己占有的多。

大量的历史事实也向我们表明，在决策时能否坚持自己的既定战略，是关系事业成败的关键。战国末期，七雄争霸。秦国经商鞅变法后，势力发展最快。

秦昭襄王图谋吞并六国，独霸中原。公元前270年，秦昭襄王准备兴兵伐齐。此时，谋士范雎向昭襄王献"远交近攻"之策，阻秦国攻齐。他说：齐国势力强大，离秦国又很远，攻打齐国，部队要经过韩、魏两国。军队派少了，难以取胜；多派军队，打胜了也无法占有齐国土地。不如先攻打邻国韩、魏，逐步推进。秦昭襄王采纳了范雎的意见，推行"远交近攻"之策，为秦国以后统一中原奠定了基础。其后几十年，秦始皇定下灭六国的大计。远交齐、楚，先攻下韩、魏，然后又从两翼进兵，攻破赵、燕，统一北方；随即攻破楚国，平定南方；最后打败了齐国。秦始皇终于实现了统一中国的愿望。"远交近攻"之策起到了无可替代的作用。

在现代商业生活中，大凡成功的企业家，在决策时也都会着眼于企业发展的战略目标，而不是斤斤计较于眼前利益。"犯傻"船王包玉刚，就为我们树立了这方面的榜样。1955年，包玉刚成立了环球航运公司，开始经营船队。当时，世界航运界通行按照船只航行里程计算租金的单程包租办法，单程运费收入高，一条油轮跑一趟中东可赚500多万美元。包玉刚却不为所动，坚持他一开始就采取的租金低、合同期长的稳定经营方针，避免投机性业务。这在当时被认为是"愚蠢之举"。许多同行都劝包玉刚改跑单程，包玉刚却不以为然，因为他明白，靠高额运费收入的再投资，根本不可能迅速扩充船队。要迅速发展，必须依靠银行的低息长期贷款，而要取得这种贷款，必须使银行确信你的事业有前途，有长期可靠的利润。于是他把买到的第一条船以很低的租金长期租给一家信誉良好、财务可靠的租船户，然后凭这长期租船合同向银行申请长期低息贷款。正是靠这种稳定经营方针，包玉刚只用了20年时间，就发展成为拥有总吨位居世界之首的远洋船队，一举登上世界船王的宝座。究其成功，还真得归功于当初的远见卓识。

有"股神"之称的巴菲特也以坚持自己的战略而著称，在他看来，最佳的致富定律就是：在投资方向上要善于"坚守"。他从不在意一家公司来年可赚多少，而在意未来5~10年能赚多少。也就是说，巴菲特只投资未来受益确定性高的企业。巴菲特认为，如果你拥有一只股票，期待它下个星期就上涨，是十分愚蠢的。他说："我绝不会丢掉我熟悉的投资策略，尽管这方法现在很难在股市上赚到大钱。但我不会去采用自己不了解的投资方法，这些方法未经理论验证过，反而有可能产生巨大亏损的风险。"他批评那些对手们："投资人总想着买进太多的股票，却不愿意耐心等待一家真正值得投资的好公司。每天抢进抢出不是聪明的方法，近乎怠惰地按兵不动，正是我成功的原因。"

【点悟】

很多时候，我们都会做出类似于第一个故事中青年所做的决定，表面看起来占了便宜，而实际上恰恰相反。他的错误在于着眼于蝇头小利，而没有用战略性的眼光来审视面前的机会。

世事如棋局般简单，又如棋局般复杂。管理工作也是一样，所以无论做出任何决断，都应该审时度势，充分了解各方面信息，做出最正确的选择，这样一方面有助于我们更好地达到目标，另一方面也可以有效地避免灾祸缠身。

俗话说："站得高，看得远。"要想持续地获得成功，必须更上一层楼，以战略性的眼光来俯瞰社会与人生。

三、优柔寡断是管理者的大忌

【原文】

事度以往事，验之来事，参之平素，可则决之。

【译文】

决断时应该忖度往事，预测未来的发展，再参考平素的情况，若能做出判断，可立即决断。

【解析】

鬼谷子说："事度以往事，验之来事，参之平素，可则决之。"的确，果断是管理者所应具备的一种很重要的素质。一个果断的管理者，会让同事、下属觉得可靠，从而愿意为之谋划，奋斗。相反，一个优柔寡断的管理者，会逐渐丧失别人对他的信任。

必须承认，做出有些决定是痛苦的，但是为了整体的利益，管理者必须鼓起勇气，当机立断，甚至不惜放弃局部的利益。

造成优柔寡断的主要原因是缺少自信心，而自信心又是来源于经验的积累，你只有在不断的积累中才会有自信心，才会克服掉优柔寡断的性格。

【典例】

1964 年，日本松下通信工业公司突然宣布不再研制大型电子计算机。对这项决定的发表，大家都感到震惊。松下已花 5 年时间，投下巨额费用去研究开发，眼看就要进入最后阶段，却突然全盘放弃，令人十分费解。松下幸之助之所以会这样断然地做出决定，是有其考虑的。他认为当时大型电子计算机市场竞争相当激烈，稍有不慎，将对松下通信工业公司产生不利影响，到那时再撤退，就为时已晚了，不如趁着现在一切都尚有可为时撤退。事实上，像西门子这样世界性的公司，都陆续从大型计算机生产上撤退了。而富士通、日立等 7 个公司都急着抢滩，他们都投入了巨额资金，等于赌下了整个公司的命运。在这场竞争中，松下也许会生存，也许就此溃败。于是，松下果断决定撤退，退出了激烈的争斗。事实证明，松下的这一举措是很有战略眼光的。

【点悟】

松下的果断抉择说明了凡事该果断时要果断，这是我们决策时应该遵守的原则。在管理工作当中，遇到该进的时候，一定要进得果断；遇到该退的时候，也要退得果断。

四、合理的决策才是成功的关键

【原文】

王公大人之事也，危而美名者，可则决之；不用费力而易成者，可则决之；用力犯勤苦，然不得已而为之者，可贵则决之；去患者，可则决之；从福者，可则决之。

【译文】

王公大人们委托决断的大事，若能为其带来美名，并且有望成功，可立即决断；无须费力而易成的事，可立即决断；虽然费力但又必须做的事，可立即决断；能为人免除祸患的事，可立即决断；能为人带来福祉的事，可立即决断。

【解析】

在这里，鬼谷子着重强调了决策的合理性。为达目的不择手段的做法，是遭人鄙夷的。再好的目标，再纯洁的动机，离开了手段的合理性，也难免会变质。所以说，管理者做出决策一定要有根有据，合理充分，只有这样的决策才能走向成功。

管理者做出决策时一定要全面地权衡事件的利弊得失，做出最合理的决策。有一则古代寓言，说随侯之珠是一种非常珍贵的宝珠。有一个喜欢打鸟的人，却把随珠当作弹丸去射飞翔在千丈高空中的一只麻雀。人们看了，都嘲笑他。做什么事，都得讲究轻重得失。为了价值甚微的目标而付出昂贵代价，是一种愚蠢的行为。

【典例】

春秋时代的齐相管仲，为齐桓公成就霸业做出巨大贡献，被尊称为“仲父”。一次，管仲为了扩大齐国的影响，建议齐桓公兴兵伐鲁，结果大获全胜，占领了鲁国的遂邑。鲁将曹沫趁鲁君和齐桓公签约时抓住齐桓公,威胁他退还占领的土地。齐桓公没办法,只得签约归还战争中夺取的土地。过后,齐桓公觉得受了侮辱,要再次率兵攻鲁,杀了曹沫。管仲立刻劝阻说:"不能这样,几座鲁城,只不过是一点小利;在诸侯中树立威望,才是大利。如果诸侯知道您连被胁迫订立的盟约都不肯背弃,那就一定会立大信于天下!"果然,经过这件事情之后,各诸侯都认为齐桓公是一个信守诺言的人,都愿意尊他为霸主。不久齐桓公就当了霸主,成为"春秋五霸"之一。

管仲

在国内女富豪榜上,曾经有一个声名显赫的人物叫吴英,然而 2007 年 2 月,她的财富之路却走到了尽头。吴英出生在东阳的一个小村子,只有初中文化水平,却敢想敢干。辍学后,在东阳市开了一家美容院。目光敏锐的她看到了中国美容市场的巨大潜力,凭借"羊胎素"赚到了第一桶金。可是,赚了钱的吴英嫌钱赚得太少、太慢,她开始以月息 3 分以上的高利率向社会公众借款,大量吸收公众存款,成立本色集团,名义上从事家电贸易,但是背地里却在用这些钱走私。就这样,吴英的财富迅速扩大,刚刚 26 岁就已经身家 38 亿。后来,许多债权人多次讨要本息未果,终于使她非法集资的事情浮出水面。紧接着,随着调查的不断深入,吴英的财富之梦也走到了尽头。

【点悟】

在现代商业社会中,人们无不希望发家致富,过上幸福的生活。但是,致富必须在准则允许的范围内进行,这是基本要求。一个不择手段去致富的管理者,最终无疑会失去致富的机会。

任何人都可以凭借多种方法赚钱，或者是自己的体力，或者自己的技术，或者自己的资金，但是无论用什么手段，一个基本的前提就是要合理合法。在今天的法制社会，这一点显得尤其重要，每一个渴求成功的人都必须谨记。

五、越是危急关头越要冷静理智

【原文】

故夫决情定疑，万事之机，以正乱治，决成败，难为者。故先王乃用蓍龟者，以自决也。

【译文】

决疑断难，是万事成功的关键，目的是以正治乱，决定成败，这是很难做到的事情。故古代贤君遇到疑难时，不得已而用蓍草和龟甲进行占卜，以此帮助自己决断。

【解析】

鬼谷子在论述有关“决断”这个话题时说，在重大关头，要做出正确决断是一件很困难的事情，以至于古代圣贤需要利用占卜来帮助决断。越是重大关头，作为管理者越应该沉着、镇定，控制好自身的情绪，以免让事情陷入更为复杂的境地。

其实，在面临重大选择的关口，任何人都不可避免会出现焦虑或紧张情绪，这就要看是否能够自我调节、自我克制了。淝水之战时，谢安和张玄下棋时神闲气定，其心中未必不忐忑或激动。这一点在客人告辞后他的反应中便可看出：当时的谢安抑制不住心头的喜悦，舞跃入室，把木屐底上的屐齿都碰断了。由此看来，面对危急，自我调节，才能最终走出危急。这时能保持果敢、沉着、镇定的态度，方显英雄本色。

【典例】

东汉光武帝时大司马吴汉奉命讨伐割据一方的公孙述，进入成都地区。结果一战下来吴汉大败，被敌军围困，而援兵也未到。一些部将要求率主力杀出重围。在这危急关头，吴汉丝毫不乱阵脚，召集各部将要他们稳住军心。之后，吴汉关门闭户三天坚持不再出战，同时以酒肉款待将士，喂足战马，以逸待劳。他还令人在寨中增设战旗，大放烟火以迷惑敌人，后乘敌军大意之时，夜间率精兵杀出重围，成功与援兵会合。沉着冷静、随机应变，让吴汉在险境中保存了作战的实力，最终反败为胜。

在生活中的危急时刻，我们如果也能做到如此，又何愁不能渡过“难关”呢？汉景帝即位后，鉴于藩王势力太大，采用了晁错的削藩良策，削夺藩王们的封地。吴王刘濞是刘邦的侄子，一直阴谋叛乱。景帝听从晁错的建议，决定先削夺吴的会稽和豫章两郡。刘濞不愿束手就擒，联合各地诸侯王，打着“诛晁错，清君侧”的旗号，揭开了“七国之乱”的序幕。叛军声势浩大，很快占领了大片土地。这时，平日和晁错有怨的大臣趁机劝说景帝杀掉晁错，以保国家安全，平息叛乱。景帝此时也乱了方寸，他竟听信谗言，将晁错腰斩于长安东市。同时，景帝下诏书招降吴王刘濞，刘濞笑道：“我现在已经是东方的皇帝了，谁还有资格对我下诏书？”此时，景帝才对错杀晁错悔恨不已，赶忙调派周亚夫等将领率兵平定叛乱。周亚夫采用截断叛军的粮道然后坚守不出的战略，最终击溃了叛军，仅用三个月便将叛乱彻底平定。汉景帝是缔造了“文景之治”盛世局面的一代明君。他在位期间平定“七国之乱”，在历史上写下光辉的一笔。但他错杀晁错一事，属于决断失误，留下了永远抹不去的污点。

东晋的时候，大将军王敦叛乱，打了败仗，不久就病死了。王敦的哥哥王含和儿子王应，也都跟着王敦一起谋反。王敦死后，王应想去投奔江州刺史王彬，王含不同意，他认为应该去投奔荆州刺史王舒。王含说：“王彬平时总和大将军发生争执，你还想去投奔他！”王应说：“这才是应该去的原因，父亲强盛的时候,王彬能够坚持己见,他才是真正的大丈夫。看到别人面临困境,他一定会表示同情。而王舒没有什么肚量,恐怕不会收留我们。”王含坚持要去投奔王舒,王应只好随他前往荆州。王舒果然把他们抓住,丢到了江里。而王彬听说王应他们会来,已秘密准备好船只等候他们,他们竟然没能来,王彬感到非常遗憾。在性命攸关的时刻,王应能做出如此准确的分析,确实是十分难得的,可惜最后他被王含连累,不幸死于非命。

【点悟】

重大关头做出决断,要求决断者要胆大心细,要能准确抓住对方的心理,有的放矢。朝鲜战争后期,在停战谈判过程中,面对美方从一开始就在谈判桌上提出无理要求,在军事上接连制造事端的行为,指导谈判工作的周恩来通观全局,提出了正确的谈判方针——“不怕破裂,也不怕拖延。愿和,但也不急。”正是在这一正确决策的指导之下,谈判最终取得了成功。

可见,在重大关头,除保持冷静、恪守原则外,也要懂得变通,以灵活的方式处理问题,事情才会向有利于自己的方向发展,这是作为管理者应该牢记的。

第十二章　符言篇——管理者如何处理上下级关系

一、权力是一把“双刃剑”

【原文】

安、徐、正、静,柔节先定。善与而不静,虚心平意,以待倾损。右主位。

【译文】

作为君主,应始终保持安详、从容、正派、冷静,对人怀柔而有度。应善于让利于人，与世无争，并始终充满危机感。以上说的是君主摆正自己位置的原则。

【解析】

人活世间，都想拥有至高无上的权力。而对于“权力”的论述，自古以来也是仁者见仁、智者见智。但如果一旦大权在握，如何运用却是个问题。关于这一点，鬼谷子的办法非常好，就是：摆正自己的位置。

对于管理者来说，权力其实是一柄双刃剑。运用得好，可以造福于人；运用得不好，不但对人无益，还可能伤及自身。

权力能满足人们的虚荣，让人感到幸福。但是，权力的保护伞绝不是虚荣，而是谦逊。古语云：“江海之所以能成百谷之王者，以其善下。”一个居高位者比平常人更需要谦逊这种美德。穷汉在别人面前怎样摆弄自己的家具也不会有事，而一个百万富翁如果总是在广场上晾晒自己仓库里的珠宝，那就很危险。谦虚会防止你身上的光彩刺痛名利之徒的眼睛，也就等于使你躲过了许多黑暗中的攻击。

【典例】

有一则寓言中，说老鼠和黄鼠狼的战争，总是以老鼠的失败告终。老鼠们在一起商量，认为它们的失败是因为没有将帅，于是它们举手表决，选出了几只老鼠做将帅。为了显示自己与众不同，这些将帅便在自己的头上绑一个犄角。战争又开始了，老鼠又输。别的老鼠钻进老鼠洞，而那些将帅因为头上有犄角，卡在洞外，钻不进去，结果全部被黄鼠狼吃掉了。

统治者若贪得无厌、目光短浅，对民众只是一味地侵夺和剥削，民众就会起而反抗，甚至爆发起义。隋文帝深深懂得这个道理，所以当他建立隋朝后，一面躬行俭朴，一面采取了许多有利于巩固政权的措施，与民休息，给民以惠。文帝的这些做法，使社会风气得到了净化，使民众的负担得到了减轻。新建的隋王朝迅速得到了民众的拥护，很快就稳定了下来。但是，隋炀帝杨广继承皇位后，荒淫奢华，急功近利，先后三征高丽、开凿运河、赋税繁苛，频频激起民怨，百姓怨声载道。隋炀帝为一己享受，对百姓横征暴敛，使民众起来反抗他的统治，最终导致了隋朝的灭亡。

虽然权力能给人带来诸多好处，但它最让人神往之处，莫过于它给予人的那份被众人拥捧的感受。人是虚荣的，当条件适合时，这种劣根性往往就会暴露无遗。秦朝农民起义的领袖陈胜年轻时是个雇工，经常和伙伴一起给别人家锄地。他经常对朋友们说："苟富贵，毋相忘。"陈胜得富贵后，就开始骄横起来，逐渐丢掉了谦逊的品格。后来一个曾经和陈胜一起给地主种田的同乡听说他做了王，特意从登封阳城老家来陈县找他，多次求见并无人。直到陈胜外出，拦路呼喊其小名，才被召见，一起乘车回宫。因他是陈胜的故友，所以进进出出比较随便，有时也不免讲讲陈胜在家乡的一些旧事。不久有人对陈胜说："客愚无知，颛妄言，轻威。"陈胜便十分羞恼，竟然把"妄言"的伙伴杀了。当年所说的"苟富贵，毋相忘"的话早抛到了九霄云外。自此以后，"诸陈王故人皆自引去，由是无亲王者"。最后陈胜失败被杀。

清朝有个叫张英的人在京城做大官。有一年，张英收到一封家书，说远在家乡安徽桐城的家人建新房时，与邻居发生了争执。两家都说对方侵占了自家的地基，吵得不可开交。于是家人给张英写了这封信，请他出面解决此事。张英看完信后，大笔一挥，写了一封回信。家人拆开书信一看，只见信上写着四句诗："千里修书只为墙，让他三尺又何妨。万里长城今犹在，不见当年秦始皇。"家人看了信以后，觉得很惭愧，于是将自家的院墙向里移了三尺。邻居本以为张家有贵人撑腰，一定会仗势欺人，没想到张家主动让步。邻居深受感动，于是也让出了三尺，两家之间出现了一条六尺宽的小巷子。从此，"六尺巷"的故事在当地传为美谈。

【点悟】

那些把你拉入泥潭的东西，往往就是当初将你推向巅峰的东西。权力就是这样一种东西。正如故事中老鼠头上的犄角。

权力是一把双刃剑,它既可以震慑别人,同时运用不慎也会伤及自身。所以管理者应该谨慎对待,有了权力不要张扬,谦虚谨慎才能保全自身。

居上位者的谦虚若发自内心,一言一行不必做修饰,就自然而然地合乎谦退之道,这是一种很高的境界。如此,不用刻意争取,其谦虚的名声也会自然地由近而闻于远,就如“兰在林中,其香自远”一般。反之,谦虚若是装出来的,而非发自内心的,必定不会坚持长久。有许多人的“美名远扬”不是从正道而来,最后一定会被人们所识破。历史上著名的伪君子王莽,是个老奸巨猾的人。为了篡夺西汉政权,捞取政治资本,到处笼络人心,表现得特别谦恭下士。当他的丑恶面目未暴露之前,确实是“美名远扬”,人人传诵,俨然是一个十足的“正人君子”。当他的真实嘴脸暴露以后,人们才大吃一惊。唐代诗人白居易读了这一段历史,从伪君子王莽一度得到美名,联想到真正的君子周公被流言中伤,一度恶名远扬,写诗感叹道:“周公恐瞑流言反,王莽谦恭未篡时。倘若当时身便死,一生真伪有谁知?”

以上的这些事例告诉我们,任何一个权力在握的管理者都应该明白,不要因为自己拥有一定的权力就置一切于不顾,需正义在心,谦虚谨慎,以免使自己身败名裂。

二、不妨多听听大家的意见

【原文】

目贵明,耳贵聪,心贵智。以天下之目视者,则无不见;以天下之耳听者,则无不闻;以天下之心虑者,则无不知。辐辏并进,则明不可塞。右主明。

【译文】

作为君主,眼睛要明亮,耳朵要灵敏,心灵要智慧。作为君主,若能借助全天下的眼睛去看,就没有什么看不见的;若能借助全天下的耳朵去听,就没有什么听不到的;若能借助全天下的心灵去思考,就没有什么不明白的。作为君主,若能集思广益,就能明察秋毫,无可闭塞。以上说的是使君主明智的原则。

【解析】

作为管理者,要了解集思广益的价值,不能闭目塞听,做一个孤家寡人。对此,鬼谷子说:居上位者,“目贵明,耳贵聪,心贵智。”

力拔山兮气盖世的霸王项羽,有万夫不敌之勇,最终却命丧乌江,其致命错误就是因为刚愎自用。在鸿门宴的时候,亚父范增屡屡示意项羽下决心杀掉刘邦,可项羽却认为刘邦势孤力单,不足为虑,结果就为自己的刚愎自用付出了生命的代价。

多听大家的意见可以使管理者的决策更加的公平正确,但不能一味只听好听的赞美之词,更要多听听哪些“逆耳”的意见,因为这些逆耳的话中往往包含着更加真实的信息。谁都喜欢听好听的话,好听的话的确能够使人精神愉悦,使我们的虚荣心得到满足;可是有些好听的话犹如漂亮的罂粟花,虽然开放时很美丽,却是容易上瘾的毒药。对于一个领导者来说,最容易犯的过失有好谀、好货、好色三项,而其中最难避免的是阿谀奉承。往往最初有所警觉,日久天长就习以为常了,到后来不听反而不习惯,最后到了对歌功颂德者重用对犯颜直谏者仇恨的地步,那就离灭亡不远了。

【典例】

邹忌是战国初期齐国的说客,他是一个长得还算魁伟漂亮的男子。一天,他问他的妻子说:“我与城北徐公相比,哪一个美?”他的妻子说:“您美极了,徐公哪里能比得上您呢?”邹忌不相信自己会比徐公更漂亮,又接连去问了他的妾和第二天来访的客人,得到的答案都是自己比徐公美。后来邹忌见到了徐公本人,发觉自己比徐公差远了,邹忌由此想到了君王之道,于是便去朝拜齐威王。对威王说:“微臣确知自己不如徐公美,但我的妻子偏爱我,我的小妾惧怕我,客人有求于我,因此都奉承说我比徐公美。由这件事我想到:如今齐国地广势大,宫娥彩女和左右亲信没有不爱大王的；朝廷的大臣没有不怕大王的；国内没有人不有求于大王的，他们都会因此来讨好大王。这样一来，大王就很容易受蒙蔽。”齐威王觉得邹忌言之有理，便向全国颁布一道命令，鼓励人民批评君王的过失，命令一下，群臣纷纷前来提意见，这样，国家渐渐富强起来，其他国家也纷纷前来朝贺。

战国时代，秦王嬴政即位以后，有些大臣向他建议说，现在有很多外来人才在秦国当官，他们会对秦国不利，请大王把这些人统统赶走。秦王接受了这个建议，下了一道逐客令：大小官员，凡不是秦国人的，都必须离开秦国。有个楚国来的李斯，给秦王上了一份奏章，说：“泰山不拒绝小石头，所以才成了泰山；大海不拒绝小溪流，所以才成了大海。从前秦穆公重用百里奚、蹇叔，当了霸主；秦孝公重用商鞅，变法图强；惠文王重用张仪，拆散了六国联盟；昭襄王重用范雎，提高了朝廷的威望。这四位君主，都是依靠外来人才建立了功业。现在到大王手里，却把外来人才都赶走，这不是帮助敌国增加实力吗？”秦王觉得李斯说得很有道理，连忙派人把李斯从半路上追回来，恢复他的官职，并取消了逐客令。李斯的这篇《谏逐客疏》，是一篇著名的政论散文，其中的名句“泰山不让土壤，故能成其大。江海不择细流，故能就其深”，至今发人深省。

唐朝初年，出现了著名的“贞观之治”。这不是偶然的，是唐太宗李世民在认真总结隋亡经验的基础上出现的。隋朝本是一个强盛的王朝，但短短数十年就灭亡了，唐太宗李世民认为是其统治者不懂得“水可载舟，亦可覆舟”的道理所致，于是勤躬自省，为避免“偏信则暗”，他多次鼓励大臣上书指出其不足之处，做到了“兼听则明”。他的直谏大臣魏征曾数十次上疏直陈其过，劝太宗居安思危，察纳雅言，择善而从。后魏征病死，太宗亲临吊唁，痛哭失声，叹息说：“以铜为镜，可以正衣冠；以史为镜，可以知兴替；以人为镜，可以明得失。今魏征已死，吾亡一镜矣。”

【点悟】

没有人不愿意听到赞美之词，所以很容易被过多的赞美所蒙蔽，看不到隐藏的真相。所以一个富有智慧的管理者,要善于听取各方面的意见和建议。

大到一个国家,小到一个企业,在做一件事情,需要决断的时候,都必须充分集思广益。中国的三峡工程就是一个很好的例子。三峡工程规模巨大,对于这样一个大型的工程,负责三峡工程的领导层并不是简单拍板,而是广泛地听取各方面的意见。就中国成立之初,三峡工程就被提上议事日程,但是很多人从技术和财力等方面提出意见,认为当时,国家还没有足够的财力修建这样巨大的工程,在技术上也存在着很多困难。于是,这项工程就被暂时搁置下来。20世纪末的时候,三峡工程再次提上议事日程。虽然大部分代表都表示赞同,但是对"反对派"所提出的技术、安全等方方面面的问题,政府并不是简单地否定,而是组织专家逐一地去调查、核实、评估、论证,使设计和施工工作做得更深更细,最终三峡工程得到了顺利实施。三峡总公司技术委员会主任潘家铮在谈到三峡工程时,曾说过一句意味深长的话:"'反对派'对三峡工程也做出了很大的贡献。"

任何时候,众人的智慧总是大于个人的智慧,这是个亘古不变的真理。

三、虚心听谏是管理者的必备素质

【原文】

听之术曰:"勿望而许之,勿望而拒之。"许之则防守,拒之则闭塞。高山仰之可极。深渊度之可测。神明之位术,正静其莫之极欤! 右主听。

【译文】

听取情况的方法是:不要远远看见了就答应,也不要远远看见了就拒绝。如果能听信人言,就使自己多了一层保护,如果拒绝别人进言就使自己封闭。高山仰望可看到顶,深渊计量可测到底,而神明的心境既正派又深沉,是无法测到底的。以上说的是君主需虚心纳谏。

【解析】

“勿妄而许之,勿妄而拒之”,这是鬼谷子所赞赏的听术,也是每一个肩负管理使命的人应该切记的。对于他人的意见,不管是否合乎自己的心意,都应该慎重对待。尤其对别人的批评,更要做到“有则改之,无则加勉。”

现在,一些世界知名企业为了更好更快地发展,也欢迎不同的声音出现。2004年,温家宝总理会见了前美国通用汽车公司总经理斯隆。在谈到公司决策的时候,斯隆说出了通用汽车公司的决策理念,那就是:听不到不同意见不决策。很多人都希望在做事情的时候能够有一致的意见,这样就可以顺利地实施,为什么通用汽车公司背道而驰,必须听到了不同的意见才做出决策呢?事实上,这正是通用汽车公司长期立于不败之地的一个重要原因。任何人都不可能面面俱到,尤其是当今的时代,各种信息和技术充斥着世界,一个人不可能掌握所有的东西。那么在决策的时候就难免会出现考虑不周全,甚至错误的地方,这个时候学会从别人那里借用智慧,听取不同的意见就显得十分重要了。

【典例】

在《汉书·霍光传》里记载了一则“曲突徙薪”的故事:从前,有一户人家建了一栋房子,亲朋好友纷纷称赞房子造得好,主人十分高兴。这时,有一位朋友对主人说:“您家厨房上的烟囱是直的,灶膛的火很容易落到房顶上,极有可能引起火灾。您应该在灶膛与烟囱中间加一段弯曲的通道,这样就安全多了。”主人不以为然地笑了笑。朋友又说:“您在灶门前堆了很多柴草,这样也很危险,还是搬远一点好。”主人心里很不高兴,没有听从朋友的建议。过了几天,新房果然发生了火灾,邻居们奋力把火扑灭了。主人摆了酒席,感谢帮忙救火的人。这时,有人提醒主人:“您请了救火的人,怎么能忘了那位向您提忠告的朋友呢?”主人连连点头,亲自跑去把那位朋友请来了。

春秋后期,周王室的实力越来越弱,但周王仍以天子自居,事事讲究排场。景王打算铸两口巨钟:无射和大休,以便享受更美妙的音乐。单穆公劝阻说:

“铸造巨钟,劳民伤财不说,就是这巨钟铸出来,用击柱一撞,耳朵都震聋了,哪还谈得上音乐之美呢?”景王又去征求主管音乐的伶官州鸠的意见,谁知州鸠也反对景王铸钟,他说:“大王要铸巨钟,从音乐的角度来说,根本谈不上悦耳;从国家和百姓的利益来说,更是不应该的。”但景王根本不听劝谏。第二年,巨钟铸好了,有些谄媚的大臣对景王说:“大王,这两口大钟的钟声浑厚和谐,好听极了!”景王听后心花怒放,命人将州鸠找来,对他说:“你听,钟声不是很和谐吗?”州鸠说:“这算不得和谐,如果天下的老百姓都为这事高兴,那才算得上和谐。这就是俗话所说的‘众志成城,众口铄金。’”但景王根本听不进这些劝告。结果,景王很快死于心疾,而周王朝也随即爆发了长达五年之久的内乱。

“兵圣”孙武在初任吴国将领之际,看到吴王因想称霸而急于起兵,大夫伍子胥想报杀父之仇而急于战事,于是他沉痛地说:“战争若感情用事则无法取胜,战争的终极目的乃在求胜,故急于无胜之战,犹如负干草入火一般自取灭亡。目前对战争之准备未尽周全,敌情也无法掌握,若只因私欲而战,岂可得胜?昔人有言‘逐鹿者,迷于山’,若现在兴兵,岂不犯下极愚蠢的错误吗?”吴王阖闾接受了孙武的意见,伍子胥也打消了急于伐楚的念头。后来,正是孙武率领吴军攻破楚国的国都。吴王采纳孙武的正确建议,使吴国避免了一次鲁莽的战争。

【点悟】

做事时要向有经验的人虚心请教,因为实践是检验真理的唯一标准。不听忠言,最终是自食恶果。

对于古代的统治者来说,至高无上的权力是人民给予的,如果失去了人民的支持,再大的权力也会化为乌有。周景王自己不能明白这个道理,手下的大臣向他指出来,又不能听从,最终加速了自己和国家的灭亡。

管理者应当善于倾听不同的意见,从不同人那里借鉴智慧之光,具有采纳价值的进行必要的吸收,没有采纳价值的也不会影响最终的决策,何乐而不为呢?

四、赏与罚不能只流于形式

【原文】

用赏贵信,用刑贵正。赏赐贵信,必验而目之所闻见,其所不闻见者,莫不谙化矣。诚畅于天下神明,而况奸者干君。右主赏。

【译文】

凡奖赏,最重要的是守信;凡刑罚,最重要的是公正。赏必信,刑必正,必须让臣民亲身见闻,对于那些没有亲见亲闻者,也有潜移默化的作用。君主的诚信若能畅达天下,连神明也会护佑,又何惧奸邪之徒干扰君主呢?以上是君主赏罚的艺术。

【解析】

我们都知道,有功不赏,则无人思进取;有过不罚,则恶人将肆虐。赏、罚都要取信于民,使社会形成良好的风气。所以鬼谷子认为,“信”与“正”是赏与罚的关键所在。

说起“赏”的艺术,其实并不像赏功那么简单。有时候,为了鼓舞士气,即便无功也要赏。而“罚”的艺术,则应强调有过必罚。赏和罚都是管理者手中的两件法宝,但也可以是两件致命的自杀武器。用得好的话,可以事半功倍;倘若用得不好,不但事业难成,还可能身败名裂。赏和罚作为管理者统御术的两个方面,都有一定的尺度,不能乱赏乱罚,只有坚持赏罚分明的原则,才能取得预期的效果。

物不平则鸣,事不平则怨。赏罚分明,处罚不徇私情是用人者应该一贯坚持的原则。只有做到该赏则赏,该罚则罚,才能实现政治上和管理上的清明和权威。

【典例】

燕昭王任乐毅为大将，联合秦、韩、魏、赵军队，合五国之力一起进攻齐国。齐湣王闻讯，急忙调兵遣将，令触子为先锋官在济水迎战。触子采取了避其锋芒的做法，坚守壁垒不战，乐毅也没有好的对策。此时，糊涂的齐湣王却帮了联军的大忙。他见触子只守不攻，觉得有损齐国的威风，命他立即出兵。触子只得被迫迎敌，结果被打得大败，触子也不知所终。幸亏齐将达子引领残军且战且退，一直退到齐都临淄以西的一个叫秦周的地方才停下来，准备死守临淄城。达子想犒赏士卒以振奋士气，于是就去求齐湣王，希望他能发放城内国库的金币犒赏三军。齐湣王拍案大骂道："达子你打了败仗，还妄想要我的赏赐！你马上给我死战，否则提头来见！"达子一听这话，仰天长叹，心想：昏君不知审时度势，必然没有好下场，齐国没希望了。无奈之下，他只能率残部冲进敌阵，奋力拼杀，结果战死沙场。达子一死，五国联军长驱直入，杀进临淄，抢走了齐国宗庙里的重器，还将齐国的金银珠宝洗劫一空。齐湣王昏庸无道，贪小失大，结果将整个国家都拱手送给了别人。

汉光武帝的时候，洛阳令董宣办事果断而公允。有一次，公主家的家奴仗势杀人，躲在公主府不出来。董宣派人在公主府门口守着，等凶手跟着公主出来时当场处死。公主去找光武帝，哭着说董宣欺负她，光武帝把董宣叫去，要他给公主磕头赔罪，可董宣怎么也不肯。内侍把他的脑袋往地下摁，可是董宣用两手使劲撑住地，挺着脖子，不肯低下头去。内侍知道光武帝不想治董宣的罪，又想给光武帝台阶下，就大声说道："回陛下的话，董宣的脖子太硬，摁不下去。"光武帝一听这话就笑了，他不但没治董宣的罪，还夸奖了他。

【点悟】

管理者要想经营好自己的团队，就不能让赏罚制度流于形式，必须做到该赏则赏，有过必罚。有些人总想用道德说服的方式来解决一些问题。但是有些事情，只靠说服是解决不了的，此时有必要给予一定的惩罚，惩教结合，双管齐下，才能取得预期的效果。因此，管理者对待犯错的下属，不要一味用柔，否则就很容易优柔寡断。刑罚应该是公正严明的，不管面对的是谁，只要犯了法，就一定要受到惩罚。

在社会生活中，作为执法者，必须能压住违法者的气焰，气势要凌驾于貌似强硬的违法者之上。现实中，最难处理的是那些居功自傲的人。他们认为自己劳苦功高，于是恣意横行。这些人不受到惩治，社会风气就会被他们败坏。所以，严明的原则是功是功，过是过，今天犯的罪不能被往日的功劳所抵消。执法威严，宽猛相济，才能制服罪犯，进而达到改造、挽救他们的目的，同时也才能维护法律的权威。

五、多听听群众的呼声

【原文】

一曰天之，二曰地之，三曰人之。四方、上下、左右、前后，荧惑之处安在？右主问。

【译文】

作为君主，一要问天时之吉凶，二要问地理之险易，三要问人情之顺逆。还要遍查四方、上下、左右、前后，看哪里有危险的迹象？以上是君主调查询问的原则。

【解析】

管理者只有保持与企业员工的接触，才能更好地了解大家的真实想法，更好地管理企业的事宜。这正如鬼谷子说的“一曰天之，二曰地之，三曰人之。四方、上下、左右、前后，荧惑之处安在？右主问。”

从古至今，各王朝的建立和颠覆，无不证明了人民在历史潮流中的巨大作用和不容忽视的地位。唐太宗把人民与统治比作是水与舟的关系，称“水能载舟，亦能覆舟”。先贤孟子也曾说过：“民为贵，君为轻，社稷次之。”由这些足见前人对人民力量的重视。

人民是历史前进的推动力，是国家稳定、社会和谐的基础。同样，在现代商业领域中，一个企业的管理者如果无视员工的合理建议，管理手段简单粗暴，不注重企业和品牌在社会公众当中的形象，也会导致管理的混乱和失控，从而影响企业的生存和发展。

【典例】

战国时期，齐国公子孟尝君喜欢结交豪侠文采之士，家里养了很多门客。在这些人当中，有个叫冯谖的。有一次，冯谖替孟尝君到薛地讨债，临行前，他问孟尝君需要添些什么东西，孟尝君随口说：“你看我家缺什么就买些回来。”冯谖到了薛地，把欠债的百姓召集起来，叫他们把债券拿出来核对。有些老百姓因还不起债而发愁，冯谖却当众决定：还不起债的，一概免了。说完点起一把火，把债券烧掉了。冯谖赶回临淄，把收债的情况向孟尝君汇报。孟尝君听了十分生气。冯谖不慌不忙地说：“我觉得您这儿别的不缺，就缺老百姓的情义，所以我把‘人心’买回来了。”孟尝君很不高兴，但也没再说什么。后来，孟尝君被齐王解除了相国的职位，前往薛地定居。他的车马离薛地还差一百多里，就见薛地的百姓扶老携幼，前来迎接。孟尝君看到这番情景，十分感动，他对冯谖说：“你过去给我买的‘人心’，我今天算是看到了。”

秦始皇吞并六国，一统海内，建立了强大的秦朝。但是他不懂得“民为贵，君为轻”的道理，残酷剥削、压榨百姓，丧失了人心。秦二世的统治更是昏庸暴虐，他害怕别人识破他与赵高的阴谋，坐不稳皇位，便问赵高该怎么办。奸诈阴险的赵高说：“必须采用严刑酷法，把那些老臣全部除掉，用新人来代替他们。”继扶苏、蒙恬之后，蒙毅、冯去疾、冯劫等大批功臣纷纷被以“莫须有”的罪名处死。与此同时，赵高与秦二世对皇室诸公子、公主也不放过，他们将十二位与自己政见不同的公子和十位公主都杀害了。因受到牵连而被杀害的人更是不计其数，弄得全国上上下下笼罩在一片恐怖气氛之中，人人自危。不但如此，因为朝廷混乱，许多官员乘机营私舞弊，中饱私囊，百姓则生活在水深火热之中，每天惧怕自己被牵连到各种各样的冤案中。不久，陈胜、吴广揭竿而起，在大泽乡举行起义。仅仅三年的时间，秦王朝就在起义军的打击下崩溃了。

北宋时期著名政治家、军事家和文学家范仲淹曾联合富弼、欧阳修等人实行"新政"。他推行"新政"雷厉风行，对官员的考核与任命极为严格。他曾亲自取来各地官员的名册，分别地检查他们的任职情况，对于那些碌碌无为的官员毫不心慈手软。当他发现有人在其位不谋其政时，就将此人的名字从名册上一笔勾销，逐出官场，另外选拔一些比较干练的人。富弼对范仲淹素来很敬重，看到他在整肃吏治上如此不留情面，不免有些担心，便从旁劝阻说："把一个人的名字从名册上一笔勾掉很容易，可是这样一来，被勾去名字的人就要全家痛哭了！"范仲淹斩钉截铁地回答道："他一家人哭，总比让千家万户哭要好得多吧！"

【点悟】

司马迁在《史记》中说"群臣人人自危，欲畔者众"。在古代，如果统治者不施仁义，只用强权压制臣民，造成人人自危的局面，就会有越来越多的人铤而走险，叛乱造反。可见，冒天下之大不韪是最愚蠢的。有些人凭手中的权力和地位嚣张一时，他的结局不会很光彩。就是有权有势如君主，也并不是天下的主宰，真正的主宰是道德、是公义。

在范仲淹的故事里，富弼从一个人被免职想到他的全家，虽然体现了宽仁之心，但他的仁属于"小仁"；而范仲淹想到的是千家万户，天下万民，这才是"大仁大义"的体现。而这也正反映出他在《岳阳楼记》中所说的"先天下之忧而忧，后天下之乐而乐"的伟大情怀。

“得民心者得天下，失民心者失天下”，不懂得这个道理，再强大的政权，再庞大的企业，也会像希腊神话中的巨人英雄“安泰”一样，失去力量的源泉。

六、“识人”是一门大学问

【原文】

心为九窍之治。君为五官之长。为善者君与之赏，为非者君与之罚。君因其政所以求，因而与之，则不劳。圣人用之，故能赏之。因之循理，故能久长，因求而与，悦莫大焉。虽无玉帛，劝同赏矣。右主因。

【译文】

心是九窍的主管，君是五官的首长。凡做善事者，君主应给予赏赐；凡做坏事者，君主应给予惩罚。君主要根据臣下的政绩来决定任用，斟酌情况给予适当回报，这样就不会劳神。圣贤的君主这样做了，所以受到臣民的称赞。只要能遵循客观规律，国家就能长治久安。以上讲的是君主遵规循理的原则。

【解析】

在所有的资源中，人才是最宝贵的一种资源。作为管理者，能做到“人尽其才”，事业才有希望。但是，人事安排是一项很困难的工作，需要花费精力去研究。如何去安排人事呢？鬼谷子给了我们答案：“君因其政所以求，因而与之，则不劳。圣人用之，故能赏之。”

如果管理者不能合理安排人事，事事亲临，难免分身乏术，穷于应付，这样也不利于最大限度地调动众人的积极性。诸葛亮为蜀汉政权鞠躬尽瘁，死而后已，受到后人的敬仰，但他“事必躬亲”的做事方法，也曾遭到后人的批评。刘备托孤时，交代诸葛亮在成都辅佐刘禅主政务，让李严屯永安拒吴并主军务。诸葛亮秉政，本应充分发挥好李严等人的作用，然而他“事无巨细，必躬亲之”，惹得李严不高兴,两人矛盾日益加深。后来诸葛亮还亲自抓起了运粮事宜,耗费了无数精力。不善授权,终将累及自我。五丈原对峙,旷日持久,士兵中有些松懈,确需整顿军纪,本应授权众将管理部属,可诸葛亮却是罚二十杖以上,皆亲自处理,忙得没日没夜。司马懿听说这些情况后,断言:“亮将死矣。”果如其言,不久,诸葛亮就累死在阵前。

管理者应该选贤任能,适当授权。以众智为己智,善取下级之智慧以临天下,这才是以智慧临下的“智临”。既不是事必躬亲,又并不脱离民众,这才是无过无不及的“中道”。汉高祖刘邦总结自己的成功经验时说:“夫运筹帷幄之中,决胜千里之外,吾不如子房;镇国家,抚百姓,给馈饷,不绝粮道,吾不如萧何;连百万之军,战必胜,攻必取,吾不如韩信。此三者,皆人杰也,吾能用之,此吾所以取天下也。”刘邦可以说是善取臣下之智以临众的“大君”了。善于任用刚健能为的大臣,辅助自己君临天下,这正是“大君”的明智之处。

【典例】

春秋时期,伯乐是著名的相马专家。一天,伯乐受楚王的委托去买千里马。他跑了很多国家,都没有发现好马。这一天,他无意中看到一匹骨瘦如柴的马拉着盐车,很吃力地在陡坡上前进。伯乐走到跟前,只见马突然昂起头,瞪大眼睛,大声嘶鸣。伯乐立刻从这马的声音中判断出这是一匹难得的骏马。于是,伯乐对驾车人说:“这匹马如果在战场上驰骋,没有任何马能比过它;但你用它来拉车,它却不如普通的马。你还是将它卖给我吧!”驾车人觉得自己的马不像是好马,就把马卖给了伯乐。伯乐把马牵到楚王的宫殿,楚王一看马瘦得不成样子,便认为伯乐愚弄他,很不高兴地说:“这马连走路都困难,能上战场

伯乐

吗?”伯乐说:“大王,这匹马只要精心喂养,不出半月,一定会恢复它本来的样子的。”果然,这匹马后来跟随楚王征战沙场,立下很多功劳。

春秋五霸之一的齐桓公不计前嫌,任用管仲为相。管仲认为君主要创建霸业,首先要能识贤、用贤,要防止小人对君主的蛊惑。他建议齐桓公起用隰朋、宁越等五个人,同时悬榜国门,号召各国人献计献策,招纳四方志士。在管仲的协助下,齐桓公在政治、经济、军事各方面进行了一系列的改革,因地制宜,发展农业、商业,逐渐使齐国富强起来,为称霸诸侯奠定了基础。

相反,战国有个楚怀王,起初任用屈原这样的忠臣,国家治理得很好,但他未能善始善终,后来信任奸臣,国家一天不如一天,正如屈原在《离骚》中说的:“初既与予成言兮,后悔遁而有他。”《史记》中司马迁感慨道:“怀王以不知忠臣之分,故内惑于郑袖,外欺于张仪,疏屈平而信上官大夫、令尹子兰,兵挫地削,亡其六郡,身客死于秦,为天下笑,此不知人之祸也。”

【点悟】

自古以来,人才亦如千里马,需有伯乐的赏识才行,有才之人不遇圣明君王也就不会发挥作用。才能不被明君赏识,这是很让人扼腕叹息的!有才之人不被任用,因而不能发挥作用,这是王之不明。实际上,有才之人一旦被任用,所发挥出的功用不只是一人之幸。君王启用人才一定要善始善终,只有这样,国家民众才能受其功益。

管仲、屈原都是旷世济时的良才,但由于遇到不同的君主,命运也有天壤之别。人处于世,免不了要和其他人接触。优秀的人懂得辨识英才,与他们接近,向他们学习,从而提升自己。作为领导者、统帅,识人辨人、因才授职的能力尤为重要。

一个优秀的管理者,在对人才委以重任的同时,也要适当加以控制。基于中国官文化的传统,一个人有了权力,若其道德修养较低,又缺少一定的监督管理机制,就很容易被不良环境侵蚀腐化,成为危害国家和民众的“硕鼠”。

七、作为管理者不可固执己见

【原文】

人主不可不周；人主不周，则群臣生乱，寂乎其无常也，内外不通，安知所闻，开闭不善，不见原也。右主周。

【译文】

作为人主必须广泛了解外界事物，如不通人情道理，那么就容易发生骚乱，世间鸦雀无声是不正常的，内外没有交往，怎么能知道世界的变化。开放和封闭不适当，就无法发现事物的根源。以上讲的是君主如何变通事理、周密考虑的问题。

【解析】

固执己见的人最大的表现是性格执拗，自己认准的事就是十头牛也拉不过来，不会轻易被人说服。但是，作为管理者，如果盲目地坚持己见，不变通事理，考虑问题不周密，就会给自己的事业带来重大损失。

我国古代有很多固执己见导致失败的例子，官渡之战中袁绍就是因为不听田丰的规劝，刚愎自用、冥顽不灵，不经仔细思量就贸然出兵，所以败给计划缜密的曹操，是很自然的。

现实生活中有很多人极为固执，他们从不肯改变看法，要是遇到了这样不肯轻易改变自己想法的人，对于管理者来说是一件比较头痛的事情。你必须努力说服他，先是改变原来的错误或者有缺陷的观点，接着就是要让他认可你的看法。很多时候，一个人即便是知道自己的看法不对，也不会立即接受他人的看法，他会比较谨慎地考察一番之后，再选择自认为稳妥的方案。

【典例】

三国时期的曹爽，就是因为自己的固执己见导致失败，还差点丧了命。三国时期，魏国大将军曹爽奉命率军讨伐蜀国。司马昭为征蜀将军而随同前往，穿越骆谷后，进驻于兴势山。曹爽率兵来到兴势山，见山上蜀兵千军万马，山口壁垒森严，无法过去，突然哈哈大笑道："天助我也！"司马昭诧异地问："大将军何出此言？"曹爽指着山上说："你没看西蜀今日又出了个马谡，他在山上扎寨，岂不是自绝后路？"司马昭环顾四周地形后说："大将军差矣。蜀军虽是在山上扎寨，可是此处与街亭地势不同，街亭水源在左，我军很容易截断。这里水源在山后，我军无法截断，蜀军扼住山门，我军便无法过去。时间久了，我军粮草就难以为继。"曹爽仍坚持下令进攻。顿时，山上滚木滚落，飞箭如雨，难以攻打。又见沿山蜀旗飘扬，不知道有多少人马，只好扎牢营寨，对峙于山下。过了两个月，魏军粮草供应困难，形势越来越不利。司马懿在家中并未闲着，每日有细作来报告军情。虽大军在千里之外，他却对军情了如指掌。当得知曹爽把兴势山比作街亭而受阻时，司马懿禁不住大骂曹爽不懂兵法，强自充能，非坏大事不可。当即修书一封，派精兵急送先锋营中。夏侯玄接信，赶忙来到曹爽营中。曹爽正在喝酒，见夏侯玄进来，搅了他的兴致，便有些不悦，冷冷地道："你不在前边坚守营寨，到本大营来干什么？"夏侯玄把司马懿的信给曹爽看，并且也认为仗实在不能打下去了，应该及早退兵。早退兵，少损失；晚退兵，大损失。曹爽哪里听得进去？他把司马懿的信一扔说："太傅远在千里之外，竟还要指手画脚，岂不比纸上谈兵更可笑。其实，我心像明镜一样地清楚。他是害怕我打胜仗呀。你想，我十万大军打蜀汉三万之众，胜利岂不指日可待？我心中有数，咱们再等上三日吧，到时定有好戏让你看。"当夜，山上号炮三声，山崩地裂，西蜀将士如出笼的猛虎冲下山来。夏侯玄刚刚入睡，就被惊醒，来不及披挂，便上马指挥将士冲杀。魏国将士一个个半醒不醒，心中不备，腹中饥饿，像没头苍蝇一样乱撞。夏侯玄冲杀多时，才发现是腹背受敌，便不敢恋战，率一支人马杀出重围，直向后营驰来。曹爽得知前方军寨被劫，大惊失色，就要亲率大军前去夺寨。正在这时，却见刘蜀大军压来，黑夜中，也辨不清蜀军有多少，曹爽只顾得自己逃命去了。谁知，跑出不远，便被蜀军拦住。曹爽拼死抵抗，幸好司马昭赶到，总算杀退蜀兵，逃回骆谷。

【点悟】

我们每一个人都应该努力使自己成为一个洞明世事、练达人情的智者，而不要用寻常人的眼光早早将自己限定为一个成功者或是失败者，这才是超然于物外的明智。

哲学家威廉·詹姆斯说："要乐于承认事情就是如此。能够接受发生的事实，就是能克服随之而来的任何不幸的第一步。"也就是说，新的事物既然发生了，我们就应该把它当作一种不可避免的情况接受，并适应它，否则，我们将会被它毁掉。

作为管理者如果固执己见，就会阻碍自己的进步，对自己的事业造成负面的影响。

八、管理者要能辨识小人

【原文】

一曰长目，二曰飞耳，三曰树明。明知千里之外，隐微之中，是谓"洞"，天下奸莫不谙变更。右主恭。

【译文】

一个叫作"长目"，一个叫作"飞耳"，一个叫作"树明"。不论是在千里之外，还是在隐隐约约、渺渺茫茫之处所发生的事情，君主都能觉察出来，这就是所谓的"洞"。君主能洞察一切，天下的奸邪就不得不暗中停止自己的胡作非为了。以上讲洞察奸邪。

【解析】

几乎所有的御人之道都要求管理者不拘小节和宽宏大量。的确，这些都是作为一名成功的管理者所必须具备的重要素质。大到一个国家，小到一个企业，任何一个组织都难免鱼龙混杂，免不了有一些宵小之辈。而管理者不可一味地宽宏大量，对小人掉以轻心。

聪明的管理者想妥善处理和"小人"的关系，需把握好以下几个原则：

不得罪。一般来说，"小人"比"君子"敏感，心里也常常比较自卑，因此不要在言语上刺激他们，也不要在利益上得罪他们，尤其不要为了"正义"而去揭发他们，那只会伤害了自己！自古以来，君子常常斗不过小人，让有力量的人去处理吧！

保持距离。别和小人过度亲近，保持简单的关系就可以了，但也不要太过疏远，好像不把他们放在眼里似的，否则他们会这样想："你有什么了不起？"于是就要倒霉了。

小心说话。说些"今天天气很好"的话就可以了，如果谈了别人的隐私，谈了某人的不是，或是发了某些牢骚不平，这些话很可能会变成他们兴风作浪和整人的把柄。

不要有利益瓜葛。小人常成群结党，霸占利益，形成势力，如果功夫还没练到家，就千万不要想通过靠近他们来获得利益，因为一旦得到利益，他们必会要求相当的回报，甚至黏着不放，想脱身都不可能！

吃些小亏无妨。"小人"有时也会因无心之过而伤害了你。如果是小亏，就算了，因为你找他们不但讨不到公道，反而会结下更大的仇。所以，原谅他们吧！

忍无可忍且时机成熟时予以处置。当小人欺人太甚或者在组织中已经造成了恶劣的影响，而你也有实力处置，并且有把握不留下后患，那就不要心慈手软了。要记住,以君子之心度小人之腹在何时都是行不通的。唯有正视小人,并干净利落地将之处置,方能避免阴沟里翻船的悲剧。

【典例】

武则天得宠于唐高宗李治,被立为昭仪,便暗结内外,潜斥皇后。皇后虽然失宠,但皇上还没有废除她的意思。刚好武则天生下一女,皇后怜悯她便去看看,皇后出门后,武昭仪偷偷掐死女婴,再用被子盖上。皇上来看时,昭仪满面欢笑,打开被子发现女孩已死,昭仪装出惊恐万状,啼哭不已问左右可有人来过,左右说皇后才来过。皇上大怒说:"皇后杀死我女儿!"昭仪乘机哭诉皇后的罪状。皇后有口难言,无以自明。皇上便有废除皇后的意思。

有的小人假借其人怨恨,挑其与他人矛盾,假他人之手以去己之政敌。唐高宗时,高力士得宠,王毛仲对之十分鄙视,稍不如意,便破口大骂。高力士对他颇为不满,屡进谗言。刚好毛仲妻生一男孩,三日后,皇上命高力士代表皇上赐毛仲酒馔、金帛等物,并授予毛仲刚生的孩子五品官。高力士回来后,皇上问:"毛仲喜欢吗?"高力士说:"毛仲抱着儿子对我说:'我孩子能做三品官!'"皇上大怒说:"过去诛杀韦后时,他就心持两端,我都没有追究,今日还拿毛孩怨我!"于是,将王毛仲贬为兖州别驾。

有的小人伪造事实,挑起人主的猜忌,谓其隐患而加害之。明朝初年刘基(即刘伯温)曾上书说瓯、括之间有块地叫谈洋,南与福建交界,盐盗盛行,治安混乱,要求在这里设巡检司把守,以治其乱。胡惟庸当时以左丞掌省事,他却说谈洋之地有王气,刘基想霸占作为自己的基地,但当时臣民不同意,刘基便请求设立巡检司将臣民赶走。明太祖朱元璋听信谗言,虽然没有怪罪刘基,但内心却颇存疑忌,解除了刘基的职务。之后,胡惟庸当了宰相,刘基气得生病,到家后,病得更重,最后不治而亡。

小人还常常用金钱来收买敌人,使其诋毁上级将领,然后再行反间计。战国时,秦国派王翦与端和共同率兵攻赵国。赵国派李牧和司马尚抵抗。秦国方面则派人与赵王嬖臣郭开金接触，使郭开金攻击李牧和司马尚，讲他俩的坏话，说他俩打算谋反。赵王知道后，便派赵葱和齐将颜聚去取而代之，李牧拒不听命，赵王便派人将李牧逮捕杀害，同时也废除了司马尚的职位。后来，秦国军队大破赵军，赵王也做了俘虏。

小人还十分善于嫁祸。唐时，武三思为离间中宗与张柬之等五王关系，便暗地教人上奏皇上，诉说皇后秽行于天津桥，请皇上废黜皇后。皇上十分气愤，命御史大夫李承嘉要将此事查个水落石出。承嘉奏道："此事乃敬辉、桓彦范、张柬之、袁恕已、崔玄韦教人所为，他们虽称为黜皇后，实际上是要谋反，我建议将他们诛灭九族。"三思还派人暗地做工作，教侍御史郑音加以宣扬。皇上命司法部门审理。最后，将敬辉、张柬之等五王长期流放边疆。为避免后患，武三思还先后派人刺杀五王。

【点悟】

由这些例子可以看到，小人为了自己的目的都是不择手段的。所以，管理者为了组织的利益，必须小心谨慎，处理好和"小人"的关系。

自古以来，谗言始于小人，任谗言摆布者多无善终。无论在什么时代，小人都是制造混乱的罪魁祸首。

孔子说："世间惟女子与小人难养也，近之则逊，远之则怨。"世上什么人都有，当然小人也比比皆是。小人成事不足，败事有余。如果让小人盯上了，那么肯定就麻烦大了。小人没有什么事好做，因此他可以专心致志地琢磨人，并把这当作专业。

"小人"没有特别的样子，脸上也没写上"小人"二字，有些"小人"甚至还长得帅，有口才也有内才，一副"大将之才"的样子，根本让人想象不到。

九、实至名归才是硬道理

【原文】

循名而为贵,安而完,名实相生,反相为情,故曰名当则生于实,实生于理,理生于名实之德,德生于和,和生于当。右主名。

【译文】

依照名分去考察实际,根据实际来确定名分。名分与实际互为产生的条件,反过来又互相表现。名分与实际相符就能得以治理,不相符则易产生动乱。名分产生于实际,实际产生于意愿,意愿产生于分析,分析产生于智慧,智慧则产生于适当。以上讲名实相符。

【解析】

按照名分去做事,按照事实来决断。名实相互助长,相辅相依。适当的名称产生于客观事物,而客观事物产生于有关道理,道理产生于决定事物的法则,法则产生于大地之间的智慧,智慧产生于万物之协调。这是鬼谷子所告诉我们的。

作为企业的管理者,要敢于走有名牌战略,努力树立良好的企业形象。企业形象是企业自身在消费者心目中的地位和价值的体现。良好的企业形象是企业的一项重要的无形资产,也是企业在市场竞争中取胜的有力武器。名牌战略与企业形象息息相关,知名品牌的成功往往就是企业形象良好的具体证明。企业要创名牌,实施名牌战略,必须开发、设计出具有名牌特质的产品。这种开发设计与名牌产品必须具备两大特点:卓越的质量和完美的设计。产品质量是名牌的生命源泉,在创名牌过程中发挥着巨大的作用。优质产品能够给顾客带来更大的利益和满足,能够减少顾客的购买风险和代价,能够与响亮的品牌相符。

因此,人们通常倾向于购买优质产品,使用之后感到满意,还会不断重复购买,并向亲朋好友推荐。老品质低劣,消费者不但不会再购买而且会劝阻周围人购买。因此,卓越的产品质量是敲开市场大门,顺利进入市场并不断扩大和维护市场占有率的最根本的手段。

【典例】

名牌战略有助于企业形象的改善,良好的企业形象也有助于名牌战略的实施,企业形象所涵盖的各个要素,都无一例外地包含于名牌战略的实施之中。二者相互促进,相互保障。海尔是我国企业中最重视品牌、实施品牌战略最有成果的企业。从 20 世纪 80 年代中期“砸冰箱”的故事,到后来提出做“世界品牌运营商”的总战略,海尔一步一步发展成为中国乃至世界著名的品牌。

从最初的亏空 147 万元,技术设备是街道小厂的水平……海尔可以说没有任何优势。那么它是靠什么创造出今天的业绩呢?那就是对品牌的重视,对名牌的打造,对名牌效应的运用。靠名牌去动员和提升员工,靠名牌去综合各种生产要素,靠名牌去打开市场,靠名牌去资本运营,靠名牌形成企业形象。如果说海尔有什么奥秘的话,那么,海尔人懂得品牌的奥秘,就是最大的奥秘。“名牌是市场竞争的法宝”,海尔深深懂得这个道理。

海尔人认为,名牌并不简单地等同于商标、商号,它是企业有形要素和无形要素的有机结合形成的企业品格和企业综合竞争力。

就企业自身而论,一个名牌至少具备如下条件:

(1)有持续而稳定的高质量的产品和高质量的服务。

(2)有相当的经济规模。

(3)实行现代企业制度和现代化管理。

(4)有先进的科技水平和较强的研发能力。

(5)有完善的品牌体系和品牌管理。

(6)有特色的企业文化。

海尔正是按照这样的要求发展自己的企业。

海尔人懂得,名牌是市场竞争的产物,最核心的是建立和消费者的“三度关系”,即拥有较高的知名度、信任度、美誉度。海尔“真诚到永远”的理念已经家喻户晓,海尔的星级服务获得众人的称赞都不是偶然。

【点悟】

海尔在大造名牌的过程中,始终抓住了“名实循环”这个核心。善于以实造名,又善于以名促实,贯穿在海尔20年的经营管理之中。众所周知打入德国市场的故事,洗衣机的故事,张瑞敏哈佛讲学的故事等等,都是实实在在的注脚。

随着科学技术和经济的发展,产品同质化的趋势越来越明显,企业单靠提高产品质量难以获得明显的竞争优势。另一方面,消费者收入水平不断提高,消费观念由产品的经济实用转向产品的美观大方和新颖别致。

在这种情况下,消费者购买商品的唯一选择就是名牌。消费者通常是跟着群众消费惯性和潮流走,说到底是跟着品牌走。而名牌实质上就是一种得到广泛认同的品牌,它是一个全优的综合概念。它要求其产品在质量、款式、价格、服务、信誉和市场占有率方面均有优异的表现。因此,谁拥有了名牌产品,就意味着拥有市场,拥有效益。所以,企业实施名牌战略,是提高竞争力和经济效益的主导环节和手段,对提高企业经济效益和市场竞争力以及塑造形象具有巨大的作用。

从根本来说,名牌不是评出来的,也不是靠宣传“吹”出来的,名牌是创出来的,是企业的广大职工创出来的。凡是立得住足的名牌,都是经营管理过硬,职工素质过硬的企业打造出来的。企图靠表面文章,短期行为创名牌,是不能够成功的。即使“名噪一时”,也会最终倒塌。良好的企业形象建设要靠实实在在的品牌基础,只有名实相符,才能够不断提升企业的形象。